러셀
베이커
자서전

성장

GROWING UP

by Russell Baker

Copyright © 1982 by Russell Baker

Korean Translation Copyright © 2010 by Yeonamseoga Publishing Co.

Korean edition published by arrangement with Russell Baker
c/o Don Congdon Associates, Inc through Shin Won Agency Co.

이 책의 한국어판 저작권은 신원저작권사무소를 통한 저작권자와의
독점계약에 의해서 연암서가에 있습니다.
신저작권법에 의해 한국내에서 보호를 받는 저작물이므로
무단전재와 무단복제를 금합니다.

러셀
베이커
자서전

성장

러셀 베이커 지음
송제훈 옮김

옮긴이의 말

이 책은 미국의 저명한 언론인 러셀 베이커가 50대 후반에 쓴 자서전입니다. 이 책을 낼 무렵 그는 이미 퓰리처상 평론 부문 수상 경력을 가지고 있는 저명한 칼럼니스트였습니다. 자서전이라 하면 실패와 역경을 이겨내고 위대한 성공을 거둔 유명인사들의 비범한 인생 이야기가 먼저 연상되는데, 그의 나이와 이력이라면 할 얘기가 제법 있을 듯합니다.

그런데 이 책에는 그 많은 자서전에서 흔히 볼 수 있는 과시와 허세와 비장감이 보이지 않습니다. 저자는 자신의 성공담을 들려주는 데에는 관심이 없습니다. 그는 오히려 부끄럽고 우스꽝스러우며 내밀한 이야기들을 털어놓습니다. 그것은 누구나 가슴 한 구석에 묻어두고 사는 가족사나 성장사의 비밀스러운 페이지들을 닮았습니다. 이 책을 읽으면서 웃지 않고 넘어간 페이지가 별로 없었던 이유도, 자주 가슴이 찡했던 것도 그 때문인지 모릅니다.

 꽃 한 송이 피워내는 일에도 온 우주가 협력한다는데 과연 한 사람이 태어나서 그의 개인사를 빚어내는 데에는 그의 모든 일상과 그가 경험하는 모든 일들 그리고 그를 둘러싼 사람들과 무생물적 환경까지도 서로 협조한다는 사실을 새삼 깨닫습니다.

 자신의 자서전에서 주연배우이기를 포기한 러셀 베이커는 객석에 내려와서 자신의 인생에 등장한 인물들을 선명하게 그려냅니다. 아들을 출세시키겠다는 일념으로 평생을 바친 어머니, 무기력했던 아버지, 어머니와 끔찍한 갈등을 빚는 할머니 그리고 당찬 여동생 도리스가 무대에 등장합니다. 그리고 학교 운동장을 어슬렁거리는 싸움꾼과 여러 친구들, 선생님들 그리고 대공황의 거친 파도에 맞서 싸우는 평범한 영웅들과 여걸들의 이야기도 보입니다. 설익은 꿈, 성에 눈뜬 시절의 우스꽝스럽고도 혼란스런 고민과 사랑의 열병, 힘겨운 현실을 딛게 해준 공상의 세계, 가족간의 유대와 위기. 이 모든 이야기는 우리가 통과의례처럼 지나온, 그러나 무엇과도 바꿀 수 없는 기억들이기도 합니다.

1982년에 발간되어 이듬해 퓰리처상 평전/자서전 부문을 수상한 이 책은 국내에서 1998년에 처음 번역 출간되었지만 많은 독자를 만나지 못하고 조용히 서점에서 사라졌습니다. 연암서가의 재출간 의향을 듣게 것은 지난 7월이었습니다. 이미 절판된 이 책이 그동안 조용히 입에서 입으로 전해지며 독자들을 만나고 있었던 것입니다.

재출간 준비를 위해 다시 원서와 12년 전의 번역서를 펼쳤습니다. 거친 표현들을 새로 다듬고 지나친 의역으로 원문을 상하게 한 부분들을 바로잡았습니다. 이 과정에서 부끄럽게도 오역을 발견하기도 했습니다. 먼저 읽으신 독자들에 대한 송구한 마음을 새로 고쳐내는 이 책으로 조금이나마 덜 수 있다면 좋겠습니다.

『러셀 베이커 자서전: 성장』에 다시 생명을 불어넣어 준 연암서가에 감사의 마음을 전하며, 러셀 베이커의 따뜻한 글이 독자 여러분의 마음에 그대로 전달될 수 있기를 바랍니다.

2010년 가을

송제훈

차례

제1장 어머니의 타임머신 __11
제2장 5센트짜리 비즈니스 __24
제3장 나의 어머니, 나의 할머니 __38
제4장 모리슨빌 사람들 __64
제5장 마지막 나들이 __89
제6장 공황의 풍경 __109
제7장 집안의 기둥 __145
제8장 외삼촌의 비밀 __160
제9장 기회의 땅으로 __184

제10장 거짓말쟁이 __219

제11장 크리스마스 선물 __237

제12장 허브 아저씨 __261

제13장 진로의 갈림길 __289

제14장 제2차 세계대전의 그림자 __308

제15장 비행 훈련학교 __333

제16장 연인 __365

제17장 새 출발 __389

제18장 어머니 __427

제1장

어머니의 타임머신

여든의 연세로 어머니의 적적함은 끝이 났다. 그해 가을 이후로 어머니의 정신은 시간을 자유로이 넘나드는 여행을 시작하게 되었다. 어머니는 어떤 날엔 반세기 전에 있었던 결혼식과 장례식에 다녀오셨고, 또 어떤 날은 이젠 백발이 다 되어 버린 그 옛날의 아이들을 위해 일요일 오후 내내 준비한 저녁 식탁에 자리를 잡고 앉으시기도 했다. 이 모든 일들이 벌어지는 동안에도 어머니는 여전히 병석에 누워 계셨다. 어머니께서 맘대로 오가시던 시간은 물리학의 법칙과는 아무 상관이 없었다.

"러셀 어딨어요?" 언젠가 내가 요양원으로 문병을 갔던 날 어머니께서 물으셨다.

"저 여기 있어요." 내가 대답했다.

어머니는 먼 미래에서 폭삭 늙어 버린 모습으로 나타난 나를 한참이나 물끄러미 쳐다보시더니 고개를 가로저으셨다.

"러셀은 키가 요만한 아이예요." 어머니는 손바닥을 아래로 향하며 바닥에서 고작 60센티미터의 높이에 손을 뻗으셨다. 그날 어머니는 젊은 시골 아낙이 되어 있었다. 뒤뜰엔 닭이 모이를 쪼고 몇 그루 사과나무 너머로는 안개 낀 푸른 버지니아 산맥이 보이는 그곳에서, 나는 당신의 아버지뻘 되는 이방인이었던 셈이다.

어느 이른 아침, 뉴욕에 있던 내게 어머니께서 전화를 걸어오셨다. "오늘 내 장례식에 오는 거냐?"

잠이 확 달아났다. "어머니, 도대체 무슨 말씀하고 계시는 거예요?"라고 되묻는 게 내가 할 수 있는 전부였다.

"오늘 내 장례가 치러진단다." 어머니는 마치 중요한 행사 계획을 발표하듯 또박또박 말씀하셨다.

"제가 다시 전화 드릴게요." 나는 그렇게 말하고 전화를 끊었다. 그리고 다시 전화를 걸었을 때, 어머니는 괜찮아져 있었다. 물론 어머니의 상태는 결코 괜찮지 못했고 우리 모두 그것을 잘 알고 있었다.

어머니는 작고 야윈 체구를 가진 분이었다. 그러나 하얀 병원 시트를 덮고 있는 당신의 모습은 전보다 더 작아지고 있었다. 나는 크고 부리부리한 눈을 가진 인형을 떠올렸다. 그분에겐 늘 괄괄하고 사나운 구석이 있었다. 그러한 모습은 어머니께서 노기 띤 표정으로 턱을 쑥 내밀며 무슨 얘기를 꺼내실 때 어김없이 나타나곤 했다.

"난 사람들에게 내 속에 있는 생각을 죄다 이야기하거든." 그분은 뭐든 으스대기를 좋아하셨다.

"남들이 좋든 싫든 간에 난 내 생각대로 말을 한다." 물론 사람들이 싫어하는 때가 종종 있었다. 어머니는 누구든 어리석고 무지몽매한 구석이 엿보이는 사람들을 그냥 보아 넘기시는 법이 없었다.

"어머니, 마음에 있는 말을 속속들이 다 하시는 게 늘 좋은 것만은 아니에요." 나는 그렇게 충고해 드리곤 했다.

"남들이 싫다면 그야 어쩔 수 없지." 어머니의 대답은 늘 똑같았다. "왜냐면 나라는 사람은 원래가 그렇거든."

실제로 어머니는 그런 분이셨다. 누구도 결코 얕잡아 볼 수 없는 여자. 어머니는 남의 눈치 보지 않고 심중에 있는 얘기들을 다 쏟아 부으셨고, 마음먹은 일은 기어이 실행에 옮기셨으며, 당신을 반대하는 사람은 누구든 꺾으려 드셨다. 그 시절 내가 기억하는 한창 때의 어머니는 턱을 쑥 내미신 채 눈동자를 반짝거리며 펄펄 넘치는 기운으로 인생을 사는 분이었다.

어머니는 한 손에 도끼를 거머쥔 채 퍼드덕대며 도망가는 닭을 쫓아 온 사방을 뛰어다니셨다. 어머니는 이부자리를 정리할 때나 식탁을 차릴 때에도 뛰어다니셨다. 어느 해 추수감사절엔가 어머니는 지하실 오븐에서 구워 낸 칠면조 요리를 들고 급하게 계단을 뛰어 올라오시다가 발을 헛디며 그대로 바닥까지 굴러 떨어지면서 심한 화상을 입으신 일이 있었다. 바닥에 쓰러지진 어머니의 주위엔 칠면조의 내장 찌꺼기와 뜨거운 육즙이 뭉개져 버린 칠면조 고기와 함께 사방에 흩어져 있었다. 하루하루가 전쟁이었다. 그리고 전쟁의 승리는 게으름뱅이나 겁쟁이, 늦잠꾸러기나 건달, 혹은 남들 눈치나 살피며 마음에 있는 얘기를 하지 못하는 그런 사람들의 것이 아니었다. 어머니는 줄곧 뛰셨다.

그러나 이제 어머니의 질주는 끝이 났다. 나는 한동안 현실을 받아들일 수 없었다. 병상을 지키며 나는 어머니의 정신을 흔들어 깨워 그분을 다시 현실로 되돌려 놓을 수 있지 않을까 하는 헛된 기대를 품기도 했다. 내가 볼티모어에 있는 병원으로 처음 어머니의 병문안을 갔을 때의 일이다. 어머니는 나더러 누구냐고 물으셨다.

"러셀이에요." 나는 대답했다.

"우리 아들은 멀리 서부에 가 있어요." 어머니는 고개를 흔드셨다.

"아니에요. 바로 여기 있잖아요."

"오늘 내가 어디 갔다 왔는지 아세요?" 어머니의 반응이었다.

"어디 다녀오셨는데요?"

"뉴저지에서 막 오는 길이에요."

"언제요?"

"오늘 밤에요."

"아니에요. 어머니는 지금 사흘째 병원에 계시잖아요." 난 애가 탔다.

"내 정신 좀 봐." 어머니는 대답하셨다. "문을 열어 놓고 그냥 나왔네요."

그 순간 어머니는 다시 과거에 가 계셨다. 어머니는 사십 년 전에 살던 곳으로 되돌아가 길 건너의 이웃 호프만 부인과 이야기를 나누시는 참이었다.

"호프만 부인 얘기가 맞아요. 애들이란 온 데를 떠돌아다니다가 결국 고향으로 돌아오게 되어 있다니까요." 어머니는 말씀하셨다.

"호프만 부인은 십오 년 전에 돌아가셨어요."

"오늘 우리 아들이 장가드는 날이에요." 어머니의 대답이었다.

"어머니, 저는 1950년에 결혼했어요."

"문을 열어 놓고 그냥 나왔네요."

의사가 올 때까지 계속 이런 식이었다. 의사는 그런 상태를 체크할 때 사용하는 몇 가지 질문을 하기 위해 나타났다. 어머니는 모든 질문에 완전히 엉뚱한 답을 하셨고, 심지어 "오늘 며칠이죠?" "할머니 지금 어디 계신 줄 아시겠어요?" "할머니 연세가 어떻게 되세요?"와 같은 질문에도 대답을 하지 못하셨다. 그러다가 놀라운 일이 벌어졌다.

"할머니 생신이 언제세요?" 의사가 질문했다.

"1897년 11월 5일." 정확했다. 정확하게 대답하셨다.

"그걸 어떻게 기억하세요?" 의사가 다시 물었다.

"내가 가이 포크스 기념일에 태어났으니까."

"가이 포크스?" 의사가 중얼거렸다. "가이 포크스가 누구죠?"

어머니는 운율에 맞춰 대답하셨다. 당신의 생일 얘기만 나오면 늘 읊으시던 것이었다.

"십일월 오일을 꼭 기억하세요.
화약 음모 사건이 터진 날이요.
화약 음모 사건은 우리에게요,
결코 잊혀져선 안 될 일이죠."

 가이 포크스는 1605년, 다량의 화약으로 제임스 1세를 암살하려는 음모를 꾸미다 실패한 인물이다. 아직도 무슨 소리인지 감을 잡지 못하고 있던 젊은 의사를 어머니는 가만히 쳐다보셨다. 어머니는 한때 학교 선생님이셨고, 어쨌거나 공부 못하는 얼뜨기를 어떻게 쳐다봐야 하는지 잘 알고 계셨다. "이봐요, 의사 선생. 선생이 의학에 대해선 많이 아는가 모르겠지만, 역사에 대해선 영 아는 게 없구먼." 어머니께서 말씀하셨다. 그 의사에게 하고 싶은 얘기를 죄다 하신 다음, 어머니는 다시 우리를 버리셨다.
 의사는 심각한 치매라는 판단을 내렸을 것이다. 하지만 의학을 모르는 일반인들에게 늘 그렇게 하듯 '동맥경화'라고 설명을 할 뿐이었다. 하지만 나는 문제가 그보다 훨씬 더 복잡한 것임을 알고 있었다. 한때 불꽃같았던 어머니의 인생에 대한 태도는 벌써 십 년이 넘는 적적함과 무력감, 그리고 늘그막의 정에 대한 그리움 때문에 분노로 바뀌어 있었다. 이제 그 가을 이후로 어머니는, 그토록 혐오스러운 삶에 당신을 꽁꽁 옭아매고 있던 사슬을 끊고, 당신이 사랑했던 사람들과 당신을 여전히 필요로 하는 사람들이 살고 있는 시간으로 되돌아가 버리셨다. 나는 차츰 이해하게 되었다. 나는 어머니께서 연세가 드신 후로 그렇게 행복해하시는 모습을 처음 보았다.

어머니께선 이미 '동맥경화' 따위의 설명 이상의 것을 보여주는 편지를 몇 해 전에 쓰신 적이 있었다. 내가 뉴욕에서 볼티모어로 어머니를 한번 찾아가 뵌 뒤였다. 나는 어머니께 편지를 한 통 써서 뭐든 좀더 긍정적인 측면을 보라는 얘기며, 제발 신세 한탄으로 주위 사람들 좀 그만 괴롭히고 남들보다 더 나은 면을 생각해 보라는 그런 충고조의 글을 늘어놓았다. 사실 그건 내가 그곳에 머무는 동안 보다 밝은 표정을 지으시지 않으면 앞으론 자주 찾아가지 않겠노라는 협박이나 다름없었다. 자식들이란 그런 편지를 써 갈겨 댈 수 있다. 그 편지는, 부모님은 언제까지나 세상에서 제일 힘센 사람들일 것이라는 어린아이 같은 믿음과, 나이의 한계는 의지력으로 극복될 수 있으며 그 나이의 노인들에겐 그저 말벗이나 필요할 뿐이라는 지극히 순진한 생각에서 씌어졌다. 정말 어리석고 단순한 생각이었다. 사람들은 부모님이라는 존재를 다른 사람들과는 다르게 생각한다. 다른 사람들은 시름시름 약해질 수도 있겠지만 부모님만은 그렇지 않다고 말이다.

어머니는 답장을 하셨다. 평소답지 않게 ── 내 생각에 ── 짐짓 밝게 보이려는 편지에서 어머니는 당신의 방식을 처음으로 고쳐 보려 하셨다. 거의 그럴 뻔했다. 내가 다녀간 일을 언급하며 어머니는 이렇게 편지를 시작하셨다. "네가 보기에 내가 기분이 나빠 보였다면……." 여기에서 그분은 마음을 고쳐먹었다. 한

어린 시절의 루시 엘리자베스, 랭커스터 카운티의 집에서, 1906년.

번 더 생각해 보시고는 방향을 틀어 버린 것이었다.

"네가 보기에 내가 기분이 나빠 보였다면……, 그래 난 기분이 안 좋았다. 그렇다고 누가 나한테 뭘 어찌해 줄 것도 아니잖니? 기운도 없고 적적해서 난 그냥 잠자리에 누워 모든 걸 잊어버리면 그만이다." 그때 어머니 연세가 일흔여덟이었다.

이제 3년이 흘러, 그 가을 이후로 어머니는 모든 고단함과 적적함을 잊고 시간을 거슬러 자유로이 소풍을 다니며 옛날의 행복을 되찾고 계셨다. 나는 얼마 지나지 않아 내가 현실 세계라고 믿고 있는 곳으로 그분을 잡아 끌어오려는 노력을 포기하고 어머니와 과거로의 멋진 여행을 같이 하기 위해 애썼다. 어느 날엔가 내가 막 도착했을 때 어머니는 행복한 미소를 짓고 계셨다.

"오늘 기분 좋으신가 봐요." 내가 인사를 드렸다.

"네, 오늘 기분 최고예요." 어머니께서 대답하셨다. "아빠가 나 오늘 배 타고 볼티모어에 데려 가신다고 그랬단 말이에요."

그 순간 어머니는 어린 소녀가 되어, 61년 전에 돌아가신 당신 아버지의 손을 잡고 버지니아의 메리 포인트 선착장에 서서 증기선을 기다리고 있었다. 윌리엄 하워드 태프트가 백악관에 있었고 유럽은 평화로운 세기의 끄트머리에서 꾸벅꾸벅 졸고 있던 시절이었으며, 미국은 수정빛 햇살 같은 미래가 펼쳐져 있는 젊은 나라였다. 내가 만일 어머니의 타임머신을 타고 선착장에서 짐 보따리를 메고 있는 당신의 아버지를 만났다면, 그분은 미국을 가리켜 '하나님이 주신 푸른 대지 위의 가장 위대한 나라'라고 하셨을 것이다.

나는 거기 있는 어머니의 모습을 선명하게 그릴 수 있다. 소녀는 검정색 긴 스타킹을 신고 봉긋한 소매가 달린 파란 드레스를 입고 있다. 머리 위엔 리본이 있고 머리 양쪽 끝으로는 나비 모양의 매듭이 묶여져 있다. 어머니의 침실엔 이 모든 모습을 보여주는 당신의 어릴 적 사진이 있었다. 물론 색깔은 후에 덧입혀진 것이었다.

어머니의 아버지, 내 외할아버지와 관련해서 내가 떠올릴 수 있는 것은 머리에 리본을 달고 선착장에 서 있는 소녀가 전부였다. 난 그저 감상에 빠져 있었을 뿐이다. 어머니의 어린 시절과 당신의 가족들, 그리고 그들의 시대와 삶의 터전에 대해 나는 아는 게 거의 없었다. 하나의 세계가 살다가 사라졌으며, 그 세계가 내 피와 뼈의 한 부분을 이루고 있음에도 난 그것에 대해 이집트의 파라오에 대해서만큼도 아는 게 없었다. 이제 와서 어머니께 도움을 청해 보는 일은 부질없었다. 어머니의 정신이 그리는 궤도軌度는 현재 시점에서 질문을 던지는 사람들을 스치고 가는 경우가 거의 없었다.

어머니의 곁에 앉아 있어도 영원히 그분과 맞닿을 수 없는 상황에서 나는 나의 아이들과, 그 아이들의 아이들, 그리고 그렇게 이어 내려갈 아이들을 떠올렸다. 그리고 아이들과 부모 사이를 가로막은 채 서로가 서로를 알지 못하도록 만드는 단절에 대해 생각했다. 아이들은 자신의 부모가 부모 되기 이전엔 어떤 모습으로 살았는지 알려고 들지 않는다. 그러다가 나이가 들어 궁금증이 생길 무렵이면 이번엔 이야기를 들려줄 부모가 없게 된다.

혹시라도 부모가 먼저 커튼을 열어젖히는 경우엔, 옛날엔 얼마나 살기 힘들었는지에 대한 설교조의 얘기로 아이들을 따분하게 만들 뿐이다. 나 역시 내 아이들이 어렸을 때 그랬다. 1960년대 초의 풍족한 생활을 누리고 있는 아이들에게 난 공연히 심술이 났다. 나는 그토록 어렵게——내 생각에——자랐는데, 왜 이 아이들은 이토록 편하게——내 생각에——지내야 하는 거지. 나는 아이들이 스테이크가 너무 바짝 익혀졌다거나 텔레비전을 못 보게 한다고 불평을 터뜨릴 때면, 내가 어릴 적에는 얼마나 살기 힘들었는지에 대해 일장 연설을 하는 버릇을 키워갔다.

"내가 어릴 적엔 말이다. 저녁 식탁에 마카로니랑 치즈가 전부였다. 그것만 해도 감지덕지였지."

"내가 어릴 적엔 말이다, 텔레비전이 다 뭐냐?"

"내가 어릴 적엔 말이다, ……"

"내가 어릴 적엔 말이다, ……"

하루는 저녁식사 중에 아들 녀석이 내 앞에 성적표를 내밀었는데, 들여다보니 도저히 그냥 넘어갈 수가 없었다. 내가 의자에 등을 기대고 목을 가다듬으며 막 훈계를 시작하려고 할 때, 그 애가 체념했다는 표정으로 날 쳐다보면서 이렇게 말했다. "아버지께서 어릴 적엔 어땠는지 말씀해 주시죠."

난 그 애가 그렇게 말하는 것에 화가 났다. 하지만 내 가장 소중한 추억들이 이젠 쥐방울만한 아이들에게조차 그렇고 그런 뻔한 얘기로 들릴 만큼 내가 따분한 골동품이 되고 말았다는 사실에 더욱 화가 났다. 나는 그 버릇을 고치려 노력했지만 실패한

게 틀림없었다. 몇 년 후 아들놈은 내가 들을 수 없을 만치의 거리에서 날 가리켜 "노친네"라 부르고 있었다. 우리는 시간에 관해 말싸움을 벌인 일이 있었다. 그 애는, 한때 내게는 미래였던 시간을 아무렇지 않게 생각했다. 나의 미래였던 시간도 그 아이에겐 과거였고, 젊은 아이답게 그 앤 과거에 무관심했다.

어머니의 병상 곁을 맴돌면서 당신의 어린 시절로부터 들려오는 약한 신호음에 귀를 기울이며, 난 그와 똑같은 말싸움이 어머니와 나 사이에도 있었음을 깨달았다. 어머니께서 젊었던 시절, 인생이 아직 당신 앞에 놓여 있었을 때 나는 그분의 미래였고 난 그 점이 못마땅했다. 나는 거의 본능적으로 나의 존재가 어머니의 시간에 한정되는 것을 깨부수고 거기에서 빠져 나오고 싶었다. 그분에게 미래였던 시간들을 모두 과거로 치워 없애고 내 스스로의 시간을 창조하고 싶었다. 글쎄, 난 결국 그렇게 하긴 했다. 그리고 나서 나는 내 약동하던 미래가 내 아이들에게 따분한 과거가 되고 마는 것을 줄곧 지켜보아왔다.

어머니를 따라 희망 없는 과거 여행을 계속하며 나는 내 과거를 그토록 쉽게 내버린 것이 얼마나 잘못된 일이었는가를 깨달았다. 우리 모두는 과거에서 왔다. 아이들은 자신들을 생겨나게 한 그 과거에 대해 알아야 한다. 아이들은 인생이 아주 오래 전에 사라져 버린 시간으로부터 현재에까지 뻗어 있는, 사람들로 엮어진 동아줄과도 같다는 사실을 알아야 하며, 인생이란 결코 기저귀에서 수의壽衣를 입기까지의 한 뼘의 여정으로 한정될 수 없다는 것을 알아야만 한다.

난 언젠가 내 아이들도 그걸 이해하게 되리라 생각했다. 언젠가 내가 얘기를 들려줄 수 없을 때가 오면 그제야 아이들은 내 어머니의 어릴 적 그리고 내 어릴 적의 세상에 대해, 그리고 어머니와 나, 두 골동품이 함께 지나온 낯선 시간들에 대해 알고 싶어질 거라 생각했다. 나는 제트기와 고속도로, 수소폭탄과 텔레비전이 지구촌에 없었던 시절에 대해 얘기해 주어야겠다고 생각했다. 어머니의 얘기라면, 아무래도 늘 남자라는 족속을 좀더 낫게 만들어 보려던 그분의 열정에서부터 시작하는 게 좋겠다. 어머니의 그 열정이 내겐 '출세'에 대한 압박으로 다가왔다.

 아아, 나는 그 단어를 얼마나 끔찍이도 싫어했던지…….

제2장

5센트짜리 비즈니스

나는 여덟 살 때 언론계에 첫발을 들여놓았다. 어머니의 결정이었다. 어머니는 내가 '출세'하기를 원하셨고 내 능력을 냉정하게 평가하신 후, 언젠가 생존 경쟁에 뛰어들어야 할 바에는 그것을 어려서 시작하는 게 낫겠다는 결론을 내리셨다.

어머니께서 지적하시던 내 성격의 단점은 '적극성'이 부족하다는 것이었다. 내게 완벽한 오후란, 라디오 앞에 누워서 내가 제일 좋아하는 빅 리틀 북의 「딕 트레이시 끄나풀 빌러를 만나다」를 반복해서 읽는 것이었다. 어머니께선 아무것도 안 하고 빈둥거리는 모습을 그냥 보아 넘기시는 법이 없었다. 내가 한가롭게 쉬고 있는 모습이 눈에 띄었다 하면 어머니께선 당장 불호령을 내리셨다. "네가 부지런을 떠느니 차라리 장작에 새순이 돋겠다. 당장 부엌으로 가서 도리스가 설거지하는 거나 거들어!"

내 동생 도리스는 나보다 두 살이 어렸지만 거의 열 사람 몫의 적극성을 가지고 있었다. 도리스는 설거지나 이불 개기, 그리고 온 집안 청소를 신나게 해댔다. 그 애는 중량을 속여서 판 A&P 식료품점에 우리가 사온 치즈를 도로 들고 가서 지배인에게 법적인 조치를 취하겠다고 으름장을 놓고는, 원래 무게에 용서해 주겠다는 조건으로 몇 온스를 덤으로 받아들고 위풍당당하게 돌아올 수 있는 애였다. 그때 그 애 나이가 여섯 살이었다. 여자만 아니었더라도 도리스는 출세를 할 수 있었을 것이다. 그러나 여자라는 이유 하나로 그 애의 꿈은 간호사나 교사가 되는 정도에 머물러야 했다. 그 시절엔 능력 있는 여자가 얻을 수 있는 최고의 직업이 그 정도였으니까.

그런데 어머니에겐 그것이 가슴 아픈 일이었음에 틀림없다. 운명이란 게 어쩌자고 뒤바뀌어서 적극성은 죄다 딸한테 가고, 하나 있는 아들은 딕 트레이시와 끄나풀 빌러에 정신을 팔고 있었으니 말이다. 그러나 아무리 실망스러운 일이 있더라도 어머니는 신세 한탄에 힘을 낭비하지 않으셨다. 그분은 내가 원하든 원하지 않든 날 출세시키고야 말겠노라 단단히 마음을 굳히고 있었다. 어머니는 "하늘은 스스로 돕는 자를 돕는다"라고 자주 말씀하셨는데, 그게 그분의 신조였다.

어머니는 어려운 일 앞에서 현실적이었다. 하늘이 내려주신 재료를 꼼꼼히 살펴본 뒤에, 그걸 가지고 당신이 할 수 있는 일을 절대로 과대평가하지 않으셨다. 그분은 나더러 미국의 대통령이 되라고 하시진 않았다.

제2장 5센트짜리 비즈니스

50년 전만 해도 부모는 아들에게, 커서 대통령이 될 거냐고 묻고는 했다. 농담이 아니라 아주 심각하게 말이다. 거지보다 나을 게 별로 없는 형편에도 많은 부모들이 그들의 아들은 그렇게 될 수 있으리라 믿었다. 에이브러햄 링컨이 그랬다. 우린 링컨으로부터 불과 65년이 지난 시대를 살고 있었다. 할아버지들 중엔 링컨의 재임 기간을 기억하는 분들도 있었는데, 바로 그 할아버지들이 대통령이 되고 싶으냐는 질문을 던지는 데엔 선수들이었다. 많은 사내아이들이 "예"라고 대답했고 그건 농담이 아니었다.

나 역시 그 질문을 숱하게 받았다. 나는 "아뇨, 전 대통령 안 될래요"라고 대답하곤 했다. 한번은 그런 질문이 던져지는 자리에 어머니도 함께 계셨다. 삼촌이 또 그 질문을 하시더니 내가 대통령 되는 일에 별로 관심이 없음을 확인하고는 이렇게 되물으셨다. "야, 넌 그럼 커서 뭐가 될래?"

난 쓰레기 더미를 뒤져서 예쁜 상표가 찍혀 있는 빈 병과 깡통을 줍는 일을 참 좋아했다. 그 순간, 세상에서 내게 제일 잘 어울릴 만한 직업이 머릿속에 떠올랐다. "전요, 고물상 주인이 되고 싶어요."

삼촌은 웃으셨다. 하지만 어머니는 장작에 새순이 최초로 돋아나는 모습을 비참한 심정으로 바라보고 계셨다. "좀더 적극성을 가져라, 러셀." 어머니께서 날 러셀이라고 부르실 때는 심기가 불편하시다는 증거였다. 어머니의 기분이 좋으실 때 내 이름은 "얘야"였다.

내가 여덟 살이 되자 어머니는 출세를 향해 첫걸음을 내딛는 일이 더 이상 미루어져서는 안 된다고 결론을 내리셨다. "애야," 어머니께서 부르셨다. "오늘 오후에 학교가 끝나거든 집으로 곧장 오너라. 손님 한 분이 집에 오실 텐데 네가 그분과 얘기를 좀 해봤으면 좋겠구나."

오후에 서둘러 집에 돌아왔을 때 어머니는 거실에서 커티스 출판사의 직원 한 사람과 이야기를 나누고 계셨다. 어머니께서 날 소개하셨다. 그 신사는 몸을 굽혀 나에게 눈을 맞추고는 악수를 건넸다. 어머니께서 말씀하신 것이 사실이냐, 그가 물었다. 네가 비즈니스의 세계를 주무를 기회를 갖고 싶다고 어머니께 말씀드렸냐?

나는 출세와 성공을 향한 의지가 남다른 아이라고 어머니께서 대답하셨다.

"맞아요." 나는 기어 들어가는 소리로 말했다.

"그렇다면 너는 사업에 성공하기 위해 필요한 용기와 인격과 불굴의 정신을 가지고 있냐?"

나는 그런 게 몸에 밴 아이라고 어머니께서 말씀하셨다.

"맞아요." 나는 말했다.

그는 내가 과연 그의 믿음에 부응할 만한 사람인지 따져보기라도 하듯 한참을 말없이 날 응시했다. 그리고는 중대한 결정을 내리기에 앞서 남자 대 남자라며, 커티스 출판사를 위해 일하는 젊은이에겐 막중한 책임감이 부여된다는 사실을 명심해야 한다고 말했다. 그곳은 미국에서 가장 큰 회사 중의 하나이며, 아마 세계에서 가장 큰 출판사일 거라고, 그러면서 「새터데이 이브닝 포스트」에 대해 들어본 적이 있느냐고 물었다.

들어봤냐고요? 우리 식구들은 모두 「새터데이 포스트」에 대해 들어보았으며, 특히 나는 그 신문의 열렬한 애독자라고 어머니는 대답하셨다.

그러자 그는 의심할 여지없이 우리 가족은 월간 「레이디 홈 저널」과 「컨트리 젠틀맨」에 대해서도 잘 알고 있을 거라고 말했다.

물론 우리 가족은 두 월간지를 잘 알고 있죠. 어머니는 대답하셨다.

「새터데이 이브닝 포스트」를 대표한다는 것은 비즈니스의 세계에서 가장 영예로운 일 중의 하나였다. 그가 말한 대로라면 그랬다. 그는 그 큰 회사의 일원이라는 사실을 무척 자랑스러워했다. 어머니는 그가 그럴 만한 자격이 충분해 보인다고 치켜세우셨다.

다시 그 신사는 마치 내가 기사의 작위爵位를 받기에 합당한지 심사라도 하는 것처럼 이것저것 묻기 시작했다. 마침내 마지막 질문에 이르러 그는 엄숙한 표정으로 물었다.

"너는 신용을 지키는 사람이냐?"

나는 정직밖에 모르는 애라고 어머니께서 대답하셨다.

"맞아요." 나는 말했다.

그 신사는 그제야 미소를 지었다. 그는 내가 대단히 운이 좋은 사람이며 내 패기에 찬사를 보낸다면서 다음과 같이 말했다. 너무나 많은 젊은이들이 인생을 그저 놀고먹는 걸로 알고 있지만 그런 젊은이들은 나중에 크게 될 수가 없다. 오직 일하고 저축하며 얼굴을 깨끗이 닦고 빗질을 단정하게 하는 청년만이 우리가 몸담고 있는 세계에서 정상에 오를 날을 꿈꿀 수 있는 거다. 네가 진실로, 정말로 그런 젊은이라고 믿어도 되겠느냐?

"의심할 여지가 없죠." 어머니께서 대답하셨다.

"맞아요." 내가 말했다.

그는 여러 모로 살펴본 결과 내게서 매우 깊은 인상을 받았으며, 이로써 나를 커티스 출판사를 대표하는 일원으로 삼겠다고 말했다. 그는 다음 화요일이면 막 인쇄된 「새터데이 이브닝 포스트」 30부가 우리 집 대문 앞에 놓여 있을 것이라고 했다. 나는 잉크가 채 마르지도 않은 그 신문들을 멋진 가방 안에 집어넣고 그걸 둘러멘 채 거리로 나가서 미국 국민들에게 최고의 저널리즘과 픽션 그리고 시사만평들을 전달하게 될 것이었다.

그는 올 때부터 그 가방을 가지고 있었다. 그는 제의祭衣를 입은 사제처럼 엄숙하게 그 가방을 꺼내 들었다. 그는 가방을 메는 법을 친절하게 가르쳐 주었다. 왼쪽 어깨에서 멜빵을 늘어뜨리고 가방 끈을 가슴 앞으로 지나가게 하면 오른손으로 신문을 쉽게 꺼내 들 수 있었다. 그래야만 최고의 저널리즘과 픽션 그리고 시사만평들을 신속하게 시민들에게 전해 줄 수 있으며, 자유 언론의 기수인 우리에게 시민들의 행복과 안녕이 달려 있다고 했다.

다음 화요일, 나는 학교가 끝나자마자 쏜살같이 집으로 돌아왔다. 멋진 가방을 어깨에 둘러메고 신문들을 집어넣고선, 가방을 왼쪽으로 약간 기울여서 무게가 내 오른쪽 엉덩이에 잘 분산되도록 한 다음 난 드디어 언론계에 첫발을 내디뎠다.

우리는 뉴저지의 벨빌에 살았다. 그곳은 뉴어크의 북단에 위치한 소도시였다. 공황이 최악으로 치닫고 있던 1932년이었다. 아버지는 우리에게 가구 몇 점만을 남기신 채 2년 전에 돌아가셨고, 어머니는 도리스와 나를 데리고 당신의 남동생 신세를 잠시 지기로 하셨다. 바로 앨런 외삼촌댁이었다. 앨런 외삼촌은 그 무렵 이미 출세해 있었다. 뉴어크에 있는 음료회사의 영업사원으로 일주일에 30달러의 소득을 올리고 있었고, 진주 빛깔 가죽 장화에 접착식 칼라가 달린 말쑥한 정장을 입고 다녔으며, 행복한 결혼 생활을 누리고 있었기 때문이다. 거기에 초라한 행색으로 찾아간 우리 식구를 맞아들일 여력까지 있었으니까.

신문 꾸러미를 둘러메고 나는 벨빌가(街)로 나섰다. 거기가 사람들이 좀 모이는 곳이었다. 그 주위에는 주유소 두 군데와, 유니언가와 연결된 교차로, 물론 A&P 식료품점도 있었고, 과일 가게, 빵집, 이발소, 주카렐리 약국, 그리고 열차처럼 생긴 간이식당도 있었다. 몇 시간 동안 나는 사람들 눈에 잘 띄기 위해 거리의 이쪽저쪽, 이 상점 저 상점 앞으로 자리를 옮겨가며 「새터데이 이브닝 포스트」라고 큼지막하게 씌어져 있는 가방을 모든 사람들이 볼 수 있도록 했다. 어느새 그림자가 길게 누웠다. 그건 저녁 먹을 시간이라는 뜻이었다. 나는 집으로 돌아왔다.

"애야, 얼마나 팔았니?" 어머니께서 물으셨다.

"하나도 못 팔았어요."

"그럼 여태 너 어디 있다 왔니?"

"벨빌가랑 유니언가에요."

"거기서 뭐 했냐?"

"「새터데이 이브닝 포스트」 살 사람 기다리고 있었어요."

"그냥 서 있기만 했단 말이냐?"

"아뇨, 서 있는데 하나도 안 팔리는 거예요."

"이런 맙소사, 러셀!"

앨런 외삼촌이 끼어들었다. "계속 생각해 왔었는데 말이야." 외삼촌이 말했다. "그렇지 않아도 그 신문 정기구독을 신청하려는 참이었거든. 날 정기구독자로 적어 두어라."

나는 외삼촌께 신문 한 부를 건네 드렸고, 외삼촌은 내게 5센트짜리 동전을 주셨다. 그것이 내가 최초로 번 돈이었다.

내 흐뭇해하는 표정을 지켜보시던 어머니는 잠시 후 내게 신문 파는 요령을 가르쳐 주셨다. 나는 대문마다 벨을 누르고선 자신 있는 태도로 어른들한테 설명을 하면서, 만일 거절하려는 기미가 보일 때는 그 누구도, 아무리 가난한 사람이라도 집에 「새터데이 이브닝 포스트」 한 부씩은 반드시 있어야 한다고 말해야 되는 것이었다.

나는 어머니께, 언론계에서 성공하고 싶은 생각이 바뀌었다고 말씀드렸다.

"만일 내가 아무 짝에도 쓸모없는 밥벌레를 키울 거라고 생각한다면," 어머니께서 대답하셨다. "생각을 달리 하는 게 좋을 게다." 어머니는 다음날 학교가 끝나자마자 다시 신문 가방을 메고 거리를 누비며 집집마다 벨을 누르고 다니라 하셨다. 내가 아무래도 비즈니스엔 소질이 없는 것 같다고 반대의 뜻을 밝히자, 어머니는 정신이 번쩍 들게 해줄 테니 내 가죽 벨트 좀 빌려주겠느냐고 물으셨다. 나는 힘에 굴복한 채 무거운 마음으로 언론계로 돌아갔다.

나와 어머니의 힘겨루기는 내가 기억하는 한 대개 이런 식이었다. 그건 아마 내 기억력이 미치기 훨씬 이전부터 시작되었을 것이다. 내가 버지니아 북부의 촌구석 꼬마였고 어머니는 아버지의 고단한 삶에 불만을 가지고 있던 시절, 당신은 나만큼은 절대로 더러운 작업복과 굳은살 박인 손에 머리엔 4학년 수준의 교육만 들어 있는 아버지와 그분의 일가친척처럼 키우지 않겠노라 굳게 다짐하셨다. 어머니는 인생의 가능성에 대해 남다른 생각을 가지고 계셨다. 어머니는 「새터데이 이브닝 포스트」를 통해 가급적 일찍 나를 아버지의 세계에서 떼어놓으려 한 것이었다. 그 세계의 남자들은 동이 트기도 전에 일터로 나가서 때가 털구멍을 꽉 틀어막을 때까지 일만 하다가, 죽을 때는 유산으로 통신판매로 들여놓은 가구 몇 점만 남길 뿐이었다. 어머니께서 생각하시던 더 나은 삶에는 번듯한 책상과 하얀 칼라와 잘 다려진 양복, 그리고 독서와 활기찬 대화가 있는 저녁이 있었다. 그리고 만일 남자가 정말로, 정말로 운 좋게 횡재를 하고 출세를 했다면 아마도 거대한 저택과 번듯한 자동차를 굴릴 수 있는 5천 달러 정도의 연봉, 그리고 대서양의 휴양 도시에서 보내는 휴가가 있을 것이었다.

나는 다시 신문 꾸러미를 들고 나섰다. 출입문에 버티고 서서 으르렁거리는 개들이 나는 무서웠다. 모르는 사람들 집의 초인종을 누르기가 겁나서, 나는 아무도 나오지 않으면 안도했고 누구든 문을 열고 나오면 눈앞이 캄캄했다. 어머니께서 가르쳐 주시긴 했지만, 난 여전히 신문을 파는 재주가 없었다. 문이 열리면 난 다짜고짜 물었다. "「새터데이 이브닝 포스트」 사실래요?" 벨빌에서는 그렇게 해서 신문을 살 사람이 없었다. 그곳은 인구 3만 명의 소도시였는데, 나는 일주일이면 거의 모든 집의 초인종을 누를 수 있었다. 그런데도 30부를 다 파는 경우는 드물었다. 어떤 주엔 엿새 내내 온 동네 초인종을 눌러대도 월요일 저녁이 되도록 네다섯 부가 팔리지 않은 채 남아 있는 경우가 있었다. 그러면 나는 화요일 아침이 오는 게 두려웠다. 「새터데이 이브닝 포스트」 30부가 새로이 집 앞에 놓여 있을 것이기 때문이었다.

"다시 나가서 오늘 저녁 안으로 남은 걸 다 팔아야 할 게다."
어머니는 그렇게 말씀하시곤 했다.

그러면 나는 뉴어크에서 들어오는 퇴근 차량 행렬이 신호등에 잠시 멈춰 서 있는 교차로를 향했다. 신호등이 빨간색으로 바뀌면 나는 길가에 서서 운전자들에게 목청껏 외쳤다.

"「새터데이 이브닝 포스트」 사실래요?"

지나가는 차들의 차창이 모두 닫힌 어느 비 내리던 밤, 나는 흠뻑 젖은 채 단 한 부도 팔지 못하고 집에 돌아왔다. 어머니는 도리스에게 고갯짓을 하셨다.

"나가서 네 오빠한테 신문 파는 시범 좀 보여 줘라."

일곱 살이었던 도리스는 신이 나서 나와 함께 그 교차로에 돌아갔다. 그 애는 가방에서 신문 한 부를 빼들고 있다가, 신호가 빨간색으로 바뀌자마자 가장 가까이에 서 있는 차로 뛰어가 그 조그만 주먹으로 닫혀 있는 창문을 쾅쾅 두들겼다. 운전자는, 아마 그의 차를 급습한 꼬마의 행동에 당황해서인지 창문을 황급히 내렸다. 그러자 도리스는 「새터데이 이브닝 포스트」 한 부를 차 안에 던져 넣었다.

"아저씨, 이 신문이 필요하실 거예요. 5센트밖에 안 해요."

그 애의 판매 기법은 거부할 수가 없는 것이었다. 빨간색 신호등이 단 여섯 번 들어오는 동안 도리스는 남은 신문을 전부 팔아치웠다. 난 창피스럽지 않았다. 오히려 정반대였다. 나는 너무 기쁜 나머지 도리스한테 한턱내기로 했다. 나는 벨빌가에 있는 과일 가게에 가서 사과 세 개를 5센트에 사고 그 중 하나를 도리스에게 주었다.

"돈을 낭비하면 안 돼." 도리스가 말했다.

"사과나 먹어." 나는 사과를 베어 물었다.

"저녁 먹기 전에 뭐 먹으면 안 돼." 그 애가 말했다. "입맛이 없어진단 말이야."

그날 저녁 집에 돌아와서, 도리스는 내가 5센트를 써버린 사실을 어머니께 충실히 일러 바쳤다. 하지만 꾸지람은커녕, 나는 사탕 대신 과일을 산 현명함에 대해 칭찬을 들었다. 어머니는 당신의 무한한 격언 창고에서 한 구절을 꺼내 도리스에게 들려주셨다. "하루 사과 한 개면 의사가 필요 없단다."

나는 열 살 무렵 어머니께서 즐겨 쓰시는 격언을 모두 외웠다.

러셀과 도리스

조금만 더 있다 자겠다고 조를 경우, 나는 이 격언과 함께 침대로 향하게 되어 있었다. "일찍 자고 일찍 일어나면 건강과 돈과 지혜가 생긴다." 조금만 더 자겠다고 짜증을 부리면 이 격언을 듣게 되었다. "일찍 일어나는 새가 벌레를 많이 잡는다."

내가 제일 싫어한 격언은 "한 번에 성공하지 못하면, 다시 해라. 그리고 또다시 해라"였다. 그것은 내가 온 동네 초인종을 다 눌러보고 더 이상 벨빌에선 신문을 살 사람이 없을 거라며 볼멘소리를 낼 때마다, 나를 다시 절망적인 싸움터로 되돌려 보내는 어머니의 전투 명령이었다. 내 설명을 다 들으신 어머니는 가방을 가만히 내 손에 들려주며 말씀하셨다. "한 번에 성공하지 못하면……."

어머니의 강요만 아니었더라면 시작한 그날로 때려치웠을 일을 3년이나 하고 나니 적어도 귀중한 결실 하나는 맺어졌다. 어머니는 마침내 내가 비즈니스 쪽으론 출세하기가 틀렸다는 결론을 내리고 경쟁적으로 부대낄 필요가 없는 일을 궁리하기 시작하셨다.

내가 열한 살이던 해 어느 날 저녁, 나는 선생님으로부터 A를 받은 여름 방학 과제물 '작문'을 집에 가지고 왔다. 어머니는 전직 교사의 시각으로 그것을 직접 읽어보신 후, 그 글이 최고의 7학년 수준이라는 선생님의 평가에 동감을 표시하며 나를 칭찬해주셨다. 그러고 나서 잠시 동안은 아무런 말씀이 없으셨다. 그러나 곧 어머니에게 새로운 아이디어가 떠올랐다. 한참 저녁식사를 하던 중에 어머니께서 불쑥 말을 꺼내셨다.

"얘야." 어머니께서 말씀하셨다. "너 작가가 되는 게 어떻겠니?"

나는 옳거니 하고 맞장구를 쳤다. 전에 작가를 만나 보았다거나 커서 작가가 되고 싶다는 생각을 해본 적은 한 번도 없었다. 더욱이 어떻게 해야 작가가 되는지도 알지 못했다. 그러나 난 이야기를 좋아했고, 이야기를 만들어 내는 일은 그것을 읽는 것만큼이나 재미있을 거라 생각했다. 무엇보다도, 작가가 되면 몸이 편해질 것 같았다. 작가들은 가방을 메고 거리를 터벅터벅 걷지 않아도 되고 성난 개들과 맞닥뜨릴 일도 없으며 모르는 사람들로부터 퉁명스럽게 거절당할 필요도 없었다. 작가는 초인종을 누르지 않아도 되는 것이었다. 내가 알고 있는 한, 작가들이 하는 일이란 정말이지 일도 아니었다.

난 황홀했다. 작가는 적극성 따위는 없어도 되었다. 난 학교에선 웃음거리가 될까 봐 아무에게도 얘기하지 않았지만 마음속으로는 이다음에 크면 작가가 되겠다고 굳게 결심했다.

제3장

나의 어머니, 나의 할머니

별 볼일 없는 남자의 표본을 완벽한 작품으로 개조해 보려는 어머니의 노력은 당신이 어머니가 되기 훨씬 이전부터 있어 왔다. 아홉 중의 맏딸로 자란 어머니는 그것을 당신의 남동생들에게 처음 시도해 보았지만 별로 성공을 거두진 못했다. 결혼을 하고 나서는 아버지한테 시도해 보았는데 역시 성공을 거두지 못했다.

남자들에 대해 어머니는 20세기 페미니즘과 빅토리아 시대의 낭만주의가 뒤섞여 있는 태도를 가지고 있었다. 페미니즘은 어머니로 하여금 단지 바지를 입고 못 입고에 따르는 불평등에 대해 분통을 터뜨리게 했다. "이 녀석아, 바지 입고 다닌다는 게 하나님한테 무슨 대단한 은총이라도 받았다는 뜻인 줄 아나?" 언젠가 내가 여자들이란 정말 구제불능이라고 말하자 어머니는 버럭 고함을 지르셨다. 또 여자들 앞에서 허세 부리기 좋아하는 남자를 보면 어머니는 이렇게 말씀하시곤 했다. "저 놈은 바지만 입고 있으면 돌대가리 가지고도 사는 데 아무 지장이 없다고 생각하는가 보구나."

바지로 인한 불평등은 어머니에겐 평생의 불평거리였다. 어머니는 열여섯 소녀였던 1913년, 여성의 참정권에 대한 학교 토론 발표문에서 이렇게 적고 있다. "여성들을 여신이나 여왕의 자리에 앉혀 달라는 게 아닙니다. 그저 평등할 수 있다면 그만입니다. 현재 여성은 반쪽짜리 시민일 뿐입니다. 투표할 수 있는 권리가 정의와 정당성의 문제가 아니라 고작 바지에 관한 문제란 말입니까?"

어머니는 '바지'라는 구절이 마음에 들었는지 거기에 밑줄을 두 번 긋고 이렇게 결론을 내렸다. "어느 저명인사가 변호사 개업을 하는 젊은이에게 말했습니다. '여보게, 사람들이 알아주지 않을지언정 정의로운 소송을 위해 일하게.' 그렇습니다. 이것은 저에게 맡겨진 사명이기도 합니다. 저는 결과나 성패를 떠나, 대통령이 되기보다는 차라리 정의의 편에 서겠습니다. 그리고 언젠가 여성에게 참정권이 주어지는 그날, 랭커스터 고등학교의 여학생 중 누군가는 정의로울 수 있을 뿐만 아니라 대통령도 될 수 있을 것입니다."

그런데 다른 한편으로 어머니에겐 여왕이 되고 싶은 생각도 있었다. 평등을 향한 현대적 페미니스트의 열정은, 우아하고 세련된 사교계의 꽃으로 특별히 보호받고 떠받들어지고 싶은 19세기적 여성관과 뒤섞인 채 어머니의 내면에서 갈등을 일으키고 있었다. 어머니는 평등을 원했지만 동시에 귀부인이고 싶었다. 어머니는 1890년대 콧대 센 귀부인들이 구가하던 새로운 풍조를 진작부터 익혀두고 계셨다. 그래서 남자들이란 족속은 우둔함을 타고나기 때문에, 그 방탕함과 게으름은 오직 현명한 여자의 도움에 의해서만 극복될 수 있다고 믿으셨다. "성공한 남자 뒤에는 현명한 여자가 있다." 역시 어머니가 즐겨 인용하시던 격언이었다.

어머니의 이상적인 남성상이자 모든 남자들을 평가하는 잣대가 된 사람은 바로 당신의 아버지였다. 어머니는 그분을 항상 '아빠'라고 불렀다.

내가 어렸을 때 어머니는 당신의 어린 시절 이야기를 즐겨 들려주셨고 나도 그런 얘기를 듣는 것이 좋았다. 대공황의 삭막한 무채색 풍경만을 알고 있던 내게 어머니께서 들려주시는 얘기는 밝고 햇살 가득한 세상의 아름다운 풍경을 그리게 해주었다. 어머니께서 그런 얘기를 하실 때면 나는 버지니아의 대저택에 사는 어린 소녀의 모습을 눈앞에 그릴 수 있었다. 날렵한 말들과 멋진 마차, 스산한 가을을 덥히는 벽난로와, 아무 걱정 없이 숲속에서 뛰노는 남동생들과의 여름 한때가 있으며, 일요일 저녁 거실의 피아노 앞에서 건반을 두드리며 찬송가를 부르는 당신의 '엄마'도 계셨다. 그 세계에선 화요일 아침을 짓누르는 「새터데이 이브닝 포스트」 따위는 없었다. 그러나 여느 때처럼, "아빠는 진정한 신사였지"로 시작되는 얘기로 넘어가면 내 흥미는 싹 달아나 버렸다. 그분은 내 외할아버지였지만 나는 스스로 그런 훌륭한 분과는 견줄 바가 못 된다는 사실을 참을 수가 없었고 또 결코 그분만큼 될 수도 없으리라 생각했다. 나는 외할아버지를 내 마음에서 밀어내는 것으로 복수를 했다. 내가 그 '아빠' 문제를 정확하게 인식하게 되기까지는 몇 년의 세월이 지나야 했다. 난 놀라지 않을 수 없었다. 사실인즉, 외할아버지는 성공 따위와는 거리가 먼 분이었다. 그분은 최선을 다했다. 그 점엔 의심의 여지가 없지만 어쨌든 외할아버지가 겪은 실패는 참담한 것이었다.

버지니아의 타이드워터 지방 변호사로서 외할아버지는 종교적 경건함과 자본주의적 야망이라는 그리 자연스럽지 못한 조화를 꾀하셨다. 돈을 벌고자 하는 야망은 외할아버지를 목재 산업에 투자하게 했고, 당신의 신앙은 보험을 혐오하게 했다. 보험중개인이 생명보험 가입을 권유했을 때, 외할아버지는 천벌을 받을 짓이라며 그 중개인을 나무랐다. "하나님은 도박꾼을 싫어하오. 그리고 생명보험은 하나님과 도박을 하자는 짓이오." 외할아버지는 독실한 감리교 신자였다. 외할아버지는 아직 일하실 나이인 쉰셋에 돌아가셨다. 사업차 리치몬드에 가던 길에 심장마비로 쓰러지신 것이었다. 목재 사업을 하며 진 빚과, 하나님에 대한 경외심으로 보험에 들어두지 않으신 탓에 외할아버지는 가족들에게 빈곤만을 남기고 가셨다.

그때가 1917년이었다. 어머니는 피터스버그에서 대학을 다니는 중이었지만——당신의 자녀들에 대한 '아빠'의 계획은 원대했다——곧 학업을 중단하고 일자리를 찾아야 했다. 어머니의 학력은 교사가 되기엔 충분했지만 그렇다고 가만히 앉아서 될 일은 아니었다. 어머니는 일자리를 찾아 250년 동안 '훌륭한 가문'으로 대대로 살아온 유서 깊은 타이드워터를 떠나 북쪽 지방을 돌아다녀야 했다. 그곳은 맨발로 등교하는 시골 아이들이 4학년을 마치고 나면 일주일에 1달러를 벌기 위해 학교를 그만두는 낙후된 지역이었다. 어머니는 남는 방을 월 몇 달러에 내어줄 여유가 있는 목사나 부농의 집에서 하숙을 하며 두 학급짜리 학교 여기저기를 전전했다.

20대 중반이 되어 어머니는 라우든 카운티의 북쪽 경계에 있는 알링턴 학교에서 교편을 잡았다. 쇼트힐산 기슭에 있는 두 학급짜리 학교였다. 몇 마일 서쪽 너머로는 블루리지 산맥이 지나가고 북쪽으로는 포토맥 강이 흘렀다.

학교에서 서쪽으로 그리 멀지 않은 곳에는 죄악의 온상이 하나 있었다. 금주령에도 아랑곳없이 운영되고 있던 유명한 주류 밀매업자 샘 리버의 밀조장이었다. 학교 앞으로 나 있는 진흙탕 길은 말을 탄 사람들과 마차와 자동차들, 그리고 밀주를 찾아 어슬렁거리는 사람들이 쉴 새 없이 지나갔다.

어머니는 술을 끔찍하게 싫어했기 때문에 술을 거들떠보지도 않는 남자들을 높이 평가했다. 어머니의 가족들 중 술을 입에 대는 사람은 하나도 없었다. 어머니께서 틈만 나면 하시던 얘기가, "아빠는 평생 술을 한 모금도 드시지 않았다"였다. 어머니는 술이 사내들의 타고난 야수성을 충동질한다고 믿었다. 남자들이 멍청해지고 싸움이나 벌이며 출세할 수 있는 능력을 잃게 되는 것도 다 술 때문이라는 것이었다. 학교 앞을 오가는 사람들의 행렬을 어머니는 안타까움과 혐오감으로 바라보았다. 그 가운데 많은 수가 파멸로 치닫는 그 길을 지나기엔 너무 젊어 보였다.

어느 날 어머니는 쉬는 시간에 학생들과 함께 운동장에 나와 있었다. 그때 모델 T 자동차 한 대가 밀조장 쪽에서부터 털털거리며 다가오더니 운동장 바로 옆에서 엔진이 멎고 말았다. 어머니는 검은머리의 호리호리한 젊은 남자가 차에서 내려 보닛을 열고 엔진을 들여다보는 모습을 지켜보고 있었다. 그는 쭈글쭈글한 회색 모자와 지저분한 작업복에 투박한 장화 차림이었다.

엔진을 살펴본 뒤, 그는 펜더 위에 있는 공구 상자를 열고 렌치와 술병 하나를 꺼냈다. 뚜껑을 열고 병을 쳐들어 몇 모금 들이켜던 그는 운동장에서 자신을 응시하는 시선을 의식하게 되었다. "신사처럼 말이지," 어머니는 나중에 그 일을 이렇게 회상하셨다. 그는 재빨리 술병을 치우고 미소를 지어 보이며 모자를 살짝 들어 인사를 건넸다.

쉬는 시간이 끝나도록 그는 엔진을 고치고 있었다. 교실로 들어온 어머니는, 아이들에게 술병을 보인 그가 괘씸하기는 했지만 다른 한편으로 측은한 마음이 들면서 다소 화를 가라앉혔다. 그렇게 멀쩡한 젊은이가 술 때문에 인생을 망치려 들다니. 그는 옆에서 바로 잡아 줄 여자만 있다면 충분히 성공할 남자로 보였다. 며칠 후 어머니에게 그럴 기회가 찾아왔다.

어머니는 엡 에이홀트 씨의 농장에서 하숙을 하고 있었다. 에이홀트 씨는 그 일대에서는 가장 큰 축사와 곡식 창고, 그리고 호화스러운 저택을 가지고 있었다. 그의 아내 베시는 이미 아이들을 다 키워낸 작은 체구의 마음씨 고운 부인이었다. 그녀는 인근 지역 대부분의 여자들과 다른 점이 한 가지 있었는데, 바로 아들들을 출세시키지 못해 안달을 냈다는 점이다. 자신의 아들들을 둘러싼 주위의 나쁜 환경과 유혹 때문에 그녀는 항상 노심초사했다. 그러던 어느 날, 아들을 꼬드기는 친구들 중의 하나가 집으로 찾아왔다. 쭈글쭈글한 회색 모자를 쓴 그는 낡은 모델 T를 타고 와서 월턴이 집에 있느냐고 물었다. 부인의 아들들 중의 하나인 월턴은 마침 집에 없었고, 부인은 내심 다행이라 생각하면서도 시골학교 여선생의 하숙집 주인으로서 한껏 교양을 발휘해 그 두 남녀를 서로에게 인사시켰다.

키가 훤칠한 그는 깡마르고 투박한 시골 청년의 모습 그 자체였다. 거칠고 굳은살 박인 그의 손은 생활력이 있어 보였다. 전형적인 노동자의 손이었다. 당신 '아빠'의 손과는 전혀 딴판이었다. 그에게선 '아빠'와 닮은 구석이라곤 한 군데도 찾을 수 없었다. 덥수룩한 검은머리에 갈색 피부를 가진 그는 어쩌면 인디언의 피가 섞였는지도 모를 일이었다.

어쩌면 어머니를 사로잡은 것도 그가 '아빠'와 영 딴판이었기 때문인지도 모른다. 말쑥한 신사들을 좋아하긴 했지만, 어머니라고 강렬한 눈빛의 키 크고 잘생긴 남자에 대해 호감을 가지지 말라는 법은 없었다. 먼 훗날 얘기지만 로버트 테일러가 할리우드의 새로운 섹스 심벌로 떠올랐을 때, 나는 우연히 어머니가 그의 매력에 대해 말하는 것을 듣고 놀라지 않을 수가 없었다. "그런 남자라면 언제라도 내 침대 밑에 신발을 벗어 둘 수 있죠." 물

결혼 전의 벤저민 베이커.

론 농담이었다. 그러나 그 농담은 나로 하여금 어머니를 새롭게 바라보게 해주었다. 그때 나는 어머니가 당신의 '아빠'에 대한 소녀다운 애착이나 나를 향한 모성애보다 훨씬 다양한 사랑을 할 수도 있겠다는 생각을 했다.

베시 에이홀트 부인의 거실에서 마주한 그 청년은 분명히 신사는 아니었다. 신사라면 샘 리버를 찾아가지는 않았을 테니까. 그러나 그는 미소를 지어 보이며 눈치껏 처신했다. 말하자면 완전히 미개인은 아닌 셈이었다. 그는 부인에게 존칭을 깍듯이 붙이는 정도의 예의는 갖추고 있었다. 그에겐 능글맞은 구석 또한 있었다. 어머니가 만나는 대부분의 남자들과는 달리, 그는 학교 선생님 앞이라고 주눅이 들어서 정작 눈앞의 여자를 못 볼 만큼 우둔하지 않았다. 또한 그는 4학년을 마친 게 전부였지만 어머니의 학력 때문에 기가 죽지도 않았다. 그는 어머니에게 자신의 모델 T를 한번 타보지 않겠느냐고 능청스레 물었다.

어머니는 타보고 싶다고 대답했다.

무엇보다도 어머니에겐 그를 한번 뜯어 고쳐 보겠다는 생각이 있었다. 첫 번째 목표는 술을 끊게 만드는 것이었다. 그러나 몇 달이 지나고 두 분이 심각한 관계로 발전하면서 어머니의 계획은 물거품이 되었다. 그리고 위기가 닥쳤다. 어머니께서 임신을 하신 것이었다.

혼전의 임신은 당시 그 지방에선 꽤 흔한 일이었다. 소문이 퍼지면 가벼운 스캔들은 일어났지만, 남자가 '책임을 지고' 결혼을 하면 별다른 오점이나 수치가 될 일은 아니었다. 만일 남자가 결혼하기를 거부하면 사람들은 한동안 그를 야비한 놈이라 손가락질하겠지만, 일단 다른 여자를 만나 결혼을 해서 '정착'을 하면 그만이었다. 그러나 버림받은 미혼모는 수치와 따돌림을 받아가며 두고두고 오명을 지울 길이 없었다.

일이 어떻게 되었든 어머니는 교단에서 물러나야 했다. 이토록 끔찍한 시련의 와중에서 어머니는 무시무시한 적과 맞닥뜨리게 되었는데, 바로 장차 시어머니가 되실 분이었다. 그분은 영 내키지 않는 외지 처녀와 당신의 아들이 결혼하게 되리라고는 꿈에도 생각지 못했다.

고분고분 말 잘 듣던 아들은 교제가 시작되었을 무렵 그 여선생을 집으로 데리고 와서 어머니께 인사를 시켰는데, 두 여자는 보자마자 앙숙이 되어 버렸다. 그의 어머니는 후에 임신 얘기를 듣고는 결혼만은 절대 안 된다고 길길이 뛰며 아들이 바람둥이 처녀의 꼬임에 넘어가서 천치마냥 코를 꿰었다고 난리를 쳤다.

그분은 당신의 아들들을 명령에 따라 움직이도록 길들인 여장부였다. 그분의 평소 성격대로라면 임신한 여자는 기가 죽어서 결혼은 엄두도 내지 못했을 것이다. 그러나 이번엔 경우가 달랐다. 시어머니는 자기 자신만큼이나 사나운 여자를 만난 것이었다.

1925년 3월, 그분의 아들과 여선생은 결혼식을 올리기 위해 조용히 워싱턴을 향했다. 그들은 스물일곱 동갑이었다. 나는 그로부터 여섯 달 후에 태어났고, 곧바로 할머니의 사랑을 독차지하게 되었다. 그러나 나를 끔찍이 귀여워 하시면서도 할머니는 어머니를 절대로 용납하려 들지 않으셨다. 어머니 역시 이에는 이로 갚아 드렸다.

 엡 에이홀트 씨의 농장은 비탈진 옥수수 밭을 지나 남쪽으로 사백 미터 가량 떨어진 작은 마을 하나를 내려다보고 있었다. 일곱 가구로 이루어진 그 마을엔 구멍가게 하나와 채소밭, 건초 더미들, 그리고 여기저기 헛간이며 닭장과 돼지우리들이 흩어져 있었다. 여름날 오후가 되면 마을 전체는 태양을 이고 낮잠에 빠져들었고 이따금 닭 우는 소리가 정적을 깼다.
 내 유년 시절, 그곳은 우주의 중심이었다. 모리슨빌이라는 마을 이름의 유래는 19세기 초로 거슬러 올라갔지만, 나는 마을 이름을 베이커빌로 고쳐도 되리라 생각했다. 왜냐하면 마을 사람들 대부분이 1730년 이곳에 최초로 정착한 베이커 가문의 혈족인 셈이었기 때문이다.
 애당초 사람들이 왜 그런 곳에 정착을 했는지는 알다가도 모를 일이다. 마을은 그 지방의 유일한 포장도로에서도 오백여 미터나 떨어져 있었고, 물줄기라고 해봐야 발이 다 잠기지 않고도 건널 수 있는 작은 도랑이 전부였기 때문이다. 간선 도로에서 마을로 들어가기 위해서는 길섶으로 잡초가 무성한 진흙탕 길을 꾸불꾸불 따라가야 했는데, 우기에는 진흙탕에 자동차의 차축이 빠질 정도였다. 마을에 이르면 길은 두 갈래로 나뉘어져, 하나는 어비 삼촌의 집 쪽으로 뻗다가 도랑에 못 미쳐 찔레 덤불에서 끊겼고 다른 하나는 마을의 복판으로 곧게 이어지다가 할머니의 집 앞을 지나 먼 산 쪽으로 사라졌다.

이 길은 알링턴 학교를 지나 샘 리버의 밀조장으로 뻗은 길과 잇닿아 있었고, 모리슨빌 서쪽으로 3킬로미터를 더 뻗어 산과 마주쳤다. 증조할아버지는 그 산 너머에 통나무집을 짓고 정착하셨다. 그분은 총포상을 하시다가 총의 수요가 격감하면서 재단사가 되셨다. 1821년의 전쟁 직후에 태어난 증조할아버지는 여든의 연세에도 옥수수 자루를 하나 가득 메고 20리 길을 거뜬히 가실 수 있었고 20세기의 도래를 지켜보도록 장수를 누리셨다.

그분의 아들이며 내겐 할아버지가 되는 조지 베이커는 1880년경에 모리슨빌로 이주해 들어와 대장장이가 되었다. 할아버지는 롱펠로우의 시에 나오는 근육이 우락부락한 덩치 큰 대장장이와는 거리가 멀었고, 키가 작고 마른 편이었다. 그분의 독실한 신앙은 누구도 따라갈 수가 없었다. 할아버지는 영혼의 정화를 위해 일요일이면 적어도 두 차례 예배에 참석했고, 평일엔 새벽 성경묵상과 오후 예배를 마치고 그러고도 혹시 교회에서 저녁 시편 낭송이 있거나 하면 해질 무렵 들판을 가로질러 교회를 향했다.

모리슨빌로 이주하기 직전, 할아버지는 농부의 딸인 아이다 레베카 브라운과 결혼했다. 아이다 레베카는 겨우 열아홉 살이었지만, 남편이 땅을 사랑한 것만큼이나 권력을 휘두르기를 좋아했다. 새신랑 조지는 아내 아이다 레베카가 군림하게 될 집 한 채를 정성들여 짓고, 거기에서 신앙과 땅 그리고 다산多産의 삶을 누렸다.

할아버지는 교회에 가는 것만큼이나 애 낳는 것도 열심이었다. 결혼 첫해에 두 분은 아들을 하나 얻었다. 그 후로 10년 동

아이다 레베카와 조지 베이커의 결혼 사진, 1880년.

안, 아이다 레베카는 쌍둥이를 포함해서 아홉 명의 아이를 낳았다. 1897년, 4년 이상의 긴 공백을 깨고 열한 번째의 아들이 태어났다. 바로 아버지였다. 벤저민이라는 이름이 아기에게 붙여졌다.

그런데 거기서 멈춘 게 아니었다. 2년 후, 그토록 고대하던 딸이 태어났고 다시 5년이 지나서 열두 번째 아들이 태어났다. 예로부터 그 일대에서는 아이 열셋 정도는 그리 대단한 게 아니었다. 내가 어렸을 때 우리 이웃의 어떤 집은 아이 열셋을 낳으면서 붙여 줄 이름이 바닥나자 나중엔 번호로 이름을 붙여주었다. 그 집의 아들 중 나와 동갑내기였던 아이는 힘이 아주 세서 내가 항상 부러워했었는데 이름이 '일레븐Eleven'이었다.

식구들 수가 얼마나 더 늘어날 수 있었을까 단정하기는 곤란하다. 할아버지께서 1907년 심장마비로 돌아가셨을 때의 연세가 아직 아이를 낳을 수 있는 쉰둘이었기 때문이다. 할아버지께서 마지막으로 남기신 말은 온 집안의 수수께끼였다. 그 말이란 할머니에 따르면, "난쟁이로 살다가 이제야"였다고 한다. 그 말이 맞는지 틀린지, 맞다고 하면 도대체 무슨 뜻인지 정확히 알 수는 없지만 하여튼 그 말은 "난쟁이로 살다가 이제야"로 들렸다고 한다. 할머니는 할아버지에게 그 말이 무슨 뜻인지 묻지 않았다. 할아버지는 인디언 기사단에 속해 있었는데, 그 당시엔 여러 가지 비밀이나 알아들을 수 없는 암호 따위로 끼리끼리 뭉치는 비밀 조직 같은 게 꽤 유행이었다. 할머니가 "난쟁이로 살다가 이제야"의 뜻을 할아버지에게 묻지 않은 이유도 그 조직의 비

밑에 쓸데없이 휘말리는 것이 두려웠기 때문이다.

할아버지의 죽음 이후로 내가 태어나기까지 18년 동안, 할머니는 가족들 모두가 벌벌 떠는 무소불위의 권력자로서 그 지위를 확고히 구축했다. 아이다 레베카의 아들들은, 그 중 몇몇은 이미 중년에 접어들었음에도 그 일대에서 어머니 말씀 잘 듣는 아이들로 소문이 자자했다. 만일 누가 구속받기를 거부하고 뛰쳐나간다면 그 대가는 무시무시했다. 모리슨빌에선 모두들 이렇게 말했다. "그 할멈 맘대로 아니면 누구도 절대로."

그분의 며느리들은 아무 탈 없이 조용히 살기 위해 시어머니의 패권을 인정하는 대가를 치렀고 분통 터지는 일도 속으로 다 삭여야 했다. 며느리들은 결혼 승낙을 받는 자리에서, 파종기에도 남편 곁에 있게 해주겠다는 조건으로 절대 복종을 약속해야 했다. 그 며느리들 중 딱 한 사람이 무릎 꿇기를 거부했는데 바로 어머니였다. 왜 두 분이——결혼 얘기가 나오기 훨씬 이전인——처음 마주한 자리에서부터 서로를 앙숙으로 여기게 되었는지는 쉽게 짐작할 수 있다. 두 분의 첫 대면은 상상하고도 남음이 있다.

할머니는 당신의 권위를 뽐내듯 처마 밑 흔들의자에 앉아 아들 벤저민이 새로 만난 아가씨를 데리고 나타나기를 기다리고 계셨을 것이다. 할머니는 흔들의자에 앉아 마치 여왕처럼 전경을 내려다볼 수 있었다. 집 앞으로는 모리슨빌의 지붕들을 굽어보는 길이 나 있고, 뒤쪽으로는 멀리 블루리지 산맥이 병풍처럼 펼쳐져 있었다. 집 앞의 잔디밭이 길에서 약간 오르막을 그리며 펼쳐져 있었고, 할머니가 앉아 있는 흔들의자까지는 잔디밭을 지나 흰색으로 칠해진 말뚝 아래를 통과한 다음 다시 몇 단의 돌계단을 올라와야 했기 때문에 방문객들은 할머니를 올려다보지 않을 수가 없었다.

어머니가 흔들의자가 있는 곳에 이르러서야 할머니는 몸을 일으켰다. 할머니의 앉아 있는 모습은 1870년대의 여느 촌부와도 다를 게 없었다. 할머니는 목에서부터 손목과 발목을 덮고 있는 숄을 두른 채, 얼굴에 그림자를 드리우는 챙 넓은 보닛 모자를 쓰고 있었다. 햇볕이 강한 날은 아니었다. 그런데 할머니가 자리에서 일어서자 그분에게선 다른 사람을 압도하는 힘이 느껴졌다. 완전히 일어섰을 때의 키가 180센티미터에 달한 할머니는 마치 세상을 내려다보는 듯했다. 실제로 할머니는 거의 30센티미터는 작았을 어머니를 내려다보았다.

숄을 두르고 있는 어깨는 딱 벌어져 있었고, 커다란 손은 굵게 마디져 있었다. 30인분의 식사 준비에서부터, 애 돌보기, 한여름에 일년 먹을 야채를 통조림으로 만들어 놓기, 그리고 돼지 한 마리 잡는 일 정도는 거뜬히 해치울 것 같은 손이었다. 실제로 할머니께선 그런 일들을 어머니가 태어나기도 전부터 숱하게 해오셨다. 보닛 모자 아래로 보이는 할머니의 긴 턱은 전투적으로 보였고 머리칼은 은백색을 띠고 있었다. 철테 안경 너머로 응시하는 매서운 눈매는 유머라고는 눈곱만큼도 없어 보였다. 어머니의 눈에는, 명령을 내리는 데 익숙한 인물의 위압적인 풍모만 보일 뿐이었다.

할머니의 눈에는 머리를 안으로 말아 넣은 방정맞은 헤어스타일의 비실비실한 처녀가 보일 뿐이었다. 머리매무새가 도회지의 돼먹지 못한 것 같으니, 무릇 단정한 여자란 머리를 길러서 뒤통수에 매듭을 지어 늘어뜨리는 법, 그리고 손목이며 발목은 꼭 나뭇가지 같아서 무슨 일이라도 좀 시키려면 그냥 똑 부러지고 말겠네. 도대체 벤저민 이 놈은 저 여자 어느 구석이 좋다는 건지? 별로 예쁘지도 않구먼. 예쁜 건 고사하고 저렇게 말라 비틀어져서야 원, 살점이라곤 하나도 없는데 말이야.

대화로 해결될 문제가 아니었다. 할머니는 학교 선생이란 사람들을 그리 곱게 보지 않았다. 당신의 아들들은 모두 일할 만큼 자랐을 때 학교를 그만두었다. 읽고 쓰고 덧셈 뺄셈할 줄 알고 조지 워싱턴과 에이브러햄 링컨이 누군지 알 정도면 충분했다. 지도에서 유럽이 어디에 있는지, 버지니아와 중국이 어디쯤 있는지만 짚어내도 충분했던 것이다. 남자란 그저 일을 하려고 태어났지 책에다 코를 처박고 지낸다는 건 도대체가 한심한 일이었다. 할머니는 남자라면 출세를 해야 한다는 명제 따위에는 관심이 없었다. 남자가 할 일이란 식솔들을 먹여 살리는 것이었다. 마누라와 자식들을 먹여 살릴 수 있으면 그만이었다. 물론 자신을 낳아주신 어머니를 부양하는 것도 중요한 의무였다. 그 이상은……. 글쎄, 할머니께서 과연 그 이상 생각해 보셨을지는 의문이다.

학력에 대해 늘 자신이 있었던 어머니는 당신의 지식을 과시하며 일장연설을 거침없이 늘어놓으셨을 것이다. 할머니 앞에서 일부러 오기를 부리느라 그랬겠지만, 어머니는 당신이 자란 곳과 비교해 볼 때 모리슨빌의 아이들이 얼마나 아둔하고 미련한지를 느낀 그대로 말했다.

할머니는 책에서 배운 지식은 없었지만 대신 매우 날카로운 구석이 있었다. 특히 외지에서 온 사람들을 판단할 때 그랬다. 모리슨빌에 온 외지인은 자신이 모리슨빌 지역 공동체에 완전히 적응했음을 증명하기 전에는 누구에게도 환영받지 못했다. 할머니는 당신의 열한 번째 아들이 어떤 점에서 실수를 저질렀는지 단번에 알아차리셨다. 바로 자기가 좋은 가문 출신임을 으스대고 뽐내는 이 건방진 학교 선생이 결단코 모리슨빌에 동화될 수 없으리라는 것이었다.

결혼 문제에 대해 그토록 완강했던 할머니의 반대를 거스른 아버지의 결단은 아마 당신 일생의 가장 용감한 행동이었을 것이다. 돈만 있었다면 아버지는 아마도 멀리 로베츠빌이나 워터포드 쪽으로 이사를 가셨을 것이다. 신부와 어머니의 팽팽한 줄다리기에 치이지 않기 위해서라도 둘 사이를 멀리 떼어놓을 필요가 있었던 것이다. 그런데 돈이 충분치 않았다. 아니, 거의 무일푼이다시피 했다. 아버지는 채석 일을 생업으로 삼으셨다. 하지만 돌도 많고 채석 일도 흔했던 그곳에는 석공 역시 많았고 버는 것은 적었다. 게다가 아버지는 놀고 즐기기를 좋아하셨다. 알량하게 번 돈은 고물 모델 T를 수리하거나 로베츠빌의 도박장과 샘 리버의 밀조장으로 고스란히 들어갔다.

돈이 없었으므로 선택의 여지는 없었다. 아버지는 어머니를

열여섯 살 때의 아이다 레베카(위), 손자와 함께, 1925년(아래)

모리슨빌로 데리고 들어갔다. 하지만 할머니와 한 집에 산다는 것은 악몽이 될 게 뻔했다. 그래서 아버지는 큰형 댁에 신세를 지며 그곳을 임시 거처로 삼기로 했다. 아버지의 큰형님은 모리슨빌의 기준으로는 부유층이었다. 새 보금자리는 할머니의 집으로부터 수백 미터 떨어진 이웃 마을에 위치하고 있었다. 아버지의 큰형님은 신혼 부부가 '독립'할 수 있을 때까지 그곳에 머물러도 좋다고 허락했다.

바로 그분이 내 최초의 후원자였던 어비 삼촌이다. 나는 1925년 8월 14일, 금요일 자정 직전에 2층 침실에서 태어났다. 로베츠빌에서 오기로 한 의사가 도착하지 않자 할머니는 직접 아기를 받기 위해 부산을 떨었다. 그러나 어쨌든 의사는 아슬아슬하게 도착했고 나는 무사히 세상에 나와 캘빈 쿨리지 대통령의 재임 기간에 미국 국민이 되었다. 제1차 세계대전 종전 7주년이자 러시아 혁명 여덟 돌을 맞는 해였으며, 할머니의 빅터 축음기에선 "그래요, 우리는 바나나가 없어요"가 흘러나오던 시절이었다. 역사는 점차 중요한 시기로 접어들고 있었고, 나는 아무 걱정 없는 젖먹이의 행복 속에서 쌔근쌔근 잠을 잤다. 출세해야 한다는 압박을 받지 않던 시절이었다.

내가 잠에서 깨어났을 때——이 일이 내가 기억하는 가장 오래된 일이다——나는 괴물 같은 머리통에 달린 두 개의 커다란 눈과 시선이 마주쳤다. 나는 울음을 터뜨렸고 괴물은 그르렁거리는 소리를 냈다. 그때 어머니가 뛰어 들어오시더니 나를 유아용 침대에서 번쩍 안아 올리셨다.

"저리 꺼져!" 어머니께서 고함을 지르셨다.

그 끔찍한 놈이 사라졌다.

"아무것도 아니야. 저건 그냥 젖소란다." 어머니께서 말씀하셨다.

집 앞으로 지나가던 젖소가 열려진 창문 안으로 머리를 들이민 것이었다.

"젖소는 아주 착해서 사람한테 아야 안 해. 밖에 나가서 한번 볼래?"

나는 그때 어머니의 말을 완전히 알아들었다. 아무것도 인식하지 못할 것 같은 젖먹이 시절부터, 나는 종종 깊은 잠 속에서 그런 식으로 말을 배웠다.

그즈음 우린 어비 삼촌댁을 나와서 엡 에이홀트 씨 농장 근처의 소작 농가로 들어갔다. 그리고 얼마간의 시간이 지난 뒤, 우린 길 하나를 사이에 두고 할머니의 흔들의자가 정면으로 올려다 보이는 노란 목조 가옥에 살게 되었다. 고개를 들면 길 건너 할머니께서 나를 내려다보시는 모습이 보였다. 그럴 때마다 나는 기분이 좋아졌다. 나는 할머니를 무척 좋아했고 할머니 역시 나를 사랑하신다는 것을 알았다. 할머니는 길 이쪽 편에 오시면 편치가 않았고, 어머니도 저쪽 편으로 길을 건너가는 것이 불편하기만 했다. 그러나 나는 두 세계를 모두 누릴 수 있었다. 마을을 가로질러 당신의 왕국을 산책하실 때마다 할머니께선 항상 내 손을 꼭 잡고 다니셨다. 할머니는 채소밭에 가면 토마토 벌레를 어떻게 잡는지 가르쳐 주셨고, 지하의 캄캄한 부엌에선 불쏘시개를 놓는 법과 장작이 타는 난로에 등유를 끼얹는 요령도 가르쳐 주셨다. 천둥 번개로 산이 요동치던 어느 여름 날, 할머니는 나를 데리고 길 아래로 내달리시더니 솜처럼 부드러운 병아리들을 손바닥에 가만히 감싸 올리셨다. 할머니와 집 안으로 뛰어 들어오기가 무섭게 강풍과 우박이 양철 지붕을 때리기 시작했다. 할머니와 나는 돌로 만들어진 거실 벽면의 창가에서 들판 위로 번개가 춤추는 모습을 내다보았다. 그러다가 대포처럼 쿵 하는 소리가 들려오면 몸서리를 치기도 했다. 나는 포위된 요새 안에 고립되어 있는 듯한 기분이 들었다. 그때 할머니는 난로 옆 흔들의자에 앉아 내게 폭풍의 위험에 대해 가르쳐 주셨다.

"거기 앉지 마라, 애야. 너 지금 벽난로랑 문 중간에 앉아 있잖니."

그럼 거기가 위험하기라도 하다는 뜻인가?

"어이구, 애야. 벼락이 칠 때는 그 자리가 제일 위험하다니까. 이 할미가 전에 봤는데 말이지, 번개가 굴뚝을 타고 내려오더니 불덩이처럼 방 한가운데를 획 지나가서 저쪽 문으로 나가더구나."

나한테 행여 무슨 일이 생길까 신경이 곤두서 있던 어머니는, 폭풍우가 물러간 후 내가 할머니 댁에 있었다고 말씀을 드리자 가만히 참지를 못하셨다.

"나는 네가 길 어느 쪽에 속해 있는지 잘 알았으면 좋겠구나."

할머니는 어머니가 나를 너무 엄하게 키운다고 생각하셨다.

그래서 나를 당신 집의 지하에 있는 식품 저장고에 데리고 들어가서 이것저것 몰래 먹이기를 좋아하셨다. 어느 날 오후 할머니는 당신이 직접 구워낸 빵을 주시려고 나를 그곳으로 데리고 내려가셨다. 할머니는 빵을 두껍게 두 조각 써신 다음 버터를 그 위에 바르며 내게 물으셨다.

"위에 젤리 얹어 주랴?"

"네, 할머니."

할머니께서 선반 위에 있던 단지를 내려서 뚜껑을 열고 나이프로 젤리를 막 떠내려는 순간이었다.

"러셀, 너 거기서 뭐 하고 있니?" 어머니의 그림자가 다가왔다.

"할머니께서 빵에다 젤리 얹어 주신댔어요."

어머니는 할머니께 쏘아붙였다. "어머님, 끼니 중간에 애한테 뭐 먹이지 않으셨으면 좋겠는데요." 어머니의 목소리는 잔뜩 화가 나 있었다.

물론 할머니도 마찬가지였다. "너 지금 나한테 애 키우는 법에 대해서 가르치려고 드는 거냐?"

"제 말은 애가 끼니 중간에 젤리 빵을 먹지 않았으면 좋겠다는 거예요. 제 아이가 제 말을 듣도록 하는 게 뭐 잘못됐나요?"

"너 아주 날 가르치려고 드는구나. 나는 애를 열셋이나 키웠지만 걔들 중에 어느 누구도 지금 너처럼 목소리를 높인 적은 없었다."

고성이 오가는 틈바구니에서 나는 잔뜩 겁이 났다. 하지만 두 분은 그동안 쌓인 것을 한꺼번에 터뜨리느라 내가 거기 있다는 사실조차 잊으셨다. 마침내 어머니는 버터 바른 빵을 손에 들고 거기에 꼼짝 않고 서 있는 나를 의식하셨다.

"러셀, 네 집이 있는 길 건너편에 가만히 붙어 있었으면 좋겠구나." 어머니께서 말씀하셨다.

"러셀이 이 집 아이는 아니란 말이냐?" 할머니께서 맞받아 치셨다.

어머니는 애써 분을 가라앉히시는 것 같았다. 어머니는 밖으로 나가시다가 문 앞에서 잠깐 멈추시고는 아주 차분한 목소리로 말씀하셨다.

"그 빵은 먹어도 좋다. 대신 젤리는 얹어 먹으면 안 된다."

그 순간 할머니는 단지 안에 나이프를 넣어서 젤리를 듬뿍 퍼내시더니 빵 위에 두껍게 바르셨다. 나는 줄곧 어머니만 바라보고 있었다.

"어서 먹어." 할머니께서 명령하셨다.

나는 어머니께서 밖으로 나가실 때까지 기다렸다. 눈물이 나려고 했다. 나는 할머니가 지켜보는 가운데 빵을 먹었다. 감히 거역할 수가 없었다.

내가 길 건너편 할머니 댁에 가지 않는다는 것은 불가능했고 어머니도 그걸 잘 알고 계셨다. 할머니의 집은 모리슨빌의 신전神殿이나 다름없었기 때문이다. 언젠가 추운 겨울 한밤중에 어머니는 날 흔들어 깨워 할머니 댁에 같이 가야겠다고 하셨다. 아버지께서 나를 이불 채로 안으셨다. 우리는 할머니 댁의 돌계단을 올라 너른 처마 밑을 거쳐 깜깜한 복도를 지나갔다. 우리는 복도

끝 골방에 이르렀는데, 그 골방은 마을의 장례식 때를 제외하고는 전혀 사용하지 않는 으스스하고 소름끼치는 곳이었다. 나는 그곳에서 귀신이 나온다고 믿었다. 그때 아버지가 방문을 열자 놀라운 광경이 나를 기다리고 있었다. 방 귀퉁이에 삼촌 몇 분이서 계셨고 할머니도 거기 계셨다. 모두들 잠옷 차림이었다. 누군가 램프에 불을 붙이자 방 안에 자그마한 나무가 한 그루 보였다.

할머니의 모습이 그때처럼 이상하게 보인 적이 없었다. 할머니는 잠옷 차림에 은발을 어깨까지 늘어뜨리고 계셨다. 할머니께서 내게 미소를 지으셨다. 할머니께서 웃으시는 모습은 처음이었다. 그렇게 미소를 머금고 계신 모습이 할머니라기보다는 마치 소녀 같아 보였다.

"저기 좀 보렴." 할머니께서 내게 속삭이셨다.

모두들 나를 보고 환하게 웃고 있었다. 정말 이상한 일이었다. 그분들은 여간해선 웃는 분들이 아니었고 특히 아이들에게는 더욱 그러했다.

흐릿한 등유 램프 옆으로 형형색색의 장식들이 나뭇가지에 매달려 있는 것이 보였다. 누군가 램프를 나무 가까이에 갖다 대자 반짝거리는 장식들이 램프 불빛을 반사했다.

"메리 크리스마스!" 할머니께서 나를 아빠 품에서 받아 안으시며 말씀하셨다. "산타 할아버지가 다녀가셨단다. 너 주라고 뭘 두고 가셨는지 보려무나."

빨간 뚜껑이 달린 장난감 삽이 바닥에 놓여 있었다. 삽의 아래 부분은 금속으로 되어 있어서 진짜 흙을 한 무더기 퍼낼 수도 있을 것 같았다. 삽자루를 따라 줄이 매달려 있어서 삽을 쳐들면 흙이 뒤쪽으로 쏟아지는 구조였다.

할머니와 아버지와 삼촌들은 그것을 매우 교육적인 장난감으로 생각하셨을 게 분명하다. 대대로 대장장이, 석공, 목수 같은 노동자로 살아온 분들에겐, 내게 장난감 삽을 선물하는 것이 커다란 의미가 있었을 것이다. 그분들은 또한 내가 살아갈 인생에 대해 스스로 생각할 기회를 주고 싶으셨을 것이다.

그때 혼자 골똘히 생각에 잠겨 있던 어머니는, 아마도 그런 멋진 고철덩어리보다는 책 한 권을 선물로 주고 싶으셨을 것이다.

제4장

모리슨빌 사람들

이즈음 아버지는 이미 사형선고를 받은 상태였다. 1918년, 아버지는 육군에 징집되었다가 닷새 후 '신체검사 불합격' 통지서를 들고 집으로 되돌아온 일이 있었다. 당신의 유년 시절부터, 벤저민이 "콩팥이 안 좋다"는 얘기는 모리슨빌에서 모르는 사람이 없었다. 군의관이 발견한 것이 무엇이었는지는 통지서의 내용으로는 불분명했다. 아마 아버지는 그 사실을——자신이 당뇨병을 앓고 있다는——알고 있었는지도 모른다. 만일 그랬다면 아버지는 그 진단 결과를 비밀에 붙인 것이었다. 1918년이면 인슐린은 아직 나오지 않은 때였다. 자신의 병을 알았든 몰랐든 간에, 스무 살 당뇨병 환자의 짧은 인생은 이미 운명 지어져 있었다.

 1921년 인슐린의 발견은 그 운명을 걷어 내고 아버지가 어느 정도 건강한 삶을 다시 누릴 수 있게 도와줄 수도 있었다. 그러나 아버지가 인슐린의 존재를 알았다고 해도 그것을 사용하진 못했을 것이다. 매일 투약하는 데 드는 비용을 감당할 수 없었기 때문이다. 어쩌면 아버지는 당신의 병이 얼마나 심각한 것인지 잘 모르고 있었는지도 모른다. 여기에는 모리슨빌의 열악한 의료 환경이 고려되어야 한다. 새로운 의학의 기적들이 벽지의 진흙탕 길까지 들어오는 데에는 많은 시간이 걸렸다. 모리슨빌에서는 중병조차도 대개 기도라는 요법으로 다루어졌고, 요절은 흔한 일이었다. 아이들은 디프테리아나 성홍열 그리고 홍역으로도 죽음을 맞았다. 장티푸스나 패혈증으로 병석에 누운 사람들의 얘기는 쉽게 들을 수 있었다. 병원은 멀리 떨어져 있었고 맹장이 터진 사람들은 의사의 왕진을 기다리며 죽어갔다.

항생제가 나오기 훨씬 전이었으므로 폐결핵은 치명적이었다. 폐렴은 그나마 덜 위협적이었음에도 겨울이면 사람들을 공동묘지로 실어내곤 했다. 후두염이나 백일해는 예로부터 전해오는 민간요법을 이용한 아이다 레베카의 처방——겨자로 만든 고약, 감초즙, 설탕을 섞은 양파——이 두루 사용되었다. 종기나 등창에는 먼저 '근을 빼기 위해' 삶은 달걀을 으깨서 환부에 바른 뒤 성냥불에 달군 바늘이 사용되었다.

사촌 릴리언이 녹슨 못에 발이 찔렸을 때 할머니는 베이컨 날것을 상처 위에 덮어야 한다고 하셨다. 사촌 캐슬린이 난로에 손을 데었을 때에는 알아듣지도 못할 주문을 외우며 캐슬린의 팔을 잡고 물집 잡힌 상처를 깃털로 쓸어 내리셨다. 캐슬린의 비명이 뚝 그쳤다. "할머니, 이제 하나도 안 아파요."

이 요법은 '파우와우'라고 불렸는데, 모리슨빌의 장년층과 노인들은 주술의 힘으로 병을 고치는 이 방법을 그때까지도 믿고 있었고, 한번은 그 지방의 의사도 그런 처방을 해준 일이 있었다. 그 의사는 릴리언의 얼굴에 난 뽀루지를 치료해 보다가 실패하고는, 릴리언에게 이르기를 마을에 사는 어느 할머니의 파우와우가 가끔 효험이 있으니 그리 가보라고 권했다. "그렇지만 아무한테도 내가 그렇게 시키더라는 얘기를 해선 안 된다"라고 덧붙이면서 말이다. 릴리언은 파우와우 치료를 받지 않았다. 뽀루지는 의학의 힘도, 마법의 힘도 빌리지 않고 저절로 가라앉았다.

병원이란 걸 구경해 본 사람은 극히 드물었다. 할아버지가 중풍으로 쓰러졌을 때, 인디언 기사단은 치유의 능력을 발휘해 보라며 회원들을 병석에 누워 계신 할아버지에게 보냈다. 인디언 기사단은 병석에 누운 형제의 침대맡에서 아무런 성과를 거두지 못한 그 회원들에게 직무 태만을 물어 1달러씩의 벌금을 부과했다. 할머니는 할아버지의 병을 낫게 하기 위해 현대 과학의 힘을 빌렸다. 할머니는 통신판매로 구한 전기충격장치를 가지고 할아버지의 마비된 사지에 낮은 전압의 전기를 흐르게 했다.

모리슨빌에서는 요즘과 같은 죽음에 대한 혐오를 찾아보기 힘들었다. 그것은 생활의 일부분이었다. 죽음은 노인에게 뿐만 아니라 젊은이들에게도 냉혹하게 찾아왔다. 병원에서 시신을 방부처리하는 일도 없었다. 모리슨빌에선 죽음의 목전에서 왕진을 청하는 게 전부였다. 죽음은 침상 곁을 찾아왔고, 거실 창가에 있는 소파 위에도 앉아 있었으며 대낮에 들판에 있는 사람들을 엄습하거나 잠자리에 들기 위해 계단을 오르는 사람들을 덮치기도 했다.

당신의 병을 어떻게 받아들였는지는 몰라도 아버지는 별다른 동요가 없으셨다. 오히려 아버지는 남은 시간을 철저히 사용하시려는 듯 다소간 활력을 보이기까지 했다. 1927년경 아버지는 집세도 내고 가구도 좀 들여놓을 만한 돈을 모으셨다. 그해 8월, 창문 너머로 풀 뜯는 소가 있던 바로 그 집에서 동생 도리스가 태어났다. 해가 바뀌어 우리는 좀더 큰 집으로 이사를 했다. 할머니의 흔들의자가 저만치 올려다 보이는 그 집에서 1930년 6월 내 두 번째 여동생이 태어났다. 오드리라는 이름이 붙여졌.

아버지께서 '가정적인 남자'로 조금씩 바뀌신 것은 어머니의 성격 개조 사업이 다소간 성공을 거두었다는 증거였다. 그러나 도저히 술은 못 끊겠다는 아버지의 고집이 어머니에겐 가장 고통스러운 실패로 받아들여졌다. 한동안 술을 끊어서 어머니를 기쁘게 하시다가도 다시금 술 냄새를 풍기며 집에 돌아오신 아버지는 그럴 때마다 심하게 앓으셨다. 술은 당뇨병에 치명적이었지만 아버지는 샘 리버의 술병에 담긴 만족을 위해서라면 어떤 것도 아까워하지 않으셨다. 어머니는 당뇨병에 대해선 아는 게 없었다. 그러나 술이 아버지에게 독이나 다름없다는 사실은 잘 알고 있었다. 아버지께서 술 냄새를 풍기며 집에 들어오면 어머니는 길 건너 할머니 집에까지 들릴 정도로 마구 고함을 지르셨다. 아버지는 맞고함을 지르지도, 말싸움을 벌이지도 않으셨다. 그저 고개를 떨구고 가만히 앉아 어머니의 화가 가라앉기만을 기다리셨다.

언젠가 아버지께서 돌아오실 시각이 한참이 지나도록 우리는 식탁에 앉아 아버지를 기다리다가 결국 우리끼리 저녁식사를 했다. 아버지는 설거지가 다 끝날 무렵에야 들어오셨다. 아버지는 만면에 웃음을 띤 채 등뒤로 무엇인가를 들고 계셨다.

"어디 있다 오는 길이에요?" 어머니께서 물으셨다.

"도리스 주려고 선물을 사왔거든."

"지금 몇 시나 됐는지 알아요? 저녁식사가 언젠지 아냐고요?" 한 마디 한 마디가 고함이었다.

아버지는 애써 태연한 척하며 웃음 띤 얼굴로 도리스에게 말씀하셨다. "너 아빠가 뭐 사왔는지 보고 싶지?"

도리스가 아버지에게 다가가려 했다. 어머니는 도리스를 붙들었다.

"애는 가만히 놔두세요. 당신 취했어요."

"그게 말이야." 아버지는 계속 웃고 계셨다. "집에 오다가 한 잔 했거든. 정말 딱 한 잔ㅡ."

"거짓말 말아요. 술 냄새가 아주 진동을 하는데 무슨 얼어 죽을 한 잔이에요?"

"도리스 주려고 선물을 고르고 있는데 아는 사람을 만났지 뭐야. 그런데ㅡ."

"부끄럽지도 않아요? 애들 앞에서 이게 뭐하는 짓이에요? 당신 그러면서도 애들 애비라고 할 수 있어요?"

아버지의 미소가 사라졌다. 아버지는 어머니에게 아무런 대답도 하지 않으셨다. 대신 도리스를 쳐다보며 가만히 선물을 앞으로 내미셨다. 주석으로 만든 조그만 접시와 그릇, 찻잔들이 들어 있는 소꿉놀이 세트였다.

"아빠가 도리스 주려고 사왔지."

도리스는 기뻐 어쩔 줄을 모르며 상자에 손을 뻗었다. 그러나 어머니가 더 빨랐다. 아버지의 속죄 제물을 낚아챈 어머니는 아주 차가운 표정으로 아버지에게 퍼부어댔다. 아주 장하십니다. 돈 몇 푼 생겼다고 술이나 퍼마시고, 그게 무덤 파는 짓인지도 모르죠? 잘하는 짓이에요. 애들 앞에서 비틀비틀 제대로 서 있지도 못하면서 그 아까운 돈을 이까짓 양철 쪼가리 사는 데나 쓰고 다니고.

머리끝까지 화가 치민 어머니는 부엌으로 달려가서 도리스의 선물을 어두운 창 밖으로 집어던졌다. 새로 산 장난감이 내던져지는 광경을 내가 안타깝게 지켜보고 있는 동안 아버지는 의자에 털썩 앉으셨다. 나는 아버지께서 어떻게든 좀 해보셨으면 하고 애가 탔지만 아버지는 그 자리에 힘없이 앉아 계시기만 했다.

도리스와 나는 땅거미 내린 집 밖으로 뛰어나가 흩어진 장난감들을 주워 담았다. 우리가 땅에 엎드려 손톱만한 크기의 접시와 그릇들을 더듬더듬 찾는 동안에도 부엌에서는 어머니의 고함 소리가 흘러나왔다. 고함소리가 잠잠해졌을 때, 나는 문 쪽으로 살금살금 기어갔다. 아버지는 어깨를 축 늘어뜨린 채 고개를 떨구고 의자에 구부정하게 앉아 있었다. 어머니의 말이 계속 이어지고 있었지만 아까보다는 목소리가 훨씬 가라앉아 있었다.

"잘 들어요." 나는 어머니의 말을 엿들었다. "내일 애들을 데리고 친정으로 가겠어요."

나는 다시 조심스럽게 기어 나와 어둠 속에서 도리스가 그릇을 찾는 일을 도와주었다. 갑자기 무언가 문에 부딪치는 소리가 들렸다. 아버지의 모습이 나타났고 아버지는 배나무 쪽으로 다가가 토하기 시작했다.

그 집에서도 행복한 순간들은 있었다. 숨이 탁탁 막히는 여름밤이면 두 분은 찜통 같은 위층 침실에서 이불을 가져다가 거실 바닥에 이부자리를 펴셨다. 내가 네 살이 되던 해의 여름, 어머니는 내게 글을 가르치기 시작하셨다. 그러던 어느 날 이불을 펴고 막 잠자리에 들려는 순간, 아버지는 갑자기 내가 글을 얼마나 깨쳤는지 보고 싶다고 하셨다.

두 분은 나를 가운데 두고 책을 펼치셨다. 나는 분명히 몇 단어를 알고 있었다. 하지만 갑자기 긴장이 되자 아무것도 생각이 나지 않았다. 그 책은 글을 처음 배우는 아이들을 위한 교재였다. '바둑이', '생쥐', '아이', '아빠' 한 단어도 읽을 수 없었다.

어머니는 잔뜩 속이 상한 표정이었고 나는 책을 멍하니 바라볼 수밖에 없었다. 아버지께서 내 자존심을 세워 주셨다. "이 애가 긴장을 해서 그래." 그러시면서 한 손에 책을 들고 나를 가까이 끌어당기시더니 내 얼굴에 뺨을 비비셨다. "자," 아버지는 단어 하나를 가리키며 말씀하셨다. "너 이거 아는 단어잖아?"

정말 아는 단어였다. "아빠."

"야, 넌 정말 똑똑한 아이야. 이 단어도 알지?"

"아이."

내가 별 도움 없이 대부분의 단어들을 읽어내자 아버지께서 어머니에게 말씀하셨다. "당신이 많이 애썼네. 이 녀석 이제 대학에 보내도 되겠는데." 어머니 역시 기뻐하며 아버지 볼에 입을 맞추셨다. 흐뭇해하는 표정으로 나를 바라보시던 아버지께서, "야, 너도 대학 가고 싶지?" 하고 물으셨다. 두 분 모두 웃음을 터뜨리셨다. 아마 그런 사치스러운 생각을 해보는 것만으로도 두 분은 즐거우셨으리라. 그러고 나서 아버지는 램프의 불을 끄셨다. 그날 밤, 나는 두 분 사이에서 잠을 잤다.

유년기를 거치며 이따금씩 내 안에서 솟구치던 활력은 마치 한여름의 폭풍우와 같았다. 갑자기 먹구름이 끼면서 천둥이 으르렁거리고 번개가 번쩍 하면 나는 두려움으로 온몸을 떨었다. 그러다가 하늘이 다시 파랗게 개기 시작하면 나는 맑은 평화 속에서 푸근한 마음으로 햇볕을 쬐었다.

모리슨빌은 20세기와의 투쟁을 준비하기에는 적당한 곳이 못 되었지만 즐거움으로 가득 채워지는 유년을 보내기엔 더할 나위 없이 좋은 곳이었다. 햇살에 흠뻑 젖을 수 있는 여름에는 미나리아재비가 들판을 노랗게 뒤덮었고 헛간엔 건초가 가득 쌓여 있었다. 뒤뜰에는 보랏빛 포도송이들이 주렁주렁 나무에 달려 있었고 할머니 집 처마 아래로 길게 드리워진 덩굴을 스쳐온 바람에는 라벤더 꽃향기가 가득 담겨 있었으며 담장엔 들장미가 만발했다.

남자들이 모두 일터로 나간 뒤 여자들이 잠깐 낮잠에 드는 오후가 되면 나는 뙤약볕을 쪼이며 깊고 경이로운 침묵 사이를 걸었다. 침묵은 너무나 깊어 옥수수가 자라는 소리까지도 들을 수 있었다. 침묵이 흐르는 중에도 자연의 오케스트라는 도시 아이들이 결코 들어보지 못할 음악을 연주했다. 닭장에서 꼬꼬댁 소리가 들리면 그건 닭이 알을 낳았다는 신호였다. 처마 아래 매달아 놓은 작은 그네가 삐걱삐걱 소리를 내면 그건 산들바람이 할머니 집 뒤뜰을 지나가고 있다는 뜻이었다. 리즈 버츠 씨네 마구간 앞을 인디언마냥 잽싸게 지나가다 보면 말이 파리 떼를 쫓기 위해 꼬리를 휘젓는 소리가 들렸다. 이끼 낀 개울가에서 발끝으로 살금살금 개구리에게 다가갈 때 퐁당 소리가 들리거든 그건 개구리가 사냥꾼을 발견하고 물속으로 뛰어들었다는 신호음이었다. 낮잠에 빠진 집들 사이를 지나며, 나는 뜨거운 태양 아래에서 양철 지붕들이 딱딱 소리를 낸다는 것을 알게 되었다. 녹초가 되어 할머니 집으로 돌아오면, 나는 거실 바닥에 길게 누워 똑딱똑딱 시계추 소리를 들으며 최면에 빠지듯 잠이 들곤 했다.

나는 19세기 전원풍의 소년기를 사치스럽게 누린 셈이었지만, 여자들에겐 모리슨빌의 삶이 아무런 위안거리도 주지 못했다. 어머니나 할머니 모두 독립전쟁 이전 시대의 여자들만큼이나 많은 일거리와 씨름을 했다. 두 분이 하루 일과를 마친 후에도 여전히 서로 으르렁거릴 힘이 남아 있다는 게 놀라울 따름이었다. 여자들에게 그곳의 삶은 더럽고 힘들고 끝없는 노동의 연속이었다. 전기 따위는 없었다. 가스도, 수도관도, 중앙난방도 없었다.

냉장고도 없고 라디오나 전화, 세탁기, 진공청소기도 없었다. 옥내 화장실이 없었기 때문에, 여자들은 매일 아침마다 냄새나는 요강을 비우고 싹싹 문질러 닦은 다음 훈증 소독을 해야 했다.

목욕이나 빨래 그리고 설거지에 사용할 물은 언덕 기슭의 샘물에서 퍼 올려 양동이로 날라야 했다. 물을 데우기 위해선 불쏘시개와 장작을 준비해야 했다. 통에다 빨래를 삶고 손마디가 욱신거리도록 빨래판에 빨래를 비벼대고 나면 모든 빨래의 물기를 손으로 비틀어 짜내야 했다. 다림질은 난로 위에 달궈 둔 무거운 쇳덩어리를 들어 올려야 하는 중노동이었다.

여자들은 엎드린 채로 마루를 빡빡 문질러댔고 몽둥이로 이불을 털었으며 닭을 잡고 깃털을 뽑았다. 빵과 패스트리를 구워내고 채소를 직접 재배해서 통조림으로 만들었다. 가족들의 옷은 페달을 밟는 재봉틀로 일일이 수선했고 닭장에 가선 이를 잡았다. 감자와 토마토 밭에서 벌레를 잡고 양말을 꿰매고 젤리와 양념을 만들었으며 남자들보다 먼저 일어나 아침식사를 위해 불을 지폈다. 남자들의 도시락을 준비하고 램프의 등피燈皮를 닦고, 그래도 시간이 남으면 집 주위에 핀 제라늄, 접시꽃, 금잔화, 달리아, 작약을 살폈다. 특히 여름이 끝나 갈 즈음이면 모리슨빌의 여자들은 모두 노예처럼 일해야 했다.

해질녘 남자들은 지친 몸을 이끌고 들판에서 돌아왔다. 에나멜 세숫대야에 세수를 하고 저녁을 먹고 나면 남자들은 마을의 중심인 할머니의 집 너른 처마 밑에 모여 밤이 내리는 풍경을 지켜보았다.

네 살 때의 러셀, 모리슨빌, 1929년.

조그만 그네가 삐걱거리고 흔들의자가 속삭이는 그곳에서 어비 삼촌은 평생 수천 번도 더 써먹었을 말을 나지막하게 내뱉었다. "남자는 해가 떠서 질 때까지 일하지만 여자들의 일이란 끝나는 법이 없어." 그 말에 사람들은 조용히 고개를 끄덕이며 동감을 표했다.

그러면 할머니는 흔들의자에 앉아 해지는 풍경을 바라보며 "저기 산 너머에 사는" 어떤 여자가 갓 짜낸 우유를 통에 담아들고 치즈 만드는 집에 갖다 주면서 했다는 얘기를 꺼내셨다. "남자는 일하려고 태어나고 여자는 고생하려고 태어나는 거야."

늘 똑같았다. 그 처마 밑에서 오고 가는 얘기들은 백년이 지나도록 새로울 게 없었다. 어린 아이 하나가 돌을 던져서 이웃집 유리창을 깨뜨렸을 때, 헨리 삼촌은 늘 하시던 대로 밀짚모자를 벗어 들고 손수건으로 모자 안감을 툭툭 털어내며 모든 사람들의 고개를 끄덕이게 만드는 말을 던지셨다. "악마는 게으른 손에 할 일을 쥐어주는 법이지." 내가 질문이라도 하나 하면서 대화에 끼어들면 어른들은 서로 앞다투어 이렇게 말했다. "애들은 어른들 얘기에 끼어드는 게 아니다."

숙모들 가운데 누가 "저기 볼링턴 쪽"이나 "저기 힐스보로 쪽"의 여자들에 대한 소문을 화제에 올리면 할머니나 어비 삼촌은 표정이 금세 일그러지면서 이렇게 일침을 놓으셨다. "그릇이 작은 사람들이 귀만 큰 법이야."

나는 여러 세대에 걸쳐 이어져 내려오는 똑같은 대화를 듣고 있었던 것이다.

누구네 소가 병에 걸렸다더라.

비가 안 와서 옥수수 밭이 "바짝바짝 타들어" 가고 있으니 걱정이다.

이웃집 소를 총으로 쏘아 죽인 젊은이를 보안관이 붙잡은 일이 있었다. "그 놈은 지 에미 고생시키려고 태어난 놈이라니까. 어이구 노인네만 불쌍하지."

저기 위틀랜드 쪽의 쿠퍼 씨가 탈곡기에 팔이 끼여 절단할 처지에 놓여 있었다. "어이구 불쌍한 노인네."

"저 아래 러키츠 쪽에 사는" 젤 아주머니의 장례식은, "어이구 불쌍한 노인네, 하관下棺도 하기 전에 꽃이 다 시들 정도로 더운" 날에 치러졌다.

늦도록 집안에 불이 켜 있으면 누군가는 아이들에게 꼭 이렇게 말했다. "일찍 자고 일찍 일어나면 건강과 돈과 지혜가 생긴다."

헨리 삼촌이 늘 제일 먼저 자리를 뜨셨다. 삼촌은 모리슨빌 외곽에 있는 집까지 1킬로미터를 걸어가야 했기 때문이다. 어비 삼촌보다 한 살 어린 헨리 삼촌은 과묵한 분이었다. 땀으로 얼룩진 작업복에 노란 멜빵 차림의 헨리 삼촌은 농사를 지었지만 간혹 목수 일이나 집짓는 일도 하셨다. 무뚝뚝한 삼촌은 20년 전에 아내와 사별한 뒤로 외로운 중년을 보내고 있었다.

나는 헨리 삼촌에게 스캔들이 있었던 것을 기억한다. 아이의 아버지에게 버림받은 채 사생아를 낳은 어느 젊은 여자에게 삼촌이 관심을 두고 있었던 것이다. 모두들 헨리 삼촌이 그 여자와

"살림을 차리고" 아이를 극진히 돌보고 있다고 수군거렸다. 그러나 삼촌은 아이나 아이의 엄마 누구도 할머니 댁으로 데리고 오진 못했다. 모리슨빌의 통념은 그런 일에 엄격했다.

우리의 저녁 모임에 끼지 못한 또 한 사람이 있었는데 바로 할머니의 옆집에 사는 애니 그릭스비 할머니였다. 애니 할머니는 노예 출신이었는데 그것이 그분을 그토록 유명하게 만들었다. 애니 할머니의 통나무집은 모리슨빌을 찾는 사람들이 꼭 들러보는 명소였다. "이 집에 사는 노파는 노예 출신이래요." 방문객들은 늘 그렇게 안내를 받았다.

'노예 출신.' 이 말은 마치 애니 할머니의 위대한 업적인 양 자주 언급되었다. 그 시절 어떤 사람들은 이웃에 피뢰침을 발명한 사람이 있다거나, 축음기를 발명한 사람이 산다든지, 아니면 하늘을 나는 기계를 만들어 낸 사람이 산다고 자랑할 수도 있었을 것이다. 하지만 모리슨빌의 촌사람들도 기죽을 필요는 없었다. 우리에겐 애니 할머니가 있었으니까. '노예 출신'인.

어머니는 내게 에이브러햄 링컨은 노예를 해방시킨 위대한 인물이라고 자주 말씀해 주셨다. 그래서 에이브러햄 링컨이 해방시켜 준 애니 할머니가 지척에 산다는 사실이 내게는 마치 역사의 산 증인을 보는 듯한 느낌을 갖게 했다.

애니 할머니는 연세가 많으셨다. 1861년 생이셨다. 그분은 작은 키에 통통한 몸집을 가진 백발의 노인이었는데, 그 유명한 출생에 꼭 어울리는 위엄도 갖추고 계셨다. 이따금 애니 할머니는 나와 도리스 그리고 사촌형 케네스를 불러다가 어두운 부엌에서 버터 바른 빵을 하나씩 나눠주셨다. 모리슨빌에선 그게 아이들에게 한턱내는 방법이었다. 어느 날 오후 나는 애니 할머니네 뒤뜰을 서성이다가 그분이 커다란 거북이를 잘게 썰어내고 있는 모습을 보았다.

"그거 뭐예요?"

"타폰이다."

"타폰이 뭐예요?"

"타폰은 커다란 거북이야."

"왜 그걸 그렇게 잘라요?"

"수프 만들려고. 너도 좀 줄 테니까 이따가 오려무나."

나는 모리슨빌의 식탁에 거북이 수프가 오르는 것을 본 적이 없었다. 나는 웃음을 참으며 집으로 뛰어가서 흑인들은 거북이를 잡아먹는다고 어머니께 말씀드렸다.

"흑인들도 다 똑같은 사람이다." 어머니께서 대답하셨다.

물론 애니 할머니를 옹호하는 말씀이셨지만, 모리슨빌에 사는 사람들은 어느 누구도 어머니의 급진적인 성향에 동조하지 않았다. 애니 할머니 스스로도 그랬다. 마을에 초상이 나거나 환자가 생기거나 해야 애니 할머니도 백인들의 자유를 맛보았다. 그럴 때면 그분은 병간호를 돕거나 우는 아이들을 무릎에 앉히고 어르는 일을 맡았다. 급한 일이 있어야 그분의 존재가 인식되었다. 역사적인 인물이자 미국의 뿌리에 대한 산 증인이었으니까. '노예 출신'으로서.

가끔씩 나들이할 기회가 오면 나는 로베츠빌까지 5킬로미터나 되는 먼 길을 마다하지 않았다. 내가 도시의 현란함을 처음 접하게 된 곳이 바로 로베츠빌이었다. 그곳 번화가에는 버너드 스프링 상회가 있었다. 어두운 동굴 같은 상점 안에는 온 세상의 보물이 모두 모여 있는 것 같았다. 나는 온갖 종류의 작업복과 옷감, 구두 상자, 밀짚모자, 혁대, 멜빵, 넥타이 등등이 놓여 있는 진열장을 올려다보면서 넋을 잃었고, 담배와 생강 쿠키, 껌, 치즈, 가죽 그리고 등유의 냄새를 맡으며 정신이 몽롱해졌다. 이 모든 것이 카운터에 앉아 있는 버너드 스프링 씨가 파는 물건들이었다.

스프링가家의 저택도 근방에 있었는데, 그 집은 내가 그때까지 구경해 본 것 중에 가장 훌륭한 건축물이었다. 거대한 흰색 기둥과 스테인드글라스, 그리고 작은 탑 모양의 장식이 솟아 있었고 꼭대기엔 피뢰침도 있었다. 집 안의 모든 물건은 시어즈 통신판매 회사에서 들여다 놓은 것들이었다. 스프링 씨는 늘 최고급만을 고집했고, 덕분에 그 저택은 로베츠빌의 자랑거리이기도 했다.

나를 감탄시킨 또 다른 것이 에치 삼촌의 집 뒤뜰에 있었다. 할머니의 넷째 아들인 에치 삼촌은, 로베츠빌에 사는 장의사의 딸과 결혼을 했는데 집 뒤뜰에는 장인의 장의葬儀 마차가 세워져 있었다. 물론 요즘의 영구차와는 거리가 먼, 사면이 유리와 온갖 나무 장식들로 뒤덮인 검정색의 고풍스런 마차였다. 왕족의 시신에 어울릴만한 마차였지만, 나는 그것을 에치 삼촌이 키우는 닭들이 오후의 햇살을 피하기 위해 사용하는 것밖에 보지 못했다.

에치 삼촌의 큰아들인 사촌형 레슬리는 나보다 나이가 훨씬 많았다. 가업을 거들던 레슬리 형은 드디어 그 지방에서 그때까지 있었던 어떤 장례보다도 규모가 큰 장례식을 거들게 되었다. 고객은 그 유명한 밀조업자, 샘 리버였다.

그 일이 있기 몇 달 전, 레슬리 형과 형의 외할아버지를 크게 낙담시킨 사건이 있었다. 장의용품 납품업자로부터 관을 하나 속아서 산 것이었다. 관은 전체가 유리로 만들어져 있었다. 주문했던 관은 그게 아니었는데 납품업자가 난데없이 그 관을 보내왔다. 그 업자는 제품설명서에 그 관이 다가올 유행에 맞춰 특별 제작된 것이라고 했다. 그는 한정 판매하는 관계로 특별히 몇 명의 고객에게만 납품을 하는 것이라면서, 레슬리 형의 외할아버지가 그 중 한 사람으로 선정되는 영예를 차지했다고 했다.

가격은 엄청났다. 무게도 그러했다. 레슬리 형과 형의 외할아버지가 양쪽에서 관을 들고 옮겨보려 했지만 꿈쩍도 하지 않았다.

"아이고, 뭐가 이렇게 무겁냐?"

"1톤은 나가겠는데요." 두 사람은 관을 들어보려고 안간힘을 썼다.

관이 장의용품 진열실 안의 적당한 자리에 옮겨지기 위해서는 여섯 명의 건장한 청년이 동원되어야 했다. 몇 주가 지나고 몇 달이 흘렀다. 사망률은 평소와 다름없었지만 유리로 된 고가의 관을 살 정도로 돈이 많은 고객은 없었다. 레슬리 형의 외할아버지는 깊은 한숨을 내쉬었다. "저걸 팔기는 다 글러먹은 것 같구나." 그때 희망이 보였다. 샘 리버가 죽었다는 소식이 전해진 것이었다. 밀조 사업이 큰돈이 된다는 것은 누구나가 아는 사실이었다. 레슬리 형은 외할아버지와 함께 샘 리버의 시신을 로베츠빌로 옮겨왔다. 미망인 리즈가 따라왔다. 그녀는 남편을 품격 있게 보내주겠다고 마음먹고 있었다.

레슬리 형의 외할아버지는 일부러 소나무로 만든 질 낮은 관을 보여주면서 미망인으로 하여금 좋은 물건을 찾게 유도한 다음 이렇게 말했다. "여기 정말 좋은 관이 하나 있는데요, 이게 뚜껑이 얼마나 무거운지 좀 보세요."

레슬리 형이 외할아버지를 거들어 관 뚜껑을 남자 둘이 들기도 어렵다는 것을 직접 보여주었다. "그리고 여기 관 뚜껑의 이음새 좀 보세요." 레슬리 형이 나섰다. "마치 술병처럼 코르크 마개로 꽉 틀어막게 되어 있거든요."

"그걸 코르크 마개로 막아 두면 말입니다." 다시 형의 외할아버지가 나섰다. "완전히 진공 상태가 되죠. 이 관 안에 고인을 뉘어드리면 백년이 지나도 고인의 모습이 그대로 남아 있을 겁니다."

그 미망인은 다른 물건은 보려고 들지도 않았다. 아마도 그녀는 관을 코르크 마개로 막는다는 점이 남편의 직업에 미학적으로 걸맞다고 생각했던 것 같다. 샘 리버는 자신의 밀조장에서 만든 술을 코르크 마개로 막은 병에 담아 판매했다. 관이 장지에 도착했을 때 많은 조문객들은 고인의 삶을 기리기 위한 미망인의 선택에 감탄을 했다.

로베츠빌 너머 내 세계의 끝자락은 브런즈윅에 있었다. 나는 아버지의 손을 잡고 그 별천지에 처음 발을 디뎌 보았다. 브런즈윅으로 나들이를 하면서 나는 삶의 무한한 가능성과 경이로움에 눈을 떴다. 로베츠빌에서 3킬로미터 북쪽으로 포토맥 강 건너편에 있는 브런즈윅은 내가 가슴 설레며 꿈꾸던 만큼이나 모든 게 새롭고 황홀하기만 했다. 기적소리가 요란하게 포토맥 계곡을 따라 울려 퍼지고 석탄을 때면서 나오는 연기가 희뿌옇게 내려앉은 그 도시는 나를 온통 흥분시키고도 남음이 있었다.

브런즈윅은 대서양 연안으로부터 시카고와 중서부 철강산업 단지를 연결하는 거대한 철도산업의 중심지였다. 브런즈윅으로 가는 길의 짜릿함은 이루 말할 수가 없었다. 통행료 1달러를 내고 버지니아 쪽에서부터 끝이 보이지 않는 다리를 건너기 시작하면 얼마 지나지 않아 다리가 출렁거리는 것을 느낄 수 있었다. 통행료 1달러는 결코 적은 돈이 아니었지만, 브런즈윅이라는 도시는 애당초 구두쇠에겐 어울리지 않았다. 다리 건너편이 가까워질수록 달리는 자동차 바퀴 아래로 교량 상판이 우르르하는 소리를 냈고 눈앞에 펼쳐지는 도시의 전경은 1달러가 아깝다는 생각이 들지 않게 했다.

거미줄처럼 깔려 있는 선로의 전경이 펼쳐지고 온 사방이 석탄재로 덮여 있는 어지러운 선로의 한가운데에 벽돌로 지어진 거대한 차량기지 건물이 있었다. 수리를 받고 있는 기관차들이 건물 바깥쪽으로 빼꼼히 머리를 내밀고 있었다. 수리를 마친 기관차들은 요란한 굉음을 내며 앞뒤로 움직여서 다른 차량들과 연결이 되었다. 그리고 나면 열차는 계곡을 따라 길게 층을 이루는 검은 연기를 뿜어내며 출발하는 것이었다.

차를 타고 가다가 철길 건널목에서 정지 신호를 받게 되면 차에 타고 있던 나는 정말 멋진 구경을 할 수 있었다. 기관사가 손을 흔들며 순식간에 지나가면, 눈앞은 불꽃과 연기로 어지러웠고 엄청난 힘으로 펌프 운동을 하는 반짝거리는 피스톤이 차창 앞을 연신 스쳐갔다. 그리고 이 소름끼치도록 거대한 기차가 증기를 내뿜으며 지축을 울리고 지나가는 동안, 기차에 탄 승객들의 점잖고 차가운 얼굴들도 엄청난 바람과 소음 속에서 빠르게 지나갔다.

끝없이 이어지는 여러 갈래의 선로들은 양쪽 방향으로 멀리 산맥으로 뻗어 있었는데, 드넓은 분지盆地 안에 여기저기 꼬리를 물고 있는 화물열차들은 줄잡아 수천 량은 되어 보였다. 그리고 그 철로들을 경계로 양쪽 편에 도시가 형성되어 있었다. 브런즈윅에는 백열전구가 있었고 전화와 라디오도 있었다. 그곳은 부자들이 사는 동네였다. 브런즈윅엔 인디언 기사단이나 덩치파처럼 모리슨빌에서나 통하는 조직이 아닌 진짜 프리메이슨 조직이 있었다. 프리메이슨 단원들뿐만 아니라 아주 말끔하게 빼입고 멋을 한껏 부린 침례교인들도 있었다.

브런즈윅에는 톰 삼촌, 하비 삼촌, 루이스 삼촌 이렇게 세 분의 삼촌이 살고 있었다. 세 분 역시 일요일이면 으레 모리슨빌에 있는 할머니 댁에 모여 시간을 보냈지만, 그분들은 이미 브런즈윅 사람이 다 되어 있었다.

브런즈윅에는 백화점과 극장이 있었다. 두어 블록에 걸쳐 길게 늘어선 상점가도 있었고, 대리석 탁자에 둘러앉아 아이스크림을 먹을 수 있는 가게도 있었다. 다닥다닥 붙어 있는 집들은 바둑판 모양의 블록을 따라 언덕까지 뻗어 있었다.

하비 삼촌은 숙모와 언덕 꼭대기에 있는 집에서 딸 하나를 낳고 살았다. 기관사로 일했으므로 삼촌도 하나님의 축복을 많이 받은 셈이었다. 나는 무뚝뚝한 삼촌이 내게 말을 걸까봐 신경이 곤두서곤 했다. 한번은 계곡 아래쪽에서 기적소리가 메아리쳐 들려오자 삼촌은 큼지막한 시계를 꺼내 잠시 들여다보며 말했다. "354호 열차가 오늘은 5분 늦는군."

톰 삼촌은 하커스 페리 근처의 B&O 철도회사 조차장操車場에서 제철공으로 일했다. 역시 꽤 좋은 직업이었다. 삼촌은 그을음 투성이의 작업복 차림으로 왕복 6킬로미터의 거리를 걸어서 출퇴근했지만 살림은 넉넉한 편이었다. 삼촌의 집엔 내가 그때까지 한 번도 보지 못했던 진기한 구경거리가 있었다. 옥내 화장실이었다. 이것이 톰 삼촌이 부자라는 증거였다. 게다가 삼촌은 자가용도 있었다. 차종은 에식스였는데 크랭크 손잡이로 창문을 올리고 내리는 최신식이었으므로 아버지의 모델 T는 비교도 되지 않았다. 톰 삼촌의 에식스 뒷좌석에는 유리로 세공한 예쁜 꽃병도 놓여 있었다. 삼촌이 입에 파이프를 문 채 하얀 셔츠에 검정색 정장 차림으로 빨간 머리의 예쁜 골디 숙모와 일요일 오후 모리슨빌에 에식스를 몰고 나타나면, 나는 그렇게 대단한 분이 친척이라는 사실이 너무나 자랑스러웠다.

할머니의 막내아들인 루이스 삼촌 역시 브런즈윅에서 이발사로 성공을 거두고 있었다. 나이는 스물다섯밖에 되지 않았지만

팻 외숙모와 함께 한 러셀과 도리스, 모리슨빌, 1929년.

삼촌은 자신의 이발관을 갖고 있었고, 또 브런즈윅 상류층 부인들의 머리를 최신 유행으로 다듬어 주기 위해 직접 출장을 다니며 미용사 노릇을 하기도 했다. 루이스 삼촌을 시기하는 사람들은 이를 두고 삼촌이 그 이상의 서비스를 하고 돌아다닌다고 수군거렸다. 삼촌은 남자의 맵시에 관한 내 최초의 모델이었다. 윤이 나는 검정색 머리의 루이스 삼촌은 가르마가 어찌나 반듯했던지, 머리를 그처럼 일직선으로 빗어 넘기기 위해서는 측량 기사가 옆에서 거들었을 거라고 생각될 정도였다. 얄브스름한 구레나룻을 귓불 아래까지 기른 삼촌의 모습은, 만화가들이 겉으로는 점잖을 빼지만 실상은 교활하기 짝이 없는 악당을 묘사할 때의 그 모습과 똑같았다. 반짝반짝 윤이 나는 구두와 하얀 가운을 입은 루이스 삼촌은 포마드 기름, 모발 크림 그리고 향수가 나란히 놓여 있는 긴 거울 앞에서 철도원들과 재미있는 농담을 주고받으며 일을 했다. 나는 이 세상 최고의 멋쟁이로 루이스 삼촌을 꼽기를 주저하지 않았다.

아버지를 따라 브런즈윅에 가서 접해 보는 모든 경이로움 중에서도 단연 으뜸가는 것이 루이스 삼촌의 이발관을 찾아가는 일이었다. 삼촌은 나를 의자의 팔걸이에 걸치는 나무판자 위에 앉힌 다음 의자를 약간 뒤로 눕히고 내 머리를 정성스럽게 다듬어 주었다. 삼촌은 이발이 끝나면 루시 타이거나 제리스 모발 크림을 내 머리 위에 듬뿍 발라 주었다. 나는 옆머리를 뒤로 가지런히 빗어 넘긴 채 향수 냄새를 풍기며 거리로 나섰다.

그렇게 이발을 마친 어느 날, 나는 아버지와 함께 브런즈윅의 언덕을 올라 톰 삼촌 댁을 찾았다. 톰 삼촌은 아버지보다 열세 살이나 많았지만 아버지는 톰 삼촌을 다른 어떤 삼촌들보다 좋아했다. 아마 아버지는 톰 삼촌을 볼 때마다 대장장이였던 당신의 아버지를 떠올렸는지도 모른다. 할아버지께서는 아버지가 열 살 때 돌아가셨다. 아버지가 톰 삼촌을 각별히 좋아했던 또 다른 이유는 아마 삼촌이 모리슨빌을 떠나 옥내 화장실이 있는 멋진 집에서 에식스를 굴리며 남보란 듯 잘 살았기 때문이었는지도 모르고, 또 어쩌면 다른 삼촌들보다 유별나게 다정다감한 삼촌의 성격 때문이었는지도 모른다.

그날 우리가 갔을 때 톰 삼촌은 아직 들어와 계시지 않았다. 골디 숙모가 아버지와 나를 따뜻하게 맞아주었다. 숙모는 어머니만큼이나 가냘픈 체구를 갖고 있었는데, 빨간 머리에 푸른 눈동자를 반짝이며 이리저리 고개를 돌리는 숙모의 모습은 마치 주위를 경계하는 한 마리의 새를 보는 듯했다. 숙모는 집안 정돈을 까다롭게 하는 것으로 유명했다. "먼지 하나, 얼룩 하나 없는" 상태로 집안을 유지하기 위해서 숙모는 철길에서 날아드는 먼지와 그을음에 맞서 끊임없는 전쟁을 치렀다. 우리를 집 안으로 들이기 전에도 숙모는 먼저 문간에 있는 매트에 신발 밑창을 깨끗이 닦도록 했다. 그리고 나면 숙모는 내게서 좋은 향수 냄새가 난다고, 인물이 훤하다고 호들갑을 떨며 파이 한 조각을 큼지막하게 잘라 내주셨다.

톰 삼촌 댁에서 누려 보는 큰 즐거움은 옥내 화장실에 갈 기회가 생긴다는 것이었다. 그래서 파이 접시를 깨끗이 비우고 나면 나는 갑자기 용변 볼 일이 있는 것처럼 엉덩이를 들썩거렸다. 2층에 있는 화장실에 가기 위해서는 그 유명한 먼지 하나 없는 주방과 거실을 지나야 했다. 골디 숙모가 내 속마음을 알아차렸다. "먼저 신발을 벗고 먼지 날리지 않게 얌전히 다녀오렴." 숙모가 말했다. "그리고 거실에 있는 물건은 아무것도 만지면 안 된다."

마지막 주의와 함께 숙모는 내가 티끌 하나 없는 성소聖所로 들어가는 것을 허락해 주었다. 나는 먼지가 앉아본 적 없는 듯한 양탄자 위를 걸어 식탁, 흔들의자, 소파를 차례로 지나갔다. 마치 지뢰밭을 지나는 병사처럼.

계단을 다 오르면 경이로운 세계로 들어가는 문이 있었다. 문을 안에서 잠그고 완전히 혼자가 되면 나는 욕조와 세면대에 붙어 있는 수도꼭지에 조심스럽게 손을 대 보았다. 하얀 변기에는 살짝 누르기만 해도 몇 갤런의 물이 한꺼번에 쏟아지는 은색 손잡이가 달려 있었다. 모든 게 부러웠다. 변기 옆에는 부드러운 두루마리 휴지가 달려 있었다. 밑으로 구멍이 두 개 있는 어비 삼촌 댁의 재래식 변소와 몽고메리 회사 광고 전단이 제일인 줄로만 알았던 내게 그 화장실은 숨이 막힐 정도로 호화스러웠다.

누가 날 찾으러 올라오지 않을 정도로만 머물다가, 나는 마침내 변기 손잡이를 당기며 물소리와 함께 변기 안이 깨끗이 씻겨 내려가는 순간을 음미했다. 그렇게 해서 브런즈윅 나들이는 완벽하게 마무리되었다.

제5장

마지막 나들이

그날 저녁 아버지는 집에 돌아오자마자 급히 저녁을 드시고 양철대야에 세수를 하신 다음, 파란색 양복에 하얀 셔츠와 넥타이를 받쳐 입고 구두도 갈아 신으셨다. 11월의 어느 수요일이었다. 우리 식구 모두가 나들이를 가기로 한 날이었다.

도리스와 오드리, 그리고 어머니와 나는 벌써부터 짐을 꾸려 놓고 나들이 차림으로 아버지가 도착하기만을 기다리고 있었다. 온 가족이 함께 먼 길을 나서 보기는 그때가 처음이었다. 나는 오후 내내 들뜬 기분으로 똑같은 질문을 백 번도 넘게 하면서 어머니를 성가시게 했다. "이제 가는 거죠? 이제 가는 거죠?" 어머니는 어머니대로 콧노래를 부르며 이것저것 챙기느라 바쁘셨다.

저녁 설거지가 끝났을 때 이미 날은 어둡고 쌀쌀했다. 아버지는 부레풀로 만들어진 모델 T의 차창을 올리고 도리스와 나를 번쩍 안아서 뒷좌석에 앉혀주셨다. 어머니는 오드리를 안고 앞좌석에 타셨다. 아버지가 차 앞에서 힘껏 크랭크를 돌리자 시동이 걸렸다. 아버지께서 운전석에 앉으셨고 우리는 들뜬 기분으로 모리슨빌을 빠져나갔다.

우리는 8킬로미터 떨어진 테일러즈타운으로 향했다. 우리는 밀러 삼촌 댁에서 하룻밤을 지내기로 했다. 가을걷이를 다 끝내고 모든 마을이 돼지를 잡아서 잔치를 벌이는 때였다. 할머니의 다섯 번째 아들인 밀러 삼촌이 우리 가족을 잔치에 초대했다. 동이 트기도 전에 돼지를 잡고 나면 그 다음부터 열여섯 시간 동안 지지고 볶고 데치고 삶고 먹고 온갖 수다와 익살을 떠는 한바탕 떠들썩한 잔치가 벌어졌다.

어머니로서는 밀러 삼촌 댁에 간다는 것이 위험한 일이기도 했다. 삼촌이 술을 좋아했기 때문이다. 큰 키에 도끼날처럼 뾰족한 코를 가진 밀러 삼촌은 형제들 중에서도 제일 태평스럽고 쾌활한 성격을 가지고 있었다. 삼촌은 오래된 가구를 사들이는 취미를 갖고 있었는데, 술을 한두 잔 마시고 나면 눈을 동그랗게 뜨고 터무니없는 가격을 부르며 흥정을 시작하곤 했다. 한번은 우리 집에 있는 가구에까지 눈독을 들이며 아버지를 유혹하기도 했다. "벤, 내가 지금부터 뭘 할 거냐면 말이지, 그러니까 한 가지 제안을 하려고 그러는데……." 밀러 삼촌은 계속해서 새로운 조건을 제시하며 거래를 성사시키기 위해서라면 위스키 잔을 연신 건네는 것도 마다하지 않았다.

어머니께서 염려하시던 위험이 그리 크지는 않았다. 우리 모두

어비 삼촌

가 한 자리에 모여 있을 것이기 때문이었다. 에드모니아 숙모 역시 충분히 상황을 장악할 수 있으리라 기대됐다. 에드모니아 숙모는 어머니가 생각하는 좋은 여자의 기준에 딱 들어맞았다. 숙모는 품위를 유지하기 위해서라면 실력 행사를 주저하지 않았다. 밀러 삼촌도 숙모가 곁에 있으면 행동이 무척 조심스러워졌다.

자동차가 춥고 어두운 밤길을 달리는 동안 나는 끝없는 여행을 하는 듯한 기분이 들었다. 나는 오후 내내 설렘과 흥분으로 들썩대다가 제풀에 지쳐서 차에선 피곤을 못 이기고 꾸벅꾸벅 졸기만 했다. 그러다 깨보면 몇 시간을 달린 것 같고 다시 졸고 또 깨고 또다시 졸고…….

어머니도 할머니의 영역을 잠시라도 벗어날 수 있다면 약간의 위험은 감수할 준비가 되어 있었다. 내가 막 다섯 살이 되었을 무렵, 어머니는 내게 미치는 할머니의 영향력을 점점 더 못마땅하게 여기셨다. 또 한 번의 신경전이 있었다.

할머니는 유령의 존재를 철석같이 믿으셨고 불길한 징조가 나타나면 거기에 주의를 기울일 필요가 있다고 생각하셨다. 어느 날 내가 할머니 댁에 있었을 때 새 한 마리가 집 안으로 날아 들어왔다. 함께 휘 하며 새를 쫓아내고 난 뒤 할머니께서 말씀하셨다. "누가 죽을 모양이네."

나는 그게 무슨 소린지 이해가 되지 않았다.

"새가 집 안으로 날아드는 건 불길한 징조야. 그 집안에 누군가가 곧 죽는다는 뜻이거든." 할머니께서 말씀하셨다.

나는 놀란 가슴으로 곧장 집으로 뛰어와서 어머니께 그 끔찍한 소식을 알려드렸다. 나도 그 집에 있었기 때문에 문제가 보통 심각한 게 아니었다.

"그딴 헛소리엔 신경도 쓰지 마라. 그건 무식한 사람들이나 믿는 미신이야."

"그렇지만 할머니는 증거가 있대요. 모리슨빌에서 얼마 떨어지지 않은 곳에 어느 아줌마가 살았는데 집에 새가 들어오니깐 얼마 있다가 죽었대요."

"그 아줌마는 그냥 죽은 거야." 어머니께서 말씀하셨다. "사람들이 죽는 건 매일 있는 일이야. 새는 아무런 상관도 없어. 온 동네에 새가 한 마리도 없었다고 해도 그 아줌마는 돌아가셨어."

그래도 난 의심이 가시지 않았다.

"잘 들어라, 얘야. 우리는 하나님께서 데려가시겠다고 해야 갈 수 있는 거다. 그 전엔 절대로 죽지 않아. 그리고 하나님이 사람을 불러 가실 때 새를 보내시진 않을 거다. 그딴 얘기는 믿지 마라. 그딴 건 하나님 안 믿는 사람들이나 믿는 거야."

할머니 댁 거실 문 앞에 유령이 나타났을 때에는 어머니도 화가 머리끝까지 치미셨다. 할머니 댁 거실 벽면에 등유 램프가 커다란 그림자를 던져놓은 어느 늦은 밤, 나는 할머니와 삼촌 세 분과 함께 그곳에 있었다. 할머니께서 주무시겠다며 거실을 막 나가셨을 때다. 거실에서 할머니의 침실을 가려면 옆에 있는 작은 방 하나와 예전에 크리스마스트리가 놓여 있던 그 골방을 지나야 했다.

외마디 비명이 들리는가 싶더니 곧 할머니께서 새파랗게 질린 모습으로 거실로 뛰어 들어오셨다.

"레이몬드가 저기 있어."

할머니의 쌍둥이 아들 중 하나인 레이몬드 삼촌은 내가 태어나기 8년 전인 1917년에 스물셋의 나이로 숨을 거두었다.

"그 애가 저기 계단에 서 있어."

맏아들답게 어비 삼촌이 할머니를 진정시키려 했다.

"그 애가 저기 있어. 계단에 서 있다니까." 할머니는 어비 삼촌의 말을 들으려고 하지도 않았다.

나는 공포에 떨며 의자 위에 몸을 웅크리고 있었고, 어비 삼촌은 다른 삼촌들과 함께 램프를 들고 집 안을 둘러보기 위해 거실을 나섰다. 침묵이 흘렀다. 곧 이어 문을 여닫는 소리가 들렸고 이내 2층에서도 발자국 소리들이 들려왔다.

잠시 후 어비 삼촌이 돌아와서 말했다. "어머니, 집 안 구석구석 다 뒤졌지만 아무것도 없어요."

"내가 지금 눈앞에서 널 보는 것처럼 그 애를 똑똑히 봤다니까."

나는 재빨리 길을 건너와서 어머니께 레이몬드 삼촌이 나타났다고 말씀드렸다. 평소에 어머니는 내 앞에서 할머니를 가리켜 경멸조로 말씀하시는 법이 없었다. 그러나 이번엔 어머니의 인내심이 폭발하고야 말았다.

"그 할망구가 이젠 정신이 오락가락하는구나."

"하지만 할머니가 분명히 봤대요. 내가 지금 눈앞에서 엄마를 보는 것처럼 레이몬드 삼촌을 똑똑히 봤다니까요."

"유령 같은 건 없다. 그건 사람들이 지어낸 거야."

그래도 나는 납득할 수가 없었다. 나는 분명히 거기 있었고 유령이 할머니를 얼마나 벌벌 떨게 만들었는지 두 눈으로 똑똑히 보았기 때문이다.

"잘 들어라, 애야. 죽은 사람들은 돌아오지 않아. 죽은 사람들이 널 해칠까봐 무서워할 필요는 없다. 네가 걱정해야 할 일은 이 세상을 어떻게 살아갈 것이냐 하는 거다."

밀러 삼촌 댁에 도착했을 때 저녁식사는 이미 준비되어 있었다. 우리가 미처 식탁에 앉기도 전에, 밀러 삼촌은 돼지우리에 가서 다음날 어떤 놈을 잡을 건지 미리 골라놓자며 아버지를 불러내셨다. 밖에서 두 분의 웃고 떠드는 소리가 들렸을 때, 나는 두 분이 어둠 속에서 술을 드시고 있다는 것을 알아차렸다. 모리슨빌에서 자라게 되면 그런 것은 어려서부터 알게 된다. 목소리의 톤이 조금 달라지고 웃음소리가 평소보다 더 호탕하게 들리면 틀림없었다. 하지만 두 분은 도를 넘지 않으셨고, 잠시 후 돌아와서 식탁에 같이 자리를 잡으셨다. 얼굴엔 아무런 티도 나지 않았다.

우리는 굴 요리부터 먹기 시작했다. 잠시 후 아버지께서 포크를 내려놓으시더니 식탁에서 일어나 밖으로 나가셨다. 우리가 아무 말 없이 아버지의 토하는 소리를 듣고 있는 동안, 밀러 삼촌과 어머니께서 밖으로 뛰어나가셨다. 잠시 후 돌아온 어머니는 도리스와 나를 오드리가 잠들어 있는 방으로 데리고 가셨다.

다음날 아침, 집 전체가 이상하리만치 조용했다. 기대했던 것과 달리 돼지를 잡지도 않았고 아버지는 우리가 자고 일어난 방에 계시지도 않았다. 어머니는 아버지가 밀러 삼촌의 방에서 의사의 진찰을 받고 있다고 하셨다.

나는 햇살이 이슬을 다 살라 먹을 때까지 뒤뜰을 서성거렸다. 얼마나 지났을까, 어머니께서 밖으로 나오셨다.

"의사 선생님이 아빠를 고쳐 주시려고 프레더릭에 있는 병원으로 데리고 가신단다. 와서 아빠한테 인사해야지."

놀랍게도 아버지는 옷을 다 입으신 채로 집 앞에 세워진 의사의 자동차 안에 앉아계셨다. 아버지는 파란색 양복에 흰색 셔츠와 넥타이를 받쳐 입으셨고 표정도 밝아보였다. 나는 잔디밭을 지나 자동차가 있는 곳으로 다가갔다. 아버지께서 차창 밖으로 몸을 조금 내밀며 미소를 지어 보이셨다. 하지만 하실 말씀은 그리 많아 보이지 않았다. "하룻밤만 자면 아빠 올 테니까 엄마 말 잘 듣고 있어." 어머니가 날 안아 올리자 아버지는 내 볼에 입을 맞추셨다.

"이제 출발하겠습니다." 의사가 말했다.

어머니는 나를 내려놓고 차창 쪽으로 몸을 굽혀 아버지께 입을 맞추셨다. 어머니와 나는 차가 언덕배기를 넘어 보이지 않을 때까지 시선을 거두지 않았다.

오후에 우린 모리슨빌로 돌아왔다. 다음날 어머니는 동이 트기 전에 일어나셨다. 어비 삼촌이 어머니를 태우고 병원에 가시기로 했기 때문이다.

"아빠 오늘 집에 오는 거예요?"

"그래, 삼촌이랑 엄마가 아빠 모시고 올 거야."

평화로운 여름 아침이었다. 할머니는 내게 나가서 놀다가 들어오라고 하셨다. 그 동안 할머니는 도리스와 오드리를 보고 계실 생각이었다. 나는 늘 쏘다니던 길들 가운데 개울 쪽으로 내려가는 길을 택해 출발했다.

나는 혼자 걸었다. 모리슨빌에는 혼자서도 재미있게 놀 거리가 많았다. 나는 울타리를 폴짝 뛰어넘기도 하고 나무 막대기로 땅바닥에 그림을 그리기도 했다. 젖소와 말을 구경하다가 조그만 돌멩이를 던져서 나무에 맞추는 놀이도 했다. 이런 놀이에 한참 정신이 팔려 있던 나는 문득 저만치서 사촌 케네스 형과 루스가 걸어오는 모습을 보았다.

도리스와 오드리 그리고 나를 빼면 그 둘은 모리슨빌에 사는 유일한 아이들이었다. 나보다 두 살이 많은 케네스 형이 우리의 대장이었다. 케네스 형은 평소처럼 루스와 함께 길을 따라 내려왔다. 우리는 들판이나 헛간, 건초 더미들 틈에서 어울려 놀곤 했다. 어떤 날은 인디언마냥 원추형 천막집을 짓는다고 과수원에서 광주리를 몰래 뜯어 오기도 했고, 버츠 씨네 집 뒤에 있는 쓰레기장에서 빈 깡통이나 깨진 접시들을 주어다가 상점 놀이를 하기도 했다. 난 놀이친구들이 나타나서 기뻤다.

그런데 케네스 형이 내 앞에 다가서더니, 내가 그때까지 한 번도 본 적이 없는 표정으로 나를 가만히 쳐다보았다.

"네 아빠 죽었어." 케네스 형이 말했다.

그 말이 내게는 아버지가 무슨 큰 잘못을 저질렀다고 흉을 보는 것처럼 들렸다. 그래서 나는 아버지를 변호하고 나섰다.

"우리 아빠 안 죽었어."

케네스 형과 루스가 상황을 잘 몰라서 저러는가 보다. 그래서 나는 자초지종을 얘기했다. 아빠가 아파서 병원에 갔는데 다 나아서 엄마가 오늘 집에 데려오신다고 했고……

"죽었다니까." 케네스 형이 말했다.

자신 있게 얘기하는 형의 태도에 나는 가슴이 예리한 것에 찔리는 것 같았다.

"아니야, 안 죽었어!" 나는 소리쳤다.

"죽었어." 루스가 말했다. "너보고 빨리 집에 오래."

"아니야!" 나는 목이 터져라 소리를 지르며 뛰기 시작했다.

내가 이길 수 없는 말싸움이었다. 사촌들의 말이 틀리지 않았다는 증거도 있었다. 나는 소리를 내지르며 집으로 뛰어가고 있었기 때문이다.

"안 죽었어…… 안 죽었어…… 안 죽었어……."

나는 아버지께서 숨을 거두셨다는 사실을 집에 다다르기 전에 이미 받아들였다.

그리고 그건 사실이었다. 어머니는 병원에 도착해서 아버지께서 새벽 4시에 운명하셨다는 얘기를 전해 들었다. 아버지의 나이 서른셋이었다.

내가 집에 달려왔을 때 어머니는 아직 프레더릭에서 돌아와 계시지 않았다. 하지만 그런 일이 있을 때마다 늘 그랬던 것처럼 동네 아주머니들이 벌써부터 모여들어 청소며 음식 장만으로 집 전체가 부산스러웠다. 손이 열 개라도 부족한 상황에서, 아무도 훌쩍거리고 있는 다섯 살 꼬마에게 신경을 쓸 겨를이 없었다. 나는 건넛마을의 베시 아주머니 댁으로 보내졌다.

베시 아주머니는 오후 내내 주방에 앉아 악을 써대는 내 곁을 말없이 지켜주었다. 태어나서 처음으로 나는 하나님에 대해 진지하게 생각해 보았다. 나는 줄곧 울먹이면서, 만일 하나님이 사람들에게 이렇게 나쁜 짓을 한다면 그건 하나님도 아니고 나는 그런 하나님 더 이상 필요 없다고 얘기했다.

베시 아주머니는 나에게 천국의 평화와, 천사들 사이를 거니는 기쁨, 그리고 이미 그곳에 가 계실 아버지의 행복에 대해 얘기해 주었다. 하지만 그것도 내게는 위로가 되지 않았다.

"하나님은 우리 모두를 사랑하시는 분이란다." 베시 아주머니가 말했다.

"하나님이 날 사랑하면 왜 아빠를 죽게 해요?"

베시 아주머니는 나도 언젠가는 이해하게 될 거라고 말했다. 하지만 그 말이 전적으로 옳지는 않았다. 그날 오후——물론 그 당시엔 이런 식으로 표현하지 못했지만——나는 하나님이 인간들에 대해 모리슨빌 사람들이 기대하는 것만큼 관심을 갖고 있지 않다는 결론을 내렸다. 그날 오후 나는 하나님은 전적으로 믿을 만한 분이 못 된다는 결론을 내렸다.

그날 이후 나는 어떠한 확신 때문에도 울지 않게 되었다. 나는 하나님에게서 무관심 말고는 아무것도 기대하지 않았고, 고통의 대가를 치러야만 할 것 같은 두려움 때문에 깊이 사랑에 빠질 수도 없었다. 다섯 살의 나이로 나는 무신론자가 된 셈이었다. 나는 내게 다가오는 행복이란, 이 몰인정한 우주가 벌이는 장난질의 서곡에 불과하다고 생각하기 시작했다.

베시 아주머니 댁의 주방에서 내가 죽음의 문제와 씨름하고 있는 동안 집에서는 동네 아주머니들이 장례 준비에 여념이 없었다. 아주머니들은 마룻바닥을 박박 문지르고 창문을 닦고 가구에 윤을 내고 침대보를 새로 씌웠다. 조문객들이 곧 몰려들 것이었다. 그들에게 집안의 먼지 하나라도 보여준다면 그건 모리슨빌의 장례 풍습에 크게 어긋나는 일이었다.

집 밖에서는 음식이 준비되고 있었다. 값비싼 햄이 나오고 달걀과 버터가 반죽 그릇에 담겨졌으며 파이가 구워졌다. 오이 절임과 과일 잼도 꺼내졌다. 죽음은 잔치의 때이기도 했다.

울음을 멈추고 베시 아주머니 댁을 나서서 집으로 돌아오는 길엔 땅거미가 내리고 있었다. 도착해서 보니 집 안 구석구석이 말끔히 치워져 있었고 아주머니들은 녹초가 되어 부엌에 옹기종기 앉아 있었다. 남자들도 하나둘씩 도착하고 있었다. 잘 차려입은 어두운 색깔의 양복들이 불편해 보였다. 나는 다시 밖으로 나가 길가에 삼삼오오 모여 있는 아저씨들 틈을 파고들었다. 늦은 11월의 어둠은 빨리 내려왔다. 남자들은 어색할 만큼 조용했다. 내가 모르는 사람들이 대부분이었다. 그들은 속삭이듯 나지막한 목소리로 얘기를 주고받았다. 그다지 특별한 얘기도 없으면서 단지 일요일에 교회 갈 때나 입는 차림을 스스로들 어색해 하며 그저 하릴없이 서 있기만 했다. 짙은 색깔의 양복을 입고 그저 가만히 서서 얘기를 나누는 남자들도 늘 보아온 장례식 풍경의 일부였다. 그러나 사람들이 많이 모인다는 것은 매우 중요했다. 그것은 고인을 아끼는 이들이 많았다는 사실을 보여주었고, 또 그럼으로써 미망인에겐 커다란 위안이 되었기 때문이다. 누군가 내게 뒤뜰에 가 있으라고 말했을 때 주위는 칠흑 같은 어둠에 덮여 있었다. 나는 뒤뜰에서 한참을 서성였다. 이윽고 애니 할머니께서 나오시더니 나를 꼬옥 안아주시며 이제 들어가도 좋다고 일러주셨다. "사람들이 아빠를 모셔 왔단다."

어머니는 부엌에 계셨고 아주머니들 대부분은 돌아간 뒤였다. 그날 아침 병원에 가시는 모습을 보고 어머니를 처음 보는 것이었다. 어머니는 매우 피곤한 기색으로 의자에 앉아 계셨다. 애니 할머니가 그 옆을 지키셨다. 무서운 침묵이 흘렀다. 나는 아버지를 어디에 모셨는지 궁금해졌다. 마침내 애니 할머니가 침묵을 깼다.

"아이가 아버지를 보고 싶은가 보우."

"아버지 보고 싶니?" 어머니께서 물으셨다.

"네."

내가 뒤뜰에 나가 있는 동안 시신이 집 안으로 옮겨졌고 그 직후 북적대던 조문객들 대부분이 저녁식사를 위해 돌아가서 집안은 적막하기만 했다. 어머니께선 시신이 옮겨지는 광경을 내가 보지 못하도록 하신 것이었다.

"내가 아이를 데리고 들어가지." 애니 할머니는 자리에서 일어나 내 손을 잡으셨다.

애니 할머니는 나를 옆방으로 데리고 가셨다. 블라인드가 내려져 있었고 두 개의 램프가 켜 있었다. 애니 할머니는 관을 내려다볼 수 있도록 나를 안아 올리셨다. 무슨 이유에서인지 관에는 성조기가 펼쳐져 있었다.

"얘야, 네 아빠시다." 애니 할머니께서 말씀하셨다. "아빠 참 멋지시지?"

아버지는 파란색 양복에 흰색 셔츠와 넥타이를 받쳐 입고 계셨다.

"네, 멋져요." 나는 애니 할머니께 대답했다. 그렇게 대답해야만 한다는 것을 나는 알고 있었다.

하지만 그것은 아버지의 말쑥한 옷차림이나 잘 빗겨진 머리 때문이 아니었다. 아버지의 침묵 때문이었다. 가슴 위로 포개진 채 미동도 하지 않는 아버지의 손을 바라보며, 나는 아무도 손끝 하나 움직이지 않고 저처럼 오래 버틸 수는 없을 거라 생각했다. 나는 아버지의 눈꺼풀이 파르르 떨리기만을 기다렸다. 너무 오래 숨을 참았다가 가쁘게 내쉬느라 가슴팍이 들썩거리기를 기다렸다. 그러나 아무 일도 일어나지 않았다. 나는 아버지의 침묵이 무서워졌다. 나는 그 방에서 나와 다시는 아버지를 보고 싶지 않았다.

"아빠한테 뽀뽀해야지?"

"지금은 싫어요."

그러고 나서 나는 노예출신인 애니 할머니와 함께 온기가 있는 부엌으로 되돌아왔다. 하나둘씩 돌아온 조문객들이 거실에 모여 속살거리던 그 긴 밤, 나는 잠자리에 들기 전까지 도리스와 함께 말없이 어머니 곁에 앉아 있었다.

모든 일이 일사천리였다.

먼저 장례식이 치러졌다. 로베츠빌 외곽에 있는 새 예루살렘 루터 교회에서 조문객이 무리를 지어왔고, 흐느끼는 회중 앞에서 목사님은 성가를 인도했다. "이 세상 떠난 형제 받아 주옵소서. 이제 주를 섬기려 새 날을 맞으니 내 주여, 당신 종을 축복해 주시고 먼 길 떠나간 형제 받아 주옵소서." 어머니께서는 "우리도 떠난 형제 곧 다시 만나리"라는 부분은 따라 하지 않으셨다.

다음으로 모리슨빌을 떠나겠다는 어머니의 결심이 이어졌다. 결정은 장례식 직후의 일요일 저녁에 내려졌다. 어머니는 난생 처음 다른 사람의 동정이 필요했다. 그리고 그때 도움의 손길이 뻗쳐왔다. 뉴저지 북부에 사는 앨런 외삼촌이 우리 식구 모두를 받아들이겠다고 나서자 어머니는 주저하지 않고 그 제안을 받아들였다. 할머니의 선처에 의지해 모리슨빌에 남는다는 것은 어머니로서는 일고의 가치도 없는 일이었다.

오드리를 포기하기까지는 시간이 조금 더 걸렸다. 어머니는 훗날까지도 그 일을 '포기'라 일컬으며 두고두고 마음 아파하셨다. 그 일은 어머니께서 전 생애에 걸쳐 유일하게 자책하는 일이었다. 연세를 지긋하게 드신 후에도 어머니는, "내가 오드리를 포기한 건 정말 못할 짓을 한 게야" 하고 말씀하시곤 했다.

어머니는 충격과 비탄 가운데 오드리를 포기하셨다. 장례가 다 끝났을 때, 어머니에겐 몇 푼 되지 않는 보험금과 고물 모델 T, 가구 몇 점과 세 아이, 그리고 막막한 미래만이 남아 있었다. 상황이 이렇게 되자 할머니는 우리 셋의 문제를 의논해 보라고 어비 삼촌을 보냈다. 이미 어머니는 모리슨빌을 떠나 당신의 남동생 신세를 지겠다는 뜻을 할머니께 밝혀둔 상태였다. 할머니로서는 무척 반가운 일이었다. 아마도 "얼씨구나" 하는 소리가 목젖까지 나오다 들어갔을 게 틀림없었다. 하지만 우리 셋의 문제는 전혀 별개였다. 어비 삼촌은 어머니와 식탁에 마주 앉아 우리 셋의 문제를 언급하면서, 우리를 형편이 허락되는 삼촌들 집으로 하나씩 보내는 것이 어떻겠느냐고 물었다.

어머니는 일언지하에 거절했다. 어머니는 우리를 외가 친척들 틈에서 키울 생각이었다. 아무리 상황이 암울해도 어머니는 결코 가족이 갈라지는 일이 있어서는 안 된다고 생각했다.

어비 삼촌은 오드리에게 초점을 맞췄다. 미소가 떠날 줄 모르는 생후 10개월 된 금발의 오드리는 보조개가 옴폭한 앙증맞은 아이였다. 오랜 결혼 생활에도 아이가 없었던 톰 삼촌과 골디 숙모는 아이를 절실하게 원했고 또 오드리를 무척 예뻐하셨다. 두 분은 아이에게 안락한 가정과 행복한 생활을 보장해 줄 수 있었다. 그 당시의 어머니로서는 도저히 장담할 수 없는 것들이었다.

어머니도 그 점을 인정해야만 했다.

톰 삼촌이 골디 숙모와 함께 어머니를 설득하기 위해 모리슨

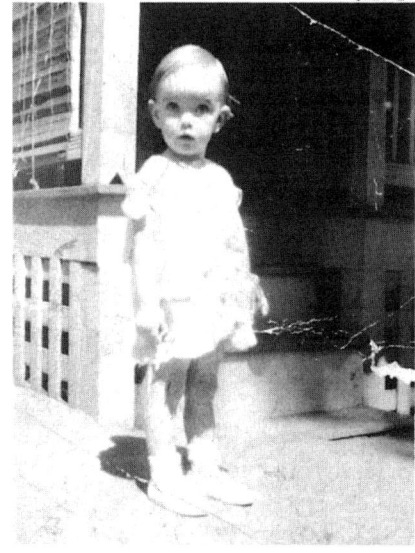

러셀과 도리스, 뉴어크, 1931년(위)
톰 삼촌 댁으로 보내진 직후의 오드리(아래)

빌에 오셨다. 아버지께서 그러셨던 것처럼 어머니 역시 시댁 식구 중 누구보다도 톰 삼촌을 좋아하셨다. 그것은 어쩌면 톰 삼촌이 당신의 '아빠'와 가장 유사했기 때문이었는지도 모른다. 에식스 승용차에, 일요일마다 입으시는 새하얀 셔츠, 고급 여송연과 먼지 하나 없는 근사한 주택, 거기에 삼촌은 술을 드시지도 않았다. "너희 톰 삼촌은 좋은 분이시다." 어머니는 삼촌을 그렇게 평가하셨다.

조건부이긴 했지만 어머니는 골디 숙모도 높이 평가하셨다. 그것은 아마도 당신이 실패한 일을 골디 숙모가 성공적으로 해냈기 때문이었는지도 모른다. 톰 삼촌은 총각 시절에 대단한 술꾼이었다. 하지만 결혼 후 골디 숙모는 톰 삼촌을 금주의 성공적인 모델로 바꾸어 놓았다. 이 점은 골디 숙모의 능력을 보여주는 증거가 되기도 했지만, 똑같은 일을 아버지를 대상으로는 실패했던 어머니에게 그것은 여간 자존심 상하는 일이 아니었다. 어머니는 다른 사람과 비교되는 일에 매우 민감해 하셨고, 그래서 어떻게든 골디 숙모의 흠을 집어내려고 애쓰셨다. 어머니는 먼지 하나 없이 집을 청소하려드는 숙모를 비웃기도 했고, 모리슨빌에 사는 가난한 친척들 눈치를 살피지 않고 사치를 일삼는다며 숙모를 험담하기도 했다. "꼭 있는 척을 한다니까."

하지만 전체적으로 볼 때 골디 숙모는 아주 강인한 여성이라고 해야 옳았고, 어머니도 그 점에 대해서는 이의가 없었다. 숙모가 톰 삼촌과 함께 모리슨빌에 와서 오드리를 맡겠다고 간청했을 때 어머니의 시선은 두 분이 타고 온 멋진 자동차와 두 분의 값비싼 옷 위에 고정되어 있었다. 당신의 아이에게 점잖고 자상한 '부모'가 모든 안락함을 제공하겠노라 나타났을 때 어머니가 그 제안을 거절할 수 있었을까? 쓸쓸한 겨울이 다가오고 있었다. 어머니는 점점 깊어지는 수심愁心으로 미래를 바라보았다. 결정해야 할 일들이 너무 많았다. 망연자실하게 삶의 폐허 위를 지나며 어머니는 무엇을 건져야 하고 또 어떻게 건져내야 할지를 결정하기가 점점 힘들어지고 있음을 깨달았다. 골디 숙모가 어머니의 결정을 도왔다. "돌아가신 러셀 아빠도 지난여름 저희 집에 오셨을 때 만일 무슨 일이 생기거든 저희에게 오드리를 부탁한다는 말씀을 하셨어요." 그러면서 숙모는 만일 하나님께서 오드리를 맡아 키울 기회를 주신다면 오드리에게 친모가 누구이며 오빠와 언니가 누구인지 반드시 알려줄 것이며, 또 우리 가족이 오드리를 보고 싶다면 언제든 환영이라고 약속했다.

며칠 후, 톰 삼촌과 골디 숙모가 모리슨빌에 다시 오셨다. 어머니는 두 분이 유아용 침대와 아기의 옷 보따리를 옮기는 일을 말없이 도우셨다. 차에 모든 짐이 실리자, 마침내 어머니가 담요에 싸인 오드리를 안고 밖으로 나오셨다. 그리고 작별 키스와 함께 오드리를 숙모의 품에 넘겨주셨다.

자동차가 시야에서 사라지자 나는 집 안으로 들어왔다. 어머니는 우리 집에 있던 제일 좋은 가구인 떡갈나무 흔들의자에 몸을 묻고 벽난로를 가만히 바라보고 계셨다.

"엄마, 오드리 언제 와요?"

어머니는 대답이 없으셨다. 다만 벽난로만 응시하며 흔들의자를 가볍게 움직이고 있을 뿐이었다. 나는 집 밖으로 나와 길가에 몸을 웅크리고 앉았다. 어머니께서 뒤따라 나오시더니 내 어깨 위에 손을 얹으셨다.

"엄마가 젤리 얹은 빵 만들어 줄까?"

제6장

공황의 풍경

※

1931년 1월, 어머니는 우리를 데리고 뉴어크의 외삼촌 집으로 들어가셨다. 주식 시장은 15개월 전에 이미 붕괴되었고 경기는 매우 나빴지만 워싱턴의 정치인들은 상황을 그리 심각하게 생각하지 않았다. 후버 대통령은 당시의 경제 상황을 가리켜 '경기 침체'라는 심각한 단어를 사용하려 하지 않았다. 다만 단순한 '조정 국면'일 뿐이었다. 걱정할 건 없었다. 저만치서 번영이 다시 도래하고 있었다.

애초에 어머니는 일자리를 구하고 세를 얻을 때까지 몇 달만 앨런 외삼촌의 신세를 질 생각이었다. 앨런 외삼촌은 어머니보다 다섯 살 적은 스물여덟이었고 그 나이의 젊은이다운 패기가 넘쳤다. 앨런 외삼촌은 오드리가 함께 오지 않은 것에 적잖이 놀라며 완곡한 말로 어머니를 질책했다.

"둘이나 셋이나 굶기려면 뭐 그리 차이가 있겠어?"

물론 앨런 외삼촌이 우리를 굶길 작정은 아니었다. 외삼촌은 '아빠'가 돌아가시자 고등학교를 중퇴한 뒤 이 일 저 일을 전전하며 꾸준히 보다 나은 수입의 일자리를 거쳤고, 그즈음엔 어떤 어려움도 이겨낼 수 있다는 자신감이 넘치고 있었다.

경제가 악화일로를 치닫고 있다는 뉴스가 매일 흘러나왔지만 앨런 외삼촌은 거기에 개의치 않았다. 외삼촌에게 정말로 힘든 시간은 다 지나간 것처럼 보였기 때문이다. 외삼촌은 버지니아의 어느 제재소에서 일용직으로 일해 봤고 뉴잉글랜드에서 트롤어선을 타기도 했으며 워싱턴의 식료품점에서 점원 노릇도 해보았다. 그러다 20대 초반 뉴욕에서 정장에 넥타이를 매는 영업사원으로 변신했다.

외삼촌은 키가 작았고──165센티미터가 안되었으니까──남부 사투리로 조용조용 말을 했다. 작업복 차림 그대로 저녁 식탁에 앉던 모리슨빌의 삼촌들만 보아온 내게 소매 대님과 빳빳하게 풀 먹인 칼라가 달린 새하얀 셔츠를 입은 외삼촌의 깔끔한 모습은 완벽한 도시 사람으로 비쳐졌다. 나는 매일 저녁식사를 마친 뒤 구두에 윤을 내고 양복에 주름이나 얼룩이 없는지 유심히 살펴보는 외삼촌의 모습을 넋 놓고 바라보았다. 외삼촌은 두 벌의 신사복을 가지고 있었는데 내게는 그것이 완벽한 부의 상징으로 보였다. 외삼촌은 일요일이면 지하실에서 벤젠 한 주전자와 흰 천을 가지고 얼룩을 빼며 다림질을 했다.

어머니와 마찬가지로 앨런 외삼촌 역시, 성실함과 좋은 성격

그리고 정직한 품성만 있다면 아무리 어려운 상황에서라도 능히 성공을 거둘 수 있다고 믿었고, 실제로 자신이 맡은 모든 일에 최선을 다했다. 외삼촌은 브루클린에서 도매 물품을 취급했고 용커스와 스태튼 아일랜드에서는 주로 저가의 담배를 판매했다. 그러다 어느 마가린 공급업자가 주 25달러의 조건으로 뉴저지 북부의 판로 개척을 제안하자 뉴어크로 이사를 하게 되었다. 그러나 어머니와 도리스 그리고 나, 이렇게 세 식구가 늘어나면서 외삼촌은 벌이가 더 나은 일을 찾아야만 했다.

경기가 더욱 나빠지면서 해고와 감원이 늘어갔지만 늘 눈을 크게 뜨고 있는 젊은이에게 그런 상황은 오히려 기회가 되기도 했다. 우리가 도착하기 전날 앨런 외삼촌은 크루거 음료회사의 뉴어크 공장을 찾아가서 영업사원 자리가 있는지 알아보았다.

"지금 당장은 사람이 필요 없지만 혹시 내일 아침엔 자리가 날지도 모르겠네요." 영업부서 책임자가 말했다. 이 말은 그 시절 일종의 암호로 통했다. 앨런 외삼촌은 전에도 그런 말을 들어본 적이 있었다. 풀어서 얘기하면 대강 이런 뜻이었다. "우리는 오늘밤 두 명을 해고할 예정인데, 훨씬 적은 월급으로 두 사람 몫을 대신할 사람을 내일 아침 새로 뽑을 겁니다." 그는 앨런 외삼촌에게 아침 일찍 다시 와서 인사 담당자를 만나보라고 하면서 이런 조언을 덧붙였다. "결혼식에 가는 새신랑처럼 빼입고 오시는 게 좋을 겁니다." 그날 밤 앨런 외삼촌은 멋진 스패츠 한 쌍과 벨벳 칼라가 달린 5달러짜리 코트를 샀다. 다음날 아침 외삼촌은 주급 30달러를 받는 탄산음료 회사 영업사원이 되었다.

외삼촌의 낙천주의는 외숙모의 성격과 잘 어울렸다. 외삼촌은 브루클린에서 일하던 시절 뉴욕 출신의 왈가닥 외숙모를 만났다. 결혼한 지 4년이 지나 외숙모의 나이는 스물넷이 되었다. 하지만 두 분에게는 아직 아이가 없었다. 나는 말수가 적은 앨런 외삼촌을 대하는 것이 조금 어려웠지만 팻 외숙모는 처음부터 무척 좋아했다. 외삼촌과 외숙모는 정반대의 성격이 얼마나 잘 어울릴 수 있는지를 보여주는 완벽한 본보기였다. 외삼촌은 작은 키에 말수가 적은 조용한 성격이었다. 반면에 외숙모는 키가 크고 수다스러웠으며 일상의 자질구레한 소동을 즐겼다. 외삼촌은 남부 사투리가 심한 버지니아의 시골 출신이었으며, 1666년 이래로 버지니아에 정착해 살아온 개척민시대 개신교도의 후예였다. 외숙모는 아일랜드인과 쿠바인의 피가 섞인 뉴욕 출신으로 천주교에서 운영하는 고아원에서 자랐고 시골 생활에 대해서는 아는 게 전혀 없었다. 외숙모는 우유 값을 줄이기 위해 젖소를 한 마리 사다가 뒤뜰에 묶어 놓고 음식물 쓰레기를 사료로 주면서 키우면 좋겠다는 말을 하기도 했다. 성장해서 고아원을 나온 뒤 외숙모는 브루클린에서 하숙을 하며 다양한 직업을 전전했다. 팻 외숙모는 월 스트리트의 식당가에서 종업원으로 일했고 짐벨 백화점에서 엘리베이터 승강원으로 일하기도 했으며 전화 교환원 생활도 했었다.

두 분은 불우한 어린 시절을 보냈다는 공통점이 있었지만, 그런 경험은 두 분을 모질게 만들기는커녕 오히려 인생의 낙오자들을 위한 연민을 키우게 해주었다. 주급 30달러의 수입으로도 두 분은 우리를 기쁜 마음으로 맞아들였다.

뉴어크에 처음 도착했을 때 나는 팻 외숙모의 활기 넘치는 도시 스타일에 완전히 매료되었다. 모리슨빌의 아주머니들은 말이 별로 없어 따분하기만 했다. 팻 외숙모는 달랐다. 식용유가 튀거나 이웃집 라디오의 소리가 크게 들릴 경우, 혹은 집세를 받으러 제 날짜보다 하루 일찍 집주인이 들이닥치기라도 하면 팻 외숙모가 외치는 "예수, 마리아, 요셉이시여!" 하는 소리에 집 전체가 들썩했다. 외숙모는 생활의 전선에서 완벽한 대비 태세를 갖춘 전사였다. 외숙모는 스스로를 열정으로 무장하고 전투에 임했으며 적이나 도전자와 맞닥뜨리는 순간에는 반드시 "본때를 보여" 주었다.

"네 외숙모 앞에서 깝죽대는 사람들은 큰 코 다치지." 어머니께선 자주 그렇게 말씀하셨다. "네 외숙모는 누구든 걸렸다 하면 본때를 보여주거든."

아이가 없던 외숙모는 어린아이들을 끔찍이도 아끼셨다. 외숙모는 외출할 때면 늘 도리스와 나를 데리고 도시 생활의 경이로움을 보여주셨다. 한번은 나를 데리고 어느 식료품점에 가서 볼로냐소시지를 사는데 점원이 거스름돈을 잘못 거슬러 준 일이 있었다. 점원이 손바닥이 닳도록 싹싹 빌어서 어느 정도 화가 풀릴 때까지 외숙모는 점원을 매섭게 몰아붙였다. 만족감으로 위풍당당하게 집으로 돌아오는 길에 외숙모는 나를 향해 휙 돌아서며—나는 1.5미터 뒤에서 외숙모를 따라잡기 위해 줄곧 뛰어야 했다—큰소리로 말씀하셨다. "그런 못된 사기꾼들은 본

때를 보여줘야 돼. 알겠니?"

 신문에 대한 관심을 내게 처음 불어넣어준 이도 팻 외숙모였다. 신문 중독이라 할만 했던 외숙모는 거리에 있는 신문팔이 소년이 "특종이요! 특종! 사건의 전모가 밝혀졌습니다!" 하고 외쳐대면 당장 달려가서 2센트를 주고 한 부를 받아들고는 그 자리에서 헤드라인부터 읽곤 했다.

 "예수, 마리아, 요셉이시여!" 충격적인 기사가 실렸을 경우 외숙모는 그렇게 외쳤다. 내가 무슨 일이냐고 물어보면 외숙모는 차근차근 기사를 설명해 주었고 그 일이 왜 중요한지도 가르쳐 주었다.

 "예수, 마리아, 요셉이시여!"
 "신문에 뭐라고 났어요, 외숙모?"
 "누군가 더치 슐츠에게 빨간 장미 한 송이를 보냈대."

 더치 슐츠는 뉴어크에서 제일 악명 높은 폭력조직의 두목이었다. 하지만 왜 빨간 장미를 보내지?

 "그건 누군가 그를 끝장내기로 마음먹었다는 뜻이야." 외숙모의 설명이었다. "깡패들 세계에선 한 깡패가 다른 깡패를 끝장내겠다고 마음먹으면 빨간 장미 한 송이를 보내거든." 그로부터 며칠 동안 나는 더치 슐츠가 끝장났다는 기사가 실린 '특종'을 기다렸지만 그런 일은 일어나지 않았다.

 충격적인 뉴스가 없는 날에도 신문팔이 소년들은 신문을 파는 재주가 있었다. "특종이요! 특종! 사건의 전모가 밝혀졌습니다!" 하는 소리가 들리자 그날도 외숙모는 2센트를 주고 신문을 집어

들었다. 신문을 뒤적거려도 별다른 기사가 보이지 않자 외숙모는 단걸음에 신문팔이 소년을 잡아챘다.

"얘, 뭐가 특종이란 말이니?"

"바니 구글이 스파크플럭을 총으로 쐈잖아요." 소년이 볼멘소리로 대답했다.

바니 구글은 연재만화의 주인공이었고 스파크플럭은 그가 아끼는 멍청한 경주마였다. 팻 외숙모는 다시 신문을 펴서 만화가 실린 면을 찾았다. 그리고는 내게 그 면을 보여주었는데, 스파크플럭은 멀쩡했고 바니는 스파크플럭과 한가로이 수다를 떨고 있었다.

"바니 구글이 스파크플럭을 안 쐈네요." 내가 말했다.

"그렇구나. 네 외숙모가 밤톨만한 녀석한테 한 방 먹었지 뭐니." 외숙모는 한참을 까르르 웃었다. 앨런 외삼촌이 퇴근해서 집에 들어오자 외숙모는 그 얘기를 또 꺼냈고 앨런 외삼촌도 웃음을 터뜨렸다.

팻 외숙모를 빼고 나면, 내가 도시 생활에 적응하는 과정은 고통 그 자체였다. 앨런 외삼촌이 우리를 맞아들인 집은 웨이크먼 가의 빈민가에 있었다. 그 집은 부엌이 지하실에 있었고 1층엔 거실과 침실 두 개가 있었다. 벽에는 짙은 녹색 페인트가 덕지덕지 칠해져 있었고 천장엔 놋쇠로 만든 샹들리에가 매달려 있었다. 백열등이 푹신한 의자 두 개와 울퉁불퉁한 소파를 비추고, 윤이 나는 검정색 탁자 위에는 애트워터 켄트 라디오가 놓여 있었다. 우리는 뒤뜰에 씨를 뿌렸지만 토양이 좋지 못해 늘 누런

싹만 올라왔다.

우리 가족이 뉴어크에 도착한 첫날이었다. 집 앞에 나가서 놀다가 차도에 발을 내딛는 순간 나는 급제동하는 차에 거의 치일 뻔했다. 운전자는 차에서 내려 욕을 퍼부으며 내 팔을 붙들고 현관문 앞에 와서 악을 질러댔다. 그렇지 않아도 급제동하는 소리에 놀라서 뛰어나온 팻 외숙모에게 그 운전자는 언성을 높이는 실수까지 저지르고 말았다. 팻 외숙모는 그에게 본때를 보여주었고 그 운전자는 허둥지둥 도망가기 바빴다. 며칠 동안 나는 현관문을 나설 엄두를 내지 못했다.

거리에는 도시의 때가 묻은 아이들이 넘쳐났다. 어느 오후, 열 살쯤으로 기억되는 여자아이 하나가 케이크를 한 조각 주겠다며 나를 자기 집으로 유인했다. 그 소녀는 나보다 키가 훨씬 컸고 내겐 어른으로 느껴졌다. 그 여자애가 케이크를 주기 전에 먼저 내 바지를 내리겠다고 했을 때 나는 별다른 저항감을 갖지 않았다. 다섯 살 꼬마였던 나는 어머니가 바지를 벗기고 입혀주시는 것에 익숙해 있었기 때문이다. 그러나 그 여자애가 내 바지를 내린 다음 한걸음 물러서더니 자기도 옷을 벗었으면 좋겠느냐고 물었을 때 나는 알 수 없는 불안감을 느꼈다.

나는 겁은 나면서도 다섯 살배기의 호기심이 있었고, 또 그렇게 하라고 대답했음에 틀림없다. 그 여자애가 눈 깜짝할 사이에 치마를 어깨까지 들어올리고 내 앞에 서 있었기 때문이다. 그때 나를 뒤흔든 감정은 분노였다. 나는 그제야 그 여자애가 나를 속였다는 것을 알아챘다. 어디에도 케이크는 없었다. 그 애는 단지

나를 자신의 멍청한 게임에 끌어들이기 위해 케이크를 약속한 것이었다. 나는 화가 나서 바지를 치켜 올리고 팻 외숙모에게 달려가 그 일을 일러바쳤다. 내가 어떻게 꼬임에 넘어갔는지 얘기를 시작했을 때만 해도 팻 외숙모는 웃고 있었다. 하지만 구체적인 설명이 이어지자 외숙모의 얼굴에서 미소가 사라졌다.

"예수, 마리아, 요셉이시여!"

그 일이 있고 나서 나는 어른이 보고 있지 않을 때에는 길가에 나가서 노는 게 금지되었고 뒤뜰에서 도리스와 단 둘이 놀아야만 했다. 나는 뒤뜰을 싫어했다. 모양새 흉한 나무 울타리가 싫었고 누렇게 올라오는 싹이 싫었다. 벽돌담과 나를 노려보는 더러운 유리창이 싫었고 머리 위에서 하늘을 가리며 널려 있는 빨래들이 싫었다.

나는 생선 비린내와 끈적거림 때문에 구역질이 나는 어간유魚肝油를 특히 싫어했는데, 도리스와 나는 하루 두 차례 한 스푼씩 그걸 억지로 삼켜야만 했다. 어간유가 몸에 좋고 전염병을 예방하는 효과도 있다며 팻 외숙모는 어머니를 설득했다. 성홍열, 볼거리, 수두 그리고 백일해가 만연하던 시절이었다. 소아마비로 죽거나 다리를 절게 되는 아이들도 많았다. 금속 보조기를 다리에 차고 있는 아이가 집집마다 하나씩 있었다. 어간유가 유일한 예방책이었다.

"몸에 좋은 거야." 팻 외숙모는 한 손에 어간유가 든 병을 들고 다른 한 손에는 스푼을 쥔 채 하루에 두 차례씩 온 집 안과 뒤뜰에서 추격전을 벌였다.

"이리 와."

"싫어요. 나 그거 먹으면 토한단 말이에요."

"착하지. 너 소아마비 걸리고 싶어? 자, 이건 몸에 아주 좋은 거야."

어간유는 자동차 윤활유처럼 점성이 있었다. 그래서 눈 딱 감고 꿀꺽 삼키는 것도 아무 소용이 없었다. 마치 입 안에서 식도까지 풀칠을 하는 느낌이 들었기 때문이다. 그렇다고 먹은 것을 게워내는 것도 소용이 없었다. 내가 토했다고 해서 팻 외숙모는 화를 내는 법이 없었다. 외숙모는 내게 본때를 보여준다거나 하는 일 없이, 그저 한 스푼을 듬뿍 다시 뜨며 다정스러운 목소리로 말했다. "이리 와. 착하지. 이거 몸에 아주 좋은 거야."

어간유가 그다지 신통한 효험을 발휘하지 못했는지 더 큰 고통이 기다리고 있었다. 도리스와 나 둘 다 백일해에 걸린 것이었다. 뉴어크 보건 당국은 우리 집 현관문에 검역 격리 딱지를 붙이고 이웃의 접근을 막았다. 백일해가 다 나았는데도 굴욕은 계속되었다. 당국은 도리스와 내게 외출할 때 보균자임을 밝히는 노란색 완장을 차도록 명령했다.

나는 창피스럽기 짝이 없는 그 노란색 완장이 너무 싫었다. 그리고 얼마 지나지 않아 뉴어크 보건국 전체를 증오하게 되었다. 지금도 왜 그랬는지 궁금하지만 보건국은 내 자세가 비정상이어서 교정을 요한다는 판정을 내렸다. 어머니의 손에 이끌려 보건국을 찾은 나는 발가벗겨진 채 여러 가지 검사를 받았다. 내 몸 여기저기를 꾹꾹 눌러보고 이리저리 비틀어대며 엑스레이 촬영을 마친 후 의사와 간호사, 엑스레이 촬영기사 모두 인상을 찌푸리며 혀를 찼다.

"서둘러야겠어." 의사가 말했다.

만일 즉시 교정해 주지 않는다면, 글쎄…… 끔찍한 가능성들이 언급되었다. 그 중 최악은 '척추측만'이었다. 의사는 체육관에서 실시하는 척추 교정 프로그램을 권했다. 재주넘기, 물구나무서기, 그리고 턱걸이와 평행봉 같은 체조들이 내 척추를 곧게 만드는 데 도움이 될 거라는 얘기였다.

나는 싫다고 했다. 재주넘기는커녕 물구나무서기도 내게는 불가능한 일이었다. 체육관에 나가봤자 웃음거리가 될 게 뻔했다.

"야, 너 커서 꼽추 되고 싶냐?" 의사는 서랍에서 책을 한 권 꺼냈다. 그 책엔 척추가 심하게 굽은 사람의 사진이 실려 있었다. "너 커서 이렇게 되고 싶지 않지?"

내가 대답할 필요도 없었다. 어머니는 당장 나를 체육관에 등록시켰다. 나는 체육관이 죽도록 싫었다. 하늘이 내려주신 운동신경 덕분에 나는 곧바로 웃음거리가 되었다. 다른 사내아이들은 모두 침팬지마냥 민첩하고 유연했건만.

고통으로 얼룩진 몇 달이 지나 많은 학부모들이 참석한 가운데 체육관에서 발표회가 열렸다. 어머니는 팻 외숙모와 함께 오셨다. 발표회가 끝나고 집으로 돌아오는 길에 팻 외숙모는 내 묘기가 아주 돋보였다며 칭찬을 아끼지 않았다. 하지만 어머니는 입을 굳게 다물고 계셨다. 어머니는 거짓말을 할 줄 몰랐다.

"애야, 아무래도 넌 야구를 하는 게 낫겠다." 어머니 말씀이셨다. 며칠 후 어머니는 운동구점에서 야구 방망이와 공, 그리고 도리스와 나를 위해 글러브 두 개를 사오셨다. 어머니는 다시는 나를 체육관에 보내지 않으셨다.

내가 유년의 작은 상처들과 함께 하루하루를 지내는 동안 어머니는 점차 공황을 체감하게 되었다. 어머니는 일자리를 얻는 즉시 독립을 하겠다는 애초의 계획이 얼마나 허황된 것이었는지 새삼 깨달으셨다. 일자리가 없었다.

어머니는 다시 교직을 생각하셨다. 그러나 버지니아의 교사 자격증은 뉴저지에서는 쓸모가 없었고, 혹 자격 요건을 갖추었다고 해도 교사 자리가 나는 곳이 있을 것 같지도 않았다. 어디나 마찬가지였다. 채용 계획 없음. 백화점도 채용 계획 없음. 공장도 채용 계획 없음. 공장은 일부 직원들을 해고할 필요조차 없었다. 아예 문을 닫았기 때문이다. 어머니는 그해 내내 일자리를 찾아 돌아다니셨고 구인 광고를 뒤적거리며 여기저기 기웃거려 보았지만 대답은 늘 똑같았다. 채용 계획 없음.

12월에 들어 어머니는 뉴어크의 어느 작은 식료품점에서 주말에만 일하는 임시직을 얻었다. 하루 12시간 근무에 주급은 18달러였다. 그 정도면 괜찮은 벌이였다. 아니, 얼마를 받는가는 중요하지 않았다. 어머니로서는 직업이 생겨 세금을 낸다는 사실 자체만으로도 체면이 서는 일이었다. 하지만 어머니는 외삼촌 집에서 우리를 데리고 나가 독립할 생각은 더 이상 하지 않게 되었다.

물론 어머니에게 재혼의 기회는 있었다. 1931년이 저물어 갈 무렵 상황은 끝도 없이 나빠지고 있었고 오직 재혼만이 해결책이 아닌가 생각되기 시작했다. 하루는 어머니께서 날 침대에 누이시고 평소답지 않게 오래도록 침대맡을 지키시더니 불쑥 말을 꺼내셨다. "올루프 아저씨가 네게 좋은 아빠가 될 수 있다고 생각하니?"

정말 곤란한 질문이었다. 어머니께선 눈치를 채셨는지 곧바로 말을 이으셨다. "올루프 아저씨는 좋은 분이시란다."

어머니께서 그렇게 말씀하셨다면 그건 예사로운 일이 아니었다. 어머니의 사전에 '좋은 분'은 몇 되지 않았다. 물론 '아빠'가 '좋은 분'이었고 앨런 외삼촌도 '좋은 분'이었다. 그 외에는 거의 없다시피 했다.

나는 올루프 아저씨에 대해 별로 관심이 없었다. 아저씨는 가끔씩 집에 놀러 오실 때마다 도리스와 내게 빵을 한 아름씩 안겨주시곤 했다. 나는 어머니와 아저씨가 가끔 산책을 함께 나선다는 사실은 알았지만, 그 이상은 신경을 쓰지 않았다. 내게는 아저씨가 그저 말투가 웃긴 낯선 사람일 뿐이었다. 올루프 아저씨가 아버지가 된다는 건 상상하기 힘든 일이었다.

앨런 외삼촌은 마가린 영업을 하던 시절에 올루프 아저씨를 만났다. 올루프 아저씨는 순회 영업사원 양성 과정을 마친 숙련된 제빵사였다. 아저씨는 가방에 마가린 견본품을 가득 담고 북서북 지역을 돌아다니면서 식품회사나 조그만 빵집에서 제빵 기술을 과시하며 물건을 팔았다. 앨런 외삼촌은 어느 날 저녁식사에 올루프 아저씨를 초대해서 어머니와 처음으로 인사를 나누게 했다.

덴마크 출신의 올루프 아저씨는 노랑머리 큰 덩치에 40대 후

반의 홀아비였다. 아저씨는 아내와 사별한 뒤 미국으로 이민을 왔고 결혼한 아들은 펜실베이니아에서 살았다. 올루프 아저씨는 어머니께서 그토록 좋아하시던 사업가적 기질을 갖춘 분이었다. 은행 대출을 받아서 펜실베이니아에 집을 여러 채 매입한 올루프 아저씨는 스스로를 성공한 이민의 산 증인이라 생각했다. 잘 다려진 정장에 반짝반짝 윤이 나는 구두를 신고 다니던 아저씨는 유머감각도 뛰어났다. 아저씨는 빵 굽는 일을 그만두고 이 도시 저 도시를 누비며 은행가들과 사업 이야기를 나누는 위치에까지 이르렀다. 어머니께서 보시기에 아저씨는 전도가 유망한 사람이었다.

그때는 내가 눈치 채지 못했지만 어머니께서는 아저씨를 사랑하셨다.

난 아니었다. 비록 올루프 아저씨의 밝은 성격이 좋았고 아저씨가 가져다주는 빵이 맛있기는 했지만, 나는 새아버지가 생긴다는 것이 두려웠다. 그 시절 가장 두려웠던 일은 어머니를 잃는 것이었다. 나는 어머니께서 돌아가시고 도리스와 나만 남게 되는 악몽을 가끔씩 꾸고는 했다. 나는 어머니께 그렇게 말씀드린 적은 없었지만, 어머니께서 결혼하신다는 것은 곧 어머니를 잃는 것이나 다름없다고 생각했다.

올루프 아저씨는 일의 성격상 늘 다른 지방을 돌아다녀야 했다. 아저씨는 다른 곳에 가 있을 때면 일주일에 두어 차례 어머니께 편지를 썼다. 아저씨의 멋진 글씨체는 엉터리 문법과 괴상한 철자와 함께 기묘한 대비를 이루었다. 하지만 만족스럽지 않은 영어 실력도 펜을 들고 싶은 아저씨의 열망을 꺾지는 못했다. 엉터리 철자에 문법은 엉망이었으며 구두점은 아무 데나 찍혀 있었지만 아저씨의 편지엔 희열과 절망, 열정과 사랑 그리고 남모를 고독이 우아한 스칸디나비아의 운율에 잘 담겨 있었다.

1932년 5월 9일 보스턴에서 쓴 아저씨의 편지에는 처음으로 두려운 감정이 토로되어 있었다. 아저씨는 그날 본사 사무실을 찾아갔다가 호텔로 돌아와 그 일에 대해 적었다.

"엘리자베스에게," 편지는 이렇게 시작되었다.

"오늘 저는 부장과 하루종일 같이 있었습니다. 그런데 부장이 저에게 6월 1일 회사를 그만두라고 했습니다. 경기가 아주 나쁘고 우리는 더 나쁩니다. 부장은 5월 1일 네 사람을 해고했습니다. 그래서 지금은 일곱 사람이 남았습니다. 작년엔 열일곱 사람이 있었습니다. 걱정한다고 아무리 소용이 없겠습니다. 당신이 말한 것처럼, 빵집을 해야 될 것 같습니다. 제가 빵집 차리면 도와주시겠습니까?"

그 다음 주에 아저씨는 뉴포트에 있는 고객들을 만나보고 보스턴으로 돌아와서 좋지 못한 소식으로 편지의 서두를 꺼냈다.

1932년 5월 21일 :
"엘리자베스에게,
지사에 갔습니다. 동료들이 저에게 편지를 보여주었습니다. 동료들이 사장에게 저를 내보내지 말라고 쓴 편지인데 사장이 안 된다고 했답니다. 저는 이제 실업자 신세입니다."

이어서 올루프 아저씨는 팻 외숙모가 일자리를 알아보고 있다고 적은 어머니의 편지에 대해 다음과 같이 언급했다.

"팻이 무슨 일자리를 알아보십니까? 일자리는 나무에 주령주령 메달려 있는 것이 아닙니다."

그리고 나서는 갑자기 엉뚱한 얘기가 튀어나오는데, 언제나 밝은 면을 보려고 했던 올루프 아저씨의 천성이 엿보이는 구절이었다.

"뉴포트는 제가 본데 중에 제일 멋있는 데엿습니다."

그러나 다음 문장은 다시 근심과 두려움으로 돌아갔다.

"어느 빵집주인이 볼티모어에 있는데 저에게 와서 일하기를 바랍니다. 당분간 거기서 일할까 생각합니다. 당신 생각은 어떠습니까? 제가 당신을 보러갈까요, 아니면 당신이 저를 보러올까요? 경기가 나쁩니다. 회사에서는 지사를 닫고 직원을 세 명만 남길라고 합니다. 지난여름에는 서른두 명이 일했습니다. 사람들은 어떠게 겨울을 보내라는 건지 이해가 안갑니다. 다시 한번 편지에 감사합니다. 당신은 자상한 여자입니다. 당신을 만나면 키스할겁니다. 당신과 당신의 아이들을 사랑하는 올루프로부터."

1932년 여름이 되자 후버 대통령의 '조정 국면'은 '공황'으로 바뀌었다. 재선을 위한 선거 운동에서 대통령은 "저만치서 번영이 다시 도래하고 있습니다"라고 했다. 하지만 올루프 아저씨는 자신의 목표를 크게 낮춰야 했다.

1932년 5월 26일 :
"엘리자베스에게,

다음달 6일 월요일에 볼티모어에 있는 빵집주인을 만날겁니다. 오늘은 여기 빵집주인이 저에게 일주일에 45달러 주니까 일하라고 했습니다. 저는 생각해 본 다고 말했습니다. 하지만 여름에 오븐 앞에 일하는 것은 너무 힘이 들어요."

다음 줄엔 어머니의 애를 태우는 이야기 한 구절 :

"피츠버그에 그 과부가 제가 일자리 일었다고 얘기를 들었는 것 같습니다. 그래서 저보고 와서 가게를 해달라고 했습니다. 그러나 저는 별로 하고 싶지 않습니다. 당신 생각은 어떠습니까? 저는 당신이 실어할 거라고 생각합니다. 여기는 덥습니다. 오늘 난리가 났습니다. 어느 가게에서 블루베리 깡통이 터져서 제 옷에 뒤집었습니다. 기분이 나빴습니다. 당신과 당신의 아이들을 사랑하는 올루프로부터."

　어머니는 편지가 도착하면 그때그때 답장을 하셨다. 어머니는 아저씨로부터 온 편지들을 오랜 세월이 지나도록 보관하셨다. 그 편지들이 공황을 거치는 동안 한 개인사의 기록으로 가치를 지녔기 때문만은 아니다. 어머니에겐 그 편지들 자체가 소중한 보물이었다. 어머니께서 편지에 쓰신 글들은 매번 올루프 아저씨의 답장에서 공허한 메아리로 돌아오곤 했다. 올루프 아저씨는 종종 열정에 불타는 글을 써보려고 시도해 보았지만, 두 분의 서신은 연인들의 그것과는 거리가 멀었다. 아저씨는 현실의 문제에 짓눌려 있었고, 어머니 역시 아이들이 딸린 삼십대 중반의 과부였다. 두 분 모두에게 편지는 고독으로부터의 피난처가 되었다.
　그해 팻 외숙모가 드디어 아이를 낳았다. 아기에게 캐슬린이라는 이름이 붙여졌다. 6월 중순경에 올루프 아저씨는 펜실베니아에서 팻 외숙모에게 축하와 안부를 전하는 편지 한 통을 썼다.

　"팻, 아주 섭섭합니다. 이젠 소식도 안하십니까? 저는 일자리를 잃고 한동안 빈둥합니다. 에케슨 회사는 문닫기 직전이고 스위프트 사장도 회사가 곧 망할 것 같습니다. 여기에서 돈을 빌려볼라고 했는데 지금이 얼마나 어려운 때느냐 실감을 했습니다. 앨런이 일을 하고 있어서 참 기쁩니다. 해고 안되고 계속 일할 거라고 믿습니다. 팻, 말했다시피 아이는 진주와 금과도 같습니다."

하지만 아저씨에게 곧 일거리가 생겼다. "독일에서 수입한 새로운 상표 포모신을 전시 판매하는" 일이었다. 아저씨는 차를 팔아서 낡은 소형 트럭을 장만했고 아들 닐스와 함께 막 그 일에 뛰어든 참이었다.

"일을 하지 안으니까 힘이 하나도 업습니다. 보험회사 사람들은 저에게 와서 보험 하라고 합니다. 제가 돈이 만은 줄 압니다. 저는 엉뚱한 말을 해줍니다. 하지만 이제 일을 새로 시작합니다. 어려움을 극복하고 다시 일류가 되고 싶습니다."

2주 후 :
"엘리자베스에게,

저는 월요일 아침 아들 닐스와 함께 향신료 장사를 나갔습니다. 그런데 34달러를 썼습니다. 숙박비와 먹는데 썼습니다. 별로 안 좋습니다. 제일 나쁜 일은 피츠버그에 갔을 때입니다. 거기 빵집주인은 제가 돌았다고 생각합니다. 빵집에 들어갔는데 그 사람이 세상이 어떠게 됐길래 제가 향신료를 팔고 돌아다닌다고 했습니다. 아들까지 대리고 말입니다. 저는 기분이 나빴습니다. 그래서 닐스에게 야, 집에 가자고 말했습니다."

1932년 6월 9일 :
"엘리자베스에게,

어제밤에 집에 왔습니다. 저는 이 일을 그만 두었습니다. 좋은

제6장 공황의 풍경 127

직업이 아닙니다. 빵집주인들에게 저의 명성을 망치는 그런 물건을 파니까요."

두 분이 서로 못 본 지 석 달이 지났다.

"그럼요. 저는 당신이 보고 싶습니다. 하지만 나중에요. 그때 가서 한꺼번에 풀겁니다. 당신이 올루프 좋아요 더 해 주세요 라고 할때 까지 저는 키스할겁니다. 당신이 그러게 말할거라고 저는 믿습니다. 편지에 새로운 소식을 보내주세요. 세금 고지서는 날라오는데 돈은 업습니다. 하지만 걱정 안합니다. 당신과 당신의 아이들을 사랑하는 올루프로부터."

주택 구입을 위해 은행에서 받은 대출금의 상환이 올루프 아저씨에게 점차 짐이 되기 시작했다. 아저씨는 그 중 한 채를 처분하기를 희망했다. 이제 8월이 되어 두 분이 서로 못 본 지 다섯 달이 넘게 되었다. 실직 상태가 길어지면서 아저씨는 두 분 사이의 우정을 진지하게 받아들이기 시작했다.

1932년 8월 20일 :
"엘리자베스에게,

오늘 보내주신 편지 고맙게 받았습니다. 제가 당신과 가까운 곳에 있으면 얼마나 좋습니까. 같이 산책도 나갈겁니다. 머리도 식이고 말입니다. 여기 날씨는 참 좋습니다. 밤은 차갑습니다. 덥고 시끄러운 도시를 비교하면 여기는 조용히 잡니다. 저에게 편지쓰는 사람은 당신뿐 업습니다. 사람들은 참 웃낍니다. 다른 사람들에게 얻을 것이 있으면 옆에 있습니다. 그러니까 친구가 된다는 말입니다. 하지만 금방 변합니다. 전에는 저는 편지 스무 통까지 받았습니다. 지금은 아무도 안받습니다. 당신만 있습니다. 당신은 좋은 여자입니다.

저는 오늘 아침 집을 하나 팔라고 생각했습니다. 하지만 안팔립니다. 집 세 개가 비어있고 들어오는 사람이 업습니다. 그런데 세금은 내야 됩니다. 어쨌든 만사가 잘될 겁니다. 그러길 바랄뿐입니다. 저는 사람들에게 아무 걱정하지 말으라고 말합니다. 저도 안합니다. 그런 안녕히 주무세요. 당신과 당신의 아이들을 사랑하는 올루프로부터."

어쨌든 만사가 잘될 겁니다. 그러길 바랄 뿐입니다.

현대판 암흑시대라 할 만한 그 시절, "어쨌든 만사가 잘될 겁니다. 그러길 바랄 뿐입니다"는 끝없는 낙관주의의 표현이었다. 배급 식량을 타기 위해 줄을 서고 노숙자와 강도가 온 도시에 넘쳐나던 시절이었다. 더 이상 가족들을 부양하지 못하게 된 남자들 사이엔 비관자살이 유행병처럼 번졌다. 실업률은 25퍼센트를 상회했다. 8만 5천개의 기업이 쓰러졌고 5천개의 은행이 파산했으며 27만 5천여 가정이 보금자리를 잃고 길바닥에 나앉았다.

후버 대통령의 선거 운동 슬로건——"저만치서 번영이 다시 도래하고 있습니다"——은 온 국민의 조롱거리가 되었다. 올루프 아저씨처럼 그 말을 믿고 싶어 하는 사람들도 있었지만 어디에서도 열광하는 목소리는 들리지 않았다. "어쨌든 만사가 잘될 겁니다. 그러길 바랄 뿐입니다."

1932년 9월 6일. 두 분이 못 본 지 이제 일곱 달이 되었다.

"엘리자베스에게,

어제 받은 편지 고맙게 읽었습니다. 우울한 일이 계셨나 봅니다. 당신 곁에 있을수 있다면 얼마나 좋겠습니까. 지금쯤은 갠찬으시길 믿습니다. 별일 안생기면 당신 생일날엔 갈라고 합니다. 오늘 저를 고용할라는 사람이 하나 있었는데 월급은 업고 위탁판매를 알아서 버는 겁니다. 그래서 안한다고 말했습니다.

오늘 닐스의 집주인에게 웃끼는 편지를 받았습니다. 저에게 내년 봄 까지 닐스 방세를 내라고 합니다. 그러지만 저는 답장도 안할겁니다. 그사람들은 저에게 말합니다. 올루프씨 때문에 닐스가 이 세상에 있으니까 닐스를 돌볼 책임이 있습니다 하고 말합니다. 웃낍니다. 제가 이 세상에 있는건 누가 책임입니까? 그것이 누구든지 저를 안도와줍니다. 엘리자베스 당신이 이 세상에 있는 건 누가 책임입니까? 이것이 바로 제가 말하는 겁니다. 헛소리만 세상에 가득합니다."

두 분의 편지는 오랜 헤어짐 속에서 이전에 뉴어크에서 같이 산책을 하던 시절보다 훨씬 깊은 일체감을 만들어 내고 있었다. 편지를 주고받으며 비로소 두 분의 관계가 연인다워지기 시작했다. 이따금 올루프 아저씨의 편지에 암시되는, 두 분 사이의 가장 뜨거웠던 순간은 아마도 집 근처의 병원 쪽으로 산책을 갔을 때의 일로 보이는데, 두 분은 그곳에서 처음 키스를 했던 것 같다.

"그런 날이 다시 올겁니다." 1932년 가을 아저씨의 편지였다. "그 봄날처럼 저는 오늘 아침 산책 했습니다. 우리가 산책 했을 때를 기억하십니까? 그 병원 건물 모퉁이 말입니다."

서로에게서 떨어져 있는 거리와 외로움이 재회의 순간을 향한 열망을 더욱 뜨거워지게 했다. 하지만 올루프 아저씨의 로맨틱한 글은 현실의 두려움에 줄곧 끊어지곤 했다.

10월:

"올해 당신의 생일에 제가 못가도 걱정하지 마십시오. 왜냐면 제가 돌아가는 날에는 당신에게 키스하면서 그만큼 사랑할거니까요. 그러습니다. 저는 당신을 껴안고 놓아주지 않을 겁니다. 팻에게 제가 기분이 조금 좋아지면 답장한다고 말해주십시오. 저를 미치게 만드는 건 바로 일자리입니다. 오늘 저는 의사에게 진찰했습니다. 제가 건강이 좋다고 합니다. 모든 게 좋을 겁니다. 일자리만 생기면요."

11월에는 프랭클린 루스벨트가 대통령에 당선됐지만 그것도 아저씨의 기분을 낫게 만들지는 못했다.

제6장 공황의 풍경

1932년 11월 11일 :

"대통령 선거 결과가 나왔습니다. 하지만 요즘같은 때에 공화당이던 민주당이던 그것이 무슨 상관업습니다. 버터 값이 1년 전보다 떨어졌습니다. 1파운드에 30센트가 되기 전에는 제가 마가린 영업사원을 할 수 업습니다. 지금 저는 다시 실이에 빠졌습니다. 이제 은행에서 돈을 빌릴수도 업습니다. 자꾸 갚으라고 합니다."

대출금을 갚아야 하는 절박한 처지에서 올루프 아저씨는 빵 굽는 오븐 앞으로 돌아가야 했다.

1932년 11월 19일 :

"엘리자베스에게,

당신에게 너무나 가고 싶습니다. 저는 꼭 갈겁니다. 당신을 만나면 너무나 기쁠겁니다. 당신도 그럴거라고 믿습니다. 하지만 저는 여름에 은행에서 천 달러를 빚 졌습니다. 그래서 실이에 빠졌습니다. 그때 매츠가 와서 저에게 이 일을 해보라고 했습니다. 저는 가서 이 일을 시작했습니다. 하지만 제가 이 일을 얼마나 실어합니까. 정말 힘들어요. 오래동안 일합니다. 아주 만은 시간 일한다는 말입니다. 우리는 내일이 일요일인데도 일하러 갑니다. 그런데 월요일에도 일합니다. 그리고 매일 새벽 1시부터 오후 2, 3시까지 일합니다. 힘들지만 당분간은 이러게 해야 합니다."

루시 엘리자베스, 1933년.

이틀 후 :

"밤낮 하루종일 일합니다. 어제는 밤 10시까지 일하고 오늘 새벽 2시부터 다시 일을 했습니다. 지금 오후 3시에 저는 집에 막 도착했습니다. 엘리자베스, 걱정하지 마십시오. 잘 버터야 합니다. 늘 이렇게 생각하십시오. 언젠가 올루프가 돌아오는 날에 우리는……"

이 대목은 거의 결혼 약속을 내비치는 것이었다. 어머니는 즉시 답장을 내서 올루프 아저씨에게 나이와 경력에 맞는 일을 찾아보라고 권했다.

1932년 11월 25일 :

"틀렸습니다. 일자리를 찾아볼라고 모든 노력을 했습니다. 우표 사는 데만 5달러를 넘게 썼습니다. 전에 알던 빵집주인 전부에게 편지를 썼습니다. 예전에는 돈을 많이 버는 직업을 소개해주겠다고 했는 사람들이었는데 겨우 한사람만 답장을 보냈습니다. 아니 두사람입니다. 뉴어크에서 하나, 보스턴에서 하나 왔습니다. 두 사람 다 지금은 아무것도 업다고 썼습니다. 그 나머지 사람은 답장 우표값 2센트도 아까운지 봅니다. 모두들 저의 친구였지만 인생이 그런겁니다. 하지만 다른 일자리를 찾으면 이런 지저분한 곳에 하루도 더 있지 안을겁니다. 지금은 오후 3시입니다. 오늘밤 11시에는 일하러 갑니다. 어째 인생이 이럽니까. 만사가 나아지길 바랄 뿐입니다……언젠가 당신에게 갈겁니다. 걱정 마십시오. 모두에게 안부 전해주십시오. 올루프로부터."

닷새 후 아저씨에게 좋은 소식이 생겼다.

"어제 필라델피아에 있는 빵집주인에게 담배 한 상자를 받았습니다. 드디어 저의 친구들이 다시 돌아옵니다. 저는 오늘 답장해서 고맙다고 했습니다. 그리고 만일 사람이 필요하면 저보고 알려달라고 했습니다. 제가 일할거라고 말입니다."

열흘 후 :
"필라델피아에 그 빵집주인에게 오늘 편지 왔습니다. 하지만 또 그 얘기입니다. 저를 쓰고 싶지만 지금은 안된다, 조망간에 좋은 소식이 있을거다……그러길 바랄 뿐입니다."
"웃끼지 안습니까. 뭔가 될거 같다가 그 다음엔 아무 것도 아니고 어떠게 인생이 이러습니까."

12월 중순에 어머니는 성탄절 선물을 보낸 뒤 편지를 쓰셨다.

"저에게 선물 보내실 필요 업습니다. 이런 때에 무슨 선물입니까. 여기 얼마 되지는 안지만 아이들도 성탄절이니까 뭐 좀 사주십시오. 당신과 거기 함께 있으면 얼마나 좋을까요. 언젠가는 그러겠지요. 안녕히 주무십시오. 모두에게 안부 전해주십시오. 올루프로부터."

제6장 공황의 풍경

선물은 12월 20일에 도착했다.

"엘리자베스에게,

보내주신 편지와 소포 잘 받았습니다. 저는 성탄절마다 항상 그랬는데 이번에도 성탄절 날 까지는 선물 포장을 뜯지 안을 겁니다. 저의 아내는 항상 그날이 되기도 전에 포장을 뜯어서 저는 잔소리를 만이 했습니다. 엘리자베스, 당신은 정말 좋은 여자입니다. 당신의 편지를 보면 알 수 있습니다. 우리는 곧 다시 만날 겁니다. 우리는 서로를 잘 알고 아무것도 무섭지 안습니다. 예전에 저는 당신에게 아무것도 아니었지만 당신은 저에게 중요했습니다. 이제는 당신도 저를 몰랐던 때를 후해해야 합니다. 이제 당신은 저를 잘알고, 저는 저의 팔로 당신을 감싸는 황올한 느낌을 느낄 수 있습니다."

아저씨에게 좋은 소식이 하나 있었다.

"오늘 뉴욕에 검버트 회사에서 사람이 찾아왔습니다. 그 사람이 저에게, 올루프 자네 여기서 도대체 뭐 하는가, 저는 그 사람에게 대답하니까 그 사람이 저에게, 우리 회사로 편지 쓰게, 아마 자네라면 고용할 거라고 생각하네. 물론 저는 그러게 할겁니다. 이번에는 꼭 일자리를 찾기를 바랍니다. 하지만 1월 까지는 안될 겁니다. 즐거운 성탄절이 되시길 바라며 저에게 배푸시는 모든 친절에 감사합니다."

1933년 1월 4일 :

"오늘 뉴욕에서 온 편지를 받았습니다. 하지만 또 그 얘기입니다. 저를 고용하고 싶지만 지금은 힘들다. 제가 얼마나 상황이 좋아지기를 바라는지 모릅니다. 일자리를 갖고 싶지만 모든 것이 나빠지기만 합니다……"

나흘 후, 아저씨는 한결 나아진 기분으로 자신이 받은 축복을 헤아리고 있었다.

"지금 저의 일자리는 저에게 참 좋은 경험입니다. 무슨 말이냐면, 저는 8년 전까지 제빵사였지만 그동안 모든 것을 잊고 있었습니다. 이제는 저는 다시 이 일을 잘합니다. 저는 요즘 몸무게가 쭐고 있습니다. 일요일에 교회갈 때 옷을 입으면 알 수 있습니다. 하지만 갠찬습니다. 저는 약간 뚱뚱했으니까요. 맞죠? 엘리자베스 웃끼지 안습니까. 사람들은 모두가 다른 사람들이 살았던 것과 똑같이 살아요. 저는 그것이 더 합니다. 왜냐면 저가 나이가 있으니까요. 하지만 우리에게 건강이 있으면 만사가 다 갠찬습니다."

1월 중순, 일자리에 대한 기대는 또다시 좌절되었다.

"그 빵집주인이 답장을 안합니다. 앞으로도 안할겁니다. 어떻게 이러습니까."

1월 하순 :

"젤크 회사에 편지를 썼습니다. 답장이 왔습니다. 에커슨 회사에 편지를 썼습니다. 하지만 또 그 얘기입니다. 우리는 정말 당신을 고용하고 싶지만 지금이 공황이라서 어렵습니다. 아주 기분이 나쁩니다. 저는 당신을 보러 가고싶고 당신은 제가 왔으면 좋겠는데 여기 저는 400마일 떨어져 있고 이 모든것이 다 공황 때문입니다."

1933년 2월 1일 :

"좋아지는 것은 하나도 업고 나빠지기만 합니다."

2월 9일 :

"볼티모어에 있는 빵집주인이 아직 답장을 안합니다. 웃끼는 일입니다. 그 사람은 일주일에 125달러 줄거니까 저에게 와서 일하라고 했습니다. 1년전에는 그랬습니다. 이제는 저에게 3센트짜리 우표값도 아까운지 봅니다. 무슨 말이냐면 이제 그 사람은 제가 필요업다는 겁니다. 그 사람에게 편지쓴날 저는 보스턴에 아는 사람에게 편지를 썼습니다. 그 사람은 1년전에 저보고 일주일에 50달러 준다고 말했습니다. 하지만 그 사람도 저에게 우표값을 쓸거 같지 안습니다. 인생이 이런겁니다. 저는 일자리 때문에 빵집주인들에게 편지를 50통 넘게 보냈습니다. 하지만 두 사람만 답장을 했습니다. 두 사람도 저를 고용할수 업어서 미안하다고 했습니다……"

그 다음 주 마침내 올루프 아저씨의 우울함이 사라졌다. 그 숱한 절망 끝에 모든 것이 좋아지고 있었다. 인생이란 "웃끼는" 것이었다. "오르막 다음엔 내리막"이 있었다. 아저씨는 원기가 넘쳤다.

1933년 2월 15일 :

"엘리자베스에게,

오늘 뉴저지에 있는 에커슨 씨에게 편지를 받았습니다. 볼티모어에 있는 라이스 빵집에서 저를 2주 고용하고 싶다고 했습니다. 저는 당장 편지를 썼습니다. 저는 그사람들이 누군지 모르지만 누구라도 상관 업습니다. 아무래도 좋습니다. 무슨 말이냐면 저를 고용하겠다는 사람이면 다 좋다는 겁니다. 드디어 우리의 꿈이 이러질 것 같습니다. 정말 웃끼지 안습니까, 저도 포기했는데 이런 편지를 받은 겁니다. 모든 것이 잘될겁니다. 그러면 저는 당신에게 가겠습니다. 기쁘지 안습니까? 당신을 사랑하는 올루프로부터."

어머니는 기쁜 정도가 아니었다. 어머니는 곧바로 올루프 아저씨에게 편지를 써서, 라이스 빵집에 너무 저자세로 나가지 말라고 충고했다. 그리고 아저씨의 답장은 그들의 세대에 붙이는 묘비명과도 같았다.

"엘리자베스에게,

어제 편지 받고 참 고맙습니다. 그리고 당신의 충고도 고맙습니다. 하지만, 엘리자베스, 1차대전은 끝났습니다. 좋은 시절도 끝났습니다. 그 시절에 우리는 스스로 자부심이 있었지만 지금 우리는 뭐든지 닥치는대로 합니다. 그래도 만족합니다. 제 말이 틀립니까? 그래서 저는 자부심이 업습니다. 그래서 급료가 얼마나 받든지 저 같은 사람은 그냥 그 일을 해야 합니다."

1933년 3월 4일, 프랭클린 루스벨트 대통령의 취임식이 거행되었다. 하지만 국민들에게 새로운 힘을 불어넣으려는 대통령의 당당한 취임 연설도 올루프 아저씨의 기분을 낫게 하지는 못했다. 볼티모어 쪽에 걸고 있던 기대가 물거품이 되고 말았다.

"엘리자베스에게,

지금 저는 아주 우울합니다. 저는 라이스 빵집에서 아직 아무 답장을 못받았습니다. 아무래도 이전처럼 될거 같습니다. 저는 오늘 하루종일 앉아서 루스벨트 대통령 취임식을 라디오에서 들었습니다. 저는 라디오에서 하는 얘기가 전부 이러졌으면 바랍니다. 엘리자베스, 저는 아주 급진적입니다. 제가 오늘 무슨 생각했냐면, 제가 만일 대통령이라면 당장 워싱턴으로 가는 우편열차에 타서 국민 여러분, 나는 지금 당장 일을 시작하겠습니다 라고 말할겁니다. 그런데 오늘 그 사람들을 보십시오. 취임식에 천만 달러는 썼을겁니다. 그 돈이면 가난한 사람들에게 일자리를 줄수 있는거 아닙니까? 하지만 이런 저도 웃낍니다."

나흘 후 :
"오늘 라이스 빵집에서 편지가 왔습니다. 대답은 '죄송합니다' 였습니다."

올루프 아저씨는 자신이 소유한 집을 임대를 하려고 무척 애를 썼지만 뜻대로 되지 않았다. 대출액 상환은 점점 힘들어지고 있었다. 세금을 감당하는 일도 벅차기만 했다. 아저씨의 편지는 갈수록 우울해지고 있었다.

1933년 3월 26일 :
"안되겠습니다. 아무것도 할것이 업습니다. 그저 빈둥하며 길을 걸을뿐입니다. 사람들이 저보고 돈이 만아서 좋겠다고 하는 소리나 듣고 있습니다. 저는 항상 이러게 대답합니다. 그럼요, 내일은 집에다 온수 탱크를 하나 설치할겁니다."

4월 14일, 아저씨는 빚이 천 달러를 넘어섰다고 털어놓았다.
"저는 오늘 은행에 가서 천오백 달러를 더 대출해달라고 말했습니다. 은행직원은 지금은 안되니까 다음달 중순에 오라고 했습니다. 그때는 가능할거라고 했습니다. 오늘 만일 대출을 받았으면 저는 당신에게 갈라고 생각했습니다. 오늘 돈을 빌려서 내일 밤은 거기서 당신과 함께 보낼라고 생각했습니다……"

1933년 4월 19일 :

"엘리자베스에게,

오늘 당신의 편지를 받았습니다. 정말 고맙습니다. 저에게 격려를 해주셔서 우리가 멀리서 떨어진 것도 모르겠습니다. 무섭지도 않습니다. 우리가 다시 만나면 전에 거기에 있었던 때보다 다를겁니다. 저는 당신 집에 갈때마다 당신을 처다봤는데 당신은 저에게 너무 무관심했습니다. 저는 병원쪽에 갔던 날 우리가 시작된거라고 생각합니다. 맞죠?"

4월 24일 아저씨의 편지는 청천벽력과도 같았다.

"엘리자베스에게,

오늘 당신의 편지를 받았습니다. 고맙습니다. 정말 미안합니다. 하지만 이제는 저에게 편지를 쓰지 마십시오. 올루프 씀."

어머니는 즉시 답장을 썼다. 어머니는 당신의 편지에 아저씨를 화나게 만든 내용이라도 있었는지 조심스럽게 물었다.

1933년 4월 30일 :

"엘리자베스에게,

당신의 편지 고맙게 받았습니다. 아니요, 당신이 저에게 잘못한 일은 업습니다. 저에게 잘못한 건 공황입니다. 저는 가진거 전부를 세금으로 냈습니다. 그래서 이제는 끝장입니다. 그 때문에 당신에게 편지쓰지 말라고 하는겁니다. 저는 당신과 편지를 쓰면서 정말 당신을 좋아하게 됐습니다. 그리고 언젠가는 우리가 서로를 더 가깝게 만날거라고 생각했습니다. 하지만 이젠 저는 돈을 더 빌릴 수도 업습니다. 한 푼도 빌릴 수 업습니다. 저는 지금 상황이 조금 좋아지면 덴마크로 돌아갈라고 합니다. 아마 거기서 살겁니다. 모든 걸 잊어주십시오. 저는 이제 희망을 다 잊어버렸습니다. 그래서 돌아갑니다. 거기서 언젠가 다시 돌아오면 당신이 결혼하지 안고 있으면 당신을 도와줄수 있다면 도와 드리겠습니다. 하지만 당신에게 좋은 남자를 찾아보십시오. 그리고 올루프를 알았던 걸 잊어버리십시오."

어머니는 다시 편지를 썼지만 답장은 없었다. 어머니는 거듭 편지를 썼고 답장은 여전히 없었다. 어머니는 등기 우편을 보냈는데, 우체국에서는 5월 18일자 아저씨의 서명이 있는 영수증을 어머니에게 보내왔다.

5월 19일, 아저씨는 "엘리자베스에게"를 마지막으로 썼다.

"편지 다 잘 받았습니다. 네, 전부 받았습니다. 하지만 저가 말씀했다싶이 편지 계속 쓰는 것이 무슨 소용업습니다. 저는 언젠가 당신에게 가기를 바랬습니다. 거기서 일자리를 가지면서 말입니다. 하지만 이젠 갈 수가 업습니다. 전에 말씀했다싶이 저는, 고향으로 돌아가기 위해서 돈을 모을라고 했습니다. 하지만 아직까지 못그랬습니다. 여기는 점점 나빠지고 있습니다. 그러니 제발 저에게 편지쓰지 마십시오. 왜냐면 저는 이제 전부 다 싫습니다.
 당신을 사랑하는 올루프로부터."

 제1차 세계대전은 이미 오래 전의 일이었다. 좋은 시절도 마찬가지였다.
 "어쨌든 만사가 잘될 겁니다. 그러길 바랄 뿐입니다"는 "이제는 끝장입니다. 저는 이제 전부 다 싫습니다"로 바뀌고 말았다.
 올루프 아저씨는 공황의 저편으로 사라졌다. 사랑과 안정을 찾고자 했던 어머니의 소망도 아저씨와 함께 사라졌다.

제7장

집안의 기둥

❖

우리가 앨런 외삼촌을 따라 뉴어크에서 벨빌로 이사를 한 것은 1932년이었다. 나는 벨빌이 마음에 들었다. 그곳에는 넓고 푸른 잔디밭이 있었고 거리에는 지붕처럼 키가 큰 가로수들이 길게 이어져 있었다. 우리는 제8공립학교 건너편에 있는 이층집에 세를 얻었는데, 주인이 2층을 사용했다. 팻 외숙모는 집주인 아주머니를 무척 못마땅해 했다. 돈 깨나 있는 사람들은 모두 외숙모의 적이었다.

어느 으스름한 저녁 내가 밖에서 놀다가 들어왔을 때 부엌에서 들리는 팻 외숙모의 음성이 격앙되어 있었다.

"그 여자가 사람 속을 발칵 뒤집어 놓는다니까요."

앨런 외삼촌은 늘 그랬던 것처럼 외숙모를 진정시키려 애쓰고 있었다. "여보, 진정해, 제발 진정하라고."

"진정하라고요? 현관 문짝에 저따위 것을 붙여 놓고 있는데 지금 진정하게 생겼어요? 예수, 마리아, 요셉이시여! 앨런, 동네 사람들이 우릴 어떻게 생각하겠어요?"

나는 현관문에 있는 그 끔찍한 것이 무엇인지 보기 위해 살그머니 밖을 나가 보았다. 그 집엔 현관문이 나란히 두 개가 있었는데, 하나는 우리가 사는 1층의 거실로 직접 통했고 다른 하나는 주인집으로 올라가는 계단으로 이어졌다. 우리 현관문은 여느 때와 다름이 없었지만 주인집의 문에는 머리가 크고 어깨가 떡 벌어진, 앞가르마를 탄 남자의 사진이 붙어 있었다.

사진 하단에 인쇄되어 있는 글씨는 쉽게 읽을 수 있었다. 그즈음 어머니는 내게 글을 읽히는 데 이미 많은 시간을 투자했고, 덕분에 나는 학교에서 2학년을 거치지 않고 3학년으로 월반을 할 수 있었다. 그런데 어머니는 그 정도로는 성이 차지 않았다. 어머니는 적어도 내가 4학년으로 월반을 해야 했다고 생각했다. 어쨌든 사진 아래에 인쇄된 글씨를 읽는 데에는 별다른 어려움이 없었지만 그게 왜 팻 외숙모를 화나게 했는지는 여전히 이해가 되지 않았다.

사진 속의 남자는 허버트 후버였고 거기엔 그가 대통령에 재선되어야 한다는 내용의 글이 씌어져 있었다. 나는 찬찬히 사진을 살펴보면서 허버트 후버의 인상이 참 온화하다는 생각을 했다. 그는 어릴 적의 내 모습을 연상시키는 동그랗고 포동포동한 얼굴을 가지고 있었다. 그는 다른 사람들을 화나게 만들 그런 부류의 인물은 아닌 것 같았다. 다시 집 안으로 들어와서 나는 어떻게든 외숙모의 관심을 저녁식사 준비로 돌리려고 애쓰는 외삼촌의 모습을 바라보았다.

"현관 문짝에 저런 게 붙어 있는데 지금 저녁 차리게 생겼어요?" 외숙모는 여전히 목청을 높이고 있었다.

어머니는 식탁 한쪽에서 웃음을 참으며 흥분한 외숙모를 바라보고 있었다. 나는 아주 조심스럽게 외숙모 옆으로 다가갔다. "외숙모, 허버트 후버가 뭘 잘못했나요?"

"오, 성모님!" 외숙모의 목소리는 아직 작아지지 않고 있었다. "그걸 말이라고 하니?" 외숙모는 내게 허버트 후버가 무엇을 잘못했는지 설명해 주었다. 첫째, 그는 미국을 파멸로 몰아넣고 있고, 다음으로——

"잠깐만, 팻!"

하지만 외숙모가 일단 흥분하면 외삼촌의 말소리는 그냥 파묻히기 일쑤였다. 사람들이 굶어 죽는 것은 허버트 후버 때문이었다. 어머니가 일자리를 구할 수 없는 것도 허버트 후버 때문이었으며, 남자들이 자살하는 것도 다 허버트 후버 때문이었다. 그는 미국을 파멸로 몰아넣고 있고, 아빠를 잃은 아이들이 고아원으로——팻 외숙모에겐 이 점이 허버트 후버가 저지른 가장 큰 잘못이었다——내던져지는 것도 순전히 허버트 후버 때문이었다.

"팻, 이제 그만 진정해."

"진정하죠. 그러려면 먼저 저 사진부터 찢어버려야겠어요."

외숙모는 말을 내뱉기가 무섭게 현관 쪽으로 성큼성큼 발걸음을 옮겼다. 앨런 외삼촌이 황급히 그 앞을 막아섰다. "안 돼. 이

집 주인은 그 여자야. 그 여자가 자기 집에 포스터 붙일 권리는 있잖아."

"우리도 집세를 내니까 여긴 우리 집이기도 해요." 외숙모는 아직 흥분이 가라앉지 않았지만 외삼촌의 말에 처음으로 제대로 된 반응을 보이기 시작했다.

일단 고비를 넘긴 외삼촌은 설득을 통한 막판 역전승을 거두기 위해 평소에 즐겨 쓰던 수법을 동원했다. 외삼촌은 조끼 호주머니에서 이쑤시개를 꺼낸 다음 그걸 질근질근 씹으며 시간을 끌었다. 우리에게는 익숙한 행동이었다. 삼촌은 곰곰이 생각에 잠겨 있었다. 무언가 좋은 아이디어가 나올 것 같았다. 모두가 숨을 죽이며 기다리는 가운데 마침내 외삼촌은 회심의 미소를 지으며 남부 특유의 느린 말씨로 말을 꺼냈다.

"팻, 나한테 좋은 생각이 떠올랐어. 내가 전에 랭커스터에 있었을 때의 일인데, 그곳 사람들은 문제를 평화적으로 해결하기를 좋아하거든. 거 왜 있잖아, 아주 냉철한 사람들 말이야. 한번은 찰리 닉켄이라는 사람의 과수원에 이웃집 소들이 들어와서 과수원을 마구 헤집고 돌아다닌 거야."──그런 일은 애당초 있지도 않았다. 외삼촌은 외숙모가 차분히 쇠고기 수프를 만들 수 있기를 기대하며 머릿속으로 열심히 이야기를 지어내고 있었다──"그래서 닉켄 씨는 옆집 소가 한번만 더 그의 과수원에 들어와서 사과를 따먹으면 총으로 쏴 버리겠다고 단단히 벼르고 있었어. 왜냐하면 닉켄 씨는 자기 과수원에서 재배한 사과를 가지고 돼지를 키웠거든. 그래서 내가 그랬지. '닉켄 씨, 뭐하러 옆집

소를 쏩니까? 담장에 구멍은 하나지만 그건 양쪽으로 다 통하는 거잖아요. 그러니까 만일 소가 또 넘어오면 그땐 당신도 돼지를 담장 구멍으로 몰아넣어서 옆집 채소밭에 보내면 되지 않겠습니까?' 하고 말이야. 내 생각엔 문 밖에 있는 후버 씨의 문제도 그런 식으로 해결했으면 좋을 것 같은데."

"무슨 말인지 이해가 안 돼요." 팻 외숙모가 말했다. 나도 이해 못하기는 마찬가지였다.

"우리한테도 현관문이 있잖아." 앨런 외삼촌이 다시 설명했다. "양쪽으로 통하는 담장 구멍 같은 거란 말이지. 내 말은 후버의 포스터를 찢는 대신에 우리도 루스벨트의 포스터를 그 옆에 나란히 붙여 놓자는 거야."

외숙모는 너무 기뻐서 펄쩍펄쩍 뛰었다. 외숙모는 당장 문 쪽으로 걸어갔다.

"어디 가?" 외삼촌이 물었다.

"루스벨트의 사진을 어디서 구할 수 있는지 이웃집에 물어보려고요."

"저녁 먹고 물어보면 안 될까?"

"당연히 안 되죠."

팻 외숙모는 밖으로 나가 동네를 한 바퀴 돌았다. 던리브 아저씨네, 오코넬 아저씨네, 크윈즈 아저씨네, 올리어리 아저씨네. 모두 골수 민주당원들이었다. 그 중 누군가는 프랭클린 루스벨트의 사진을 어디서 구할 수 있는지 알고 있을 것이었다. 우리는 전화기가 없었다. 전화기는 부자들을 위한 사치품이었다. 외숙모는 선거운동의 기술적 측면에 해박한 누군가를 찾아 온 동네를 휘젓고 다녀야 했다. 그리고는 마침내 사진을 공짜로 얻을 수 있는 선거사무소의 주소를 알아내서 돌아왔다.

그 사무소는 워싱턴가 쪽으로 상당히 멀리 떨어져 있었는데 우리는 자동차가 없었다. 자동차 역시 부자들을 위한 사치품이었다. 하지만 그건 대수로운 일이 아니었다. 팻 외숙모는 이미 그곳까지 걸어가기로 마음먹고 있었기 때문이다.

"저녁은?" 앨런 외삼촌의 표정은 절박했다.

쇠고기 수프는 어머니의 솜씨가 훨씬 좋았다. 팻 외숙모가 그렇게 말했다. 그래서 자신이 돌아올 즈음엔 저녁식사도 준비되어 있을 거라고 했다.

"밖이 너무 어두워." 외삼촌은 외숙모를 붙들기 위해 안간힘을 썼다. "이렇게 어두운데 혼자 어딜 가겠다는 거야?"

나도 더 이상 참을 수가 없었다. 나는 외숙모와 힘을 합쳐 악당 허버트 후버의 손아귀에서 미국을 구하고 싶었다. 나는 앨런 외삼촌에게서 집세를 뜯어내는 위층 주인에게 처절한 패배를 안겨주고 싶었다. 무엇보다도 나는 그 낯선 흥분 속에 동참하고 싶었다. "저도 따라 갈래요!"

식구들 모두 길을 나섰다. 길은 끝이 없었고 돌아오는 길은 더욱 멀게 느껴졌다. 그러나 마침내 외숙모가 현관문에 프랭클린 루스벨트의 사진을 붙이는 순간 나는 모든 피로를 잊을 수 있었다. 자유의 수호자가 된 기분이었다. 나는 정치가 참 재미있다는 사실을 깨달았다. 내가 만일 2층 주인집에서 태어났다면 아마도 나는 코흘리개 공화당원이 되었을 것이다. 하지만 운명은 나를 아래층으로 보내주었다. 아래층은 대공황이 불러일으키는 분노에 어린아이조차 자연스럽게 휘말리는 곳이었다. 나는 정치에 처음 눈을 뜨면서 민주당원이 되었다.

대공황이 어머니와 올루프 아저씨 같은 보통 사람들의 삶을 어떻게 짓이겼는지, 우리 모두를 먹여 살리기 위한 앨런 외삼촌의 분투가 얼마나 영웅적이었는지를 깨닫기에 나는 너무 어렸다. 어렴풋이 어려운 때라는 사실은 알고 있었다. 하지만 나는 무너지는 희망 속에 숨죽이고 있던 어른들의 공포나 올루프 아저씨의 작별 인사를 접하고 어머니께서 맛보셨을 참담한 심정은 알 도리가 없었다.

만일 누군가가 우리더러 가난하다고 말을 했다면 나는 아마 그 말을 이해하지 못했을 것이다. 우린 먹을 것이 충분했다. 아침에는 오트밀 한 접시, 점심은 볼로냐 샌드위치와 입가심을 위한 커피 한 잔이 있었다. 저녁식사는 빵에다 쇠고기 수프를 곁들이거나 마카로니와 치즈가 주된 메뉴였다. 이따금 팻 외숙모가 한턱 쓰실 때면 11센트짜리 연어 통조림으로 만든 연어 튀김이 나오기도 했다. 일주일 끼니 가운데 가장 잘 차려지는 일요일 저녁엔 닭고기가 나왔고, 앨런 외삼촌이 고구마 푸딩을 만들겠다고 나서면 후식까지 먹을 수 있었다. 외삼촌의 특기인 이 훌륭한 요리는 먼저 고구마를 으깨서 설탕에 버무린 다음 바닐라와 분유를 섞어서 만들었다.

1933년 즈음 나는 뉴어크의 음울한 기억을 모두 잊고 벨빌에서의 생활에 더할 수 없는 만족감을 느꼈다. 그런데 일자리를 찾지 못한 어머니에게 시간은 남아돌았다. 당신은 내가 출세하기 위해서 필요하다고 생각되는 것들을 모두 가르치시려 했다. 전직 교사로서의 어머니의 역량이 총동원되었다. 덕분에 나는 언제나 반에서 1등을 차지했고 성적표엔 줄줄이 A만 있었다. 아마도 어머니는 올루프 아저씨가 우리의 미래를 떠맡아 주리라는 가정 하에, 나를 대학에 진학시키기 위한 준비를 일찌감치 시작하셨던 것 같다.

그런 어머니의 희망이 산산이 부서졌을 때에도 나는 어머니에게 무슨 일이 일어났는지 전혀 알지 못했다. 내가 올루프 아저씨를 마지막으로 본 지도 1년이 훨씬 넘었고 나는 두 분이 주고받는 서신에서 무슨 얘기가 오가는지 알 도리가 없었다. 나는 아예 올루프 아저씨의 존재를 잊고 있었다. 어머니 역시 올루프 아저씨와의 관계가 완전히 끝났을 때조차 아무런 내색을 하지 않으셨다. 어머니는 인생의 또 다른 전환점에 서게 되었다.

고통스러운 시기였지만 어머니는 새로운 계획에 착수하셨다. 올루프 아저씨가 줄 수 있는 그런 종류의 도움 없이 밑바닥에서 정상까지 오르기 위한 멀고도 험한 투쟁의 방향이 세워졌다. 이 길고도 힘든 작업이 시작되면서 나는 주연으로 캐스팅되었다. 어머니는 당신의 좌절된 젊음을 나를 통해 만회하는 데에 당신의 중년을 송두리째 바칠 생각이었다. 나는 출세를 해야 했다. 만일 내게 출세를 위해 필요한 적극성이 부족하다면 그때는 어머니께서 나서서 어떻게든 나를 출세시키고야 말 것이었다. 나는 어머니의 강인함에 대한 산 증인이 되어야 했다. 어머니는 나를 위해 사셨고 당연히 나는 당신의 미래가 되어야 했다. 곧 이어 변화가 나타나기 시작했다. 어머니와 도리스 그리고 나, 이렇게 세 식구는 뉴저지에 도착한 이래로 줄곧 모리슨빌에서 싣고 온 아버지의 침대에서 같이 잠을 잤다. 그해 여름 어머니는 나를 침대에서 밀어내셨다. "이제 너 혼자 자야 할 때가 됐다." 어머니께서 그렇게 말씀하신 날부터 나는 거실에 있는 소파에서 잠을 잤다.

어머니는 나를 가리켜 '집안의 기둥'이라 하시며 그에 걸맞은 구실을 해야 한다고 하셨다. 어머니는 나를 뉴어크 백화점에 데리고 가서 어머니로서는 무척 부담스러웠을 가격의 빗살무늬 정장 한 벌을 사주셨다. 하지만 정장과 넥타이 그리고 흰색 셔츠만으로는 충분하지 않았다. 어머니는 앨런 외삼촌이 쓰고 다니는 것과 비슷한 회색 중절모를 아동용으로 굳이 갖춰야 한다고 고집하셨다.

"너는 집안의 기둥이다." 어머니께서 말씀하셨다. "당연히 그에 걸맞은 옷을 갖춰야지."

물론 그 정장과 모자는 일요일에 교회에 가는 경우처럼 특별한 날을 위한 것이었다. 성공을 꿈꾸는 남자들은 교회를 다녔고 그들은 또 옷을 잘 차려 입었다. 어머니께서 그렇게 말씀하셨다. 일요일이 되면 어머니는 나를 소파에서 끌어내 억지로 옷을 입힌 다음 워싱턴가에 있는 웨슬리 감리교회에 데리고 가셨다. 당신의 '아빠'는 감리교인이었다. 그리고 그분은 좋은 분이었다.

어머니는 내 출세의 출발점을 감리교 신자가 되는 것으로 정하셨고, 돌아가신 아버지나 모리슨빌에 있는 친척 모두가 루터교 신자였다는 점에 대해선 눈곱만큼도 신경 쓰지 않으셨다.

어머니께선 교회에 가는 날이면 내게 숙녀와 함께 길을 걸을 때 신사가 갖추어야 할 에티켓에 대해 설명해 주시곤 했다. "신사는 항상 숙녀를 인도 안쪽으로 걷도록 배려하는 거야." 어머니는 거리를 걸을 때마다 연습을 시키셨다. 내가 무심코 어머니를 앞질러 문을 열고 뛰어 들어가면 어머니는 나를 불러 세우고 신사가 갖추어야 할 에티켓에 대해 한마디 하셨다. "남자는 항상 숙녀가 먼저 들어가도록 문을 열어주어야 한다."

남자다움에 대한 어머니의 훈육은 끝이 없었지만 그렇다고 어머니가 도리스를 소홀히 하신 것은 아니었다. 물론 나는 내가 맡은 무거운 책무를 도리스가 대신 떠맡게 되는 일은 결코 없으리라는 사실을 잘 알고 있었다. 어머니는 도리스를 무용 교습소에 등록시키는 것만으로도 충분하다고 생각하셨다. 숙녀에겐 무용이 큰 자산이었다. 숙녀가 남편감을 찾는 무도회에서 그 진가가 발휘되었기 때문이다. 어머니는 도리스에게 설거지, 식사 준비, 침대 정리, 청소 같은 집안일 또한 가르치셨다.

그 시기가 바로 「새터데이 이브닝 포스트」 파는 일을 내가 억지로 하게 된 때다. 신문을 팔면 내게 돌아오는 수입이 25센트에서 35센트 정도 되었다. 어머니는 그 가운데 10센트는 내 명의로 개설한 예금 계좌에 입금하도록 시키셨다. "사람은 언제 닥칠지 모르는 불행에 대비해서 저축하는 습관을 길러야 한다." 거기에 '집안의 기둥'으로서 집안 살림에 약간 보태고 나면 10센트 정도가 내 몫으로 남았는데, 나는 그 돈을 어머니의 표현으로는 고약한 데에 썼다. 그 돈은 대개 영화를 보거나 '빅 리틀 북' 시리즈를 사든가 아니면 1센트에 두 개짜리 아이스 바를 사먹는 데 사용되었다.

사내아이를 키우는 일은 그 대상이 나처럼 유순한 경우에도, 아버지의 도움 없이는 벅찰 때가 있게 마련이다. 거기에 체벌이라는 문제가 따라왔다. 몸집은 작고 힘도 별로 세지 않았지만, 어머니는 "매를 아끼면 자식을 망친다"는 옛말에 집착하셨다. 또 잘못된 행동을 매로 다스리지 않으면 자식을 나약하고 부도덕한 사람으로 만들 수 있다고 생각하셨다.

어머니는 나를 가리켜 '집안의 기둥'이라고 선언하기 전에는 한 번도 매를 드신 적이 없었다. 그렇다고 이제 여덟 살이 된 나를 번쩍 안아서 엉덩이를 때릴 수도 없는 노릇이었다. 어쩌다 그런 생각을 하게 되셨는지 모르지만 어쨌든 어머니는 내 나이에는 잘못된 행동을 하면 무조건 '따끔한 맛'을 보여주어야 한다고 믿으셨다. 언덕에서 신나게 썰매를 타며 놀다가 저녁식사 시간에 늦는 일이 내 생각에는 아주 사소한 잘못이었지만 어머니는 내 허리띠를 치켜드셨다. 남자는 사회생활을 할 때 엄격한 시간관념이 필요하다는 것이었다. 어머니는 몸집이 작긴 하셨지만 그래도 내 종아리에 매 자국 정도는 남길 수 있었다. 나는 이런 모욕적인 매질을 너무나 혐오했기 때문에, 억지로 짜내는 눈물 몇 방울로 어머니를 만족시키고 말자는 유혹을 단연코 거부했다.

그 시절 내겐 눈물이 없었다. 아버지의 죽음 이후로 나는 울지 않았다. 1933년 초 어느 날 어머니께서 나를 불러, "할 얘기가 있다. 네가 울지 않았으면 좋겠구나." 하시며 모리슨빌의 할머니께서 돌아가셨다는 얘기를 전했을 때에도 나는 울지 않았다. 어머니께서 그렇게 말씀하셨다 해도 나는 그런 순간에는 눈물을 흘려야 한다는 것을 알고 있었다. 하지만 그럴 수가 없었다. 그러고 싶지도 않았다. 밖에서 놀다가 못에 무릎이 찢기거나, 어떤 아이가 나를 땅바닥에 내동댕이친 다음 깔고 앉아서 내 얼굴에 사정없이 주먹을 휘둘러 입에서 피가 나올 지경이 되어도 나는 울지 않았다. 속으로만 '너무 아파' 하면서 이를 악물거나, 내게 주먹을 날리는 깡패 녀석을 침묵의 분노 속에서 노려보며, '언젠가는 꼭 갚아주마' 하고 속으로 복수를 다짐할 뿐이었다. 그리고는 피가 흐르는 코를 잡고 비틀거리며 집으로 돌아오곤 했다.

'따끔한 맛'을 보는 동안에도 내가 울음을 터뜨리지 않은 것이 어머니를 더욱 화나게 했다. 난 그것을 알고 있었다. 눈물은 내가 잘못을 뉘우친다는 증거가 되는 것이었다. 당신이 후려친 매 앞에 부루퉁하게 서 있는 내 모습이 어머니의 부아를 더욱 치밀게 했다. 만일 당신이 남자였다면 충분히 나를 싹싹 빌게 만들 수도 있었겠지만, 어머니는 여자였고 난 싹싹 빌지도 않았다. 그래서 어머니는 더 심하게 매질을 하셨다.

나는 억지로라도 눈물을 흘리면 어머니의 분노가 사그라질 것임을 잘 알고 있었다. 하지만 끝끝내 그렇게 하지 않았다. 나는 부당하게 매를 맞는다는 모멸감을 참을 수 없었고, 한껏 어머니를 경멸하기 위해 당신이 할 수 있는 가장 혹독한 매질도 꿈쩍 않고 받아들였다. 허리띠가 바닥에 네다섯 번씩 떨어지도록 나는 이를 악물고 속으로, '이 정도 맞는다고 죽지는 않아' 하고 생각했다. 그런 순간에 어머니와 나는 철천지원수나 다름없었다. 우리 둘 다 황소고집이었다. 어머니는 나를 꺾으려 드셨고, 나는 호락호락 꺾이려 들지 않았다.

결국 눈물을 터뜨리는 쪽은 언제나 어머니였다. 그러나 어머니께서 허리띠를 집어던지고 의자에 털썩 주저앉아 서럽게 흐느끼실 때면, 분노와 증오는 일순간 눈 녹듯 사라지고 나는 깊은 연민에 휩싸여 어머니를 껴안으며, "엄마, 미안해요. 다시는 안 그럴게요. 약속해요. 다시는 안 그럴게요" 하고 어머니의 어깨에 고개를 파묻었다.

그해 늦여름께 어머니는 2년 반 동안 찾아 헤맨 끝에 드디어 정규직 일자리를 얻으셨다. A&P 식료품점은 종업원들의 작업복을 세탁하고 수선하는 직영 세탁소를 운영하고 있었다. 어머니는 재봉틀을 돌리는 곳에 배치되었다. 급료는 일주일에 10달러였으나 작업 할당량을 초과할 경우에는 성과급 수당이 지급되어서 작업 속도를 최고로 높일 경우 급료는 11달러까지 오를 수 있었다.

금요일 밤, 돈을 받아 들고 집에 돌아오신 어머니는 그 기쁨을 우리와 함께 나누고 싶어 하셨다. 봉급은 작은 갈색 봉투 안에 들어 있었다. 어머니는 부엌 식탁에서 우리에게 그 봉투를 보여 주셨다. "내가 이번 주에 얼마나 벌었는지 한번 맞춰 봐라." 어머니는 식탁 위에 돈을 쏟아 부으셨다. 대개 1달러짜리 지폐 몇 장과 동전이 쏟아졌다. 도리스와 내게 1달러는 어마어마한 고액권이었다. 식탁 위에 놓인 돈을 보며 두 눈이 휘둥그레진 우리에게 어머니는 돈을 세어 보라고 하셨다. 도리스가 항상 먼저 세었고 나는 그 다음 차례였다. 우리가 돈을 다 세고 나면 어머니는, "그래, 맞다. 10달러 85센트다. 그럼 엄마가 이 돈으로 뭘 했으면 좋겠니?" 하고 물으셨다.

"영화 보러 가요." 내가 하는 대답은 늘 똑같았다.

나는 어머니께서 기분이 좋으실 때는 그렇게 졸라대는 것조차 기꺼이 받아주신다는 것을 알고 있었기 때문에 그런 기회를 절대 놓치지 않았다. 우리 형편으로는 그럴 씀씀이의 여유는 없었지만 어머니는 간혹 승낙을 하시며 입장료가 25센트나 하는 뉴어크의 개봉관——'로즈 스테이트' 극장이나 '브랜포드' 극장, 혹은 '프록터' 극장——에 나를 데리고 가셨다.

하지만 돈을 그렇게 허투루 쓰는 경우는 거의 없었다. 어머니는 돈의 일부를 쪼개 앨런 외삼촌에게 주셨고 나머지는 당신의 중장기 계획에 소요될 자금으로 은행에 저축하셨다. 이 계획이란 '우리 집'을 장만하는 것이었다. 앨런 외삼촌의 도움에서 벗어나 어머니와 도리스, 그리고 나 세 식구가 오순도순 살아갈 집 말이다.

'우리 집' 이것은 어머니의 원대한 목표였다. 어머니는 항상 우리 집에 대해 얘기하셨다. 어쩌다 내가 팻 외숙모한테 꾸중이라도 듣는 날——어머니께서 온종일 직장에 계시고 팻 외숙모가 어머니의 역할을 대신하는 동안 실제로 그런 경우가 종종 있었다――이면 어머니는 내게 말씀하셨다. "조금만 참아라, 애야. 우리도 언젠가 우리 집을 갖게 될 게다."

팻 외숙모 역시 점차 온전한 자기 집에서 살기를 원했다. 우리가 공황 초기에 앨런 외삼촌 집에 들어갔을 때만 해도 어머니는 기껏해야 세를 얻기 전까지 서너 달만 신세를 질 생각이었다. 하지만 공황의 수렁 속에서 서너 달은 어느덧 3년이 되었고, 세상 돌아가는 형편은 팻 외숙모와 앨런 외삼촌에게 이전의 사생활을 되찾기까지 50년이 걸릴지도 모를 일로 보였다.

그해 겨울, 팻 외숙모가 둘째 딸을 출산하면서 식구가 늘었다. 매주 30달러의 봉급과 어머니가 보태는 몇 달러만으로 앨런 외삼촌은 아내와 갓난아이 둘, 그리고 누이와 누이의 두 아이를 부양해야만 했다. 게다가 찰리 외삼촌도 우리와 함께 지냈는데 찰리 외삼촌은 실업자에 무일푼 신세였다. 저만치서 다가오는 것이 또 있었다. 번영이 아니라 해리 외삼촌이었다.

제8장

외삼촌의 비밀

그날 밤 해리 외삼촌은 합판 세 장을 가지고 불쑥 나타났다. 앨런 외삼촌이 벨빌가 근처의 뉴 스트리트로 이사를 한 직후였다. 우리는 이층집 전체를 사용했다. 앨런 외삼촌과 팻 외숙모가 아래층 주방을 개조해서 침실로 사용했고, 어머니와 도리스 그리고 나는 2층의 침실 두 개를 차지하며 편하게 잠을 잤다. 지하실에는 당구장에 있는 것과 똑같은 규격의 당구대가 하나 놓여 있었다. 팻 외숙모는 그 당구대를 손님이 없어 문을 닫은 어느 당구장에서 당구공과 큐 스틱 세트를 합해 5달러에 샀다. 해리 외삼촌이 찾아왔을 때, 외숙모와 앨런 외삼촌 그리고 어머니와 찰리 외삼촌은 지하실에서 당구를 치고 있었다.

도리스와 나는 잠을 자러 막 2층에 올라가 있었다. 도리스는 어머니의 침대에서, 나는 건넌방의 소파에서 잠을 잤다. 그 방에는 라디오 한 대와 모리슨빌에서 가져온 아버지의 낡은 흔들의자가 놓여 있었다. 우리는 그 방을 '전용 응접실'이라고 불렀다. 라디오가 있었고, 무엇보다도 밤에는 침대로 사용되다가 내가 일어난 다음에는 우리 세 식구가 책을 읽거나 라디오를 들을 때 앉는 소파가 있었기 때문이다.

집 앞이 소란스러워졌을 때 나는 얕은 잠에 들어 있었다.

"야, 임마! 좀 조심해서 다루란 말이야."

창밖을 내다보니 집 앞에는 트럭이 한 대 세워져 있었고 작업복 차림의 흑인 두 명이 커다란 합판을 내리고 있었다. 그 옆에서 어떤 남자가 고래고래 소리를 지르고 있었다.

"거기 좀 잘 보란 말이야! 그쪽이 걸리잖아! 저런 염병할!"

일꾼들은 잔디밭 위에 합판 하나를 내려놓고 두 번째 것을 내리기 시작했다.

"천천히 내려! 그래, 좋아. 천천히. 그거 아주 비싼 거야."

그는 온 동네가 떠나가도록 소리를 지르고 있었다. 나는 서둘러 방에서 나왔다. 도리스도 잠에서 깨어 잠옷 차림으로 침실 밖으로 나와 있었다. 나는 위기에 대처하는 능력이 별로 신통치 못했지만 도리스는 달랐다.

"어떡하지?" 나는 도리스를 쳐다보며 말했다.

"어떡하긴, 당장 팻 외숙모한테 말해야지." 도리스가 지하실로 뛰어 내려가며 말했다.

지하실에 모여 있던 어른들은 밖에서 나는 소리를 전혀 듣지 못하고 있었다. 그때 현관 밖에서 덜컹 하는 소리가 들리더니 초인종이 울렸다. 때맞춰 팻 외숙모가 도리스에게 이끌리다시피 지하실에서 올라왔다. 누군지는 몰라도 이제 팻 외숙모가 본때를 보여줄 차례였다. 외숙모는 성큼성큼 현관으로 걸어가 문을 확 열어젖혔다. 문 앞에는 덥수룩한 수염에 갈색 머리의 키 큰 남자가 구부정하게 서 있었다. 이가 하나도 없었다("이빨이 하나도 없어서 바람이 불면 입술이 펄럭이지 뭐니." 팻 외숙모는 후일 그렇게 말했다).

그가 손을 쑥 내밀며 말했다. "어이, 제수씨. 나 해리요."

"예수, 마리아, 요셉이시여!" 외숙모는 지하실에서 뒤따라 나오던 앨런 외삼촌을 돌아보며 큰소리로 외쳤다. "여보, 커피 좀 끓여야겠어요!"

커피를 끓이는 것은 외삼촌 집에서 무슨 일이 생기든지 그에 대한 최초의 반응으로 으레 따라오는 일이었다. "형님 아니십니까!" 하는 소리와 함께 시끌벅적한 인사와 요란한 악수와 포옹이 오고 간 다음 누군가 커피포트에 물을 올리러 주방으로 갔다.

계단의 위쪽에 멀뚱멀뚱 서 있는 나를 발견한 어머니가 말했다. "러셀, 이리 오너라. 해리 외삼촌한테 인사해야지."

나는 시키는 대로 했다. 해리 외삼촌은 내 손을 꽉 쥐고 악수를 했다.

"이름이 뭐냐?"

"러셀이요." 나는 기어 들어가는 목소리로 대답했다.

"크게! 사내대장부답게 대답을 크게 해야지."

"러셀이요." 나는 또랑또랑한 목소리로 다시 대답했지만, 해리 외삼촌은 나를 거들떠보지도 않았다. 그새 해리 외삼촌은 앨런 외삼촌에게 큰돈을 벌 수 있는 사업 얘기를 하고 있었다.

"가격이 제법 나가는 호두나무 합판 세 장이 있거든." 해리 외삼촌은 문 밖에 우두커니 서 있던 흑인들을 내다보며 버럭 소리를 질렀다. "거기 서서 뭐들 하고 있어? 어서 거기 물건들 갖다가 저쪽에다 세워 놔."

일꾼들이 움직이기 시작했다.

"합판에 흠집 하나라도 생겼다간 너희는 무사하지 못할 테니까 알아서들 해." 해리 외삼촌은 눈을 부라리며 말했다.

어머니가 도리스와 나를 다시 2층으로 올려 보냈을 때 나는 아주 대단한 사람을 만난 듯한 기분이 들었다. 일꾼들에게 호령하는 그 태도와 인상적인 수염, 그리고 아래층 통로에 놓인 대단한 물건들을 접한 나는 '빅 리틀 북' 시리즈에 나오는 워벅스를 본 느낌이었다. 하지만 나는 해리 외삼촌이 그저 조그만 가방 하나만을 들고 왔다는 사실과, 이가 하나도 없는 이유가 의치를 해 넣을 돈이 없었기 때문이라는 사실은 전혀 알아채지 못했다.

해리 외삼촌은 어머니의 큰오빠이자 외할아버지에겐 장남이었다. 외할아버지께서 돌아가시기 전에 누리던 가문의 명예를 되찾는 일이 해리 외삼촌에겐 평생의 과업이었다.

제1차 세계대전이 발발하기 전에 외할아버지께선 호두나무 합판 사업을 하셨다. 해리 외삼촌이 대학 진학에 뜻이 없었기 때문에 외할아버지는 장남에게 합판 사업을 가르치셨다. 그리고 그것이 외삼촌의 직업이 되었다. 해리 외삼촌은 10년째 줄곧 리치몬드에 살고 있었다. 그러다가 흡사 내가 본 어느 영화의 주인공처럼 신비스러움과 위엄을 드러내며 한밤중에 등장한 것이었다.

그날 밤 모두들 커피를 마시며 둘러앉았을 때, 해리 외삼촌은 사업차 버지니아를 출발해 뉴욕에 오게 되었다고 했다. 중요한 계약을 체결하기로 되어 있었고, 또 그 참에 동생들을 보러 왔다는 설명이었다.

오래 머물지는 않으시겠네요? 팻 외숙모가 물었다.

글쎄요……, 안될 것도 없잖습니까? 세상에 사업보다도 중요한 게 있거든요. 가족 같은 거 말이죠. 아무렴, 해리 외삼촌은 그동안 동생들과 함께 지낼 기회가 별로 없었으니까 며칠 묵으면서 옛 추억을 나누는 것도 괜찮을 것 같았다. 물론 해리 외삼촌은 2층의 소파에서 자는 것도 전혀 개의치 않았다. 전혀. 조금도.

다음날 저녁 알렌 외삼촌은 일을 마치고, 어머니는 재봉틀을 뒤로하고, 나는 몇 부 남은 「새터데이 이브닝 포스트」를 들고 집에 돌아왔다. 나는 저녁식사를 마치고 한참이 지나도록 그 자리에 앉아 해리 외삼촌의 얘기를 들었다. 외삼촌은 뉴욕에서 거래하고 있는 대기업들과, 그들과 큰 계약을 맺을 때 속지 않는 비법에 대해 얘기해 주었다. 지하실 계단참에 놓인 합판들은 질 좋은 호두나무가 무성한 숲에서 베어 만든 것이었다. 그 숲의 위치는 오직 해리 외삼촌만 알고 있었다. 뉴욕의 거래처 사람들이 그 숲의 위치를 알아내기 위해 감언이설로 꾀는 것에 넘어가지 않기 위해서는 대단한 영민함이 필요해 보였다. 그러나 외삼촌은 조금도 걱정하지 않았다. 외삼촌은 그런 사람들을 다루는 방법을 알고 있었기 때문이다.

 나는 거래처 사람들이 외삼촌을 '대령님'이라고 부른다는 사실을 알게 되었다. 또 어머니와 팻 외숙모가 해리 외삼촌의 얘기에 귀 기울이고 있는 동안에도 앨런 외삼촌은 조용히 식사를 계속하고 있다는 사실도 알아챘다. 앨런 외삼촌은 우리 모두를 흥분의 도가니로 몰아넣은 그 분위기에 별로 휩싸일 생각이 없는 것처럼 보였다.

 앨런 외삼촌은 고액의 합판 거래에 대한 대령님의 얘기에는 간혹 미소만 지어 보일 뿐이었고, 다만 몇 년째 보지 못한 버지니아의 친척들 소식을 물어볼 때만 진지했다. 앨런 외삼촌은 목재 사업에 대해 별로 재미도 없는 정보를 얻으려고 이따금 질문을 던졌지만 열 살 손위의 해리 외삼촌은 그때마다 손을 내저으며 질문을 비껴갔다. 나는 해리 외삼촌의 사업 규모가 앨런 외삼촌이 이해할 수 있는 범위를 넘어선 것이라 생각했다.

 해리 외삼촌도 그렇게 생각했는지, 그날 저녁 해리 외삼촌이 앨런 외삼촌에게 주의를 기울인 것은 딱 한 번, 앨런 외삼촌이 커피를 마실 때였다. 해리 외삼촌은 부모가 자식에게 하는 말투로 커피는 건강에 해롭다고 앨런 외삼촌을 타일렀다.

 해리 외삼촌은 위궤양을 포함한 모든 질환에 대해 전문가였다. 해리 외삼촌은 자신이 위궤양 때문에 수술을 받은 일이 있다면서, 커피를 끊고 매일 우유 1리터를 마시지 않는다면 앨런 외삼촌도 똑같은 수술을 받게 될 거라고 경고했다.

 그 후 며칠 동안 해리 외삼촌은 앨런 외삼촌이 뭘 먹으려고 할 때마다 "나쁜 식성 때문에 명을 스스로 단축"한다는 말로 앨런 외삼촌의 입맛을 버려 놓았고, 또 내심 그걸 아주 즐기는 눈치였다. 어느 날 저녁식사 시간에 팻 외숙모는 설탕에 조린 감자 요리를 내놓았다. 그것은 앨런 외삼촌이 가장 좋아하는 음식 중의 하나였다. 앨런 외삼촌이 군침을 삼키며 막 감자 요리를 먹으려는 순간, 해리 삼촌이 말했다. "설탕에 조린 감자를 좋아한다는 건 말이지, 명을 스스로 단축하는 거야."

앨런 외삼촌은 특유의 부드러운 미소를 지으며, 해리 외삼촌이 설탕에 조린 감자와 위궤양의 관계에 대해 침을 튀며 설명을 하는 동안 어쨌든 감자 요리를 모두 먹어 치웠다. 해리 외삼촌이 닭튀김에 대해서만은 침묵을 지켰으면 좋았으련만. 닭튀김은 앨런 외삼촌이 세상에서 제일 좋아하는 음식이었다.

"닭튀김을 즐겨 먹는다는 건 말이지," 어느 일요일 저녁식사 중에 해리 외삼촌이 앨런 외삼촌에게 말했다. "나쁜 식성 때문에 명을 스스로 단축하는 거야."

해리 외삼촌은 뉴 스트리트에서의 첫 저녁식사 이후로 줄곧, 식사 후에 트림을 하는 것이 건강하게 장수하는 비결이라고 말했다. 식사를 마치면 해리 외삼촌은 팻 외숙모에게 탄산음료를 가져다 줄 것을 부탁했고 그것을 단숨에 들이켰다. 그리고는 잠시 후에 꺼억 하는 트림 소리를 내며 이렇게 말했다. "세상에 유독 가스를 밖으로 내보내는 것보다 몸에 좋은 건 없거든."

해리 외삼촌이 체결하기로 했다는 중요한 계약은 자꾸만 뒤로 미뤄지고 있었다. '며칠' 묵기로 한 애초의 계획은 일주일이 되었고 다시 한 달이 되었다. 한 달은 두 달로 이어졌다. 해리 외삼촌은 낮 시간에는 '약속'이 있다며 항상 집을 나섰다. 어쩌면 정말 그랬을지도 모른다. 우리에겐 전화기가 없었기 때문에, 해리 외삼촌은 주카렐리 약국에 있는 공중전화로 약속을 정했을 수도 있다.

점차 외삼촌의 방문은 거주로 굳어지고 있었다. 외삼촌의 합판 세 장은 몇 주 동안, 그리고 몇 달 동안 현관 안쪽에 세워져 있다가 결국 집에 놓을 가구를 만드는 데 사용되었다. 외삼촌이 집을 나서지 않는 횟수가 점차 늘어났고 지하실에서 당구를 치는 시간은 점점 늘어갔다.

외삼촌이 처음 왔을 때 어머니는 외삼촌이 구원을 가져다 줄 것으로 믿었다. 어머니는 해리 외삼촌이 사업만 잘 풀리면 '우리집'을 얻는 데 도움을 주겠노라 약속했다고 내게 귀띔해 주었다. 어머니는 외삼촌이 도착하고 며칠 되지 않았을 때 그 얘기를 들려주었다. 몇 달이 지나고 합판들 위에 먼지가 쌓여 가자, "조만간 해리 외삼촌의 사업이 풀리면"은 "행여 외삼촌의 사업이 잘 되거든"으로 바뀌었다.

모든 사람들이 자신의 일이 잘 풀릴 날만 고대하며 지내던 시절이었다. 아이들조차 실현될 수 없는 소망을 얘기할 때면 그 슬프고도 우울한 표현을 사용했다. 학교 운동장에서 아이들은, "일만 잘 풀리면 우리 아빠가 뉴욕에 가서 양키스 팀 경기 보여준다고 했다"라고 말했다. 그 말은, 양키스 스타디움의 관중석에 앉게 되는 일이 결코 없을 것이라는 뜻이었다. 여러 달이 지나면서 어머니는 나를 데리고 외출하는 길에 해리 외삼촌의 안부를 묻는 이웃을 만나면 이렇게 대답했다. "오라버니요? 일이 잘 풀리기만 기다리고 있어요."

해리 외삼촌은 자신의 체류가 모두에게 자연스럽게 받아들여질 정도로 길어지자, 집안의 장남으로서 자신의 역할에 대해 심각하게 고민하기 시작했고, 계속되는 더부살이에 대해 어떤 결단이 필요하다는 생각을 하게 되었다. 해리 외삼촌은 팻 외숙모가 시댁 식구들 뒤치다꺼리를 하며 사는 것을 차츰 불편해하고 있다는 것을 깨닫고는 즉시 문제를 해결할 방법을 찾아냈다. 바로 찰리 외삼촌을 내보내는 것이었다.

해리 외삼촌과 찰리 외삼촌 사이의 뿌리 깊은 반감은 유년기로까지 거슬러 올라갔다. 찰리 외삼촌이 집안의 막내라는 이유로 모두들 너그럽게 응석을 다 받아주는 것이 해리 외삼촌으로선 늘 못마땅한 일이었다. 거기에 또 다른 이유들도 있었는데, 찰리 외삼촌이 해리 외삼촌이 싫어하는 면을 완벽하게 갖추었다는 점이 그 중 하나였다.

"저 약골." 어느 날 우연히 해리 외삼촌이 팻 외숙모에게 찰리 외삼촌을 가리켜 그렇게 얘기하는 것을 듣게 되었을 때, 나는 적잖은 충격을 받았다. 나는 찰리 외삼촌을 무척 좋아했기 때문이다. 찰리 외삼촌은 집에서 나를 어린애 취급하지 않는 유일한 어른이었다.

물론 찰리 외삼촌이 약해 보이는 것은 사실이었다. 찰리 외삼촌은 앨런 외삼촌보다도 키가 작고 마른 체형이었다. 찰리 외삼촌은 내가 막 아장아장 걷기 시작했을 때 모리슨빌을 찾아온 적이 있었는데, 그때 할머니는 찰리 외삼촌이 돌아간 직후 이렇게 말씀하셨다고 한다. "뼈다귀에 살점이 하나도 붙어 있지 않구먼. 벌새 모이 줄 정도도 안 나오겠어." 찰리 외삼촌은 투명한 푸른 눈에 반짝이는 금발을 가지고 있었고, 피부는 너무 하얗고 투명해서 살결 아래로 파란 핏줄이 선명하게 보일 정도였다. 외삼촌은 오똑하고 날카로운 코에 턱은 뾰족했으며, 입술은 기분이 아주 좋을 때면 가장자리가 감겨 올라가서 마치 누군가를 비웃는 것처럼 보였다.

찰리 외삼촌은 무슨 이유에서인지 여러 해 동안 집 밖을 나서려 하지 않았다. 찰려 외삼촌은 앨런 외삼촌이 물려준 옷과 팻 외숙모가 간혹 사오는 옷을 한 번도 입어 보지 않은 채 옷장 속에 그대로 처박아 두었는데, 모든 옷이 하나같이 치수가 큰 것들뿐이었다. 헐렁한 셔츠와 바지가 외삼촌의 잘록한 허리에서 허리띠로 죄어진 모습은, 외삼촌을 마치 어른 옷을 입고 있는 어린아이처럼 보이게 했다.

앨런 외삼촌은 막내 동생인 찰리 외삼촌을 1923년 이래로 거의 부양하다시피 했다. 찰리 외삼촌은 직업이 없었고, 또 일자리를 찾으려 하지도 않았다. 나중에는 가족들 모두 찰리 외삼촌이 결코 직업을 갖지 않으리라는 것과, 일자리를 찾으려 시도조차 않을 것이라는 사실을 당연하게 받아들이기 시작했다. 해리 외삼촌이 찰리 외삼촌을 쫓아내기로 마음먹었을 때, 찰리 외삼촌은 몇 년째 실업자로 세월을 보내며 나이 서른을 넘기고 있었다.

어머니는 찰리 외삼촌을 무척이나 아끼셨다. 하지만 게으름뱅이의 비참한 말로에 대해 내게 훈계를 하실 때면 늘 찰리 외삼촌을 예로 드셨다. 어머니는 내가 신문을 팔러 나갈 시간이 다 되어서도 빈둥거리고 있거나 하면 이렇게 말씀하셨다. "너도 커서 찰리 외삼촌처럼 될래?" 어머니는 '따끔한 맛'을 보여줄 준비가 된 표정으로 목소리에 힘을 주셨다. "내가 두 눈 부릅뜨고 있는 한 네가 찰리 외삼촌 꼴 나는 건 못 보니까 그렇게 알아라."

모두들 한결같이 찰리 외삼촌이 "똑똑하다"고 했다.

"거의 천재에 가깝지." 앨런 외삼촌이 말했다. "마음만 먹으면 뭐든 다 할 수 있을 텐데 말이야."

"그런데 왜 안 해요?"

"게으름 때문이야." 팻 외숙모가 말했다. 외숙모는, 게으름이 찰리 외삼촌의 탓이 아니라는 듯, 그래서 마치 심장병이나 신장질환과 같은 질병에 대해 얘기하듯 말했다. "얘, 찰리 외삼촌은 게으르셔."

어머니는 안타까운 표정으로 말씀하셨다. "불쌍한 찰리." 어느 날 어머니는, 찰리 외삼촌은 일을 안 하고 노는데 왜 어머니와 앨런 외삼촌과 나는 일을 해야 하느냐고 묻는 내게 한숨을 내쉬며 대답하셨다. "하나님이 세상에 내려 보낸 사람들 중에서 찰리 외삼촌이 제일 게을러서 그래."

나는 어머니께서 내가 게으름을 피울 때는 허리띠를 몇 차례 휘두르면 고쳐질 수 있다고 생각하시면서, 왜 찰리 외삼촌에 대해서는 그토록 안타까워하면서도 아무 말 없이 참아주시는 건지 이해가 되지 않았다. 그러나 어른들의 말을 더 이상 곧이곧대로 받아들이지 않는 나이가 되면서, 나는 어른들이 찰리 외삼촌에 관해 뭔가 숨기는 것이 있지 않나 의심을 품기 시작했다.

어느 날 저녁 찰리 외삼촌이 침실에서 책을 읽고 있는 동안, 나는 앨런 외삼촌과 팻 외숙모 그리고 어머니와 함께 주방에 있었다. "찰리 외삼촌은 직업을 가져본 적이 없어요?"

"글쎄다, 그게 말이다." 앨런 외삼촌이 입을 뗐다. "모우 사이먼 일이 있기 전까지는 찰리 외삼촌도 일을 하셨어."

"신문사에서 기자로 일하셨어." 팻 외숙모가 말했다. "그때 우리는 브루클린에서 살고 있었는데 찰리는, 그 신문사 이름이 뭐였죠, 여보?"

"「브루클린 이글」. 그래, 찰리가 일한 곳이 「브루클린 이글」이었어."

"모우 사이먼은 누구예요?"

앨런 외삼촌은 커피 잔을 비우고 천천히 의자에 등을 기댔다. "너 모우 사이먼 얘기 한 번도 못 들어봤냐?"

"정말이지 너무 안됐어요." 팻 외숙모가 말했다.

세 분은 그 화제를 가지고 이야기를 나누기 시작했다.

문제는 찰리 외삼촌이 신문사에 들어가서 첫 기사를 작성한 날에 일어났다. 편집장은 찰리 외삼촌을 뚫어져라 쳐다보더니 주위에 있던 어느 기자에게 이렇게 말하더라는 것이었다. "어이, 이 친구 어디서 많이 본 것 같지 않나?"

"어, 모우 사이먼을 아주 **빼닮았는데요**." 그 기자가 말했다.

"내 말이 그 말일세." 그러면서 편집장은 호기심 섞인 질문을 던졌다. "자네 모우 사이먼과 무슨 관계라도 되나?"

찰리 외삼촌은 아니라고 대답했다. 외삼촌은 모우 사이먼이라는 이름을 들어본 적도 없었다.

며칠 후, 찰리 외삼촌이 브루클린의 어느 간이식당에서 수프를 먹고 있는데 험상궂은 사내 하나가 외삼촌의 테이블 건너편 의자에 슬쩍 와서 앉더니 마치 주위에 경찰이 있나 확인이라도 하듯 두리번거리며 낮은 목소리로 말했다. "나한테 물건이 있어, 모우."

찰리 외삼촌은 버지니아 특유의 느린 말씨로 자신의 이름은 모우가 아니라고 대답했다.

남부 사투리를 듣고서야 사람을 잘못 알아보았음을 깨달은 사내가 중얼거렸다. "맙소사! 모우 사이먼과 쌍둥이라고 해도 믿겠어." 그리고 사내는 재빨리 식당을 빠져나갔다.

모우 사이먼과 닮은 외모가 외삼촌을 고통스럽게 만들기 시작했다. 하루는 출근길의 외삼촌을 누군가 거리에서 불렀다. "이게 누구야!" 낯선 남자는 거리 모퉁이에서 함께 있던 사내 둘과 반갑게 손을 흔들며 외삼촌 쪽으로 다가왔.

"언제 나왔어, 모우?" 그들 중 하나가 물었다.

"제 이름은 모우가 아닌데요." 찰리 외삼촌이 말했다.

그들은 사과를 했다. "미안해, 형씨. 그런데 어쩌면 모우 사이먼을 그렇게 빼닮았어?"

그로부터 얼마 후 지하철에서 막 내리려는 찰리 외삼촌에게 한 남자가 말을 걸었다.

"여봐요." 그는 말했다. "당신, 모우 사이먼을 빼다 박았네요."

찰리 외삼촌은 도로 지하철을 타고 그 길로 앨런 외삼촌의 집을 찾아왔다. 그때부터 찰리 외삼촌은 두 번 다시 사람들 앞에 나서기를 거부하며 은둔 생활을 시작했다.

그날 밤 앨런 외삼촌과 외숙모 그리고 어머니가 내게 들려준 얘기는 대강 그러했다. 물론 세 분 모두 간혹 없는 이야기를 지어내는 경우가 있었다. 특히 커피를 계속 데워가며 늦도록 이야기를 나누는 날이면 한 가닥 사실의 실에서 한 편의 이야기를 짜내는 것이 그리 어려운 일도 아니었다. 하지만 나는 그 이야기를 철석같이 믿었고, 내심 찰리 외삼촌이 선택한 새로운 삶이 부럽기만 했다.

잠자고, 책 읽고, 담배 피우고, 커피 마시는 것이 매일 반복되는 외삼촌의 일과였다. 찰리 외삼촌은, 내가 만나 본 사람들 가운데 누군가 직업을 물어본다면 숨김없이 "잠자기"라고 대답해야 할 유일한 사람이었다. 이불을 덮고 열한 시간 내지 열두 시간을 누워 있는 것이 찰리 외삼촌에겐 그다지 어려운 일이 아니었다.

찰리 외삼촌은 배가 고프면 침대를 빠져나왔다가 몇 시간이 지나면 기력을 보충하기 위해 다시 낮잠을 잤다. 외삼촌은 보통 오후 한 시에 일어나서 먼저 커피를 끓였다. 그리고 종이로 만 담배를 입에 물고 책을 읽기 시작했다. 외삼촌은 평전과, 역사와 정치에 관한 서적을 탐독했다. 추리소설을 왕성하게 읽어치우던 팻 외숙모는 일주일에 두어 차례 공공 도서관에 책을 빌리러 가는 길에 외삼촌으로부터 부탁받은 책을 함께 대출해 왔다. 정치가 외삼촌의 주된 관심사였다. 찰리 외삼촌은 매일 저녁 앨런 외삼촌이 집에 가지고 오는 신문을 빼놓지 않고 읽었고 라디오에서 나오는 뉴스에 온 정신을 집중했으며 「새터데이 이브닝 포스트」와 「리터러리 다이제스트」를 꼼꼼히 챙겨 보았다.

가족들 모두가 민주당원인 집에서 유일하게 찰리 외삼촌만 열렬한 공화당원이었다. 외삼촌은 1932년 대통령 선거에서 허버트 후버가 패배한 것에 통탄을 하며, 다가오는 1936년 대통령 선거에 큰 기대를 걸고 있었다. 루스벨트의 재선이 힘들 것이라는 「리터러리 다이제스트」의 여론조사 결과가 외삼촌에게 확신을 더해주었다.

내가 실질적으로 정치에 관한 최초의 교육을 받은 것은 찰리 외삼촌으로부터였다. 나는 '사회주의'라는 단어를 찰리 외삼촌으로부터 처음으로 듣게 되었는데, 외삼촌은 사회주의가 너무나 위험해서 우리나라를 통째로 집어 삼킬 수도 있다고 설명해 주었다. 찰리 외삼촌은 미국이 근면과 창의로 건설된 나라라고 했다. 사회주의는, 외삼촌에 의하면 근로 의욕을 저하시키고 창의력을 말살시키는 체제였다. 그런데 그 사회주의를 바로 프랭클린 루스벨트가 실행하고 있다는 것이었다. "신문도 안 보냐? 정부가 일도 안 하는 수백만 명의 사람들한테 돈을 준다는 게 도대체 말이나 되는 소리야?"

이에 대해 루스벨트의 열렬한 지지자로서, 나는 여기저기서 주위들은 얘기로 반론을 폈다. 하지만 찰리 외삼촌은 곧바로 내 얘기를 되받았다.

"너도 곧 프랭클린 루스벨트가 태어난 날을 저주하면서 살게 될 거다."

싱거운 논쟁이 끝난 다음 나는 여느 때처럼 신문 꾸러미를 어깨에 메고 밖으로 나갔고 외삼촌은 커피 잔과 담배를 들고 소파에 길게 누워 공화당보를 읽었다. 나는 그 후로도 오랫동안 공화당원들은 12시간을 자고 일어나서 게으름뱅이들을 실컷 비난한 다음 신문을 들고 다시 드러눕는 사람들이라고 생각했다.

찰리 외삼촌은 내가 제인 그레이의 서부물이나 『오즈의 마법사』 따위의 이야기를 읽으며 시간을 보내는 것을 못마땅하게 생각했다. 외삼촌이 제일 좋아하던 책은 『벤저민 프랭클린 자서전』이었다. 그 책은 거실에 덩그러니 꽂혀 있던 세 권의 책 가운데 하나였는데, 나머지 두 권은 『펑크와 와그놀의 사전』과 성경이었다. 외삼촌은 그 책들을 읽고 또 읽었다.

하루는 거실에서 『오즈의 마법사』를 읽고 있던 내게 외삼촌이 버럭 화를 내며 말했다. 외삼촌이 화를 내는 경우는 극히 드물었다. "러셀, 책을 읽는 건 좋은데 그따위 쓰레기를 읽으면 아무 도움이 안 된다. 자, 이거"——그러면서 외삼촌은 『벤저민 프랭클린 자서전』을 내밀었다——"뭔가 가치 있는 걸 읽어라." 나는 그 책을 받아서 책장을 넘기다가 외삼촌이 거실 밖으로 나간 뒤 구석에 밀어두었다.

해리 외삼촌이 찰리 외삼촌에게 품고 있던 적대감은 정치적 견해 차이와는 별로 상관이 없었지만 프랭클린의 자서전과는 상당한 관련이 있었다. 해리 외삼촌은 평생 온전히 읽어낸 책이 한 권이라도 있었는지 의심스러웠다. 해리 외삼촌은 원대한 사업 계획을 품고 사는 사람이었다. 그런 해리 외삼촌에게, 외골수로 지적인 삶을 추구하는 찰리 외삼촌 같은 사람들은 자신의 신념——무릇 사업에 성공을 거두어 출세하는 것이 남자가 할 일이라는——을 도발하는 것으로 비쳐졌다.

사람들과 얘기를 나누는 것은 해리 외삼촌의 큰 낙이었는데, 그 대화라는 것이 찰리 외삼촌과는 불가능했다. 외삼촌이 이야기를 좀 하려고 해도 찰리 외삼촌은 잠을 자고 있거나, 더 나쁜 경우엔 책에다 얼굴을 파묻고 있었다. 찰리 외삼촌이 아무 하는 일 없이 혼자 집안 여기저기를 기웃거리며 시간을 보내고 있을 때 해리 외삼촌은 동생이 자신의 청중이 되어 주기를 원했지만 찰리 외삼촌은 그런 형의 바람을 간단히 무시했다. 어쩌다 얘기를 들어주는 경우에도 결국에는 코웃음과 함께——"대령님, 헛소리 좀 그만 하시죠."——얘기는 끝이 나고 말았다. 찰리 외삼촌은 해리 외삼촌의 원대한 사업 구상에 조소를 보냈다.

어느 날 오후, 나는 부엌에서 팻 외숙모와 찰리 외삼촌이 나누는 얘기를 우연히 듣게 되었다. 외숙모는 주방에 이 나간 접시들이 많다면서, 해리 외삼촌의 사업이 성공만 하면 식기를 모두 새 것으로 바꿀 수 있을 거라고 말했다.

찰리 외삼촌은 코웃음을 쳤다. "형수님, 너무 기대하지 마세요. 큰형은 평생 거짓말만 해온 사람이니까요."

나는 저녁식사 시간에 해리 외삼촌이 무슨 이야기를 시작하려고 하면 찰리 외삼촌이 눈을 지그시 감고 손으로 턱을 비빈다는 사실에 주목하기 시작했다. 나는 눈을 감은 채 턱을 비벼대는 외삼촌의 몸짓이 무엇을 뜻하는지 알고 있었다. 찰리 외삼촌은 내가 루스벨트를 열심히 변호했을 때도 그랬다. 나는 찰리 외삼촌이 해리 외삼촌의 이야기를 헛소리로 받아들이고 있다는 것을 깨달았다. 나 또한 해리 외삼촌의 말을 다른 방식으로 받아들이기 시작했다. 그 방식이란 틀림없이 찰리 외삼촌의 방식을 닮았을 것이다. 찰리 외삼촌이 자신의 큰형을 평가하는 것을 보면서, 나는 나보다 나이가 많은 사람들을 판단할 때 이전보다 훨씬 복잡한 기준을 사용하기 시작했다.

나는 해리 외삼촌의 이야기 속에서 외삼촌 자신은 항상 강인한 남성의 화신으로 그려진다는 것을 발견했다. 어느 날 저녁 해리 외삼촌은 어느 형편없는 녀석의 건방진 행동을 도저히 묵과할 수 없었던 자신의 경험담을 들려주었다. 그 이야기에 등장하는 악당은 외삼촌의 발 앞에다 침을 뱉은 리치몬드의 어느 건달이었다. 외삼촌은 그를 단번에 때려눕힐 수도 있었지만, 그 사내는 주먹을 사용할 만한 가치도 없는 잔챙이였다.

"너도 알겠지만 내가 전에 권투를 좀 했었거든. 세계 챔피언을 지내다가 막 은퇴한 사람한테 배웠는데, 그 사람한테서 주먹으로 사람을 죽이는 법도 배웠지."

리치몬드에서 만난 사내는 그처럼 처절한 응징을 당할 정도는 아니었다.

"그래서 그냥 혁대를 홱 풀어서 말이야."

외삼촌은 식탁에서 벌떡 일어나더니 실제로 허리띠를 풀어 손에 쥐었다.

"그걸 요렇게 반으로 접어서."

외삼촌은 어떻게 하면 허리띠를 무기로 사용할 수 있는지를 보여주었다.

"그걸로 그냥 그놈 대갈통을 후려친 거야, 요렇게."

식탁 옆쪽 벽면에 짝 하는 소리가 났다.

"그랬더니 그놈이 걸음아 나 살려라 도망을 가는 거야. 내가 맹세하는데, 그 놈이 도망치면서 뒤를 한 번도 안 돌아보더라고. 그랬다간 나한테 죽을 수도 있다는 걸 알고 있었던 거지."

찰리 외삼촌의 영향으로 나는 이미 변해 있었다. 무슨 얘기든 사실로 받아들이던 유년의 순진함을 잃어가고 있었고, 어른들에게도 약점이 있다는 사실을 깨닫고 있었다. 그날 밤, 나는 해리 외삼촌의 이야기에 손톱만큼의 진실도 없음을 이미 알고 있었다.

눈치가 빨랐던 해리 외삼촌은 찰리 외삼촌이 자신을 '평생 거짓말만 해온' 사람으로 간주하고 있음을 확실히 알고 있었을 것이다. 찰리 외삼촌이 그 사실을 알고 있음은 물론이고 그걸 밖으로 내비치는 것이 해리 외삼촌으로서는 도무지 용서할 수 없는 일이었다.

어느 날 오후 학교를 마치고 집에 돌아온 나는 계단을 올라 거실에 들어서다가 해리 외삼촌이 격하게 화를 내며 찰리 외삼촌을 쏘아보고 있는 광경에 맞닥뜨렸다. "이 약골 새끼, 네가 남자라면 얼른 일어나. 썩어빠진 네 정신을 단단히 고쳐주마." 놀라서 입을 다물 수가 없었다. 앨런 외삼촌의 집에서 폭력과 상스러운 말은 결코 있을 수 없는 일이었다.

찰리 외삼촌은 조금 전까지만 해도 안락의자에 앉아 『벤저민 프랭클린 자서전』을 읽고 있었는데, 그 책은 내가 들어오기 직전 해리 외삼촌의 손에 채여 거실 바닥에 내동댕이쳐졌다. 나는 이미 계단을 올라오면서 무언가 털썩 떨어지는 소리를 들었다. 도대체 해리 외삼촌이 무엇 때문에 화가 났는지는 알 수 없었다. 해리 외삼촌은 권투 선수마냥 상체를 굽히고 주먹을 치켜든 채 가볍게 몸을 움직이고 있었다.

"이 약골 새끼, 어서 일어나. 얻어터지고 나면 정신이 좀 들 거다."

찰리 외삼촌은 일어나지 않았다. 찰리 외삼촌은 해리 외삼촌의 등 뒤에 우두커니 서 있는 나에게 나지막이 말을 건넸다.

"학교 잘 다녀왔니?"

해리 외삼촌은 화들짝 놀라며 뒤를 돌아보더니 주먹을 내리고 황급히 거실을 빠져나갔다. 해리 외삼촌은 자신의 유치한 행동을 내가 지켜보고 있었다는 사실에 무척 당황했던 것 같다. 나는 나의 등장이 찰리 외삼촌을 구했다고 생각했다. 찰리 외삼촌은 몸무게가 해리 외삼촌의 반밖에 나가지 않았고, 담배와 커피에 찌들어서 대령님에 맞서 싸운다는 것은 처음부터 불가능한 일이었다.

해리 외삼촌은 찰리 외삼촌을 쫓아내기로 마음먹고 있었다.

다시는 돌아오지 못하도록 아주 먼 곳으로 보낼 생각이었는데, 해리 외삼촌이 생각하고 있던 먼 곳은 바로 샌프란시스코였다. 샌프란시스코에는 윌리 외삼촌이 살고 있었다. 나는 윌리 외삼촌을 한 번도 본 적이 없었다. 어머니보다 두 살이 많은 윌리 외삼촌은 어린 시절부터 형제들 중에서도 특히 어머니와 잘 어울렸다. "형제들 중에서 나는 윌리 오빠를 제일 좋아했지. 윌리 오빠는 정말 재미있었거든." 어머니는 그렇게 말씀하셨다.

윌리 외삼촌은 1924년에 돌연히 "사라졌다." 그리고는 1935년까지 가족들과 연락이 완전히 끊긴 채로 지냈다. 1921년경 조촐한 결혼식을 올린 외삼촌은 어느 날 갑자기 아내를 버리고 종적을 감췄다. 11년이 지나 어머니가 수소문 끝에 샌프란시스코에 있는 외삼촌을 찾아냈을 때 외삼촌은 주 정부 세무국에서 일하며 독신으로 살고 있었다. 윌리 외삼촌은 어머니가 그랬던 것처럼, 어머니를 진정으로 아꼈던 것 같다. 윌리 외삼촌은 어머니와 앨런 외삼촌의 사정을 알게 되면서 다달이 월급의 일정액을 떼어 어머니에게 부쳐주었다.

윌리 외삼촌이 수입을 쪼개어 보내줄 정도로 여유가 있다는 사실을 알게 된 해리 외삼촌은 윌리 외삼촌이 더 큰 몫을 떠안아야 한다고 생각했다. 해리 외삼촌은, 집에서 마냥 놀고먹는 동생 찰리가 앨런 외삼촌에게 얼마나 큰 짐이 되는지를 설명하는 장문의 편지를 윌리 외삼촌에게 부쳤다. 장남으로서 집안의 중요한 일을 결정하는 역할을 자임하며, 해리 외삼촌은 동생 앨런의 짐을 덜어주는 것이야말로 윌리 외삼촌이 해야 할 일이라고 역설했다. 요컨대, 윌리 외삼촌은 혼자 살고 있으므로 찰리 외삼촌을 데리고 있기가 쉬울 것이고 또한 일자리를 알아봐 주는 것도 가능하지 않겠느냐는 얘기였다. 해리 외삼촌은 윌리 외삼촌의 동의를 얻기만 하면 그 즉시 찰리 외삼촌을 서부로 가는 고속버스에 태울 작정이었다.

해리 외삼촌은 찰리 외삼촌에 대한 감정을 숨김없이 드러내며 찰리 외삼촌의 비사교적인 성격에 대한 자신의 생각을 구구절절 편지에 옮겨 적었다. 윌리 외삼촌이 즉시 답장을 했다. "찰리가 군소리 않고 앨런에게 얹혀살고 있는 것을 보면, 그 애 성격이 형의 얘기처럼 그렇게 변덕스럽거나 신경질적이지는 않은 것 같아…… 찰리도 사지가 멀쩡한 녀석이 어떻게 집에서 놀고만 있으면서 홀몸으로 억척스럽게 살아가고 있는 자기 누이에 대해 마음이 편할 수 있겠어? 나는 지난 5년 동안 앨런이 루시와 어린 두 아이를 위해 해온 것을 봐서라도 할 수만 있다면 오히려 앨런에게 무언가를 해주고 싶어. 나는 누구든 성인이 되었으면 그때부턴 자신의 힘으로 생활해 나가야 한다고 생각해."

해리 외삼촌은 다시 편지를 썼다. 윌리 외삼촌도 곧바로 답장을 보내왔다. 윌리 외삼촌은 답장에서, 찰리 외삼촌이 앨런 외삼촌에게 그토록 버거운 짐이 된다면 왜 해리 외삼촌 스스로 그 짐을 덜어주지 못하느냐는 질문은 차마 하지 않았다. 그러나 해리 외삼촌의 제안에 대해서는 완곡하나마 거부의 뜻을 분명히 했다. "찰리가 캘리포니아에 온다면 상황은 오히려 악화될 거라고 생각해. 나 역시 그럴 여력은 없어. 내가 루시에게 부쳐주는 돈은 내 여유 돈의 전부나 마찬가지거든…… 찰리는 이곳처럼 큰 도시보다는 지금 살고 있는 소도시에 그냥 머무는 편이 나을 것 같아. 루시는 혼자 힘으로도 잘 해나가는 것 같고, 내 기억이 맞는다면 찰리는 올해 서른 살일 텐데 그 나이면 무엇이든 자신이 알아서 할 때야."

그것으로 대령님의 또 다른 계획은 끝이 났다.

서부에서 퇴짜를 맞은 해리 외삼촌은 이번엔 찰리 외삼촌을 남부로 보낼 계획을 꾸미기 시작했다. 대령님은 볼티모어를 새 유배지로 생각하고 있었는데 이번 작전은 훨씬 복잡했다. 새 작전에는 어머니와 도리스 그리고 나를 볼티모어로 이주시키는 것도 포함되어 있었다. 해리 외삼촌에겐 작전의 성공을 위한 꿍꿍이가 있었다. 만일 목재회사를 하나 설립해서 볼티모어에 지사를 둘 수 있다면, 어머니로 하여금 찰리 외삼촌을 데리고 볼티모어로 가서 지사의 업무를 맡으라고 설득할 명분이 생기는 것이었다.

볼티모어. 그것이 바로 해결책이었다. 그러나 해리 외삼촌에겐 회사 설립을 위한 자본금이 필요했다. 외삼촌이 생각한 소요 자금은 최소 150달러였다. 그 돈을 어디서 구한담?

물론 어머니의 은행 구좌에서였다. 어머니는 A&P 세탁소에서 일주일에 12달러 이상을 벌고 있었고, 또 지난 3년 동안 수입의 일정액을 꾸준히 저축해오고 있었다. 거기에 윌리 외삼촌으로부터 매달 받는 돈도 있었다. 그렇다. 루시에게 돈이 있지. 아마 150달러는 될 거야. 그 돈은 모두에게 미래의 행복을 여는 열쇠나 다름없어. 드디어 제수씨와 앨런도 해방되는 거야. 목재 회사를 하나 차리기만 하면 저 골칫덩어리 찰리도 남부에서 새롭게 생산적인 삶을 시작할 수 있겠지. 문제는 은행에 묵혀두고 있는 150달러를 꺼내서 창업자금으로 쓸 수 있도록 루시를 설득할 수 있느냐 하는 것인데.

해리 외삼촌은 어머니에게 볼티모어에 대해 이야기하기 시작했다. "이제 아이들을 위해서라도 네 집이 필요할 때야." 해리 외삼촌이 말했다.

외삼촌은 어머니의 약점이 무엇인지 알고 있었다.

제9장

기회의 땅으로

❦

늦은 밤 이따금 잠에서 깨면 주방에서 이야기를 나누는 어른들의 목소리가 들렸다. 침침한 백열등 아래 식탁에 모여 앉은 어른들은 밤이 깊도록 이야기를 나누었다. 커피를 데우고 새로 끓이고 다시 데우는 가운데 이야기는 끝없이 이어졌다. 나는 소파에 누워 웅얼거리는 목소리들과 커피 잔의 달그락거리는 소리, 싱크대에 물이 똑똑 떨어지는 소리, 그리고 갑작스러운 웃음소리와, "소리 좀 낮춰요, 애들 깨겠어요" 하는 소리들을 반쯤 잠에서 깬 채로 듣고는 했다.

낮은 목소리들이 오가는 중에도 어떤 말은 확실히 알아들을 수 있었다. "누나, 기억나? 우리 어렸을 때 딕스 아저씨가 말이야……." 이건 찰리 외삼촌이 어머니에게 하는 얘기였다. "그래서 결국 경찰이 뉴저지에서 지미를 체포했잖아." 이건 앨런 외삼촌이 벌써 수십 번도 더 했을 얘기를 또 하는 것이었다. 해리 외삼촌의 걸쭉한 목소리도 들렸다. "그래서 내가 그 건달한테 그랬지. '이봐, 자꾸 그런 식으로 나오면 가만있지 않겠어' 하고 말이야." 그럭저럭 주방에서 들려오는 귀에 익은 소리들을 자장가 삼다보면 나는 다시 곤한 잠에 빠져들었다.

잡담과 커피가 어른들의 낙이었다. 이야기를 나누는 것이 공황을 거치는 동안에는 참으로 훌륭한 소일거리였다. 영화와는 달리, 한가로이 얘기를 나누는 것은 돈이 들지 않았다. 이야기의 강물은 집안 전체를 흘러 저녁식사 시간을 가득 채운 다음 내가 잠자리에 들 즈음이면 최고 수위에 이르렀다. 그리고 나면 졸졸 흐르는 속삭임들이 자정을 넘어 이어졌고 모두들 침대로 들어간 뒤엔 찰리 외삼촌이 혼자 남아 커피 주전자를 다시 데우고 담배 잎을 종이에 말아서 한 권의 책과 함께 의자에 몸을 묻었다.

숙제를 일찍 끝낸 날이면 나도 밤 10시까지 같이 앉아서 이야기를 들을 수 있었다. 나는 주방에서 나누는 긴 밤의 이야기로부터 퍼져 나오는 가족애의 온기가 좋았다. 한마디로 표현할 수는 없었지만, 그 이야기의 바닥에는 어떤 울림 같은 것이 있었다. 나는 그러한 느낌들을 쏙 빨아들여 내 기억에 차곡차곡 쌓아갔다. 거기엔 행복했던 시절에 대한 그리움과 미래에 대한 막연한 꿈이 있었다. 터무니없는 몽상도 있었다. 어른들은 가문의 먼 조상이 영국에 남겨두었다는 막대한 재산을 찾기 위해 '아빠'가 영국에 건너갔던 일을 거듭거듭 얘기했다.

내겐 어른들 틈에 앉아 주방에서 듣던 얘기들 가운데 그 막대한 재산 이야기만큼 놀라운 얘기가 없었다. 만일 그 얘기가 사실이라면 우리는 모두 굉장한 부자가 될 수도 있었기 때문이다. 나는 그 얘기를 듣고 또 들었다. 앤 여왕이 다스리던 시절 성공회의 대주교이자 엄청난 부자였던 먼 친척 할아버지와 우리 가문이 어떤 연관이 있는지, 또 버지니아에 사는 친척에게 유산을 모두 물려주라고 했다는 그분의 유언, '아빠'가 그 상속인의 직계 후손이라는 얘기 등등을 나는 모두 외울 정도로 되풀이해서 들었다.

무슨 연유가 있었는지 ─ 어른들은 그 점에 대해선 별다른 얘기가 없었다 ─ '아빠'가 그 재산을 찾기 위해 영국에 건너가기 전까지는 이백년이 지나도록 아무도 그 재산에 관심을 갖지 않았다.

"그게 얼마나 될까요, 여보?" 또다시 그 얘기가 나왔을 때 팻 외숙모가 물었다.

"요즘 돈으로 백만 달러는 될 걸." 앨런 외삼촌이 대답했.

"아마 돈 세는 데만 수백 년이 걸릴 거야."

"무슨 소리, 적어도 오천만 달러는 될 걸." 해리 외삼촌이 말했다.

"이젠 다 끝난 얘기잖아." 어머니는 인생에서 있을 뻔했던 행운에 대해 결코 아쉬워하는 법이 없었다. "만일 하나님께서 날 부자로 만들겠다고 뜻하시면 그분은 언제라도 그렇게 하실 수가 있단다." 한번은 그 막대한 재산을 찾을 수 없는 어머니의 처지를 내가 위로하자 어머니는 그렇게 대답하셨다.

어쨌든 그 재산은 되찾지 못했다. 런던에 가서 그 문제를 알아보신 '아빠'는 그 재산이 "왕실에 귀속되었다"는 얘기를 들었다. 이제는 국왕과 대영제국의 재산이 되어 버린 것이었다.

"왕실에 귀속되다니요? 어쩜 그럴 수가 있어요?" 팻 외숙모는 기가 막히다는 듯이 말했다.

모두들 우리 재산이 영국 사람들에 의해 빼돌려졌다는 점에 이의를 달지 않았다. 영국 사람들은 우리 모두에게 못 믿을 족속이며 혐오의 대상이었다. 찰리 외삼촌의 말이 모든 걸 대변했다. "그 더러운 영국놈들은 늘 미국인들에게 사기를 친다니까."

도둑맞은 우리의 막대한 재산 때문에 덩달아 흥분하던 나는 도리스 덕분에 정신을 차릴 수 있었다. 하루는 「새터데이 이브닝 포스트」를 팔아야 하는 신세를 한탄하며 내가 투덜댔다. "엄마의 아빠가 그 재산만 찾았어도 내가 이 고생을 안 해도 될 텐데."

"오빠는 그런 헛소리를 믿어?" 도리스가 한마디 툭 던졌다.

나는 그때부터 더 이상 재산 얘기 따위는 믿지 않게 되었다. 아홉 살짜리 여자애 중에, 회의론자인 나보다 더 회의적인 애는 도리스밖에 없었다. 그 뒤로 어른들이 그 얘기를 다시 꺼낼 때면 나는 늘 속으로 웃었고, 난생 처음으로 어머니와 친척 어른들에 대한 일종의 우월감을 느낄 수 있었다. 하지만 도둑맞은 우리의 막대한 재산 이야기는 전체 화제 가운데 아주 미미한 부분을 차지할 뿐이었다. 대개 침침한 백열등 아래 식탁 한쪽에 자리를 잡고 어른들의 얘기에 귀를 기울일 때면 나는 아주 진지했다. 나는 그 자리에서 이 세상에 대해, 그리고 이 세상을 읽는 방법에 대해 교육을 받은 셈이었다. 내가 배운 것은 이야기의 내용 자체에 있지 않았다. 오히려 세상을 바라보는 방식과 그 태도에 있었다. 그리고 그 태도는 그 후로도 오랫동안 내 인생의 밑거름이 되었다.

간혹 공황이 화제로 오르면 대화의 분위기엔 분노가 느껴졌다. 하지만 전체적인 어조는 여전히 유머와 절제를 잃지 않았다. 분노가 비통함이나 자기연민으로 바뀌는 경우는 결코 없었다. 기껏해야 기업과 정부, 그리고 약장수처럼 자신들의 주장에만 정신이 팔려 있는 사람들을 향한 가벼운 조소가 있을 뿐이었다. 공산주의자들은 '미친놈들'인데다 '위험한 놈들'이었다. 쿨린 신부와 휴이 롱은 '선동꾼'이었다. 나치의 깃발을 앞세운 독일계 미국인 분트는 '쪼다 독일놈'이었고, 베니토 무솔리니는 '이탈리아 깡패'였다. 뉴딜 정책도 조소를 피해갈 수는 없었다. 벨빌에서는, 정부 산하 공공사업 추진위원회가 벌여놓은 공사장에서 인부들이 삽자루에 기대고 서서 시간만 때우는 모습을 쉽게 볼 수 있었다. '공공사업 추진 위원회'의 약자 '공추위'는, 앨런 외삼촌의 말을 빌리면 '공공예산낭비 추진 위원회'를 가리키는 것이었다.

정치 얘기 말고도 어른들은 영화와 철학, 그리고 개인적인 경험담을 이야기했다. 난로에 석탄을 적게 넣고 때는 방법, 전기계량기를 조작해서 전기요금을 덜 내는 방법, 그리고 우드로 윌슨과 교분이 있었던 고등학교 시절의 라틴어 선생님과 '좋은 사람이었지만 이상주의자'였던 윌슨에 대한 얘기도 화제에 올랐다. 프랑스에서 싸우고 있는 젊은 미국 장병들을 담보로 한 허버트 후버의 뒷거래에 대해 분통을 터뜨리기도 했고, 빙 크로스비와 루디 밸리 중에 누가 더 노래를 잘 하느냐를 두고 격론이 벌어지기도 했다. 오래 전 세상을 떠난 친척들 얘기와 야구 얘기, 루스벨트의 '대통령 고문단'을 비웃는 농담들도 오고갔다. 아주 오래 전에 헨리에타 이모할머니가 목수 두 명을 유령으로 착각하고 한바탕 난리를 벌이는 바람에 목수들이 2층 창문에서 뛰어내린 일도 얘기했다.

어른들은 에드윈이라는, 내겐 외종숙이 되는 친척 얘기도 자주 꺼냈다. 그는 우리에게 출세의 대명사였다.

"에드윈 형님이 일년에 8만 달러를 번다지." 앨런 외삼촌이 말을 꺼냈다. "옛날부터 확실히 남들과는 다른 데가 있었어."

"그 애, 부모 속만 썩이고 돌아다니는 골칫거리였어." 어머니의 생각은 달랐다. "게다가 아주 예의가 없었다니까. 사람들한테 말을 얼마나 함부로 했는지 몰라."

"그래도 배짱은 두둑했어." 앨런 외삼촌이 다시 말을 이었다. "그 형님이 신문사에 취직시험 보러 갔을 때 얘기 알아? 피츠버그에 있는 신문사였던가, 에드윈 형님이 면접을 보러 갔는데 면접관이 그러더라는 거야. '자네가 형편없는 멍청이가 아니라는 걸 우리가 어떻게 하면 알 수 있겠나?' 거기에 대고 형님이 이렇게 대답했다는 거야. '저랑 내기를 해보시면 됩니다.' 그 면접관이 글쎄 즉석에서 형님을 채용했다는 거 아니겠어."

외종숙은 줄곧 버지니아의 외가 근처에서 살았지만 어머니와 외삼촌들 모두 그를 20년이 넘도록 못 보았고, 다시 만날 수 있으리라는 기대도 전혀 하지 않았다. 그는 모두가 우러러볼 만한 위치에 있었다. "그 애가 이제 우리 따위 거들떠보기나 하겠어? 그 애가 우릴 찾아오면 내가 물위를 걸어 다니겠다." 어머니는 말했다.

"누나, 그냥 현실을 인정해야지. 형님은 아주 바쁜 몸이야." 별로 심사가 뒤틀리지 않은 앨런 외삼촌이 말했다.

우리가 살던 뉴 스트리트의 기준으로 그는 확실히 대성공을 거둔 유명인사였다. 그는 1932년 이래로 「뉴욕 타임스」의 편집장으로 일하고 있었다. 그러나 나는 그게 왜 대단한 것인지 이해가 되지 않았다. 나는 「뉴욕 타임스」를 종종 보는 일이 있었다. 앨런 외삼촌이 매주 일요일마다 그 신문을 사들고 왔기 때문이다. 사촌형의 글이 실린다는 이유에서였는데, 나는 그처럼 대수롭지 않은 이유로 신문을 사는 사람은 본 적이 없었다.

"외삼촌, 왜 여기엔 재미있는 게 하나도 없어요?" 어느 일요일 저녁, 식사를 마치고 내게 신문을 건네주는 앨런 외삼촌에게 물어보았다.

"진짜 신문은 원래 이런 거야. 재미있는 얘기가 있는 건 신문이 아니야."

에드윈 아저씨의 시사 칼럼은 매주 일요일에 실리고 있었다. 어느 일요일 오후 앨런 외삼촌은 에드윈 아저씨의 칼럼이 있는 면을 펼쳐놓고 나를 불렀다. "이것 좀 봐라." 앨런 외삼촌이 말했다. "에드윈 아저씨처럼 네 이름이 이렇게 또렷이 인쇄되어 나오면 그땐 너도 출세했다고 말할 수 있는 거야."

깨알만한 활자들 사이에 그 위대한 이름 '에드윈 제임스'가 굵게 인쇄되어 있었다. 일요일 오후가 되면 에드윈 아저씨의 칼럼은 온 식구들에게 그리 달갑지 않은 과제물이 되었다. 주방에서 부산스럽게 일하던 팻 외숙모는 앨런 외삼촌에게 큰소리로 묻곤 했다. "당신 사촌 칼럼 다 읽었어요?"

"아니, 찰리가 가지고 있어."

찰리 외삼촌은 칼럼을 빼놓지 않고 읽었다. 반면에 어머니는 그 칼럼을 절대로 읽는 법이 없었다. "이따가 읽을 테니까 먼저 들 읽어."

해리 외삼촌은 늘 가족과 친척의 도리를 중시한 만큼 신문을 들고 한두 문단을 읽고는 천천히 입을 열었다. "얘가 표현력이 참 좋단 말이야." 그러면서 해리 외삼촌은 신문을 내려놓고 말을 이었다. "한번은 샐리 이모가 에드윈을 데리고 집에 놀러 왔는데 말이야, 그때가 그러니까……."

회상에 잠기며 해리 외삼촌은 팻 외숙모에게 신문을 건네주었다. "제수씨, 이거 부엌에 가지고 가서 저녁 준비하면서 읽으시구려."

"아니에요, 저는 이따가 읽죠." 그러면서 팻 외숙모는 신문을 어머니에게 넘겼다.

"지금은 바쁘니까 거기 잘 놔둬." 어머니가 대답했다.

이런 식으로 에드윈 아저씨의 칼럼은 찰리 외삼촌을 빼면 그 누구에게도 읽혀지지 않은 채 손에서 손으로 계속해서 넘겨졌다. 마침내 신문이 앨런 외삼촌 손에 다시 돌아오면 외삼촌은 의자에 앉아 신문을 넓게 펼쳐 들고 읽기 시작했다. 도리스나 내가 큰소리로 떠들거나 하면 외숙모는 낮은 목소리로 말했다. "쉿, 외삼촌 지금 에드윈 아저씨 칼럼 읽고 계시잖니."

신문의 장벽 뒤에서 앨런 외삼촌이 무얼 하는지는 알 수 없었지만, 어쨌든 읽는 것과는 별로 상관이 없는 일 같았다. 어느 일요일, 나는 외삼촌의 얼굴 위에 신문이 얹혀져 있는 것을 보았다. 신문은 외삼촌의 숨결에 따라 가볍게 들썩이고 있었다. 몇 분이 지난 뒤 신문이 가볍게 떨리며 외삼촌의 코고는 소리가 들렸다. 앨런 외삼촌은 신문을 접어서 무릎 위에 내려놓다가 내가 그 모습을 구경하고 있었음을 깨닫고는 겸연쩍은 웃음을 지어 보였다. "에드윈 아저씨는 대단한 사람이긴 한데 글을 너무 재미없게 쓰시는 것 같지 않냐?"

나에게 출세 얘기를 꺼내실 때 어머니는 속으로 에드윈 아저씨를 성공의 표본 가운데 한 사람으로 생각하셨다. 하지만 어머니의 어린 시절 기억에 에드윈 아저씨는 그리 대단치 않은 사람이었다.

"남보다 똑똑한 구석이라곤 하나도 없는 애였거든." 어머니의 평가는 그랬다. "그런데 지금 그 아저씨가 어떤 위치에 있는지 봐라. 그런 사람도 출세하는데 너라고 왜 못하겠니?"

어머니는 그렇게 생각하셨는지 모르지만 나는 그렇지가 못했다. 나는 고작 열한 살이었고 소심한데다 잘하는 것이라곤 하나도 없었다. 내가 학교에서 늘 우등생일 수 있었던 것은 모두 전직 교사였던 어머니의 성적에 대한 압박과 도움 때문이었다. 신

언론계에 첫발을 내디뎠을 때의 에드윈 제임스.

문을 팔면서 스스로 비즈니스 쪽으로는 가능성이 없다는 사실을 확인한 나는 음악 쪽으로 새로운 도전을 해보았다가 자존심이 완전히 무너지는 경험을 하게 되었다.

하루는 특별 할인된 수강료로 밴조 레슨을 받을 수 있다고 광고하는 외판원이 나타나 집집마다 초인종을 누르고 다녔다. 그는 아주 저렴한 비용으로 이웃 동네에 새로 문을 연 음악학원에 등록할 수 있음은 물론, 밴조를 대여 받을 수도 있다고 말했다. 어머니는 음악을 해서는 부자가 될 수 없다는 것을 잘 알고 계셨지만, 내가 사업가로서의 기질이 전무하다는 사실을 확인한 이상 무엇이든 새로운 도전을 해보는 것도 괜찮겠다고 생각하셨다. 게다가 돈도 많이 들지 않았다. 밴조 대여를 위한 비용은 1달러에 불과했고, 한 번 레슨 받는 비용은 50센트였다. 글쎄다, 교양인이라면 적어도 음악에 대해 뭔가 알아야 하지 않겠니? 어머니의 얘기였다.

나는 빌린 밴조를 들고 이웃 동네에 위치한 너틀리 음악학원에 갔다. 그곳은 그냥 평범한 주택이었다. 방에는 접을 수 있는 나무 의자가 스무 개 가량 있을 뿐 다른 것은 없었다. 곧이어 예닐곱 명의 수강생들이 나타났고 우리는 각자 자리를 잡고 앉았다. 빨간 머리의 뚱뚱한 남자가 창턱에 걸터앉아 밴조 피크의 사용법을 가르쳐 주었다.

나는 밴조가 기타와 비슷한 소리를 내려니 생각했다. 나는 기타 소리에는 이미 친숙해 있었다. 일요일이면 팻 외숙모는 '티토 구이자르의 기타 쇼'라는 라디오 프로그램을 빼놓지 않고 들었다. 나는 너틀리에서 몇 시간만 교습을 받으면 기타를 들고 '콘치타'라는 아름다운 처녀에 대한 티토 구이자르의 노래를 멋지게 연주할 수 있을 거라 생각했다. '그라나다의 달빛'도 연주하고 싶었다. 레슨은 일주일에 한 차례 있었다. 여섯 번 정도 교습을 받고나서 나는 밴조와 나와의 만남이 잘못되었음을 깨달았다.

하루는 막 저녁식사를 마치고 누군가 내게 밴조를 연주해 보라고 했다. 특히 앨런 외삼촌이 끈덕지게 연주를 종용했다. 나는 청중 앞에 서기에는 아직 때가 이르다고 항변했지만 어머니도 내 말을 들으려 하지 않았다. 그 상황을 벗어나기란 불가능했다. 나는 식탁 의자에 앉아 밴조 피크를 퉁기기 시작했다. 어쩌다 소리가 나기도 했다.

연주가 끝났을 때 팻 외숙모가 아주 나지막이 내뱉는 소리가 들렸다. "오, 성모님!"

앨런 외삼촌은 아무 말도 없었지만 억지로 웃음을 참느라 입가에 잔뜩 힘이 들어가 있었다. 어머니도 아무 말씀이 없으셨다. 어머니는 무언가를 한참 생각하시는 것 같았다. 이윽고 어머니께서 입을 여셨다. "애야, 너무 기죽을 것 없다. 인생에는 밴조 연주보다 중요한 게 많으니까."

이즈음 나는 내게 어울리는 유일한 직업은 작가라는 결론을 내리고 있었다. 그러한 생각은, 나는 그 어떤 일도 제대로 해내지 못할 것이며 글쓰기는 다른 일에 비해 그리 많은 것이 요구되지 않을 거라는 나름의 판단에 의한 것이었다. 그때만 해도 글쓰는 일은 결코 부모들이 자식들에게 기대하는 직업이 아니었지만, 어머니는 내 의욕을 꺾지 않고 그냥 내버려 두셨다.

"우리 집안은 대대로 글쓰기에 소질이 있었어." 어머니께서 말씀하셨다. 그리고 정말 그런 것도 같았다. 외할머니는 테니슨의 문체를 닮은 시를 쓰셨다고 했고, 외가 친척 중 어떤 분은 「볼티모어 아메리칸」에 글을 싣고는 했다는 것이다. 찰리 외삼촌도 운이 조금만 따랐더라면 「브루클린 이글」에서 경력을 쌓을 수 있었을 것이다. 에드윈 아저씨는 신문사에서 일할 수만 있다면, 글 쓰는 사람도 마이더스 만큼이나 부자가 될 수 있다는 사실을 이미 증명해 주었다.

"지금 에드윈 아저씨가 어떤 위치에 있는지 봐라. 그런 사람도 출세하는데 너라고 왜 못하겠니?" 나는 이 말을 귀에 못이 박히도록 들었다. 특히 글짓기 숙제를 할 때면 더욱 그러했다. 어머니는 잘못된 문법이나 철자를 집어낼 때 호랑이보다도 무서웠다. 그리고 어머니는 참 많이도 집어내셨다. 내 글재주는 그리 뛰어나지 못했다. 한번은 밭에서 자라는 작물에 대해 글을 짓는 숙제가 있었는데 나는 밀에 대해 쓰기로 했다. 선생님들은 7학년 학생들에게 늘 밭에서 나는 작물 따위에 대한 글을 쓰도록 했다. 내가 밀에 대해서 쓰기로 한 이유는, 무에 대한 얘기보다는 덜 지루할 것 같고 또 순무rutabagas보다는 철자가 쉬웠기 때문이다. 어머니는 내가 완성한 글을 읽어보시더니 깊은 한숨을 내쉬었다.

"얘야, 넌 이거보단 더 잘할 수 있어." 어머니는 실망한 표정을 애써 감추며 말씀하셨다.

하지만 뭘 어떻게 더 잘할 수 있다는 건지 난 이해가 되지 않았다. 폴로 경기를 하다가 디지 딘의 얼굴에 공을 정확하게 맞춘 칼 허벨의 이야기라든가, 전기의자를 향해 마지막 걸음을 옮기는 제임스 카니의 이야기 같으면 나를 흥분시키고도 남음이 있겠지만 밀은 그냥 밀일 뿐이었다. 물론 어머니는 쉽게 타협하지 않았다. 어머니는 오래전 교편을 잡고 있던 시절부터 줄곧 이런 상황에 대비해 보관해둔 지리 교재 한 권을 찾아냈다. 그 책엔 밀에 대한 얘기가 넘쳐났다. 나는 열심히 책의 내용을 베껴 썼지만 어머니를 만족시킬 수는 없었다. 어머니는 불필요한 문장들을 지우고 단어들을 바꾸고 또 문단을 아예 새로 써넣기도 했다. 그러고 나서 어머니는 내게 그것을 깔끔하게 옮겨 쓰도록 했다. 글이 다 완성되었을 때 처음에 내가 썼던 구절은 한두 개가 될까 말까 했다.

 선생님은 그 글에 매우 흡족해하며 반 친구들 앞에서 그것을 크게 읽어주었다. 아이들은 눈만 끔뻑끔뻑했고 나는 부끄러운 줄도 모르고 그 글이 마치 내가 쓴 것인 양 목에 잔뜩 힘을 주었다. 선생님은 너무 만족스러운 나머지 그 글을 「벨빌 뉴스」에 보내서 학교의 작문 지도에 의해 얼마나 훌륭한 작품이 나올 수 있는지를 모든 사람들에게 보여주고자 했다. 여러 주가 지난 뒤, 「벨빌 뉴스」의 한 면에는 '밀'이라는 제목 아래 여섯 문단짜리 글이 실렸다. 맨 위에는 '러셀 베이커'라는 활자가 인쇄되어 있었다. 내 이름이 인쇄매체에 실린 것이었다. 어머니는 신문을 한 무더기 사서 '밀'을 다 오려낸 다음 먼 친척들에게 우편으로 부치고 두 장은 어머니의 가방에 넣어두셨다. 어머니는 에드윈의 권좌에 도전할 젊은 논객 하나를 막 세상에 선보인 것이었다.

"봐라, 지금 에드윈 아저씨가 어떤 위치에 있는지."

나는 이따금씩 보았다. 에드윈 아저씨는 뉴욕에 있었고, 벨빌의 고지대에 오르면 지평선 끝에서 뉴욕의 고층 건물 꼭대기가 보였다. 나는 문예적 재능이나 심미안은 없었지만, 롤러스케이트를 타고 돌아다니며 여기저기서 신문을 팔다가 해컨삭 평원 너머 지평선이 보이는 언덕에 올라 안개에 싸인 아련한 풍경을 바라보는 것을 좋아했다. 멀리서 보면 그 풍경은 오즈의 에메랄드 시티만큼 신비스러웠다. 어느 가을 늦은 오후 몽환적 풍경에 넋을 빼고 앉아 있던 나를 향해 월터가 성큼성큼 다가왔다.

나는 이미 아일랜드 사람이 아니라는 이유로 월터한테 서너 차례 맞은 적이 있었다. 맨 처음으로 월터가 나를 때린 날은 성 패트릭 축일*이었는데 그때는 녹색 넥타이를 매지 않았다는 것이 내가 맞은 이유였다. 그때부터 월터는 마주치기만 하면 습관처럼 나를 때렸다. 두 번째로 맞던 날, 나는 월터가 나를 때리는 진짜 이유는 내가 아일랜드 사람이 아니기 때문이라는 사실을 깨닫고, 팻 외숙모가 아일랜드인임을 내세워 사태를 원만히 해결하려고 했다. 그럼에도 월터는 별로 기분이 나아지는 것 같지 않았다. 월터는 나를 괴롭히는 일을 애국적 아일랜드인의 의로

---

* 3월 17일, 아일랜드의 수호성인 성 패트릭을 기념하는 이 날 사람들은 초록색 옷을 입고 축제에 참가한다. — 역주

운 행동으로 여기는 듯했다. 당연히 나는 월터를 증오하게 되었고 점차 아일랜드와 관련된 모든 것을 증오하게 되었다. 물론 팻 외숙모는 예외였다.

월터와 관련되어 한 가지 이상했던 점은 그 애가 철저히 혼자라는 사실이었다. 대개 패거리를 만나지 않는 한 두들겨 맞거나 하는 일은 일어나지 않았다. 패거리를 이루면 싸움을 못해 안달을 하다가도 혼자가 되면 별다른 시비를 걸지 않는 것이 그런 아이들의 특징이었다. 그런데 월터는 별종이었다. 월터는 늘 혼자 다녔다. 내가 아는 한 그 애는 단 한 명의 친구도 없었다. 나는 그 애가 공터에서 무리에 섞여 노는 모습이나 영화를 보러 누군가와 같이 가는 모습을 본 적이 없었다. 그 애는 천주교에서 운영하는 학교를 다녔는데 그 학교에는 내가 아는 친구들도 여럿 있었다. 하지만 그 애들도 결코 월터와 어울려 다니는 일은 없었다. 키는 소화전 높이에 불과했지만 단단한 몸뚱이 역시 소화전 같았던 빨간 머리 월터는 피를 부르며 거리를 배회했다. 그런 참에 언덕 위에서 맨해튼의 고층 건물들을 감상하고 있는 나를 발견한 것이었다. 월터가 말했다. "일어나. 한판 붙자."

비위를 맞춰가며 화제를 돌리는 것도 월터에겐 통하지 않았다. 물론 시도는 했지만 월터는 다정한 대화 따위에는 별로 흥미가 없어 보였다. 그 애는 아예 대화라는 걸 모르는 것 같았다. 그 애가 아는 것이라곤 영화의 결투 장면에서 주워들은 대사 몇 마디가 전부였다. 나는 아직 일어나지 않고 있었다. 앉아 있는 사람을 때리는 건 치사한 짓이었다.

나는 다시 한번 대화로 문제를 해결하려고 했다. "넌 왜 항상 싸움을 하니?"

"니가 생긴 게 맘에 안 들어서 그렇다." 월터가 대답했다.

그 말은 영화에서 자주 나오는 대사였다.

"나는 지금 롤러스케이트를 신고 있어서 너랑 싸울 수가 없단 말이야." 내가 말했다.

월터는 멱살을 잡더니 나를 일으켜 세웠다. 그리고는 내 복부에 주먹을 꽂았다. 나는 다시 땅바닥에 주저앉았다. 서 있는 자세에서 싸움을 시작했기 때문에 지금부터는 월터도 마음 놓고 주먹질을 할 수 있었다. 월터는 복부와 가슴만 때렸다. 월터는 내 턱이나 코, 얼굴에 주먹을 날리는 법이 없었다. 월터와 관련된 또 하나의 이상한 점이 바로 그것이었다. 뒷골목에서 싸움질하는 아이들은 대개 눈가에 멍 자국을 남기거나 코피를 터뜨리기를 좋아했다. 그런데 월터는 아니었다. 월터는 복부 가격이 특기였다. 나는 월터를 떼어놓기 위해 힘껏 밀쳤지만 그 애는 꿈쩍 않는 바위 같았다. 갑자기 나를 깔고 앉아 있던 월터의 몸무게가 가벼워졌다.

위를 올려다보자 나랑 가장 친한 세 친구——프랭키, 니노, 그리고 제리——가 월터를 끌어올리고 있었다.

"자식아, 롤러스케이트 신고 있는 애를 때리는 게 어디 있냐?" 프랭키가 월터에게 눈을 부라리며 말했다. "너 이딴 식으로 치사하게 싸우면 이빨 몽땅 부러뜨린다."

세 친구 중의 누구라도 실제로 그렇게 할 수 있었다. 월터도 그 친구들에겐 상대가 되지 않았다. 나는 덩치가 좋은 그 친구들이 늘 부러웠다. 이탈리아에서 가족과 함께 이민을 온 그 친구들은, 반에서도 항상 내 편이었고 나를 자기들 집에 데려가기도 했으며 운동장에서 놀 때면 언제나 나를 보호해 주었다. 심지어 반장 선거 때는 내 선거 참모가 되어 주기도 했다. 팻 외숙모는 그 애들이 없을 때는 그 친구들을 가리켜 '러셀이 사랑하는 이탈리아 심복들'이라고 불렀다. 나는 외숙모의 표현이 정말 마음에 들지 않았지만, 그 친구들에게 대한 내 감정은 사실 사랑에 다름 아니었다. 그 친구들과의 우정은 내가 월터 때문에 아일랜드와 관련된 모든 것을 혐오하게 된 것처럼, 이탈리아에 관한 모든 것을 좋아하게 만들었다.

하지만 나는 곧 심각한 문제에 직면했다. 친구들은 월터를 제압하고 있었지만 내가 내심 바라던 것처럼 월터를 흠씬 두들겨 패줄 것 같지는 않았다. 그렇게 하는 것은 월터가 롤러스케이트를 신고 있는 나를 때린 것만큼이나 치사한 짓이었기 때문이다. 프랭키와 니노와 제리가 거기 서 있었던 이유는 내 대신 월터에게 복수를 하려는 게 아니라 사나이들의 명예가 지켜지는 것을 보기 위해서였다.

"러셀, 우리가 이 자식 붙잡고 있을 테니까 넌 빨리 롤러스케이트 벗어. 우리가 정정당당하게 싸우는지 심판 볼게." 프랭키가 말했다.

잔인한 말이었다. 아무리 정정당당하게 싸운다 해도 월터의 주먹이 강하다는 사실은 변할 수가 없었다. 난 맞는 것은 두렵지 않았다. 월터에게 당하는 건 어차피 익숙한 일이었다. 그러나 친구들이 보는 앞에서 수치를 당하는 것은 죽기보다도 싫었다. 하지만 프랭키는 우리의 대장이었고 그 애의 말은 곧 법이었다. 나는 프랭키에게 내가 겁먹고 있는 모습을 보여주고 싶지 않았다.

사실 나는 싸움하는 것에 늘 겁을 냈다. 싸움을 싫어했거니와 또 싸움에 소질도 없었다. 나는 남들에게 고통을 주는 것이 싫었다. 다른 사람에게 고통을 안겨준다는 생각이 들면 견딜 수가 없었다. 이런 유약함은 유년기에 모리슨빌에서 겪었던 한 가지 사건에서 비롯되었다. 하루는 뒤뜰의 울타리를 폴짝 타고 넘어 땅에 발을 디디는 순간 나는 미처 발아래에 있던 병아리를 발견하지 못했다. 발아래에 뭉개져 버린 병아리를 보며 나는 공포에 질려 비명을 질러댔고 황급히 달려 나온 어머니의 품에서 한 시간이 넘도록 울음을 그치지 못했다. 어머니는 일부러 그런 것이 아니니까 괜찮다고, 병아리가 많다 보면 그런 일은 있게 마련이라고 나를 위로해 주었다.

나는 폭력을 증오하게 되었다. 폭력이 세상의 수많은 월터들 앞에서 나를 보잘것없는 희생 제물로 만들고 마는 것이었다. 이제 프랭키의 개입은, 내가 월터와 정정당당하게 맞붙어 폭력을 행사하든가 아니면 겁쟁이처럼 물러나든가 하는 양자택일을 요구했다. 나를 그 지경까지 몰고 간 멍청한 아일랜드놈 월터를 증오하면서 나는 롤러스케이트를 벗고 일어나서 주먹을 불끈 쥐었다.

"준비 됐지?" 프랭키가 물었다.

"응, 저 자식 이빨을 흔들리게 할 테야."

프랭키가 월터를 내 쪽으로 떠밀고는 뒤로 물러섰다. 월터는 주먹을 쳐들고 권투 영화에 나오는 것처럼 내 주위를 원을 그리며 돌기 시작했다. 그런데 월터가 갑자기 주먹을 내리더니 그 자리에 멈춰 섰다.

"네 명이랑 싸우는 건 불공평해." 월터가 말했다.

"우리는 안 싸울 거야." 니노가 말했다.

"우린 구경만 할 거야." 프랭키가 말했다.

월터는 세 친구를 번갈아 쳐다보았다.

"구경하는 것도 불공평해." 월터가 말했다.

"잔말 말고 싸움이나 해!" 프랭키가 월터의 등을 떠밀었다.

"구경하는 건 불공평해." 월터가 금방이라도 울음을 터뜨릴 듯한 목소리로 말했다.

"너 겁먹었냐?" 제리가 물었다.

"아니야." 월터는 대답을 하고 나서 다시 주먹을 치켜들고 나를 쳐다보았다. 그때 월터는 내가 그때까지 한 번도 본 적이 없는 표정을 짓고 있었다. 표정 없는 얼굴로 나를 두들겨 패던 월터가 아니었다. 그때까지 우리는 가해자와 피해자로 그 역할이 고정되어 있었다. 하지만 이제 월터도 나만큼이나 두려워하고 있었다.

우리는 둘 다 계속해서 원을 그리며 빙글빙글 돌았다. 그때 누군가——니노 아니면 제리——내게 소리쳤다. "한 방 먹여! 저 자식은 겁쟁이야!" 그리고 태어나서 처음으로 나는 야수의 희열을 맛보았다. 나는 앞으로 파고들며 월터의 얼굴에 온 힘을 다해 주먹을 날렸다. 내 주먹은 월터의 코와 입 사이에 적중했다. 월터가 울음을 터뜨렸다. 그 애의 입에서 피가 나왔다.

"그만!" 월터가 소리쳤다. "그만 해!" 월터는 주먹을 내렸다. 그건 영화에서 패배를 인정하는 장면에 흔히 나오는 동작이었다. 하지만 말이 필요했다.

"항복하는 거야?" 내가 물었다.

"응, 항복." 월터가 대답했다.

일단 싸움이 끝나면 거기엔 또 다른 사나이들만의 법칙이 있었다.

"누구 손수건 있는 사람 월터한테 줘. 쟤 피 난다." 프랭키가 말했다.

나는 내 손수건을 꺼내주었다. 월터는 손수건으로 피를 대충 닦아낸 다음 말없이 들판 아래로 사라졌다. 나는 프랭키에게 말은 안 했지만, 만약 그 애들이 주위에 없었더라면 월터는 나를 가볍게 묵사발로 만들 수 있었으리라는 것을 알고 있었다. 어쨌든 그날 이후로 월터는 두 번 다시 내게 시비를 걸지 않았다.

어머니는 내가 이탈리아 출신 아이들과 어울리는 것을 달갑게 여기지 않으셨다. 무엇보다도 이탈리아 친구들과의 우정이 출세에는 별 도움이 되지 않을 것이라는 이유에서였는데, 벨빌에서는 이탈리아인들이 맨 밑바닥 계층을 이루고 있었다. '윗동네'에는 이탈리아 남부 지방과 시실리에서 이민 온 사람들이 밀집해 살고 있었다. 우리 반 아이들 대부분이 미국 태생에 영어가 모국어였지만, 이탈리아 친구들은 집에서는 이탈리아어로 얘기했고 그것도 부모님의 고향에 따라 각기 나폴리나 팔레르모의 사투리로 말했다. 내가 처음으로 윗동네의 친구들 집에 놀러 갔을 때, 나는 사람들이 닭이 꼬꼬댁거리는 것 같은 이상한 소리를 내면서도 의사소통이 가능하다는 것이 너무나 신기했다. 프랭키와 니노가 영어를 하다가 순식간에 내가 알아들을 수 없는 소리를 지껄이는 것이 내게는 경이롭기만 했다. 어머니에겐 그것이 경이롭기는커녕 경계경보처럼 들렸다.

"맙소사, 러셀! 그 동네 사람들은 영어를 제대로 할 줄 모른다는 걸 알기나 하니?" 한번은 내가 윗동네에 갔었다고 말씀드리자 어머니는 펄쩍 뛰셨다.

어머니와 나는 이탈리아 사람들에 관한 문제로 줄곧 부딪쳤다. 어머니는 나더러 프랭키나 니노, 혹은 제리나 카르멘, 조 같은 친구들과 놀지 말라고 직접적으로 말씀하신 적은 없었다. 그러나 우리를 떼어놓기 위한 어머니의 노력은 줄기차게 이어졌다.

내가 프랭키와 니노와 함께 영화를 보러 가는 날이면 어머니는 이렇게 말씀하셨다. "좀 좋은 친구들이랑 같이 가지 그러니?"

여기서 '좋은 친구들'이란 이탈리아인만 아니면 된다는 뜻임을 잘 알고 있던 나는 비수가 감추어진 어머니의 차별적인 태도에 머리끝까지 화가 났다. 그렇지만 나는 아직 속에 있는 얘기— '엄마는 내 친구들이 이탈리아 사람이라고 미워하면서 어떻게 일요일 날 교회에 가서 이웃을 사랑해야 한다고 얘기할 수 있어요?'—를 거침없이 내뱉을 정도로 대담하지는 못했다.

대신에 나는 보다 유화적인 전술을 썼다. "내 친구들이 엄마 마음에 들지 않아서 참 속상해요." 내 나름의 비수를 감춘 말이었다.

"애야, 나는 네 친구들이 마음에 들지 않는다고 말한 적 없다. 어떤 친구를 사귀든지 그건 네가 알아서 할 일이고, 다만 친구를 보면 그 사람을 알 수 있다는 얘기를 하려는 거지."

 확실히 어머니는 내 친구들을 단지 이탈리아 사람이라는 이유로 싫어한 것은 아니었다. 아마도 어머니는, 나의 출세를 염원하는 사람으로서 내가 목표에 걸맞지 않은 친구들과 사귀고 있다는 점이 불만스러웠을 것이다. 그 친구들이 밑바닥 계층이었다는 사실 하나만으로도 이유는 충분했던 것이다. 이 문제로 어머니와 부딪치면서 나는 난생 처음 어머니에게서 단점을 발견하게 되었다. 나는 '위선'이라는 단어를 알지 못했지만 내가 마음속으로 어머니를 단죄한 죄목은 바로 그것이었다. 어머니는 늘 심성을 바르게 하기 위해선 교회에 가야 한다고 하셨다. 그러나 주일 예배에서 찬송과 기도를 마치고 정작 일상에 돌아와 형제애가 검증받아야 할 순간 그 형제애의 복음으로부터 멀어지는 어머니의 모습이 내게는 실망스럽기 그지없었다. 여전히 어머니는 내 친구 관계의 쇄신을 꾀하셨고 나 역시 가만히 있지는 않았다. 나는 이탈리아인들에 대한 어머니의 생각을 바꾸어 놓겠다고 결심했다. 먼저 나는 어머니가 집에 계실 때 친구들을 집으로 불러들일 계획을 세웠다. 쉬운 일이 아니었지만 나는 니노와 프랭키를 조금씩 설득해서 처음엔 우리 동네에 와서 놀다가, 다음에는 집

앞 계단까지, 마침내는 집 안으로 들어오게 만들었다.

어머니에게 친구들을 소개한 것은 대성공이었다. 여자들에게 언제나 호감을 산 프랭키는 어머니의 권좌 아래에서 최고의 기사 작위를 받았다. "그 애는 꼭 톰 소여 같더구나." 프랭키에 대한 어머니의 평가였다. 프랭키는 나를 가리켜 학교에서 가장 영리한 아이라고 말한 덕분에 어머니로부터 높은 점수를 받았다.

나는 여자를 다루는 프랭키의 솜씨에 늘 감탄했다. 열한 살의 나이로 프랭키는 벌써 여자를 유혹할 줄 알았다. 하루는 쉬는 시간에 운동장에서 니노와 제리가 굉장한 뉴스가 있다며 나를 불렀다. 학교가 끝나고 벨빌 공원에서 프랭키가 캐서린 필러와 키스를 하기로 했다는 것이었다. 캐서린은 막돼먹은 여자애가 아니었다. 갈색 머리의 예쁜 얼굴에 머리도 똑똑했다. 학교에서 가장 영리한 아이는 내가 아니라 캐서린이었다. 그렇게 아름다운 하나님의 피조물이 프랭키와 키스를 하기로 했다니 나는 절대로 믿을 수가 없었다. 프랭키가 캐서린에게 그런 제안을 했다는 사실조차도 믿어지지 않았다. 그러나 어쨌든 그것은 사실이었다. 수업종이 울리고 우리가 줄을 맞춰 교실로 들어가는 동안 프랭키가 내 귀에 속삭였다. 자기가 캐서린의 의향을 물었더니 승낙을 하더라는 것이었다. 캐서린은 공원 안 작은 나무들에 둘러싸인 외딴 벤치에 오후 4시에 나타나기로 되어 있었다.

니노와 제리는 구경하러 가도 되겠느냐고 물었고 프랭키는 그러라고 대답했다. 프랭키는 내가 가는 것도 허락했다. 약속 시간이 되기 훨씬 전부터 우리는 그 장소에 도착해 있었다.

"너희들이 보고 있다는 걸 캐서린이 알면 그걸 안 하려고 할 거야." 프랭키가 벤치 주위를 어슬렁거리는 우리에게 말했다. "저쪽 덤불 속에 숨어서 봐."

덤불은 좋은 위장막이 되었다. 니노, 제리 그리고 나는 잠복에 들어갔다. 한참을 기다린 후 캐서린이 나타났다. 캐서린은 프랭키 앞에서 멈춰 섰다. 둘 다 한 마디 말도 하지 않았다. 캐서린이 가만히 벤치에 앉았고 프랭키도 그 옆에 앉았다. 계속해서 침묵이 흘렀다. 프랭키와 캐서린은 꼼짝도 하지 않고 한참을 앉아 있었다. 그때 갑자기 프랭키가 캐서린의 어깨에 팔을 둘렀고 캐서린은 프랭크를 향해 고개를 돌렸다. 찰나의 순간이었다. 캐서린은 벌떡 일어나 종종걸음으로 사라졌다.

우리가 숨어 있던 곳에서는 프랭키가 진짜 키스를 했는지 잘 보이지가 않았다. 어쨌든 우리에게 이제 나와도 좋다고 신호를 보낸 프랭키는 맹세컨대 진짜로 키스를 했다고 말했다.

"어떤 기분이 들었어?" 내가 물었다.

"그냥 껌을 씹는 거랑 비슷해." 프랭키 대답이었다.

나는 프랭키의 용기를 높이 샀지만 캐서린이 그런 행동을 했다는 점에 큰 충격을 받았다. 영화에선 여자들이 키스나 포옹을 했지만 나는 그건 사실과는 동떨어진 것이라고 생각했다. 영화에 나오는 장면들은 내가 알고 있는 세계와는 전혀 관계가 없는 것들이었다. 그런데 영화가 아닌 실제에서 내 또래의 여자애가, 그것도 내가 항상 마음으로 찬탄해 마지않던 소녀가 키스를 원했다니. 믿을 수 없는 일이었다.

어머니의 왕성한 교육열에도 불구하고 성性은 늘 비껴가던 주제였다. 어쨌든 여성으로서 어머니도 사내아이를 따로 앉혀놓고 성교육을 한다는 것이 그리 쉬운 일은 아니었을 것이다. 어머니가 가지고 있던 그 시절의 기독교적 가치관으로는 성이라는 것이 고상한 사람들이 터놓고 얘기할 만한 소재가 되지 못했다. 아버지조차도 아들에게 이야기하기가 쉽지 않았을 것이다. 어머니의 성격상 그건 한마디로 불가능했다.

학교에는 부모님으로부터 성에 관한 이야기를 듣고 와서 그 얘기들을 들려주는 친구들이 있었다. 나는 친구들로부터 충분한 정보를 얻은 다음 그 얘기들을 어머니로부터 듣는다면 그것보다 끔찍하고 당혹스런 일은 없을 것이라는 결론을 내렸다. 나는 혹시나 어머니께서 그 얘기를 꺼내실까봐 늘 불안했다. 어머니께서 어쩌다 건넌방에서 "러셀, 이리 좀 와 봐라. 너한테 할 얘기가 있다" 하고 나를 부르시면 나는 드디어 어머니께서 성에 관해 이야기하실 순간이 닥치고야 말았구나 하는 생각에 가슴이 철렁 내려앉았다.

그때 팻 외숙모의 남동생인 잭 아저씨가 구세주가 되었다. 20대 중반의 잭 아저씨는 호보컨에 살았지만 종종 놀러오면 이틀이나 사흘 정도 머물곤 했다. 나는 잭 아저씨를 무척 좋아했다. 잘생긴 얼굴에 우락부락한 체격을 갖춘 잭 아저씨는 전직 권투선수였다. 아저씨 말로는 경기에 앞서 선수 소개를 할 때 자기는 '호보컨 호랑이'라고 불려졌다고 했다. 아저씨는 나를 호보컨에 서너 번 데리고 갔는데, 길을 가다 아는 사람을 만나면 반드시 내게 소개를 해주곤 했다. 한번은 아는 사람들이 한 무리 지나가고 난 뒤 아저씨는 내게 잔뜩 겁을 주면서 이렇게 말했다. "저 사람들 살인 청부업자야."

팻 외숙모는 잭 아저씨가 나한테 하는 얘기들은 믿을 게 하나도 없다고 입버릇처럼 말했지만 그래도 나는 잭 아저씨가 좋았다.

"잭 아저씨는 정말 멋있는 것 같아요. 그렇죠, 외숙모?"

"멋있는 사람 다 얼어 죽었나 보다. 걔는 턱에 난 솜털이나 깎아야 될 애송이야." 팻 외숙모는 내 말에 별로 동의하는 것 같지 않았다.

외숙모 말이 틀리지는 않았다. 사실 잭 아저씨는 면도를 잘 하지 않았다. 잭 아저씨는 그즈음 권투를 그만두고 진공청소기 외판원으로 일하고 있었다.

하루는 저녁식사를 마치고 나는 잭 아저씨와 어머니, 그리고 팻 외숙모와 함께 식탁에 둘러앉아 얼마 전 아기가 태어난 이웃집 얘기를 나누고 있었다. 대화 중에 나는 큰 실수를 저지르고 말았다. 마치 아기가 어떻게 태어나는지 궁금하다는 투로 말을 해버린 것이었다. 잭 아저씨가 어머니를 쳐다보며 말했다.

"이애는 아직 그걸 잘 모르는가 봐요?"

어머니는 그렇다는 대답과 함께 그것에 대해 가르칠 기회를 갖지 못했다고 말했다.

"제가 위층에 이 아이를 데려가서 얘기 좀 해도 될까요?"

잭 아저씨의 제안에 어머니는 아마도 무거운 짐 하나를 벗는 기분이 들었을 것이다. "그래요. 이젠 누군가 얘기해야 할 때가 된 것 같네요." 어머니는 흔쾌히 승낙했다.

잭 아저씨가 심각한 표정으로 나를 쳐다보며 말했다. "먼저 위층에 가 있어라. 너한테 조용히 할 얘기가 있다."

나는 위층으로 올라갔다. 마음은 두려움으로 요동치고 있었다. 그 끔찍한 순간이 드디어 오고야 말았다. 나는 '생명의 신비'에 관한 얘기를 듣게 되리라 충분히 예상할 수 있었다. 사람들은 성에 관한 얘기를 할 때면 늘 '생명의 신비'를 들먹거렸다. 그것을 가리켜 '성'이라고 하는 건 어딘가 천박한 것이었다. 나는 소파에 앉아 숨을 고르며 일생 일대 최악의 순간을 기다리고 있었다.

잭 아저씨는 한참 후에야 올라왔다. 잭 아저씨의 표정에도 긴장하고 있는 기색이 역력했다. 아저씨는 나를 가만히 응시하더니 방을 가로질러 창가로 다가갔다. 그러더니 1, 2분 가량 뜸을 들였다.

마침내, "네 생각엔 자이언츠가 이번 페넌트 레이스에서 우승할 것 같니?" 잭 아저씨가 물었다.

"자이언츠에는 최고의 투수 칼 허벨이 있잖아요, 멜 오트가 3할 5푼만 쳐주고 또······."

나는 잠시 행복한 야구 해설가가 되었다.

"그래, 네 말도 맞아." 잭 아저씨가 말했다. "그런데 내셔널 리그에서 우승해 봐야 아무 소용없어. 월드 시리즈에 나가면 양키스한테는 상대도 안 되거든."

"아니에요. 양키스는 멜 오트 같은 강타자가 없단 말이에요."

"봐라. 루 게릭 있지. 빌 디키 있지. 디마지오도 있고 또······."

차츰 야구 얘기가 고갈되고 있었다. 잭 아저씨는 다시 창가로 다가가서 창밖을 내다보았다. 그러더니 갑자기 고개를 돌렸다.

"야, 너 아기가 어떻게 태어나는지 다 알지?" 잭 아저씨가 물었다.

"네." 나는 대답했다.

"그럼 됐어. 그게 다야."

"네."

"자식, 그럴 줄 알았다."

"네."

"아래층에 내려가자." 잭 아저씨가 말했다.

우리는 함께 계단을 내려왔다.

"얘기 다 했어요?" 어머니께서 물으셨다.

"그럼요, 죄다 했죠." 잭 아저씨가 대답했다.

그제야 안도감이 밀려왔다. 잭 아저씨도 마찬가지였을 것이다. 어머니 역시 그랬을 것이다. 틀림없다. 그것이 공식적으로 내가 받은 성교육이었다. 비공식적으로는 이미 내가 벨빌 공원에 갔던 오후에 성교육은 시작되었다. 그리고 그것은 몇 년에 걸쳐 계속 이어질 것이었다. 다만 더 이상 벨빌에서는 아니었다.

참으로 행복했고 좋은 친구들을 많이 사귀었으며 어른들도 결점이 있다는 사실을 깨달은 벨빌에서의 시간도 거의 끝나가고 있었다. 사업의 밑천으로 어머니의 돈이 절실했던 해리 외삼촌은 어머니에게 '우리 집'에 대한 최면을 걸기 위해 안간힘을 썼다.

어머니 역시 벨빌을 떠나고 싶었다. 볼티모어가 어머니를 기다리고 있었다. 볼티모어는 어머니에게 줄곧 기회의 땅으로 비쳐졌다. 버지니아에서 보낸 어린 시절, 어머니가 메리 포인트 선착장에서 '아빠'의 손을 잡고 증기선에 오르면 볼티모어는 저 너머에서 기다리고 있던 꿈의 도시였다. '아빠'와 '엄마'가 결혼을 한 곳도 볼티모어였다. 어머니는 현란한 불빛과 인파로 가득한 볼티모어의 거리를 '아빠'의 손을 꼭 잡고 경이로움에 사로잡혀 걸었다.

볼티모어에는 아는 사람들도 있었다. 모리슨빌에 살던 친척 몇 분이 대공황의 궁핍함 끝에 고향을 등지고 일자리를 찾아 볼티모어에 와 있었던 것이다. 그 중에는 아버지의 누이동생도 있었다. 어머니는 고모와 사이가 좋았다. 고모의 이름은 셀바였지만 아무도 고모를 그렇게 부르지 않았다. 오빠가 열한 명인 집에서 고모의 이름은 아주 어릴 적부터 '애기'였다. 나도 고모를 '애기 고모'라고 불렀다. 어머니는 벨빌에 사는 동안에도 볼티모어의 애기 고모 집을 두 차례 다녀오신 적이 있었다. 애기 고모는 우리 식구 모두를 좋아했지만 특히 도리스를 아주 귀여워했다. 그래서 어머니는 도리스가 학교에 입학한 후로는 여름방학 때마다 도리스를 볼티모어에 보내서 애기 고모와 함께 지내도록 했다.

해리 외삼촌은 어머니의 환상을 지피기 위한 그럴듯한 계획을 가지고 있었다. 어머니가 도리스와 나, 그리고 찰리 외삼촌과 함께 볼티모어로 떠나기로 결정하면 애기 고모가 미리 우리가 세 들어 살 집을 얻어놓을 것이고, 찰리 외삼촌이 집안일과 우리 둘을 돌보는 동안 어머니는 일을 할 수 있다는 것이었다. 그리고 해리 외삼촌은 리치몬드에서 어머니가 투자한 돈으로 사업을 새로 시작하는 것이었다. 해리 외삼촌은 어머니를 회사의 고문으로 앉히되 회사가 충분한 수익을 올릴 때까지 어머니는 볼티모어에 남아서 일을 하는 것이 좋겠다는 생각을 내놓았다. 일단 사업이 성공만 하면 '우리 집'에 대한 어머니의 꿈은 이루어지는 것이었다.

회사를 차리기에 앞서 해리 외삼촌은 어머니에게 은행에 저축해 둔 100달러를 자본금으로 출자하라고 권유했다. 어머니가 해리 외삼촌의 장밋빛 사업계획을 전적으로 신뢰한 것은 아니었다. 인간의 나약함을 통찰하는 어머니의 눈에 해리 외삼촌은 한낱 인생의 실패자로 보였을지도 모른다. 하지만 어머니는 '우리 집'을 너무나 간절히 소망했다. 어머니는 도박을 하기로 결심했다. 어머니는 해리 외삼촌이 100달러를 요구할 때는 75달러만으로도 충분하다는 것을 알고 있었다. 어머니는 외삼촌에게 75달러를 건네주었다.

대령님은 즉각 리치몬드로 떠날 채비를 서둘렀다. 리치몬드로 떠나기 직전, 해리 외삼촌은 어머니에게 계약서를 써주었다. "해리 로빈슨은 엘리자베스 베이커에게 상기 금액의 채무를 지며, 상기 금액은 '엘리자베스 베이커 목재상사'의 자본금으로, 상환 시기 및 방법은……."

계약서는, 만일 외삼촌이 사망하면 회사에 대한 제반 권리와 '모든 이익금'은 어머니에게 귀속된다는 내용으로 끝이 났다.

리치몬드에서 해리 외삼촌은 업무용 편지지를 주문하는 것으로 사업을 시작했다. 편지지 왼쪽 상단에는 다음과 같은 글이 인쇄되어 있었다.

로빈슨 목재상사
호두나무 합판 및 원목 도매
사장 해리 로빈슨

'엘리자베스 베이커 목재상사'는 온데간데없었지만 어머니는 별로 개의치 않았다. 어머니는 그저 '우리 집'에 대한 꿈으로 한껏 부풀어 있었다. 1936년 10월 어느 날, 일을 마치고 돌아온 어머니는 해리 외삼촌 앞으로 다음과 같은 편지를 썼다.

"러셀이 저한테 그러더군요. '엄마는 피곤하지도 않으세요? 엄마는 매일 일만 하세요.' 그 애 말이 맞아요. 하지만 전 요즘 일을 하면서도 기운이 펄펄 넘친답니다. 이제는 일을 하는 목표가 뚜렷해졌기 때문이죠. 오빠를 위해서 매일 기도를 하고 있어요. 오빠 자신을 위해서나 저를 위해서라도 오빠가 꼭 성공하기를 진심으로 바랍니다. 전 A&P 세탁소의 출근부에 마지막으로 사인하는 날이 제 생애 최고의 날이 될 거라고 입버릇처럼 말하고 있어요. 그리고 그날이 그리 멀리 있는 것 같지도 않고요. 우리가 하루빨리 볼티모어로 가서 우리 집을 장만할 수 있기를 손꼽아 기다려 봅니다. 그날이 빨리 왔으면 좋겠어요."

한 달이 지났다. 어머니는 기도의 응답 대신에 외삼촌으로부터 25달러가 더 필요하다는 편지를 받았다. 어머니는 보낼 돈이 없어서 미안하다는 내용의 답장을 보냈다. 12월 초순경 외삼촌으로부터 다시 편지가 왔다. 사업이 난관에 부딪혔다는 것이었다. 볼티모어로 이주하려는 어머니의 계획이 잠시 미뤄지겠지만 크게 염려할 일은 아니라는 얘기였다. 사업을 하다 보면 일이 잘 풀리지 않을 때도 있는 거라면서, 외삼촌은 어머니에게 1월 초순이면 볼티모어에서 만날 수 있지 않겠느냐는 희망적인 내용을 덧붙였다.

그러나 어머니의 인내심은 이미 한계에 가까워지고 있었다.

"저는 오빠가 벌이고 있는 사업을 잘 알지는 못해요." 어머니는 즉시 답장을 썼다. "하지만 1월에 볼티모어에서 만날 수도 있지 않겠느냐는 오빠의 얘기는 말이 되지 않아요. 저는 계획대로 일을 진행시켜야만 해요. 그것도 당장에요. 저한테 솔직하게 털어놓으세요. 만일 성탄절 이전에 아무 확실한 전망이 보이지 않는다면, 미안하지만 해가 바뀌기 전에 돈을 돌려주셨으면 해요. 별일 없는 한 저는 연초에 그 돈을 가지고 애들과 함께 이곳을 떠날 생각이에요."

리치몬드에선 아무것도 달라진 게 없었다. 해리 외삼촌은 사과의 편지를 보내왔다. 외삼촌은 돈 문제로 궁지에 몰린 상태였다. 외삼촌은 75달러를 다 돌려주진 못하고 약소하나마 '도움이 되길' 바란다며 10달러를 돌려주겠다고 했다. 그렇다고 외삼촌이 어머니를 빈털터리로 만든 것은 아니었다. 어머니 계좌에는 끝내 외삼촌에게 빌려주지 않은 돈이 남아 있었다. 어머니는 앨런 외삼촌에게 1월 하순경에 볼티모어로 떠나겠다는 뜻을 미리 밝혀두었다.

월터라는 이름을 가진 이웃집 아저씨가 자신이 소유한 폐차 직전의 트럭으로 이삿짐을 볼티모어까지 실어 주겠다고 나섰다. 20달러만 달라고 했다. 어느 토요일 오후 아저씨는 트럭에 짐을 싣기 시작했고, 어머니는 도리스와 나를 데리고 일요일 아침에 볼티모어에 도착하는 심야 고속버스를 타기로 했다.

나는 새 도시와 새 집을 향해 밤새 버스를 타고 달릴 생각에 흥분을 가라앉힐 수 없었다. 무엇보다도 나를 기쁘게 한 것은 「새터데이 이브닝 포스트」와의 작별이었다. 나는 마지막으로 롤러스케이트를 신고 늘 신문 다발을 들고 누비던 곳 여기저기를 둘러보았다. 월터 아저씨가 짐을 트럭에 다 싣고 밧줄로 짐을 고정시키고 있는 동안 프랭키, 니노, 제리 그리고 카르멘이 작별 인사를 하러 찾아왔다. 트럭이 덜컹거리며 먼저 떠났지만 우리는 버스 출발 시각까지 아직 몇 시간을 남겨두고 있었다. 나는 옷을 잘 차려 입고——어머니는 남자는 여행할 때 옷차림이 깔끔해야 한다고 하셨다——집 앞에 나가서 어서 길을 떠나기만을 기다리고 있었다.

팻 외숙모는 몇 달 전 고물 피아노 한 대를 몇 달러 들이지 않고 거실에 들여 놓았다. 교양인이라면 거실에 피아노 한 대쯤은 있어야 한다는 이유에서였다. 하지만 팻 외숙모는 물론이고 앨런 외삼촌이나 찰리 외삼촌도 피아노를 칠 줄 몰랐다. 내가 들뜬 마음으로 집밖을 서성이고 있을 때 피아노 소리가 집 안에서 흘러나왔다. 이상했다. 그 피아노는 산 지 몇 달이 지나도록 한 번도 사용된 적이 없었기 때문이다. 나는 집 안으로 들어갔다. 팻 외숙모, 앨런 외삼촌, 찰리 외삼촌 그리고 도리스가 거실에 앉아 있었고, 어머니는 짙은 색 정장에 눈가를 살짝 덮는 모자를 비스듬히 쓴 채 피아노를 연주하고 있었다. 곡명은 '반석이신 예수 그리스도'였다.

나는 어머니가 피아노를 칠 줄 안다는 사실을 전혀 모르고 있었다. 어머니의 연주 실력은 썩 훌륭하지는 못했다. 연주는 이따금 끊겼고 그때마다 어머니는 건반을 다시 짚어 연주를 이어갔다. 어머니는 음악에 깊이 몰입해 있었고, 거실에 모인 사람들 모두는 숨소리 하나 내지 않고 있었다. 어머니는 고개를 내 쪽으로 향하고 있었지만 나를 보고 있는 것 같지는 않았다. 어머니의 시선은 내 뒤로 보이지 않는 무언가를 응시하는 것 같았다. 그 순간 내 안에서 마냥 들떠 있던 감정이 한순간에 사그라졌다. 우리 모두로부터 따로 앉아 있는 어머니의 모습을 보면서 나는 처음으로 한 인간으로서 철저하게 외로운 어머니를 발견했다.

갑자기 나는 그 집을 떠나기가 싫어졌다. 그제야 나는 내가 그곳에서 행복했음을 깨달았다. 애초에는 집을 얻기 전까지 몇 달만 머무르겠다는 생각으로 앨런 외삼촌과 팻 외숙모의 신세를 진 것이 여섯 해가 지나고 말았다. 이제 어머니의 젊은 시절은 단 하나의 성공도 거두지 못한 채 흘러가 버렸다. 어머니는 40대에 들어서고 있었다.

제10장

거짓말쟁이

해럴드 고모부는 거짓말의 귀재였다.

고모부는 양쪽 눈 한가운데에 총을 맞은 적이 있었다. 고모부가 내게 직접 해준 얘기였다. 제1차 세계대전 중의 일이었다. 십대에 집을 뛰쳐나간 고모부는 해병에 지원을 해서 프랑스 전선으로 파병이 되었고, 거기에서 독일군 카이저 장군의 휘하 부대와 교전을 벌이다가 총을 맞았다. 양쪽 눈 한가운데에 말이다.

그런데도 고모부가 죽지 않았다는 것은 기적이라고밖에 할 수 없었다. 나는 얘기를 다 듣고 그 점에 대해 의문을 표시했다. 해럴드 고모부는 해병은 워낙 강하기 때문에 기적 따위는 필요 없다고 했다. 나는 점차 무신론을 받아들이는 나이가 되고 있었고, 또 어른에게 도전하는 것은 여전히 대담함을 필요로 하는 일이었지만 자꾸만 "성경에 두고 맹세할래요?"라고 묻고 싶어졌다.

물론 그렇게 하지는 못했다. 그러나 나는 고모부가 한 말을 자꾸 반복하는 방법으로 강한 의심을 내비쳤다.

"양쪽 눈 한가운데를요?"

"응, 양쪽 눈 한가운데." 고모부가 말했다. "여기 흉터 보이지?"

고모부는 손가락으로 콧날 바로 위를 가리켰다. "이 흉터가 그때 생긴 거야."

"흉터 없는데요?" 내가 말했다.

"이제 없어졌나 보다." 고모부가 말했다. "세월이 참 많이도 흘렀지."

나는 많이 아프지 않았느냐고 물었다.

"아팠냐고? 엄청 아팠지."

"그래서 어떻게 하셨어요?"

"얼마나 화가 치밀던지 권총을 뽑아들고 그 독일놈을 그 자리에서 쏴버렸어."

이때 애기 고모가 주방에서 코코아 몇 잔을 받쳐 들고 들어왔다. "해럴드, 제발." 고모가 말했다. "아이한테 거짓말 좀 그만하세요."

사람들은 항상 해럴드 고모부에게 제발 거짓말 좀 그만하라고 말했다. 고모부의 이름은 해럴드 샤프였는데, 가족들은 "해럴드 샤프는 하나님이 세상에 내려 보낸 피조물 가운데 최대의 뻥쟁이야"라고 말하곤 했다.

애기 고모는 어머니가 도리스와 나를 데리고 모리슨빌을 떠난

파리에서의 해럴드 고모부

직후 해럴드 고모부와 결혼했다. 고모부는 당시 해병으로 6년째 복무하고 있었는데, 고모의 고집으로 제대를 한 뒤 볼티모어에 정착하게 되었다. 두 분은 유니언 광장이 내다보이는 홀린스가에 조그만 아파트를 하나 얻었다. 우리 집은 광장 건너편 롬버드가에 있는 낡은 아파트 2층이었다. 어머니는 도리스와 나를 데리고 애기 고모네 집을 자주 찾으셨다. 그때마다 나는 해럴드 고모부의 이야기를 듣는 재미에 흠뻑 빠졌다.

어머니가 고모부를 가리켜, "하나님이 세상에 내려 보낸 피조물 가운데 최대의 뻥쟁이"라고 일컫는 것은 별로 중요하지 않았다. 거짓으로 이야기를 지어내는 것으로 악명은 높았지만 나는 고모부에게서 사람을 끌어들이는 묘한 힘을 발견했다. 그것은 어쩌면 고모부의 괴짜 기질 때문이었는지도 모른다. 사실 자체에 대한 집착으로 좋은 이야깃거리를 평범하게 만드는 것을 고모부는 직관적으로 거부했다. 비록 학력은 보잘것없었지만 해럴드 고모부는 창조의 힘은 사실보다 허구에서 비롯된다는 것을 잘 알고 있었다.

고모부는 볼티모어 서부에 있는 공동묘지에서 잡초를 베고 무덤을 파는 일을 했다. 고모부의 직업은 괴기소설에나 나올 것 같은 분위기로 나를 한층 더 잡아끌었다. 나는 볼티모어에 도착한 이래로 죽음의 그로테스크한 면에 눈을 뜨고 있었다. 볼티모어에서는 장례가 중요한 문화 활동의 일부인 것처럼 보였다. 우리 집으로부터 반경 한 블록 안에는 장례식장이 세 군데나 있어서 집 앞으로 영구차가 오가는 풍경은 낯설지가 않았다. 볼티모어에는 모리슨빌에서 이주해 온 먼 친척이 두 분 더 있었는데 그분들 역시 공동묘지에서 일을 했고, 롬버드가의 우리 집에도 이따금 송장이 실려 오곤 했다.

1층에 사는 집주인은 아주 친절한 리투아니아 사람이었는데, 그는 장례식장을 운영하는 친척에게 자신의 거실을 빌려주고 있었다. 집주인의 친척은 자신이 운영하는 장례식장이 숨을 거둔 고객으로 만원을 이루면 그 거실을 임시 안치소로 사용했다. 그래서 1층 거실에는 호화롭게 장식된 관 안에 방부 처리된 시신이 누워 있는 경우가 종종 있었다. 우리가 사는 2층에 올라가려면 반드시 주인집 거실을 통과해야만 했는데, 거실 문이 활짝 열려 있을 때마다 나는 우리가 얻은 것이 우리 집의 안락함이 아니라 장례식장의 안식이 아닌가 생각하기도 했다. 집을 들어오고 나갈 때마다 나는 뽀얗게 화장化粧을 한 시신을 쳐다보지 않기 위해 고개를 정반대로 돌렸고, 밀랍과 월하향月下香 그리고 방부제 냄새를 맡지 않으려고 코를 손으로 틀어막았다.

카드놀이를 하러 우리 집에 놀러온 해럴드 고모부가 1층 응접실에 시신이 안치되어 있는 모습을 보기라도 하는 날엔 고모부의 상상력은 다시 꿈틀거렸다. 어느 주말 저녁, 애기 고모와 고모부가 놀러왔을 때 나는 문을 열어드리러 아래층으로 내려갔다. 고모부는 아래층 응접실에 놓인 관을 발견하고는 제자리에 잠시 멈춰 서 있다가 천천히 응접실 안으로 몇 발자국을 옮겼다. 이어서 고모부는 조문객들을 힐끗 쳐다보며 고개를 끄덕이더니 직업정신에 입각해서 생면부지의 고인을 가만히 들여다보았다.

잠시 후 위층에 올라와서 식탁에 둘러앉아 한창 카드놀이에 열중해 있던 고모부가 불쑥 말을 꺼냈다. 아래층에 있는 관 안의 노인이 죽은 것 같지 않다는 얘기였다.

"내가 그 사람 한쪽 눈이 파르르 떨리는 걸 분명히 봤어." 고모부가 말했다.

아무도 고모부의 말에 귀 기울이지 않았다.

"사람이 죽었다고 속단했다가는 큰일 나지." 고모부가 다시 말했다.

나 빼고는 아무도 관심 없다는 표정이었다.

"내가 아는 어떤 사람은 생매장을 당할 뻔한 일이 있었는데 말이야."

"지금 카드를 돌리실 거예요, 아니면 밤새 혼자 붙들고 계실 거예요?" 어머니가 한마디 톡 쏘아붙였다.

"그때는 전쟁 중이었지." 해럴드 고모부는 말을 이어나갔다.

"프랑스에서 겪은 일인데 말이야. 사람들이 관 뚜껑을 막 닫으려는 순간 그 사람 눈이 떨리는 걸 내가 발견했거든."

고모부가 패를 돌리자 각자 조용히 카드를 집었다.

"그런데 나도 한번은 산 채로 묻힐 뻔한 일이 있었어." 고모부가 말했다.

"제발, 해럴드. 그런 말도 안 되는 거짓말 좀 그만하세요." 애기 고모가 말했다.

"어, 사실이야. 야, 이거 미치겠네. 난 지금 사실만 얘기하는 거라고." 고모부가 말했다. "그런 일이 얼마나 흔한지 몰라. 우리가 묘를 파헤쳐 보면 말이야, 거 왜 있잖아. 검시하려고 말이야, 관 뚜껑이 닫힌 다음에 필사적으로 몸부림친 흔적이 보이는데 아주 끔찍하다고. 하지만 이미 때는 늦은 거지."

해럴드 고모부는 큰 키는 아니었지만, 해병대에서 배운 대로 어깨를 쫙 펴고 위풍당당한 자세로 걸었고, 위압적으로 사람을 위아래로 쭉 훑어보는 당당함이 있었다. 비록 생계를 위해 묘지에서 흙을 팠지만 저녁에 식탁에 앉을 때의 고모부는 티 하나 없이 깔끔한 모습이었다. 비록 나는 남자다움에 대한 어머니의 훈계를 거스르지 않기 위해 고모부만큼 지독한 악동이 되지는 못했지만, 면도날처럼 다려진 옷에 단정히 다듬어진 머리, 그리고 자신감이 넘치는 고모부의 눈동자 속에서 나는 내 기질과 크게 다르지 않은 그 옛날의 소년을 발견할 수 있었다.

고모부를 무척이나 존경했던 나로서는, 고모부가 나의 영웅 프랭클린 루스벨트를 싫어한다는 것이 섭섭하기만 했다. 해럴드 고모부의 눈에 루스벨트는 악에 물든 범죄 집단의 두목이었다. 고모부는 언론이 차마 폭로하지 못하고 있는 루스벨트의 기만적 행태를 잘 알고 있다고 했다. 가끔은 대통령으로서 도저히 해서는 안 되는 그의 파렴치한 행적들이 하나하나 열거되기도 했다.

"너 루스벨트가 오로지 돈을 긁어모으기 위해서 대통령이 되었다는 사실은 잘 모를 거다." 고모부가 말했다.

"대통령이 되면 돈을 많이 버나요?"

"그렇게 많이 벌지는 못해. 하지만 일단 백악관 주인이 되면 마음먹기에 따라서 얼마든지 돈을 챙길 수 있지."

"어떻게요?"

"그 사람은 백악관에 자기를 보러 오는 사람들한테서 돈을 받거든."

"대통령을 만나려면 돈을 내야 하나요?"

"돈을 직접 주는 게 아니야. 그 사람이 머리를 참 잘 굴려."

"그럼 돈을 어떻게 받아요?"

"대통령 집무실 바로 앞에 옷걸이가 하나 있는데 거기에다 코트를 걸어 두는 거야. 그래서 누구라도 문을 열고 들어가기 전에는 그 코트 안주머니에 돈을 찔러 넣어야만 돼."

나는 충격을 받았다. 고모부는 더욱 심각한 어조로 말했다. "우리는 그런 사람을 대통령으로 떠받들고 있다니까."

"그거 확실한 거예요?"

"모든 사람이 다 아는 사실이야."

"그럼 고모부는 어떻게 아셨어요?"

"백악관에서 일하는 친구가 나한테 얘기해 줘서 알았지."

너무나 충격적인 사실을 접한 나는 부리나케 집으로 뛰어와서 그 사실을 어머니에게 전했다. "그딴 얘기 누가 하던?" 어머니가 물었다.

"고모부요."

어머니는 한심하다는 표정으로 나를 쳐다보았다. "해럴드 고모부는 하나님이 세상에 내려 보낸 피조물 가운데 최대의 뻥쟁이야." 어머니는 한마디를 덧붙였다. "네 고모부가 루스벨트에 대해서 아는 건 돼지가 겨울방학에 대해서 아는 것만도 못할 거다."

 나는 해럴드 고모부를 통해 H. L. 멘켄의 이름을 처음 들었다. 멘켄은 홀린스가의 고모부 집에서 두 집 건너에 살고 있었다. 어느 날 고모부는 에이런들 아이스크림 가게에서 한턱낼 참으로 나를 데리고 나서다가 손으로 멘켄의 집을 가리켰다. "너 저 집에 누가 사는지 아냐?"

 물론 알 턱이 없었다.

 "H. L. 멘켄이라는 사람이야."

 "H. L. 멘켄이 누군데요?"

 "너 H. L. 멘켄도 못 들어봤냐? 그 사람 여러 신문에 글을 쓰는데 아주 죽여줘." 해럴드 고모부가 말했다.

 나는 고모부의 억양에서 멘켄이 위대한 인물이라는 사실을 짐작할 수 있었다. 하지만 그의 집은 위대한 인물에 걸맞아 보이지는 않았다. 그냥 볼티모어에 있는 여느 집과 다를 게 없었다. "전에 멘켄이 저 집에서 나오는 걸 봤거든." 고모부가 말했다.

 해럴드 고모부가 멘켄의 글을 과연 한 번이라도 읽어보았는지는 의문이다. 고모부의 취향은 주로 「사건과 실화」 같은 주간지였다. 어쨌든 고모부는 그런 위대한 사람이 같은 동네에 산다는 사실을 무척 자랑스러워하는 것 같았다. 수백만의 사람들이 파산지경에 놓여 있던 시절 그것은 고모부의 인생에 위대한 업적이라도 되는 것처럼 보였다.

 모리슨빌에서 그리 멀지 않은 테일러스타운 출신의 고모부는 글을 간신히 읽고 간단한 수학 문제를 풀 정도의 교육만 받은 뒤, 농장 일꾼 이상의 미래를 꿈꿀 수 없는 현실을 박차고 열일곱의 나이에 해병에 지원하기 위해 집을 뛰쳐나왔다. 고모부는 프랑스의 전선에서 싸웠고, 제1차 세계대전이 끝난 뒤에는 스메들리 버틀러 제독 휘하에서 양키의 자본이 중남미를 안정적으로 수탈할 수 있도록 카리브해를 누비고 다녔다. 장래가 별로 보이지 않던 시골 촌뜨기 출신치고는 1937년의 기준으로 볼 때 고모부의 삶도 썩 나쁘다고 할 수는 없었다. 일거리가 없어질 염려가 전혀 없는 공동묘지 인부였고, 낡고 좁긴 했지만 자신이 소유한 아파트에 유명한 작가도 한 동네에 살았으니 말이다.

애초에 내가 고모부에게서 느꼈던 경외심은, 고모부가 하는 얘기들이 사실과는 동떨어져 있는 것임을 깨달아 가면서 조금씩 사그라졌다. 하지만 해럴드 고모부는 거짓말쟁이가 아니라 이야기꾼이라는 사실을 나는 아울러 이해하게 되었다. 나를 사로잡은 이야기들을 구성지게 지어내던 고모부는 그야말로 이야기꾼이었다. 여전히 고모부는 진지한 표정으로 이야기를 꾸며냈고 나는 감히 대꾸할 엄두를 내지 못했지만, 나는 고모부 역시 내가 더 이상 그 얘기들을 곧이곧대로 받아들이지 않고 있음을 눈치채고 있으리라 생각했다. 고모부도 내가 당신의 상상력에서 샘솟는 이야기들 속에서 큰 즐거움을 얻고 있다는 사실을 알고 있었다. 서로가 시치미를 뚝 떼는 우리 둘의 관계에서 고모부 역시 즐거움을 얻고 있는 것처럼 보였다.

하루는 저녁식사를 마친 뒤 함께 파치지 게임을 하다 말고 고모부가 불쑥 말을 꺼냈다. 아이티에서 목격한 일이라면서 죽은 사람들이 벌떡 일어나더니 수의를 입은 채 당시 유행하던 찰스턴 춤을 추더라는 것이었다. 애기 고모와 어머니는 여느 때와 똑같은 반응을 보였다. "제발, 해럴드. 그런 말도 안 되는 거짓말 좀 그만하세요."

고모부는 정색을 했다. "이건 사실이야. 이거 정말 미치고 환장하겠네." 하지만 나는 펄쩍 뛰는 고모부의 표정 뒤에 미소가 감추어져 있음을 똑똑히 볼 수 있었다. 고모부는 내가 능청스레 당신을 관찰하고 있음을 알아채고는 얼굴을 잔뜩 찌푸리며 험악한 표정을 지어 보였지만 금세 나만 볼 수 있게 윙크를 했다. 그날 밤 우리는 서로를 암묵적으로 이해하게 되었다. 우리 둘은 단조로운 현실을 넘어서는 근사한 무언가를 갈구하는 이야기꾼이었고, 우리가 만들어낸 공상 속의 세계는 애기 고모나 어머니 같은 사람들은 이해할 수 없는 곳에 있었다.

하지만 고모부를 완전히 이해하기까지는 더 많은 시간이 걸려야 했다. 고모부는 삶이 그 원래의 모습보다는 더 재미있기를 원했다. 그러한 소박한 꿈을 이루기 위해 고모부가 할 수 있는 일이라고는 황당무계한 이야기를 지어내는 것뿐이었고, 고모부는 당신의 그 재능을 유감없이 발휘한 셈이었다. 그렇지만 별로 서글픈 일은 아니었다. 다만 볼티모어의 우리를 둘러싼 세계가 시인의 상상력을 넉넉하게 받아들이지 못했을 따름이다. 우리가 살던 세계에서 이야기꾼은 한낱 뻥쟁이로 취급되고 말았다.

그 시절 아무리 살림이 어려운 집이라 할지라도 보통 커다란 사전 한 권씩은 갖추고 있었다. 공황을 거치면서 얘기하기는 돈

안 들이고 할 수 있는 가장 훌륭한 소일거리였고, 또 미국인들은 낯선 단어들에 굉장한 흥미를 가지고 있었기 때문이다. 고모부는 자신의 얘기를 실감나게 하기 위해 발음하기도 어려운 생소한 단어들을 찾아 자주 사전을 뒤적거렸다. 한번은 어머니가 있는 자리에서 고모부는 큰 실수를 저질렀다. 어머니가 찻잔에 담긴 코코아를 조금 흘리자 고모부는 즉시 코코아가 '가잉'이었다고 말했다. 어휘에 관한 한 잔소리가 심한 교사 기질이 여전했던 어머니는 즉시 고모부에게 핀잔을 주었다. 어머니는 '과잉'이라는 단어를 액체를 쏟았을 때 쓰는 것은 우스꽝스러우며, 덧붙여 '가잉'이라고 발음하는 경우는 절대로 없다고 말했다.

고모부는 그런 식으로 핀잔을 당하는 경우가 종종 있었지만 화내거나 언짢아하는 법이 없었다. 특히 상대가 여자인 경우에는 더욱 그러했다. 여자에 맞서 언성을 높이는 일은 고모부의 체질에 맞지 않았다. 바로 이 점이 고모부의 원만한 결혼생활의 열쇠였는지도 모른다. 고모는 남자를 이래라저래라 부리던 할머니의 기질을 그대로 물려받았기 때문이다. 고모 역시 할머니처럼 큰 키에 드센 성격을 가지고 있었다. 해럴드 고모부가 단지 직업으로서 해병 생활을 했다면, 고모는 한 집안을 지휘하는 사령관 기질을 타고났으며 또 어릴 적부터 그렇게 키워졌다고 볼 수 있었다.

고모는 해럴드 고모부의 '쓸데없는 짓'에 넌더리를 냈다. 황당무계한 얘기를 꾸며내기 좋아하는 습성은 물론, 속이 다 비치는 속옷이나 프랑스제 향수를 선물로 사오는 것도 고모의 눈에는 다 한심한 짓으로밖에 보이지 않았다. 고모는 옷장 구석에 한 번도 사용하지 않은 화장품을 차곡차곡 쌓아놓았고 잘 개켜 놓은 란제리들은 장롱 속에 고스란히 파묻혀 있었다. "네 고모는 사람이 가끔 지나치게 실용적일 때가 있어." 어머니가 내린 고모에 대한 평가는 그러했다. 어머니가 판단할 때, 고모부는 여러 가지 단점에도 불구하고 '좋은 사람'임에 틀림없었고 고모는 그런 고모부를 너무 심하게 들볶아대는 것이었다.

고모는 '실용적'이었다고는 해도 최소한 할머니만큼 보수적이지는 않았다. 오히려 정반대였다. 1920년대의 '신세대' 바람은 모리슨빌의 촌구석까지 밀려들었고, 고모는 재즈의 시대가 몰고 온 자유분방함에 쉽게 물들었다. 고모는 당시의 유행에 따라 스타킹을 무릎 아래까지만 올려 신었고, 할머니 앞에서도 도전적인 자세로 담배를 피우거나 껌을 씹었다. 이제 볼티모어에 와서도 고모는 여전히 담배를 피우고 껌을 요란하게 씹었다. 고모부와 어머니는 부엌에서 접시가 깨지는 소리와 함께 "이런 염병할!" 하고 들려오는 고모의 목소리가 그리 품위 있다고 생각하지는 않았다. 고모는 어머니를 앞에 앉혀놓고 야한 농담을 곧잘 했는데 노골적인 음담패설은 언제나 어머니를 당황하게 만들었다. 고모는 어머니의 표정이 일그러지는 모습을 농담 자체만큼이나 즐겼다.

아이가 없었던 고모와 고모부는 도리스를 친딸처럼 각별히 대해 주었다. 우리가 벨빌에 살았을 때도 두 분은 여름방학이 되면 도리스를 데리고 가서 함께 지내기를 좋아했다. 여름이 되면 해럴드 고모부는 도리스에게 아이스크림과 수박을 양껏 먹인 다음 밖으로 데리고 나가 놀이기구를 태워주는가 하면, 밀림에서 거대한 뱀과 싸웠을 때의 얘기나 고속도로에서 시속 100마일로 달리다가 차가 전복되었을 때 머리끝 하나 상하지 않고 차도 멀쩡했다는 등의 얘기로 도리스를 즐겁게 해주었다. 뿐만 아니라 고모와 고모부는 도리스와 오드리의 재회도 계획했다.

톰 삼촌과 골디 숙모는 오드리를 합법적으로 입양하면서도 오드리 자신이 도리스, 그리고 나와 한 배에서 난 형제임을 알도록 하겠다는 약속을 남겼다. 오드리에게 톰 삼촌은 '아빠'였고 골디 숙모는 '엄마'였다. 하지만 오드리가 어느 정도 자라자 삼촌과 숙모는 오드리에게 친모——오드리가 '베티 숙모'라 부르는——가 누구인지 알려주었다. 아울러 두 분은 오드리가 우리와 가족의 유대감을 쌓을 수 있기를 기대했다. 오드리가 브런즈윅에, 도리스와 내가 멀리 뉴저지에 사는 동안에는 이것이 불가능했다. 하지만 볼티모어는 브런즈윅에서 가까웠다. 애기 고모와 해럴드 고모부는 도리스가 볼티모어를 처음 방문한 그해 여름에 오드리와의 재회를 계획했고, 두 자매의 상봉은 즉시 성사되었다.

브런즈윅에서 간간히 들려오는 얘기들은 한결같았다. 톰 삼촌과 골디 숙모가 오드리를 공주처럼 키운다는 것이었다. 워싱턴에서 제일 좋은 옷가게에서 옷을 사 입히는 데다 항상 깨끗이 씻기고 매무새를 곱게 해서 보는 사람의 눈이 부실 정도라는 것이었다. 오드리는 날씨가 추워지면 모피 코트를 입고 다닌다고 했다. 이 모든 얘기들은 어떻게 흘러들었는지 벨빌에 있는 내 귀에까지 들어왔고, 고모부와 고모 역시 그런 얘기들을 이미 들어 알고 있었다. 두 자매의 멋진 재회를 위해 고모부와 고모의 손놀림이 바빠졌다. 두 분은 도리스를 붙들고 그야말로 때를 빼고 광을 내느라 여념이 없었다.

물론 그게 쉬운 일은 아니었다. 당시 도리스는 흙을 가지고 놀기를 가장 좋아하는 나이였기 때문이다. 그래서 고모는 도리스의 별명을 '땟국물'로 지어주기도 했다. 오드리가 오기로 한 날, 두 분은 도리스를 목욕통에 담가놓고 머리에서 발끝까지 박박 문질러댔다. 면봉으로 귀도 파고 손톱의 때도 벗겨냈다. 옷장에 있는 도리스의 옷은 모두 질기고 수수한 것뿐이었다. 어머니에게는 모양보다 얼마나 질긴지가 옷을 고르는 기준이었다. 고모는 개중에 제일 나은 것을 빨아서 빳빳하게 다림질했고 고모부는 침을 발라가며 도리스의 신발에 윤을 냈다. 도리스의 귓불 아래에 화장수를 몇 방울 뿌리는 것으로 모든 준비가 끝났다.

도리스는 또래에 비해 마르고 키가 작은 편이었다. 머리와 피부 색깔은 아버지로부터 물려받은 갈색이었고, 코는 들창코에다 웃을 때면 입이 양쪽 귀까지 닿을 정도여서 그 모습이 마치 아주 기분이 좋은 고양이 같았다. 어머니는 도리스에게 예쁘다는 말을 해본 적이 없었다. 어머니는 외모의 아름다움은 칭찬의 대상이 될 수 없다고 생각했다. 사람은 태어날 때부터 잘생기든 못생기든 하는 것이어서 어떻게 해 볼 도리가 없는 것이었다. 그것은 땀과 인격의 수양으로 얻어지는 출세와는 견줄 바가 아니었다. 부드러운 성격의 고모부는 그런 점에서 어린 여자아이가 듣고 싶어 하는 얘기가 무엇인지를 보다 잘 이해하고 있었다. 그해 여름부터 고모부는 도리스에게 예쁘다는 말을 자주 해주었고 도리스도 그런 말을 듣기 좋아했다. 이제 박박 문질러서 때를 다 빼고 예쁘게 빗질한 머리에 옷도 깔끔하게 입혀놓고 보니 도리스도 무척 예뻐 보였다.

드디어 초인종 소리가 두 자매의 재회의 순간을 알렸다.

"이게 얼마만이에요!"

골디 숙모였다. 숙모와 고모부가 인사를 주고받는 사이 도리스는 그 자리에 얼어붙고 말았다. 도리스는 영화에서나 볼 수 있을 만한, 눈부시도록 예쁜 모습의 오드리를 보고 기가 죽었다.

"이 애가 네 동생 오드리란다." 애기 고모가 말했다. "오드리, 언니한테 뽀뽀해 줘야지?" 골디 숙모가 말했다.

도리스는 정신이 아득하고 귀가 멍멍해서 아무 소리도 들을 수 없었다. 다만 자신의 초라한 모습에 얼굴이 붉어질 따름이었다. 금발의 귀티 나는 모습에 옴폭하게 보조개가 들어가는 미소, 그리고 멋진 옷과 구두 차림의 오드리를 앞에 두고 도리스는 수치스러움에 가까운 감정을 느끼며 완전히 기가 죽고 말았다. 그제야 도리스는 해럴드 고모부가 이번에도 거짓말을 했다는 사실을 깨달았다. 자신은 오드리에 비하면 아무것도 아니었다.

도리스로서는 아주 끔찍한 순간이었지만 오드리의 방문은 금세 성공적이었음이 드러났다. 오드리가 공주처럼 보이기는 했어도, 도리스는 이내 그 애가 자기 언니를 졸졸 따라다니며 귀여움을 받고 싶어 하는 여섯 살짜리 꼬마에 불과하다는 사실을 깨달았다. 그날 이후 두 자매는 평생의 친구가 되었다.

그러나 해럴드 고모부는 그날 문이 열렸을 때 오드리를 바라보는 도리스의 풀죽은 모습을 지켜보고 있었다. 다음날 저녁, 고모부는 집으로 곧장 퇴근하지 않고 볼티모어의 상점가를 돌아다니며 지갑을 톡톡 털었다. 집에 도착해서 고모부는 도리스를 불러 선물 상자 하나를 내밀었다. 상자 안에는 아주 화사한 색깔의 목욕용 가운이 들어 있었다.

"앞으로 고모부가 예쁜 옷 많이 사줄게." 고모부가 말했다.

도리스는 그날 이후 고모부를 그 누구보다도 좋아하고 따랐다. 훗날 도리스는, 고모부에게는 사실 남을 속일 줄 아는 거짓말쟁이다운 기질이 전혀 없음을 깨닫게 되었다. 고모부가 심장 발작으로 생사를 넘나들고 있었을 때, 고모부는 오직 고모와 도리스만 병실 안에 들어오도록 허락했다. 어느 늦은 밤, 병상을 지키던 도리스가 고모부를 위로하기 위해 말했다. "의사들 말이 고모부 상태가 호전되고 있대요. 몇 주 안으로 퇴원하게 되실 테니까 두고 보세요."

고모부에겐 진짜 거짓말쟁이다운 기질이 없었다. "이제 틀렸다는 거 알잖니." 고모부가 말했다. 사실이었다. 이틀 후 고모부는 숨을 거두었다.

그때는 이미 내게도 고모부의 상상력 ─ 비록 제한적인 상상력이었다고 해도 ─ 이 펼쳐 보이는 이야기의 세계에서 즐거움을 누리던 시절이 아련한 과거가 되어 있었다. 고모부는 내게 단지 파치지 게임을 즐기며 H. L. 멩켄과 한 동네에 있는 방 두 개짜리 아파트에서 코코아를 즐겨 마시던 분으로 기억될 뿐이었다.

내 기억 속의 고모부는 자신이 태어나던 순간을 기억하는 사람으로 남아 있다. 고모부는 그 얘기를 어느 날 저녁, 애기 고모가 부엌에서 코코아를 준비하고 있는 동안 내게 들려주었다. 고모부는 당신이 태어나던 순간, 당신의 어머니는 기뻐 어쩔 줄 몰라 했고 의사는 "아들입니다"라고 말했다고 했다. 고모부는 특히 그 의사의 목소리가 또렷하게 기억난다고 했다. 방 안에는 여러 사람이 있었는데 모두 당신을 향해 미소를 지어 보냈다. 고모부는 그 사람들의 얼굴도 선명하게 기억했다. 고모부도 그분들에게 미소로 답했다.

제11장

크리스마스 선물

 우리 집이 생겼다는 기쁨과 새로운 환경이 가져다준 흥분도 그리 오래가지는 않았다. 어머니가 얻을 수 있었던 유일한 일자리는 집집마다 초인종을 누르고 다니며 신문의 정기구독 신청을 받는 것이었다. 봉급은 따로 있지 않았고 정기구독 접수 건수에 따라 성과급이 지급되었다. 어떤 때는 몇 주 동안 단 한 건의 실적도 올리지 못해 수입이 한 푼도 없는 경우가 있었다.

 해리 외삼촌의 사업은 실패로 돌아갔다. 외삼촌은 롬버드가에 나타나 다시 한 번 소파에서 잠을 자는 신세가 되었고 어머니와 마찬가지로 정기구독 신청을 받는 일을 시작했다. 해리 외삼촌이 일찍이 구상했던 원대한 계획에 따라 찰리 외삼촌은 이미 우리와 같이 살고 있었다. 어머니와 해리 외삼촌이 초인종을 누르며 거리를 헤매는 동안 집안일은 찰리 외삼촌의 몫이었다. 하지만 외삼촌은 그리 오래 버텨내지 못했다. 아래층의 장례식이 문제였다.

어느 날 학교에서 돌아온 나는 찰리 외삼촌이 커피 잔을 앞에 두고 어두운 표정으로 앉아 있는 모습을 발견했다. 내가 학교에 간 사이 아래층에 시신이 들어온 것이었다. "무슨 일 있으세요?" 나는 찰리 외삼촌에게 물었다.

"염병할 송장이 또 들어왔어." 외삼촌이 말했다. "저 빌어먹을 새우 냄새 더 이상은 못 참겠다."

아래층에 장례식이 예정된 날이면 언제나 새우 삶는 냄새가 코를 찔렀다. 밤을 지새우는 조문객들을 위한 밤참이었다. 나는 그때까지 새우를 먹거나 본 적이 없었기 때문에 아무런 냄새도 맡을 수 없었다. 찰리 외삼촌이 그 냄새에 대해 설명을 해준 다음에도 나는 밀랍이나 꽃 그리고 집주인의 친척인 젊은 장의사에게서 강하게 풍기는 로션 냄새처럼 새우도 그저 장례식과 자연스럽게 어울리는 냄새려니 했다.

"저걸 아침부터 삶더라고." 외삼촌이 말했다. "저 냄새가 풍기는 순간 또 하나 들어오겠구나 생각했지." 맞는 얘기였다. 냄새가 위층으로 올라오기 시작하고 채 한 시간이 못 되어 찰리 외삼촌은 아래층에 관이 들어오는 소리를 들을 수 있었다.

"죽은 사람이 집 안에 있어서 무서워요?" 나는 외삼촌에게 물었다.

"바보 같은 소리하지 마, 러셀. 무서운 건 죽은 사람이 아니라 속을 뒤집어 놓는 저 새우 냄새야."

며칠 후 찰리 외삼촌은 짐을 싸서 벨빌로 돌아가 버렸다. 해리 외삼촌도 오래지 않아 그 뒤를 따랐다. 해리 외삼촌은 문을 빼꼼 열고 손사래를 치는 사람들을 설득해서 어떻게든 구독 신청을 받아보려고 몇 달은 열심히 일했지만, 리치몬드에서 큰돈이 되는 사업이 있다는 소식이 들려오자 곧바로 짐을 싸서 다시 남부로 떠났다.

그즈음 나는 나대로 대도시에서의 생존 기술을 익히느라 어머니가 얼마나 힘겹게 살림을 꾸려나가는지 신경을 쓸 겨를이 없었다. 새로 전학 간 학교에서 사흘째인가 나흘째 되던 날, 나는 피트라는 아이로부터 마구 두들겨 맞았다. 그건 내가 벨빌에서 알고 있던 신사적인 규칙이 통하는 싸움이 아니라 흉폭하고 야만적인 폭행에 다름 아니었다. 낮은 담장으로 둘러싸인 학교 안에는 널따란 운동장 대신에 벽돌이 깔린 작은 마당이 있었다. 갑자기 뒤에서 덮친 피트는 나를 고꾸라뜨린 다음 등에 걸터앉아서 내 머리채를 붙들고 바닥에 얼굴을 마구 내리찧었다. 구경나온 아이들은 피트를 에워싼 채 환호하고 있었다. 코에서 피가 흐르고 입술은 찢어졌으며 눈가에는 멍이 시퍼렇게 들었다. 얼굴은 며칠이 지나도 가라앉지 않을 정도로 퉁퉁 부어올랐다. 때마침 선생님 한 분이 지나가다가 피트를 잡아 일으켰고 우리 둘은 교장실에 끌려갔다. 교장 선생님은 만약 한 번만 더 교장실에 불려오면 바로 퇴학을 시키겠다고 눈을 부라리며 윽박을 질렀다.

피트에겐 아무런 벌도 주어지지 않았다. 곧장 각자의 교실로 돌아가라는 교장 선생님의 명령과 함께 교장실을 막 빠져 나왔을 때, 피트가 내 팔을 붙들고 말했다. "너 죽었어, 지금 당장 결판을 내자."

"네가 벌써 이겼잖아." 내가 말했다.

"까불지 말고 이리 따라와." 피트가 말했다.

나는 두려웠다. 그 애는 나를 죽일 것처럼 보였고 퇴학 따위는 겁내는 것 같지 않았다. "싫어." 나는 완강하게 버텼다.

"그럼 언제든지 결판을 내고 싶으면 나한테 와. 기다리고 있을 테니까."

우리 둘은 각자 교실로 향했다. 내가 우리 반에 들어섰을 때 수업은 이미 시작돼 있었다. 재미있는 이야기를 많이 해서 아이들로부터 인기가 있었던 선생님은 내가 나타나자 수업을 멈추고 나를 물끄러미 쳐다보았다. 그리고는 다시 고개를 돌려 아이들을 향해 말했다. "누군가 했더니 싸움꾼 러셀이네." 일순간 교실은 웃음바다가 되었다. 나는 그 선생님을 증오했다. 학교를 증오했고 무엇보다 피트를 증오했다.

그날 이후 나는 사냥감이 된 듯한 기분이 들었다. 나는 피트가 결판을 낼 생각으로 내게 다가오지 않을까 두려웠다. 나는 피트를 피하기 위해 생활습관까지 바꾸었다. 점심시간에 나는 결코 교실 밖을 나서지 않았다. 학교 앞마당은 언제라도 피트와 마주칠 수 있는 곳이었기 때문에, 나는 못 다한 숙제를 하는 척하며 교실에 그대로 남아 있었다. 나는 피트의 집이 어딘지 알아낸 다음 그 근처 두 블록 안으로는 절대로 가지 않았다. 나는 피트의 등하교 길을 피해 다녔고 충분히 안전한 곳에서도 누가 따라

오나, 먼발치 앞에 위험의 조짐은 없나 살피며 걷는 버릇이 생겼다. 연약한 짐승이 포식자를 피하기 위해 조심스럽게 밀림을 헤치듯 나는 대도시에서 생존하기 위해 필수적인 반사신경을 발달시켜야 했다.

곧이어 나는 대도시의 밤거리엔 또 다른 위험이 있음을 알게 되었다. 내가 열두 번째 생일을 맞은 날, 어머니는 내게 「볼티모어 뉴스 포스트」와 「선데이 아메리칸」을 배달하는 일을 새로 시작하게 하셨다. 「볼티모어 뉴스 포스트」는 석간이었지만, 「선데이 아메리칸」은 토요일 자정이 넘어 나왔기 때문에 일요일 새벽에 배달을 해야 했다. 나는 일요일이면 새벽 2시에 울리는 자명종 소리를 듣고 일어나, 어머니와 도리스를 깨우지 않기 위해 까치발로 살금살금 집을 나섰다. 새벽길은 언제나 등골이 오싹했다. 깜깜한 빈 거리에 어쩌다 날카로운 고양이 울음소리가 적막을 찢으면 온몸에 소름이 돋으면서 머리카락이 쭈뼛 곤두섰다. 그러던 어느 새벽, 나는 평소보다도 훨씬 음산한 분위기 속에 잠자리에서 일어났다. 그 전날 아래층에 시신이 하나 들어와 있었고, 장례 때마다 맡게 되는 온갖 냄새와 삶은 새우 냄새가 집 안 전체에 낮게 깔려 있었다.

나는 아래층 거실을 통과하기에 앞서 일단 기운을 얻기 위해 부엌으로 가서 우유를 한잔 마시기로 했다. 벽을 더듬어 전등 스위치를 올리는 순간, 나는 바퀴벌레 일개 대대가 들뜬 벽지 틈 사이로 재빨리 숨는 광경을 보고 비명을 지를 뻔했다. 우유를 다 마신 다음에도 나는 여전히 아래층에 누워 있는 손님 곁을 지나

제11장 크리스마스 선물 241

갈 마음의 준비가 되지 않았다. 나는 닥치는 대로 음식을 먹어치우며, 거실 탁자에 올려놓기 위해 전날부터 나무를 깎아 만들기 시작한 비행기 모형을 이리저리 살펴보았다. 비행기를 떠올릴 때마다 나는 성탄절만큼이나 기분이 좋아졌다. 전투기를 타고 깜깜한 밤하늘을 날다가 리히토펜*의 빨간 전투기와 마주쳐 공중전을 벌이는 상상을 하면 나는 희열과 흥분에 들떠 다른 생각을 할 수가 없었다.

나는 숨 막히는 공중전을 머릿속에 그리면서, 신문 꾸러미를 뜯을 때 사용하는 조그만 칼을 주머니에 넣고 어깨에는 기다란 가죽끈을 걸쳤다. 그 가죽끈이 있어서 15킬로그램이 넘는 신문의 무게를 엉덩이 위에 분산시킬 수 있었다. 나는 현관으로 이어지는 계단을 향했다. 침침한 노란 불빛이 계단을 스멀스멀 올라왔다. 나는 계단을 내려갈 때마다 스스로 허둥대는 것처럼 보이지 않기 위해 애썼지만, 집 밖으로 나온 다음엔 언제나 내 걸음이 얼마나 빨랐는지 알 수 있었다. 이번에는 몸을 의자에 파묻고 졸고 있는 문상객이 한 사람 있었다. 관은 열려 있었고, 관 안에는 콧수염이 난 노신사가 꼼짝도 하지 않고 누워 있었다.

차가운 공기가 정신을 맑게 해주었다. 시야에 적막감이 감도는 도시의 풍경이 들어왔다. 볼티모어는 그때까지 내가 경험해 본 곳들 가운데 볼만한 게 가장 없는 곳이었다. 편평한 지붕에

---

* 만프레드 폰 리히토펜. 제1차 세계대전 당시 영국과 프랑스의 전투기 80대를 격추시킨 독일의 격추왕.

네다섯 단의 대리석 계단, 그리고 빨간 벽돌로 쌓아올려진 똑같은 모양의 집들이 담과 담을 맞대고 끝없이 이어졌다. 도시 전체가 단조로움 그 자체였다. 어둠이 깔린 거리에 침침한 가스등 불빛이 비치면 볼티모어의 밤 풍경은 더욱 삭막한 모습을 드러냈다. 하지만 수십 부씩 끈으로 묶여 있는 신문 다발을 칼로 톡톡 끊어내는 재미나, 모두들 잠들어 있는 시각에 신문에 뭐가 났는지 제일 먼저 알 수 있다는 것은 무척이나 신나는 일이었다. 그즈음 신문엔 히틀러, 무솔리니, 체임벌린 그리고 스탈린의 이름이 부쩍 자주 오르내리고 있었다. 전쟁의 먹구름이 다가오고 있었다.

그렇지만 그날 새벽에 실린 헤드라인은 좀 다른 것이었다. 소름끼치는 기사였다. 신문의 1면에는 경찰이 촬영한 사진 한 장이 대문짝만하게 실려 있었는데, 사진에는 신문지로 대충 감싼 상자가 하나 찍혀 있었다. 기사의 요지는 정신질환자로 추정되는 인물이 살인을 저지른 뒤 시체를 토막 내서 볼티모어의 하수구 여기저기에 버렸다는 내용이었다. 나는 전체의 기사를 대충 훑어본 뒤에 그나마 조금 안도할 수 있었다. 지금까지 발견된 시신의 토막들은 모두 우리 집에서 멀리 떨어진 볼티모어 동부 지역에서 나왔다는 것이었다. 그러나 경찰은 아직까지 피해자의 머리는 찾아내지 못했으며, 설상가상으로 용의자에 대한 단서조차 밝혀내지 못했다고 발표했다.

몇 달 전 볼티모어에서는 '어둠이 내릴 때'라는 영화가 상영되었는데, 그 영화는 자신이 살해한 사람의 머리를 나무상자에 넣어 들고 다니는 어느 살인자의 이야기를 다루고 있었다. 나는 그 영화를 봤다. 그리고 그 기사를 작성한 기자 역시 그 영화를 본 게 틀림없었다. 왜냐하면 그 기자는 어쩌면 범인이 피살자의 머리를 들고 볼티모어의 밤거리를 배회할지도 모른다고 썼기 때문이다. 「선데이 아메리칸」에는 선정적인 기사가 많이 실렸다. 나는 그런 부류의 신문들이란 간혹 사실을 부풀리거나 과장해서 보도한다는 것을 잘 알고 있었다. 하지만 새벽 2시가 넘은 시각, 볼티모어 서부 지역의 인적 없는 거리에 혼자 서 있는 상황에서는 아무리 타당한 회의론이라 할지라도 내게 위안이 되지 못했다. 어쨌든 신문은 배달해야 했다. 거기엔 의문의 여지가 없었고 나 역시 그렇게 할 준비는 되어 있었다. 다만 나는 배달을 마칠 때까지 텅 빈 거리에서 그 누구와도 마주치는 일이 없기만을 바랐다.

가죽끈으로 동여맨 신문 한 꾸러미를 엉덩이에 걸친 채 나는 유니언 광장을 중심으로 롬버드가 구역을 먼저 돌았다. 그쪽은 내가 배달하는 구역 가운데 제일 좋은 곳이었다. 거리의 조명도 밝았고 사람들도 매주 토요일마다 구독료를 꼬박꼬박 잘 내는 편이었다. 평일에 나오는 「볼티모어 뉴스 포스트」 엿새치가 12센트였고 일요일판인 「선데이 아메리칸」은 5센트였다. 그렇게 해서 일주일치 구독료는 17센트였다. 롬버드가는 적막에 잠겨 있었고 길모어가도 그랬다. 거리엔 아무런 소리도 들리지 않았고 그림자 하나 보이지 않았다.

첫 번째 구역의 배달을 다 마친 뒤 나는 두 번째 구역을 돌기 위해 다시 신문 다발이 놓인 지점으로 돌아왔다. 이번에는 프래트가를 돌 차례였다. 그 동네는 구독자들 절반 이상이 구독료를 제때 내지 않는 사람들이었다. 그 동네 사람들은 구독료가 51센트나 68센트가 되도록 밀리는 경우도 허다했다. 그러다가 결국 신문 투입을 중지하겠다고 협박하면 그제야 17센트, 많이 주면 34센트를 내놓으면서 다음 주에는 밀린 돈을 한꺼번에 다 주겠노라 얘기했다. 프래트가를 돌기 싫었던 가장 큰 이유는 그곳에 낡은 아파트가 밀집해 있었기 때문이다. 그곳 사람들은 내게 건물 안까지 들어와서 집집마다 현관문 앞에 신문을 놓고 가기를 요구했다. 어떤 건물은 내부에 불이 들어오지 않아서 나는 벽을 더듬으며 캄캄한 계단을 올라갔고 어쩌다 복도에 놓인 물건들에 발이 걸려 넘어지기라도 하면 들고 있던 신문을 죄다 바닥에 떨어뜨렸다. 불빛이라곤 전혀 없는 복도 바닥에 엎드려서 신문 20부를 다시 주워 모으기란 쉬운 일이 아니었다. 나는 그 동네를 돌 때면 늘 지뢰밭을 지나는 군인처럼 걸었다.

나는 그날 새벽엔 건물 안으로 들어가지 않기로 했다. 미치광이 살인마와 아직 찾지 못한 피살자의 머리에 관한 기사가 실린 신문을 배달하기 위해 깜깜한 계단을 더듬으며 올라가고 싶은 생각은 전혀 없었다. 간혹 계단이나 복도에서 무언가 물컹한 것에 걸려 넘어지는 경우가 있었다. 술에 취해 고꾸라져 자는 사람들이었는데 만약 그날 그런 일을 겪게 된다면 나는 까무러치고 말 것 같았다. 그래서 나는 신문을 아래층 중앙 현관에 쌓아두는 대신에, 다음 번 구독료를 받으러 갈 때 돈을 못 내는 사람들을 한번 봐주기로 했다.

세 번째 구역을 돌기 위해서 신문 다발이 놓인 지점에 다시 돌아왔을 때 나는 이미 지쳐 있었다. 나는 신문더미 위에 걸터앉아서 잠깐 쉬기로 하고 한 부를 꺼내 뒤적거리기 시작했다. 나는 그 시각에 자연스럽게 어울리는 소리들——먼 곳을 지나는 전차의 종소리, 집 없는 개들이 쓰레기통을 뒤지는 소리, 아련히 멀어지는 소방차의 사이렌 소리——에 익숙해 있었다. 때문에 나는 친숙하지 않은 소리들도 쉽게 구별해 낼 수 있었다. 그런 소리들은 잠재적인 위험 요소이기도 했다. 그때였다. '말썽꾸러기들The Katzenjammer Kids'이라는 영화에서 들었던 것과 똑같은 소리가 멀리서부터 들리기 시작했다. 발자국 소리였다. 남자의 발자국 소리였다. 누군가 동쪽에서부터 내 쪽으로 걸어오고 있었다.

나는 한 블록 떨어진 곳에서 어른거리는 그의 형체를 발견했다. 나는 얼른 신문 꾸러미를 안아서 가죽끈으로 동여매고 그가 다가오는 방향의 오른쪽으로 비껴가기 위해 잰걸음을 옮겼다. 그쪽 길은 어둡기도 하거니와 중간에 두 개의 샛길이 있었다. 만일 그가 나를 쫓아온다면 나는 신문을 내팽개치고 도망을 칠 작정이었다. 나는 샛길 모퉁이에서 재빨리 몸을 숨겼다. 갑자기 발걸음 소리가 들리지 않았다. 궁금했다. 나는 고개를 살짝 내밀어 네거리를 내다보았다. 그는 조금 전까지 내가 있었던 자리에 멈춰 서서 어느 쪽으로 갈까 마음을 못 정한 듯 두리번거리고 있었다.

마침내 그가 걷기 시작한 방향은 내가 있는 쪽이 아니었다. 그는 유니언 광장 쪽으로 발걸음을 돌렸다. 그가 가스등 아래에 잠시 멈춰 서 있는 동안 나는 그를 자세히 살펴볼 수 있었다. 땅딸막한 키에 짙은 색깔의 코트를 걸친 그는 깃을 올려 세우고 있었다. 불빛에 비친 그의 머리는 은발이었고 나무상자 같은 것은 들고 있지 않았다.

괜한 상상으로 겁을 낸 것이었다. 나는 그가 아마 늦도록 술을 마신 사람일 거라고 생각했다. 일요일 새벽에는 그처럼 술에 취해 비틀거리는 사람들이 종종 눈에 띄었다. 한번은 그런 취객 중에 내게 다가와서 신문을 산 사람이 있었는데, 그는 25센트짜리 동전을 내고 거스름을 받아가지 않았다. 이번에도 그런 행운이 있을 뻔했는지도 모르지만, 어쨌든 그는 이미 멀리 사라진 뒤였다. 나는 한결 가벼운 마음으로 세 번째 구역을 돌기 시작했다. 신문을 거의 다 돌리고 이제 마지막 남은 서너 부를 들고 발걸음도 가볍게 매켄리가를 돌아드는 순간이었다. 나는 검정색 코트를 입은 남자와 정면으로 맞닥뜨렸다. 그는 은발 머리에 코트 깃을 세우고 있었다.

"안녕." 그가 인사를 건넸다.

눈앞이 캄캄해지면서 나는 아무 말도 할 수 없었다. 나는 로봇 인형처럼 배달이 남아 있는 집을 향해 뻣뻣하게 걸음을 옮겼다.

"아저씨가 같이 걸어도 되겠지?"

공포가 엄습했다.

"말벗도 없이 혼자 걸으면 심심할 거야." 그가 말했다.

나는 고개를 가로저었다. 맙소사, 심심하다고?

"어이쿠, 춥다. 그렇지?"

제11장 크리스마스 선물

춥기는커녕 온몸이 땀에 젖고 있었다.

"나도 심심해." 그가 말했다.

나는 기계적으로 문 발치에 신문을 떨어뜨리며 계속해서 걸었다. 드디어 마지막 집 앞에 신문을 떨어뜨리고 돌아섰을 때 밝은 조명 아래에서 그의 모습이 또렷이 드러났다. 그렇게 말쑥한 차림의 신사는 본 적이 없었다. 분명히 그 동네에 사는 사람은 아니었다. 어딘가 부자 동네에서 온 사람으로 보였다. 구두는 반짝반짝 윤이 났고, 코트는 맞춤으로 한 것처럼 몸에 잘 맞았다. 흐릿한 가스등 불빛 아래로 드러난 그의 눈매는 아주 매서웠다. 가까이서 보니 머리는 은발이 아니라 하얗게 센 것이었다. 단정하게 다듬어진 머리는 기름을 발라 뒤로 넘겨져 있었다. 그에게선 향수 냄새도 풍겼다.

"저 이제 집에 가야 돼요." 나는 어깨를 죄고 있던 버클을 늘어뜨리며 말했다. 가죽끈을 접어서 버클이 맨 끝에 매달리게 하면 그것은 일종의 호신용 무기가 될 수 있었다.

"집에 가기에는 너무 이른 것 같은데." 그가 내 옆에 붙어 나란히 걸으며 말했다. "내가 아는 곳에서 지금 파티를 하고 있거든. 거기 같이 안 갈래?"

그때 시각이 새벽 4시 반이었다.

"저 지금 피곤해요."

"너 파티 안 좋아하니? 거기 가면 예쁜 여자애들 많은데."

"다음에 갈게요." 나는 대답했다. 이제 집이 가까워지고 있었다. 나는 호주머니 속에 손을 넣어 현관문 열쇠를 꼭 움켜쥐었다.

"여자애들이 끝내주게 예쁘다니까." 그가 말을 이었다. "거기 가면 여자애들이랑 그거 할 수도 있어." 나는 그의 말을 믿지도 않았거니와, 혹 믿었다 하더라도 그를 따라가는 일은 없었을 것이다. 그런 여자들에 대해 상상해본 일은 있었지만 상상과 현실은 엄연히 다른 것이었다. 더군다나 남자들과 그걸 하는 여자들이라면 일요일 새벽 4시 반에 나 같은 아이와 시간을 보낼 리가 없다는 것쯤은 알고 있었다.

드디어 롬버드가에 들어섰다. 이제 집까지 단숨에 내달을 수 있는 거리였다.

"내 말 좀 들어보라니까." 그는 집요하게 따라붙었다. "너한테 예쁜 여자애 한 명 소개해 줄게. 그 애는 열네 살인데 그걸 아주 잘해."

"전 여자애들 안 좋아해요." 내가 말했다.

나는 이제 열쇠를 호주머니에서 꺼내 꼭 쥐고 있었다. 일순간 나는 퉁겨지듯 계단을 뛰어올랐다. 열쇠를 현관문 손잡이에 다급하게 끼웠지만 그도 나만큼이나 빨랐다. 그는 내가 열쇠를 돌리기 직전에 내 앞을 가로막고는 손으로 날 제지했다. 나는 필사적으로 몸을 비틀며 들고 있던 가죽끈을 힘껏 휘둘렀다. 그러나 그렇게 가까운 거리에서는 제대로 타격을 가할 수 없었다. 가죽끈은 툭 소리를 내며 그의 어깨를 힘없이 때렸을 뿐이었다.

하지만 갑작스런 적대적 태도에 놀랐는지 그는 멈칫하며 계단 아래로 물러서서 나를 가만히 쳐다보았다.

"내 얘기 좀 들어봐. 거기 가면 아주 재미있다니까." 그는 아주 낮은 목소리로 속삭였다.

"싫어요."

그가 다시 내게로 한 걸음 다가왔다. 나는 다시 한 번 가죽끈을 힘껏 휘둘렀다. 가죽끈은 철썩 소리를 내며 그의 얼굴을 때렸고 그는 손으로 뺨을 감싼 채 뒷걸음을 쳤다. 나는 재빨리 열쇠를 돌려 문을 열고 안으로 들어가서는 문을 걸어 잠갔다. 나는 그 상태로 문에 기대어 한참을 서 있었다. 온몸이 땀에 범벅이 되어 있었고 손은 부들부들 떨렸다. 집안은 조용했고 1층 거실에선 문상객이 아직도 의자에 앉아 졸고 있었다. 관 속에 누운 노신사도 꼼짝 않고 있었다.

정오가 다 되어 잠자리에서 일어난 나는 어머니와 그 누구에게도 그 얘기를 하지 않기로 마음먹었다. 며칠 후, 토막 살인사건의 범인이 검거되어 「볼티모어 뉴스 포스트」에 그의 사진이 실렸다. 범인은 애인의 변심에 격분하여 칼로 여자를 잔인하게 살해한 까만 머리의 수염이 덥수룩한 부두 노동자였다. 그로부터 몇 달이 지나도록 나는 낮 시간에 피트와 마주치지 않기 위해 신경을 곤두세운 것처럼, 일요일 새벽이면 백발의 그 남자와 마주치지 않기 위해 늘 주위를 두리번거렸지만 다행히 두 번 다시 그를 볼 수 없었다.

신문 배달을 하며 나는 일주일에 3달러를 벌었다. 어머니는 정기구독 신청 접수로 버는 수입과 별도로 매달 윌리 외삼촌이 부쳐주는 돈을 받고 있었다. 하지만 우리가 얼마나 궁핍했는지를 내가 완전히 이해하기까지는 1년의 세월이 더 필요했다. 어느 토요일 아침, 어머니는 도리스와 내게 장을 보러 같이 가자고 하셨다. 그즈음 내게는 신문 배달을 쉽게 할 수 있도록 어머니께서 사주신 작은 손수레가 하나 있었는데, 어머니는 그 손수레를 끌고 가자고 하셨다. 우린 집을 나섰다. 우리가 늘 먹을거리를 사던 식료품점을 지나 프레몬트가에 이르도록 우린 계속해서 걸었다. 볼티모어 서쪽에 위치한 프레몬트가는 흑인들이 밀집해 사는 가난한 동네였다.

"다 왔다." 프레몬트가와 페이에트가가 만나는 모퉁이에 이르러 어머니가 말했다. 얼핏 보면 식료품점 같아 보이는 곳에서 사람들이 불룩한 봉투를 안고 나왔다. 그러나 그곳은 상점이 아니었다. 나는 거기가 어떤 곳인지 잘 알고 있었다.

"우리 구호식량 받는 거예요?" 나는 어머니에게 물었다.

"모르면 잠자코 있고 어서 손수레나 끌고 들어와." 어머니가 말했다.

나는 시키는 대로 했다. 손수레에 식료품이 채워지는 광경을 나는 수치심과 흥분이 뒤섞인 가운데 바라보았다. 내가 좋아하는 음식은 하나도 없었다. 커다란 포도주스 깡통 몇 개와 옥수수와 쌀, 말린 자두가 들어 있는 봉투들이 차곡차곡 실렸다. 비록 맛있는 음식은 없었지만 이 모든 것을 돈 한 푼 내지 않고 가져갈 수 있다는 사실이 잘 믿기지 않았다. 그 많은 것들을 공짜로 얻었다는 얼떨떨한 기분은 집이 가까워지면서 차츰 당혹감으로 바뀌어 갔다. 구호식량을 받는다는 것은 창피스러운 일이었다. 내가 아는 사람들은 모두 정부의 구호식량을 받는 사람들을 자존심도 없는 게으름뱅이라고 조롱했다. 어머니 역시 언젠가 이웃에 구호식량을 타다 먹는 사람들을 가리켜 똑같은 얘기를 한 적이 있었다. 어머니로부터 배운 바에 따르면 그런 사람들은 이미 희망이 없는 사람들이었다. 이제 우리도 그들보다 하나도 나을 게 없는 처지가 되었다.

나는 앞에서 끌고 도리스는 뒤에서 우리의 불명예의 증거들이 수레에서 떨어지지 않도록 잘 살피며 따라오고 있었다. 나는 어머니의 기분이 내가 짐작하는 것보다도 훨씬 좋지 못하다는 것을 알아챘다. 어머니는 그런 수치스러움을 감내할 수 있는 분이 아니었다. 나는 옆에서 나란히 걷고 있는 어머니의 모습을 바라보았다. 어머니는 평소처럼 머리를 꼿꼿이 세우고 보통 때와 같은 걸음으로 걷고 있었다. 어머니는 설령 인생을 포기하는 일이 있을지라도 그것을 전혀 내색하지 않을 분이었다. 나는 집으로 돌아오는 길에 단 한 번 조심스럽게 입을 열었다.

"엄마, 우리 이제 구호식량 받으면서 살아요?"

"그건 네가 신경 쓸 일이 아니다." 어머니는 짧게 대답했다.

내가 걱정했던 것은 한눈에 식별이 가능한 구호식량들이 행여 이웃사람들 눈에 띄지 않을까 하는 것이었다. 정부의 구호품은 단번에 표시가 났다. 포도주스 깡통, 말린 자두와 쌀 그리고 옥수수가 담긴 봉지엔 모두 '정부 구호품'이라는 것을 광고라도 하듯 아무런 상표도 붙어 있지 않았다. 그건 글을 못 읽는 사람이라도 알 수 있는 표식이었다. 누군가 우리를 발견하게 된다면 온 동네가 우리 얘기로 입방아를 찧을 게 틀림없었다. 그때 내게 영감이 떠올랐다.

"손수레를 끄니까 땀이 나네요." 내가 말했다. "스웨터를 벗을래요."

더운 날씨는 아니었다. 오히려 쌀쌀한 편이었다. 나는 스웨터를 벗어서 수레 위에 올려놓았다. 내 스웨터는 손수레에 담긴 물건들을 완전히 가리지는 못했다. 어머니도 갑자기 더워지신 것 같았다.

"좀 덥긴 하다, 그렇지?" 어머니는 말을 마치자마자 외투를 벗어서 손수레 위에 덮어씌웠다. 이젠 완전히 가려졌다.

"너도 외투 벗을래, 도리스?" 어머니가 물었다.

"전 안 더워요. 추운데." 도리스가 대답했다.

어차피 도리스의 외투는 필요 없었다. 우리는 어머니의 외투만으로도 인생의 낙오자들이라는 사실을 드러내지 않고 무사히 집에 도착할 수 있었다.

나는 우리가 극빈층임을 그때 깨달았다. 때문에 어머니가 나를 위해 간혹 큰돈을 쓰실 때 놀라지 않을 수 없었다. 어머니께서 내게 주일 예배에 입고 갈 정장을 사주셨을 때도 그랬다. 니커보커스*에서 긴 바지로의 변화는 사춘기, 어른들의 표현으로는 "난감한 나이"에 접어들었음을 알리는 일종의 표식 같은 것이었다. 원자폭탄과 마찬가지로, '십대'라는 용어도 아직 생겨나기 전이

---

* 무릎 아래에서 졸라매는 활동성이 좋은 아동용 바지로 1920년대 이후 영어권 국가에서 유행했다.

제11장 크리스마스 선물 253

었다. 사춘기가 되었다고 해서 각별한 배려와 관심이 주어지는 일은 없었지만 긴 바지를 입는 것만큼은 확실한 변화였다. 특별한 의식 같은 것은 없었다. 다만 옷을 사줄 어른——내 경우엔 어머니——을 따라 시내에 나가서 "어디 긴 바지 좀 봅시다"라는 말에 옷가게 점원의 몸놀림이 바빠지는 것을 보게 될 뿐이었다.

나는 어머니를 따라 리버티가에 있는 고급 의류매장을 찾았다. 어머니는 내가 니커보커스를 입기에는 너무 커버렸다고 판단하고는, 내게 입힐 주일 예배용 정장을 고르면서 점원에게, "어디 긴 바지 좀 봅시다"라고 하셨다. 당시 친척들이나 친구들이 나를 가리켜 일컫던 말들은 '말라깽이', '갈비씨' 그리고 '뼈다귀'처럼 귀에 거슬리는 것들뿐이었다. 어머니만 나를 "훤칠하다"고 하셨다.

매장의 점원은 구색을 갖춰 여러 벌의 옷을 보여주었다. 정장 디자이너들은 내 나이의 고객들은 전혀 고려하지 않는 것 같았다. 어른들의 옷과 다를 게 하나도 없고 크기만 작을 뿐이었다. 어머니는 점원에게 상의를 더블브레스트로 보여 달라고 했다. "훤칠한 남자애들은 더블브레스트가 잘 어울리잖아요." 어머니가 말했다.

점원도 맞장구를 쳤다. 그는 게리 쿠퍼도 더블브레스트 차림일 때 더욱 돋보인다고 했다. 그가 한 벌을 새로 내놓으며 입어보라고 권했다. 잘 해지지 않는 옷감의 감촉이 거칠기만 했다. 색깔은 초록색이었는데, 봄에 움트나는 새싹이 아니라 오래된 청동상이 연상되는 그런 초록색이었다. 그 위로 가늘게 밝은 회색 줄무늬가 지나갔다. 아마도 그 옷을 만든 디자이너는 처음엔 사기꾼에 어울리는 스타일을 염두에 두고 있다가 중간에 갑자기 은행가를 겨냥한 디자인으로 마음을 바꾼 것 같았다.

"글쎄요. 애한테 잘 어울리는 건지 모르겠네요." 어머니가 말했다.

옷에 대한 어머니의 취향은 대담한 디자인보다는 무난한 스타일에 기울었다. 하지만 나는 속으로 거기 있는 옷들이 하나같이 비싸서 결국엔 이도저도 사지 못하게 될 거라고 생각했다. 그 옷의 가격은 20달러였다. 바지 두 벌이 딸린 가격이라 해도 너무 비쌌다. 나는 점원의 말을 듣자마자, "비싸서 안 되겠네요"라고 말했다.

"그건 네 생각이고," 어머니께서 말씀하셨다. "집안의 기둥이 되는 남자가 신사처럼 보이기 위해서라면 그 정도의 돈은 아무것도 아니다."

점원과 한참 이야기를 주고받은 끝에 어머니는 계약금으로 3달러를 내고 매달 할부금으로 3달러를 내는 조건을 얻어냈다. 내 야윈 체구에 그 옷은 허수아비에 커튼을 걸쳐놓은 것 같았다. 어머니는 상의가 헐렁한 것은 게리 쿠퍼의 어깨가 점점 벌어지는 모습을 상상하는 것으로 넘어갈 수 있었지만, 바지통은 어떻게든 고쳐줄 것을 요구했다. 바지통은 다리와 수박 한 통씩이 들어가면 딱 맞을 것 같았다. 점원은 매장의 숙련된 재단사들이 별 어려움 없이 바지를 고칠 수 있을 거라고 말했다. 마침내 다 고쳐진 옷을 집으로 가져와서 교회에 처음 입고 가는 일요일 아침이었다. 바지통을 워낙 많이 줄인 탓에 양쪽 엉덩이의 주머니 두 개는 맞붙어 있었고 그 위로 재봉질을 한 솔기가 정확하게 내 꼬리뼈에 닿았다.

어머니는 감탄을 하셨다. 당신의 품안에서 자라나는 게리 쿠퍼의 환영을 보면서 어머니는 "이젠 어디 내놓아도 손색이 없겠구나"라고 말씀하셨다. 그러고 나서 어머니와 나는 교회로 향했다.

어머니가 뻔한 수입을 쪼개 알뜰하게 모으는 솜씨는 흡사 마술을 부리는 것처럼 보였다. 그해 겨울 성탄절을 앞둔 어느 날, 어머니께서 일을 나가시고 도리스는 부엌에 있는 동안 나는 어머니의 침실 열쇠를 찾아내서 문을 열고 방 안을 들어가 보았다. 어머니의 침실은 1층에서 올라오는 계단과 바로 붙어 있었기 때문에 어머니는 밖에 나가실 때는 항상 침실 문을 잠그고 열쇠는 따로 숨겨놓는 곳에 두셨다. 방문을 열고 들어간 나는 한쪽 벽에 커다란 검정색 자전거가 세워져 있는 것을 보았다. 나는 그 자전거를 한눈에 알아보았다. 그것은 볼티모어가에 있는 어느 상점 앞에 진열되어 있던 중고 자전거였다. 나는 그 거리를 지날 때마다 그 자전거에서 눈을 떼지 못했지만 15달러나 하는 가격 때문에 내겐 그림의 떡일 뿐이었다. 어머니는 이번에도 어떻게든 계약금만 지불할 돈을 긁어모아서 성탄절 아침에 나를 놀라게 해줄 계획을 갖고 계셨던 것이다.

나는 어머니께서 나를 위해 그처럼 큰돈을 쓰셨다는 사실에 다시 한 번 놀랐다. 동시에 어머니의 방을 마음대로 들어가는 바람에 성탄절 아침 나를 놀라게 해주려던 어머니의 비밀 계획을 망가뜨리고 말았다는 생각이 들어 마음이 편치 못했다. 나는 어머니의 사랑이 담긴 비밀을 알아내고 싶은 생각이 추호도 없었다. 하지만 우연히 그것을 미리 알아버린 이상, 어머니의 행복감을 짓밟았다는 자책감을 떨칠 수가 없었다. 나는 방을 빠져나와 열쇠를 제자리에 갖다놓고 심각한 고민에 빠졌다.

나는 성탄절이 될 때까지 아무런 내색도 하지 않기로 했다. 자전거에 대한 비밀을 내가 알고 있다는 낌새를 절대로 노출해서는 안 되는 것이었다. 어머니의 계획을 내가 알고 있다는 사실이 드러나지 않기 위해서는 말 한마디, 행동 하나에까지 주의를 기울여야 했다. 그 어떤 것도 내가 기뻐하는 모습을 흐뭇하게 바라보실 어머니의 행복감을 앗아갈 수는 없었다.

나는 내 방에서 몰래 환호성을 내지르는 연습을 했다. "와, 자전거다!" "이게 꿈이에요, 생시예요?" 등등. 나는 영화에서 미키 루니 같은 등장인물들이 소원이 이루어졌을 때 내뱉는 대사들을 연구했다. 그러나 내 부족한 연기력으로는 결정적인 순간에 마음으로부터 우러나오는 진실한 감정 표현을 오히려 망쳐 버릴 것 같았다. 어쩌면 너무 기쁜 나머지 할 말을 잃은 듯한 표정을 짓는 것도 괜찮을 것 같았다. 그런데 그것도 쉬운 일이 아니었다. 영화의 등장인물들은 말없이 고마움을 표현하는 장면에서 꼭 눈물을 흘렸기 때문이다. 나는 손거울을 들고 온갖 연기를 다 해보았다. 입을 딱 벌리고 눈을 휘둥그레 뜨는 표정, 턱이 빠질세라 양 손으로 볼을 받친 채 놀라 어쩔 줄 몰라 하는 모습, 방긋 웃으면서 달려가 포옹을 하는 동작 등, 나는 며칠 동안 연습에 연습을 거듭했지만 어떤 연기에도 자신이 생기지 않았다. 나는 성탄절 아침을 기다렸다가 그냥 부딪쳐 보기로 했다.

성탄절이 되면 어머니는 딴 사람이 된 것처럼 아주 다정다감해지셨다. 성탄절이 일주일 앞으로 다가오면 어머니는 집에서 만든 맥주를 깡통에 담아 밀봉해서 효모가 발효되도록 욕실에 보관해 두셨다. 욕실 옆에 붙어 있는 주방에 앉아 있다 보면 가끔 욕실에서 펑하며 깡통이 터지는 소리가 들렸다. 하지만 어머니는 터지는 것을 감안해서 늘 넉넉한 양을 준비하셨다. 어머니는 예쁘게 포장한 선물들을 당신의 옷장 안에 넣어두고 소녀와 같은 기쁨을 맛보셨다. 성탄을 하루 앞두고 어머니는 신들린 듯이 음식을 만드셨다. 케이크와 파이를 만들고 소나무와 산타클로스 모양의 생강쿠키도 구워내셨다. 오후에는 도리스와 나를 데리고 키 작은 소나무가 한 가득 쌓인 시장에 나가 크리스마스트리를 고르셨다. 어머니는 정확하게 좌우 대칭인 나무를 찾기 위해 수십 그루의 나무를 헤집곤 하셨다. 거실에 크리스마스트리를 세우고 장식하는 일은 도리스와 나의 몫이었다. 어머니께서 성탄 전야 식사를 준비하시는 동안 우리는 온갖 장식으로 크리스마스트리를 꾸몄다. 그날 저녁 식탁의 한가운데에는 언제나 굴 요리가 놓였다. 어머니는 굴을 싫어하셨지만 그날만은 굴을 드셨다. 굴은 어머니가 어린 시절을 보낸 버지니아에서 전통적으로 성탄 전야에 먹는 음식이었다. 굴 요리를 통해 어머니는 '아빠'에 대한 그리움에 다시 젖어드는 것이었다.

어머니는 도리스와 내가 잠자리에 들기 전에는 크리스마스트리 밑에 선물을 갖다놓지 않으셨다. 우리는 이미 산타클로스 따위를 믿지 않았지만, 어머니는 어떤 신성한 존재로부터 주어지는 선물에 대한 유년기의 신화는 간직되어야 한다고 믿으셨다. 어머니는 이 날 단 하루를 위해 1년 동안 허리띠를 졸라매셨다. 어머니는 '크리스마스 클럽' 적금 통장에 매월 적은 돈이나마 꾸준히 저축을 하셨다.

성탄절 이른 아침, 어머니는 "산타 할아버지가 어떤 선물을 두고 갔는지" 보라 하시며 우리를 흔들어 깨우셨다. 이미 산타클로스에 대해 우리가 모든 것을 알고 있다는 사실을 의식한 탓에 어머니의 말투는 묘한 반어적 분위기를 풍겼다. 나는 어머니와 도리스를 위해 준비한 선물을 들고 내 방을 나왔다. 도리스도 양손에 선물을 들고 거실로 나왔다. 어머니는 밤사이 크리스마스트리 밑에 선물을 갖다 놓으셨다. 그런데 그곳엔 포장된 작은 상자 하나와 도리스의 몫인 커다란 인형 하나가 전부였다. 자전거가 없었다. 내 표정에 실망한 기색이 역력했을 것이다.

"올해는 산타 할아버지가 너한테 별로 신경을 안 쓰신 것 같구나." 내가 선물 포장을 뜯는 동안 어머니께서 말씀하셨다. 셔츠와 넥타이였다. 나는 억지로 밝은 표정을 지으려 했다. "중요한 건 마음이래요." 하지만 속으로는 아주 쓰디쓴 실망감이 들었다. 나는 어머니가 비싼 자전거 값을 감당하지 못하고 결국 자전거를 도로 갖다 주셨구나 하고 생각했다.

"참!" 어머니가 손가락으로 딱 소리를 내셨다. "깜빡할 뻔했구나."

어머니는 고갯짓으로 도리스를 불러 당신의 침실로 데리고 들어가셨다. 잠시 후, 어머니와 도리스가 양쪽에서 커다란 검정색 자전거를 끌고 나타났다. 나는 기쁜 마음을 억지로 연기할 필요가 없었다. 우리 세 식구는 모두 감정 표현을 억제하는 것에 익숙한 사람들이었지만, 그때 내가 보인 반응은 어머니는 물론 나 자신조차 놀랄 만했다. 나는 어머니를 와락 끌어안고 볼에 입을 맞추었다.

"애 좀 봐, 그만 됐다. 자전거 하나 가지고 뭘 그러니?" 어머니께서 말씀하셨다.

하지만 나는 어머니의 모습에서 내가 느끼는 행복감을 어머니도 똑같이 느끼고 계시다는 것을 알 수 있었다.

제12장

허브 아저씨

✤

어머니가 해럴드 고모부 댁에서 만난 어느 아저씨와 교제를 시작했을 때 나는 열네 살이었다. 올루프 아저씨와의 일 이후로 나와 외삼촌들을 빼고는 어떤 남자도 가까이하지 않던 어머니가 '데이트'를 한다는 사실에 나는 묘한 기분이 들었다. 하지만 별로 걱정할 일은 아니었다. 두 분의 사이는 가끔 영화를 같이 보고 아이스크림 가게에 들러서 도리스와 나를 위해 아이스크림을 사들고 오는 정도였다. 두 분은 애기 고모와 해럴드 고모부와 함께 코코아를 마시며 카드놀이를 하기도 했다. 아저씨의 이름은 허버트 오리슨이었는데, 어머니는 내게 그분을 '허브 아저씨'라고 부르게 했다. B&O 철도회사에서 근무한 허브 아저씨는 경제적으로 안정되어 보였다. 내가 그렇게 판단한 근거는, 아저씨의 1934년형 시보레와 언제나 말쑥한 차림의 정장과 회색 중절모에 있었다.

나는 아저씨가 어머니에게 구애를 하고 있으리라고는 꿈에도 생각해보지 못했다. 나는 오랫동안 '집안의 기둥'이 아니었던가? 경쟁자는 상상도 할 수 없었다. 더군다나 나 자신의 문제와 씨름하기에도 바쁜데 허브 아저씨 같은 주변부의 인물까지 돌아볼 여유는 없었다. 1939년 노동절*을 앞둔 어느 날 독일군이 폴란드를 침공하면서 제2차 세계대전이 유럽 전역으로 번지고 있었다. 나는 매일 오후 긴박한 전황을 알리는 신문을 배달했지만, 전쟁은 내게 멀게만 느껴졌다. 나는 진흙탕 같은 사춘기의 고민에 빠져 허브 아저씨와 아돌프 히틀러의 위협 따위는 신경 쓸 겨를이 없었다.

내 침대 매트리스 밑에는 낡아서 다 떨어진 「스파이시 디텍티브」 한 부가 숨겨져 있었다. 그 잡지는 신문 배달을 하다가 우연히 쓰레기통에서 발견한 것이었다. 잡지를 읽고 또 읽는 동안 심장은 요동치듯 뛰었다. 잡지에 실린 이야기의 주인공은 뭉툭한 턱을 가진 형사였는데, 그는 여자의 하얀 허벅지를 훔쳐보거나 아니면 '달콤한 토마토'**를 끌어안고 탐욕스럽게 자신의 가슴으로 여자의 가슴을 밀어 올리는 일이 잦았다. 모든 이야기들이 하나같이 형사의 품에 안긴 여자의 가슴이 위로 불룩하게 밀려 올라가는 순간만 되면 훼방꾼이 나타났다. 예를 들어 형사를 겨

---

* 미국과 캐나다의 노동절은 9월의 첫 월요일이다.
** 속어, 풍만한 육체를 가진 여자.

냥한 총에 토마토가 맞아서 죽거나 하면, 나는 그 악당이 몇 분만 늦게 나타났더라면 과연 무슨 일이 벌어졌을까 상상하곤 했다. 나는 항상 때를 잘못 맞춰 나타나는 악당들이 원망스러웠다.

내 품에 안겨 가슴을 밀어 올릴 토마토는 절대로 없을 것이라는 확신이 나를 고통스럽게 만들었다. 나는 여자애들 앞에만 가면 얼굴이 달아오르고 온몸이 움츠러들었다. 나는 내 몸에 대한 열등감이 심했다. 나는 너무 말랐었다. 머리는 빗어도 잘 넘어가지 않았고 춤도 출 줄 몰랐다. 어떤 여자애가 날 보고 미소를 지어주면 나는 얼굴이 화끈거려서 못 본 척 고개를 돌렸다. 미소로 답한다거나 말을 건네는 것은 상상도 못 할 일이었다.

내 짝사랑은 라레인이었다. 가슴이 크지는 않았지만 그건 별로 중요하지 않았다. 그 애를 향한 마음은 순수해야만 했다. 어깨에 닿을 듯 찰랑찰랑 윤이 나는 검은머리와 푸른 눈을 가진 라레인의 단정하고 숙녀다운 모습을 보면서, 그 애의 가슴이 나를 포함한 어떤 남자의 가슴에라도 닿는 것을 상상한다는 것은 있을 수 없는 일이었다. 라레인은 내가 신문을 배달하는 동네에 살았는데 나는 그 애도 내 마음을 읽고 있다고 확신했다. 라레인은 거리를 지나가는 내게 여러 차례 윙크를 하며 미소를 지어주었다. 그때마다 나는 못 본 척하고 그냥 지나갔다. 나는 중학교에 다니며 『왕의 목가牧歌』를 읽고 있었다. 테니슨의 시에서 영향을 받은 나는, 위기에 처한 라레인 아가씨와 그녀를 구하기 위해 나선 용감한 기사를 머릿속에 그렸다. 공상 속의 기사는 물론 나였다. 나는 갑옷을 입지는 않았다. 나는 말보다는 비행기에 더 끌렸다. 눈을 감으면 파렴치한 악당들이 어여쁜 라레인 아가씨를 강제로 비행기에 태워 그들의 은신처로 날아가는 모습이 보였다. 나는 하얀 스카프를 바람에 휘날리며 조종간을 잡고 놈들을 뒤쫓았다. 나는 늘 아슬아슬한 순간에 놈들을 덮쳤다. 라레인을 욕보이려는 놈들을 사정없이 때려주고 나면 라레인이 다가와 내게 키스를 하려고 한다. 하지만 난 언제나 그것을 거부한다. 우리의 순수한 사랑은 키스에 의해 더럽혀져서는 안 되었다.

어느 날, 짝사랑의 이름을 입에 한번 올리고 싶은 생각에 나는 도리스 앞에서 무심코 그 이름을 꺼내는 실수를 저질렀다. 나는 무관심한 듯한 말투로 도리스에게 물었다. "너 혹시 라레인인가 뭔가 하는 애 알아?"

"오빠, 라레인한테 관심 있는 거 아니지?"

"무슨 소리야? 난 여자애들 신경도 안 써."

"그럼 됐어. 그 애 멀리하는 게 좋아. 그 애는 카페 방랑자야."

충격적인 말이었다. 그윽한 눈빛의 아름다운 내 사랑이 카페 방랑자라니!

나는 카페 방랑자가 뭔지 몰랐다. 그런 단어는 들어본 적이 없었고 그 이후로도 두 번 다시 듣지 못했다. 도리스가 어디서 그런 단어를 배웠는지 알 수 없었지만 어쨌든 나쁜 뜻임엔 틀림없었다. 나는 늦은 밤 내가 깊은 잠에 든 시각, 담배연기 자욱한 볼티모어 남부의 어느 술집에서 술에 취한 남자들에게 기대어 가슴을 밀어 올리는 내 사랑 라레인의 모습을 그려보았다. 나는 태어나 처음으로 정조가 없는 여자를 사랑하는 한 남자의 고통을 뼈아프게 느꼈다.

그 일은 내가 허브 아저씨라는 위협적인 존재를 신경 쓰기는커녕 나 스스로의 문제들과 씨름하기에도 벅찼다는 사실을 보여주는 한 가지 예에 불과하다. 나의 또 다른 문제는 다른 사람들의 시선을 지독하게 의식했다는 것이다. 어머니의 심부름으로 처방전을 들고 약국에 마그네시아유乳를 사러 간 날, 나는 약국 앞에서 족히 한 시간을 서성거렸다. 마그네시아유는 변비약이었다. 변비약은 창자와 관련이 있고, 변비와 창자의 연상은 창피한 것이었다. 내가 만일 약국에 들어가서 마그네시아유를 달라고 하면, 사람들이 모두 나를 쳐다보면서 나의 창자를 떠올릴 것만 같았다. 그런 수치는 생각하는 것만으로도 고통스러웠다. 마침내 계산대 주위에 아무도 없는 틈을 타서 나는 약사에게 다가가 속삭이듯 말했다. "마그네시아유 한 병만 주세요."

"뭐라고?"

내 귀에는 약사의 말이 사람들 다 들으라는 고함처럼 들렸다. 나는 조금 더 큰 목소리로 다시 말했다. "마그네시아유 한 병만 주세요."

약사는 약을 내밀었고 나는 돈을 지불했다. 거스름돈을 받으며 나는 이대로 돌아갈 수는 없다고 생각했다.

"이건 제가 먹을 게 아니에요."

"어른이 드시는 거니? 그럼 더 큰 병으로 줄까?" 약사는 계속 고함을 질러댔다.

"아뇨, 그게 아니라요, 그냥 이건 제가 먹을 게 아니라고요. 이

약 먹을 사람은 따로 있거든요."

약사는 뒷걸음치며 약국을 빠져나가는 나를 재미있다는 듯이 쳐다보았다. 나는 그가 온 동네에 내가 변비약을 사 갔다는 소문을 퍼뜨릴 거라고 생각했다.

앙상한 내 몸을 드러내지 않기 위해서는 셔츠를 벗어야 하는 모든 상황을 피하는 도리밖에 없었다. 이는 곧 해수욕장이나 수영장에 절대로 가지 않는 것을 의미했는데, 고등학교 입학과 동시에 이마저도 불가능해졌다. 고등학교 입학 첫날, 나는 학교 안에 국제 기준의 수영장이 있고 모든 재학생에게 수영이 필수 과목이라는 사실에 눈앞이 캄캄해졌다. 게다가 모든 학생이 완전히 발가벗고 수영을 해야 한다는 얘기를 듣고는 거의 기절하는 줄 알았다. 예외는 없었다. 전교에 ─ 그곳은 남학교였다 ─ 바싹 마른 내 모습이 웃음거리가 될 생각을 하면서 나는 자살을 심각하게 고려했다. 하지만 그보다는 모욕을 당하는 쪽을 택했다. 수영장에서 옷을 벗고 정렬해 있는 동안 내게 손가락질을 하거나 놀리는 사람은 없었다. 하지만 나는 그것이 모두들 내 갈빗대의 수를 세느라 집중하고 있기 때문이라고 생각했다. 나는 수영 시간마다 뼈만 앙상한 내 몸에 신경을 쓰느라 4년을 배우고도 졸업할 때까지 수영을 전혀 하지 못했다.

나는 내 약점을 만회하기 위해 내가 잘하는 것 한 가지에 전력을 기울였다. 바로 공부였다. 좋은 성적을 받으면서 어느 정도 자신감을 얻기도 했다. 나는 곧 지적 우월감에 빠지기 시작했다. 그것은 고등학교를 특별 이수과정으로 다니면서 더욱 심해졌다.

학업 속도가 빠른 학생들을 대상으로 한 그 프로그램은, 4년간의 특별 과정을 이수하면 대학교를 2학년부터 시작할 수 있을 만큼의 충분한 학점을 부여했다. 물론 당시 내가 대학에 진학할 가능성은 전혀 없었다. 어머니의 보잘것없는 수입으로는 턱도 없는 일이었다. 하지만 어머니는 특별 이수과정에 대한 이야기를 듣자마자 일단 지원이나 해보라고 내 등을 떠밀었다.

"적어도 대학 공부 1년은 거저 하는 셈 아니냐." 어머니는 말했다. "게다가 네가 고등학교 졸업할 무렵에는 뭔가 좋은 일이 생길지 누가 알겠냐?"

어머니의 판단으로는 그것이 내 출세를 위한 또 하나의 기회인 이상, 가능성 따위는 따질 때가 아니었다. 특별 이수과정 전형에 합격한 학생은 8학년을 마치고 9학년 과정부터는 고등학교에서 공부할 수 있었다. 나는 내가 다니던 중학교를 떠날 수 있다는 사실이 무엇보다도 기뻤다. 만일 그때 발가벗고 수영을 하는 것에 대해 미리 알았더라면 망설였을지도 모른다. 물론 어머니의 강요에 결국에는 지원했겠지만.

모든 재학생이 책벌레가 되기를 요구한 그 학교는 시티 칼리지라는 이름을 가지고 있었는데, 그 이름은 학교가 실제로 시립대학교였던 19세기로부터 유래했다. 그리고 그 학교는 이름에 걸맞게 졸업생 다수를 명문대에 진학시키는 최고의 명문 고등학교들 가운데 하나였다.

시티 칼리지에서 나는 주로 고전주의를 공부했다. 자연과학의 비중은 그리 높지 않았지만 그래도 졸업할 무렵엔 고급수학에 정통할 것이 요구됐다. 통사론, 수사학, 그리고 영문학이 특히 강조되었고, 독일어 2년, 프랑스어 3년 그리고 라틴어는 4년 내내 배워야만 했다. 라틴어를 이수할 무렵 우리는 카이사르, 키케로, 베르길리우스, 오비디우스, 호라티우스 그리고 리비우스를 통독하게 되었다.

그곳은 학교 운동장에 머리통을 짓이기려고 덤벼드는 아이들이 배회하는 중학교와는 완전히 딴 세상이었다. 나는 열의가 넘치는 학구적 분위기를 좋아하게 되었다. 학교는 집에서 전차로 한 시간 거리에 있는 고급 주택가에 위치하고 있었다. 교사校舍는 마치 반달족의 침입으로부터 문명세계를 지키기 위해 쌓아올린 중세의 요새처럼, 볼티모어에서 가장 높은 언덕 위에 웅장한 규모로 지어진 석조 건물이었다. 학생들은 볼티모어 전역에서 모여들었다. 대부분의 학생들이 공부에 관한 한 내로라하는 수재들이어서 나보다 뛰어난 학생들이 많아 보였다. 두 학기를 마치고 학교 당국은 학업을 따라가지 못하는 학생들을 대거 일반 고등학교로 돌려보냈다. 스물다섯 명의 소수 정예만 살아남은 가운데, 내가 거기 끼었다는 사실이 나로 하여금 나 자신을 완전히 새롭게 보게 만들어 주었다. 동시에 나는 평범한 사람들과 그들의 일상사를 우습게보기 시작했다.

도리스가 잘 안 풀리는 수학 문제를 들고 왔을 때, 나는 도리스의 풀이 방법에 코웃음을 치면서 삼각함수가 얼마나 복잡하고 어려운지를 열심히 설명해 주었다. 나는 어머니에 대해서도 이전과는 다른 생각을 갖게 되었다. 그때까지 어머니는 내게 가정

교사나 다름없었다. 어머니는 내가 읽기에 싫증을 낼 때 억지로 읽게 만들었고, 숙제를 할 때 항상 어깨너머로 지켜보았으며, 너무 어렵다고 불평을 터뜨리면 기운을 북돋아주는 영원한 선생님이었다. "침착하게 문제를 잘 살펴보면 답이 보일 거다." 그래도 답이 보이지 않으면 어머니는 내 옆에 자리를 잡고 직접 문제를 풀어주셨다.

과거의 나는 대학에서 셰익스피어와 라틴어를 접해본 어머니의 지식을 늘 우러러보았다. 시티 칼리지에서의 첫해에 학생들은 카이사르를 배웠는데, 내가 해석에 어려움을 느낄 때마다 어머니는 옆에서 늦도록 불을 밝히고 라틴어의 격변화와 동사변화를 상대로 씨름을 벌이는 나를 도와주셨다. 어머니는 카이사르의 글을 잘 알고 계셨다. 하지만 키케로와 베르길리우스로 가면서 나는 내 라틴어 실력이 이미 어머니를 능가하고 있음을 감지했다. 나는 마치 바다 한가운데에서 허우적대는 사람을 뒤로 하고 파도의 도움을 받아 뭍을 향해 헤엄쳐가는 수영 선수와도 같았다. 그러는 중에도 어머니는 계속해서 내 옆에 늦은 시각까지 머물며 당신이 내게 도움이 되고 있다고 믿으셨다.

"얘야, 뭐 잘 안 되는 거라도 있니?"

"키케로요. 이 부분은 도저히 해석이 안돼요." 나는 책을 어머니 쪽으로 밀어보이며 말했다.

어머니는 책을 한참이나 뚫어지게 쳐다보면서 나름의 해석을 시도했다. 나는 어머니의 해석이 원래의 뜻에서 한참 빗나갔음을 알고 있었다. 내가 한 해석도 그리 잘된 것은 아니었지만 어머니의 것보다는 훨씬 나았다. 그때까지만 해도 나는 어머니에게 상처를 주지는 않았다. 다만 고개를 끄덕이며 이렇게 말할 뿐이었다. "고마워요. 그렇게 해도 될 것 같네요."

어머니는 점차 내가 라틴어를 혼자 공부하는 것을 기특하게 여기셨다. 나는 이제 어머니를 훨씬 앞서고 있었다. 똑같은 과정이 수학에서도 일어났다. 옆에서 수학 공부를 도와주려 했지만 2차 방정식을 가까스로 넘긴 이후 삼각함수와 해석 기하학이 나오자 어머니는 내가 혼자 헤엄을 치도록 내버려 두었다. 어머니와 나를 이어주던 끈 하나가 끊어지는 순간이었다. 어머니는 더 이상 내 가정교사가 되지 못했다.

지적 교만이 자라면서 나는 어머니에 대한 우월감을 확인하며 그것을 즐기기 시작했다. 나는 어머니의 대학생활과 라틴어 수업 그리고 교직생활에 대한 얘기를 수없이 들었다. 그러나 이제 그 모든 이력에도 불구하고 어머니가 더 이상 나를 쫓아올 수 없다는 사실에 나는 통쾌함을 느꼈다. 어느 날 저녁, 나는 어머니에게 당신의 라틴어 실력이 얼마나 형편없는지 직접 보여주고 싶은 잔인한 충동을 느꼈다.

학교에서 우리는 아이네이스Aeneis를 배우고 있었다. 그날 수업에서 우리는 "forsan et haec olim meminisse iuvabit"로 끝나는 난해한 문단을 공부했다. 선생님의 도움으로 겨우 해석해낸 그 문장의 뜻은, "언젠가 우리는 오늘의 시련을 즐겁게 회상하리라"였다. 그날 밤 숙제를 하면서 나는 어머니 앞에 책을 내밀며 해석이 영 안 된다는 표정을 지어보였다. "이 부분 한번 해석해 보실래요?"

어머니는 책을 집어 들고 그 문단을 가만히 들여다보았다. 그리고는 라틴어 사전을 뒤적이기 시작했다. 그날 수업 중에 이미 그 구절이 얼마나 해석하기 까다로운지 경험한 나는 속으로 키득대고 있었다. 어머니는 힘겹게 한 문장 한 문장을 엉터리로 해석하면서 마지막 구절을 이렇게 끝마쳤다. "어쩌면 오늘이 회상에 도움이 되어 주리라."

"말이 너무 어색한데요." 나는 말했다.

어머니는 미안해하는 표정으로 말했다. "엄마는 아이네이스를 배우기 전에 대학을 그만두었잖니." 나는 들은 척 만 척했다.

"이렇게 해석하는 게 더 낫지 않겠어요?" 나는 선생님으로부터 배운 대로 문단 전체를 쭉 해석하면서 마지막 구절을 천천히 낭독하듯 읽었다. "언젠가 우리는 오늘의 시련을 즐겁게 회상하리라."

"이미 알고 있으면서 왜 물었니?"

"어머니는 더 잘하실 줄 알았죠."

"너나 실컷 잘해 봐라." 어머니는 자리를 박차고 일어났다.

그날 밤 어머니와 나를 이어주던 또 하나의 무엇인가가 끊어지고 말았다. 아주 잔인한 일이었지만 나는 그날 최초로 유년으로부터의 독립을 선언했다.

그러나 실상 내가 독립할 준비가 전혀 되어 있지 못하다는 사실을 깨닫기까지는 몇 달이 채 걸리지 않았다. 어느 날 오후 학교에서 돌아와 보니 어머니가 집에 계시지 않았다. 그건 별로 놀랄 일이 아니었는데, 신문 배달을 마치고 6시쯤 집에 돌아왔을 때에도 어머니는 여전히 집에 계시지 않았다. "엄마 어디 가셨어?" 나는 도리스에게 물었다.

"엄마랑 허브 아저씨랑 같이 나가셨어." 도리스가 대답했다.

그것도 그리 놀랄 일은 아니었다. 아마 두 분은 아이스크림을 사들고 곧 집에 돌아올 것이었다. 그런데 그게 아니었다. 어머니는 혼자 오셨다. 어머니는 옷을 근사하게 차려입고 있었는데 거기까지도 괜찮았다. 어머니는 허브 아저씨를 만날 때면 항상 옷을 곱게 차려입으셨으니까. 그때 기절초풍할 얘기가 어머니의 입에서 나왔다. 어머니는 오후에 허브 아저씨와 엘리콧에 다녀오는 길이라고 말씀하셨다. 그리고는 도리스와 내게 미소를 지으며 아무렇지도 않게 말씀하셨다. "엄마 오늘 허브 아저씨랑 결혼했다."

어머니는 지극히 사무적인 어투로 말씀하셨다. 흡사 식료품 가게에 갔더니 치즈 값이 올랐다더라 하는 것처럼. "엄마 오늘 허브 아저씨랑 결혼했다." 어머니의 말은 마치 세상에서 제일 흔해빠진 일이 결혼이라는 것처럼 들렸다. 도리스와 나는 그 자리에 멍하니 서 있었다. 허브 아저씨는 식을 마친 뒤 어머니와 같이 오시지 않았다. 아저씨는 하루나 이틀 뒤 우리 집으로 들어오실 예정이었다. 어머니는 방 배치를 다시 하기 전까지 도리스를 거실 소파에서 자도록 했다. 하지만 모든 것이 똑같을 것이었다. 우리끼리 살 때와 달라질 것은 아무것도 없었다. 다만 우리의 생계를 책임질 사람이 생겼을 뿐이다.

나는 놀라서 아무 말도 할 수 없었다. 갑작스럽게, 한 마디 언급이나 상의도 없이, 나는 '집안의 기둥' 자리에서 밀려났다. 우리 집, 어머니가 그토록 힘겹게 얻어낸 우리 집도 더 이상 우리만의 것이 아니었다. 낯선 사람이 주인이 되는 것이었다. 나는 허브 아저씨를 가끔씩 아이스크림을 사들고 오는 점잖고 마음씨 좋은 아저씨로 여겼다. 하지만 단 한순간에 내 마음은 닫히고 말았다. 기가 막혀서 아무 말도 못하고 있던 내 대신에 도리스가 도저히 피해 갈 수 없는 질문을 던졌다.

"엄마, 허브 아저씨를 아빠라고 불러야 돼요?"

"네 좋을 대로 하렴." 어머니께서 대답하셨다.

"난 못 해요." 나는 무심결에 내뱉었다. "그 사람은 제 아버지가 아니에요."

내 목소리와 표정에 분노가 스며있었음에 틀림없다. "애야, 엄마를 봐서라도 기뻐해 줄 수 없겠니?" 어머니께서 말씀하셨다.

"물론 기뻐요." 나는 거짓말을 했다. "하지만—"

"그럼 됐다. 네가 허브 아저씨라고 부른다고 해도 그분은 별로 섭섭하게 생각하지 않으실 거다. 자, 그럼 저녁이나 먹자." 어머니는 부엌으로 가서 음식을 준비했고, 식사를 마친 다음 도리스와 함께 설거지를 하셨다. 그날은 마치 세상에서 제일 평범한 날이 결혼식 날인 것처럼 지나갔다.

허브 아저씨는 다음날 들어오셨다. 우리에게는 그날이 대공황의 마지막 날이었다. 오후에는 전화회사에서 나온 기사가 초인종을 누르고 들어와 전화기를 어느 방에 놓을 거냐고 물었다. 허

허브 아저씨

브 아저씨는 직장의 호출에 언제든 달려가기 위해 전화기가 필요했다. 기사가 전화 가설을 마쳤을 때 우리는 생애 최초로 전화기가 있는 집에서 살게 되었다. 문명의 이기들이 가정에 보급되기 시작하던 시절이었다. 9년 세월을 고생한 끝에 우리도 새로운 시대에 다다르게 되었다. 우리는 더 이상 구호식량에 의지할 필요가 없었다. 어머니로서는 비록 젊음은 시들었을지언정 마침내 세상이 당신의 꿈 앞에 무릎을 꿇는 것으로 비쳐졌을지도 모른다. 하지만 그것은 내 꿈과는 아무 상관이 없었다. 나는 분노로 끓어올랐다. 곧바로 나는 새아버지를 향한 무자비한 적대 행위에 돌입했다.

허브 아저씨의 머릿속에 남아 있는 최초의 기억은 불에 타 숨진 당신 어머니의 모습이었다. 1899년의 일이다. 아저씨는 당시 다섯 살이었다. 6월 어느 오후 아저씨는 당신의 어머니와 함께 부엌에 있었다. 아저씨의 어머니는 석유통을 들고 스토브 주위에서 무언가를 하고 있었다. 그때 아이의 눈에 확 타오르는 불꽃이 보였다. 시골 아낙의 옷에 붙은 불길은 순식간에 온몸을 뒤덮었다. 그 비명―사십 년이 지난 후에도 아저씨는 그 비명소리를 잊지 못하고 있었다.

아저씨는 친척집에 맡겨졌다. 열 살이 되자 아저씨는 학교를 그만두고 들판에 나가 일을 해야 했다. 아저씨는 토요일 저녁이면 일주일치 품삯으로 받은 동전 몇 닢을 고스란히 양육에 대한 보답으로 친척집에 갖다 바쳐야 했다. 시간이 흐르면서 점차 아저씨는 탐욕스러운 친척들과 고된 노동에 대한 증오를 키워갔다.

그러나 그것은 험악하고 반항적인 증오가 아니었다. 말없는 아이는 모든 것을 혼자 속으로 삭였다. 크게 웃거나 기뻐하는 일도, 화를 내거나 반항하는 일도 없었다. 어떤 것도 침묵의 자리를 대신하지 못했다. 다만 엷은 미소를 짓는 법을 잊지 않았을 뿐이다. 아저씨는 굵고 거친 머릿결에 곧은 콧날과 넓은 턱, 그리고 운동선수처럼 떡 벌어진 어깨에 얼굴도 잘생긴 편이었다. 소년 허브는 이제 남자가 되어가고 있었다. 골격이 커지고 허벅다리와 팔뚝엔 옥수수 농장의 일꾼다운 근육이 생기고 있었다.

소년의 과묵함 뒤에는 모험과 도전을 향한 강한 충동이 꿈틀대고 있었다. 바야흐로 철도의 시대였다. 미국 전역에서 소년들은 멀리 초원을 가로질러 달리는 기차의 불빛과 기적소리에 밤잠을 설쳤다. 후미진 마을의 옥수수 농장에 갇혀 지내는 소년들에게, 그 기적소리는 마치 넓은 세상 저편에는 보다 나은 삶이 있다고 말하는 속삭임처럼 들렸다. 기적소리를 들으며 밤이 깊도록 잠 못 이루던 소년들은 굉음을 울리며 대륙의 끝까지 달리는 기차와, 기관실 창밖으로 머리를 내밀어 부딪치는 바람에 머리카락을 휘날리는 자신의 모습을 그렸다. 지축을 흔들며 멀리 불빛으로만 가늠하는 도시들을 마음대로 오가는 기관사는 그들을 설레게 하는 궁극의 꿈이었다. 허브 아저씨는 말馬 대신 거대한 기관차를 타고 머리를 기관실 밖으로 내밀어 바람에 머리카락을 휘날리는 기사騎士가 되는 꿈을 꾸었다.

허브 아저씨는 철도회사에 들어갔다. 아저씨가 처음 우리와 함께 살게 되었을 때만 해도 아저씨는 아직 꿈을 완전히 이루지 못하고 있었다. 아저씨는 당시 몇 년째 화부火夫로 일하고 있었다. 그 일은 매 운행시마다 20톤가량의 석탄을 삽으로 화실火室에 퍼 넣어야 하는 중노동이었다. 팔뚝에 감각이 없어지고 얼굴은 새카맣게 그을리며 허리에는 큰 무리가 따랐지만, 그 일은 기관사가 되기 위해 반드시 거쳐야 할 마지막 단계였다. 만일 잘 버텨낸다면, 그리고 고참 기관사들 가운데 누군가 심장마비나 폐렴 혹은 기관실 화재로 세상을 떠나게 되면, 어느 날 회사에서 걸려오는 전화는 이제부터 기관실에서 일하라는 통지가 될 것이었다. 허브 아저씨는 바로 그 단계——전화 통지를 기다리는——에 있을 때 어머니와 결혼을 했다. 아저씨의 나이 마흔 다섯이었고 어머니는 마흔 하나였다.

허브 아저씨에게는 재혼이었다. 첫 번째 결혼이 빨리 파경을 맞은 이유는 알 수 없었지만, 애기 고모에 의하면 아저씨의 전처는 "노는 걸 너무 좋아하는" 여자였다고 한다. 허브 아저씨는 그렇지가 못했다. 아저씨가 가장 재미있게 보내는 저녁이란 친구의 집에서 코코아를 마시며 카드놀이를 즐기는 것이었다. 그리고는 회사에서 전화로 통지되는 배차 시간에 언제든지 달려 나갈 수 있도록 집에 가서 일찍 잠자리에 드는 것이 아저씨의 일상이었다. 오직 일에만 전념하며 아저씨는 기관사가 되는 꿈을 위태롭게 할 수 있는 어떠한 경박한 행동도 삼갔다. 아저씨는 첫 번째 결혼에서 아이를 얻지 못한데다가 사랑을 받아본 기억이 전혀 없는 불우한 유년 시절을 보냈기 때문에, 열네 살짜리 소년에게 아버지 노릇을 어떻게 해야 하는지 전혀 몰랐다.

허브 아저씨가 롬버드가의 우리 집에 처음 들어온 날, 나는 오직 사춘기의 소년들과 식민 치하의 깨어 있는 민중만이 할 수 있는 무언의 저항을 시작했다. 나는 노골적으로 아저씨를 싫어하는 기색은 결코 내비치지 않았다. 그런 점에서 나는 아주 영악했다. 내가 택한 저항의 방법은 기분을 상하게 하는 말은 단 한 마디도 하지 않으면서 아저씨를 철저히 무시하는 것이었다. 그렇게 할 수 있는 방법은 아주 많았다.

식사 중에 대화가 오갈 때 나는 마치 식탁 주위에는 나를 포함해서 세 사람만 있는 것처럼 어머니와 도리스만 쳐다보고 얘기했다. 아저씨가 "감자 건네 다오" 하며 얘기 중간에 끼어들면 나는 그쪽으로는 눈길 한 번 주지 않고 어머니와 도리스에게 하던 얘기를 계속하며 접시만 건네주었다. 아저씨가 직접 나를 향해, 예컨대 "사과소스가 정말 맛있는 것 같지 않냐?" 하고 말을 건네면 나는 쳐다보지도 않고 그냥 "괜찮네요" 아니면 "그저 그런데요" 정도로 대답하고는 아저씨의 입을 완전히 막아버릴 작정으로 어머니를 향해 어려운 화제를 꺼내기 시작했다.

나는 어머니가 그토록 무식한 사람과 결혼했다는 사실에 화가 났다. 아저씨는 아주 간단한 계산을 할 때에도 연필심에 침을 묻혀가며 종이와 씨름했고, 키케로와 셰익스피어에 대해서는 들어보지도 못했으며, 신문은 스포츠면만 읽었음에도 모르는 단어가 나오면 그 뜻을 추측하느라 혼자 중얼중얼하기 일쑤였다. 저녁식사를 하면서 아저씨로 하여금 스스로의 무식함을 깨닫게 만드는 일은 그리 어렵지 않았다. 나는 매일 저녁 아저씨가 눈만 끔뻑끔뻑할 수밖에 없는 얘기들을 쉴 새 없이 쏟아냈다.

어느 날 저녁 나는 어머니에게 말했다. "어머니, 상하 양원제와 일원제가 입법부로 기능할 때 어떤 차이가 있는지 아세요?" 물론 어머니는 알고 있었다. 어머니가 알고 있으리라는 사실은 내가 누구보다도 잘 알았다. 중요한 건 그게 아니었다. 중요한 건 허브 아저씨가 그것에 대해 모르고 있다는 사실이었다. 어쩌면 아저씨는 입법부가 뭔지조차 몰랐을 것이다. 내 목표는, 아저씨가 자신의 무식함을 스스로 느끼게 만드는 것이었고 그러므로 당신이 내게는 관심거리조차 될 수 없음을 깨우쳐주는 것이었다.

직접적으로 모욕을 주지 않으면서도 은근히 아저씨를 괴롭힐 수 있었던 데에 내 교활함이 있었다. 나는 아저씨에게 자칫 완력을 행사할 빌미를 주지 않기 위해 신중을 기했다. 아저씨는 힘이 세고 덩치가 컸기 때문에 나 정도는 한 방에 가루로 만들 수도 있음을 나는 항상 의식했다. 어쩌면 아저씨도 기회만 노리고 있었는지도 모른다. 하지만 언제나 내가 한 수 위였다.

아저씨는 성자와 같은 인내로 내 행동을 참아주었을 뿐만 아니라 내게 다가와 친구가 되려고 무척 애를 썼다. 아저씨는 내가 야구를 광적으로 좋아한다는 것을 알고 있었다. 그건 아저씨도 마찬가지였다. 어느 일요일 아침, 식사 중에 아저씨가 불쑥 말을 꺼냈다. "오늘 오후에 오리올 야구장에서 더블헤더 있는데 보러 갈래?"

나에게 오리올 야구장에서 경기를 관전하는 것보다 더 행복한 순간은 없었다. 하지만 허브 아저씨와 함께라면 천만의 말씀이었다. 아저씨가 그런 얕은꾀로 내 마음을 돌리려 했다면 그건 큰 오산이었다.

"저 숙제 때문에 바빠요." 난 대답했다.

어느 날 저녁, 아저씨는 내 방문에 노크를 하고는 고개만 삐죽 들이밀었다. "들어오세요." 내 말이 떨어지자 아저씨는 빙그레 웃으며 방 안으로 엉거주춤 들어왔다. "나 지금 드라이브하러 나갈 건데, 같이 갈래?"

"저 지금 바빠요."

"운전 가르쳐 줄게." 아저씨가 말했다.

이번 유혹은 아주 강렬했다. 나는 운전을 몹시도 배우고 싶었기 때문이다. 하지만 나는 유혹에 굴복하지 않았다. "저 아직 운전할 나이 아니에요."

"그럼 산책 나가서 아이스크림이나 사 먹는 건 어때?"

나는 고개를 돌려 다시 책에 시선을 묻었다. "저 할 일 많아요." 나는 조용히 문이 닫히는 소리가 들릴 때까지 열심히 책 읽는 시늉을 했다.

허브 아저씨는 걸음걸이가 부자연스러웠다. 아저씨는 마치 요통을 앓는 환자처럼 등을 구부정하게 하고 걸었다. 나는 아저씨가 집에 없을 때 도리스 앞에서 아저씨의 구부정한 걸음걸이를 흉내 냈다. 도리스는 허브 아저씨에 대해 나보다 훨씬 동정적인 시각을 가지고 있었다. "오빠도 평생 삽으로 석탄 퍼 넣는 일을 해봐. 오빠는 그렇게 안 걸을 것 같아?"

도리스의 말에도 아랑곳하지 않고 나는 허브 아저씨의 우스꽝스러운 걸음걸이를 계속 흉내 냈다. 하루는 어머니 앞에서도 그 장기를 펼쳐보였다. 어머니는 불같이 화를 냈다.

"러셀, 당장 그만두지 못하겠니?" 어머니가 말했다. "허브 아저씨가 너한테 얼마나 잘 대해 주셨니? 아저씨를 놀리는 일은 하지 않았으면 좋겠다. 아저씨는 좋은 분이시다. 아저씨가 너에게 해주시는 것의 반의반만큼이라도 했으면 좋겠구나." 아저씨가 '좋은 분'이라고 일컬어졌다면 그것은 어머니로부터 최고의 찬사를 받은 셈이었다. 어머니가 그렇게 얘기하는 사람은 드물었다. 먼저, '아빠'는 '좋은 분'인데다가 특별히 '훌륭한 분'으로 불릴 때도 있었다. 그 다음으로는 앨런 외삼촌이 '좋은 분'이었다. 윌리 외삼촌도 마찬가지였다. 해럴드 고모부는 훗날에야 '좋은 분'이 되었다. '좋은 분'이 되는 것은 쉬운 일이 아니었다. 하지만 일단 그 자격을 얻게 되면 그 누구도, 심지어 사랑하는 아들일지라도 그분들을 웃음거리로 삼는 일은 용인되지 않았다. 어머니의 세계에서 '좋은 분' 곁에는 언제나 '좋은 아내'가 있었다. 허브 아저씨가 '좋은 분'의 반열에 오른 이상 어머니 역시 내조에 온힘을 쏟아 부으셨다. 새벽 3시에 회사에서 전화가 걸려오면 어머니는 자리에서 일어나 아저씨의 아침식사와 점심 도시락을 준비하셨다. 어머니는 아저씨가 좋아하는 파이와 케이크를 구웠고 바퀴벌레와의 전쟁을 벌여나갔으며 집을 항상 깔끔하게 정돈하셨다. 가계부와 세금고지서를 꼼꼼히 챙기셨고 아들이 가장에게 건방진 태도를 보일 때 엄하게 꾸짖으셨다.

나에 대한 허브 아저씨의 인내는 초인적이었다. 아저씨의 그러한 인내심은 어쩌면 옥수수 농장과 친척들로부터 착취를 당하면서도 남몰래 기관사의 꿈을 키우던 어린 시절에서 비롯되었는지도 모른다. 어쩌면 아저씨는 소년기의 깊은 슬픔을 누구보다도 잘 이해하고 있었는지 모른다. 세월이 흘러 내가 나이를 더 먹고 우리가 서로를 더 잘 이해하게 되었을 때, 나는 아저씨를 진정으로 좋아하고 존경하게 되었다. 아저씨는 내가 당신을 그토록 무시하고 괴롭히던 시절에 대해 얘기를 꺼내시는 법이 없었다. 나 역시 그 얘기를 꺼내거나 그 시절의 일들에 대해 용서를 청해야겠다는 생각을 할 수 없었다. 아저씨는 그런 얘기를 나누는 데에는 익숙지 않았다. 내가 그 시절의 얘기를 꺼낼 낌새만 보여도 아저씨는 손을 휘휘 내저으며 말씀하셨다. "에이, 그만하고." 그러면서 아저씨는 화제를 바꾸셨다. "윌리 메이스 말인데, 정말 대단한 선수야."

허브 아저씨는 마침내 기관사로 승진했다. 두 분이 결혼하고 얼마 지나지 않았을 때의 일이다. 아저씨는 아직 정기 노선을 맡지 못했기 때문에 전화만 받으면 언제라도 뛰어나가야 했다. 불규칙한 업무에 시달리는 탓에 아저씨는 항상 피곤해 하셨다. 아저씨에게는 잠깐의 휴식도 늘 아쉬웠다. 밤 10시, 아래층에서 문상객들이 흐느끼는 소리가 들리면 아저씨는 푹 꺼진 눈으로 방을 왔다 갔다 하며 투덜거렸다. "도대체 잠 좀 자려고 하면 꼭 저런다니까." 아저씨가 퇴근을 해서 저녁식사 시간에 맞춰 집에 돌아오면 어머니는 먼저 내 방에 들러 라디오를 끄라고 하셨다. "아저씨는 좀 쉬셔야 돼." 토요일 오후 내가 도리스와 말다툼을 벌이고 있으면 아저씨는 침실에서 고개를 내밀고 말씀하셨다. "얘들아, 나 잠 좀 자자."

한번은 자정이 넘어 일을 마친 아저씨가 피곤한 몸을 이끌고 겨우 곤한 잠에 들었을 때였다. 새벽 2시, 볼티모어의 술집들이 문을 닫을 시각에 전화벨이 울렸다. 아저씨가 일어나 수화기를 들자 낯선 목소리가 들려왔다. "나 베니토 무솔리니야." 장난 전화를 걸어온 사내가 말했다. "일어나서 학교 가야지."

나는 허브 아저씨가 그때만큼 화가 난 모습을 본 적이 없었다. 아저씨가 버럭 내지르는 소리가 얼마나 컸던지 거실 건너편 침실에서 자고 있던 내가 화들짝 잠을 깰 정도였다. 무슨 일이 났는지 방에서 나온 나는 아저씨가 거실에서 씩씩대고 있는 모습을 보았다. "무솔리니! 무솔리니! 바보 같은 놈!" 아저씨가 욕을 내뱉었다. "바보 같은 놈!"은 아저씨가 아는 제일 심한 욕이었다.

아저씨는 장난 전화를 건 용의자로 집주인을 지목했다. 집주인은 리투아니아 사람이었는데, "무솔리니!"라는 말에 강한 리투아니아어 억양이 있었던 것이다. 어머니는 주인집에 전화가 없다는 사실을 들어 아저씨를 진정시켰다. 아저씨는 어머니의 말에 금세 화를 가라앉히더니 잠시 후 씩하고 웃음을 지었다. 아저씨는 화가 난다고 가구를 집어던지는 그런 부류의 사람이 아니었다. "무솔리니," 아저씨는 마치 누군가의 농담을 곱씹는 듯한 표정을 지으며 다시 침실로 들어갔다. "난 잠이나 자야겠소."

아저씨는 식구들에게 이래라 저래라 하는 법이 없었다. 다만 어머니에게 일요일 저녁 식탁에 집에서 구워낸 파이를 올려줄 것과, 우리에겐 라디오에서 워싱턴 세니터스의 경기가 중계 방송되는 동안에 큰소리를 내지 말아줄 것을 부탁하는 정도였다. 아저씨는 세니터스 팀의 열성 팬이었는데, 워싱턴 세니터스는 프로 야구 역사상 전무후무한 약팀이었다. 세니터스가 경기에서 이기는 날이면 아저씨는 황홀경에 빠졌고, 지는 경우에는 무거운 비탄에 잠겼다. 세니터스의 팬들에겐 황홀경에 빠질 일이 별로 없었다. 세니터스 팀이 경기에서 진 날 라디오를 끄는 아저씨의 표정은 흡사 사후 세계를 갔다가 천국이 없음을 확인한 사람처럼 보였다.

아저씨의 또 다른 단점은 내기 도박을 좋아한다는 것이었다. 볼티모어의 대부분의 노동자들처럼 아저씨도 마권馬券을 사곤 했다. 전화로 불법 마권업자에게 2달러를 거는 것이었다. 한번은 40달러를 따고 나서 흥분을 주체하지 못한 아저씨가 그 사실을 어머니에게 말했다. 어머니는 도박의 해악에 대한 일장 연설과 더불어 다시는 마권에 손대지 말 것을 경고한 다음, 35달러를 내놓을 것을 요구했다. 아저씨는 그날 이후 다시는 돈을 땄다는 얘기를 입 밖에 내지 않았다.

아저씨는 어머니 몰래 위스키를 집 안에 숨겨 놓았지만 아주 드물게, 그것도 구급약으로만 사용했다. 아저씨는 속이 안 좋을 때 위스키 한 모금이 특효약이라고 했다. 아저씨는 엄청난 대식가였다. 매 끼니마다 식탁 위에 있는 세숫대야만한 접시는 깨끗이 비워졌고 모든 음식들이 한 번 이상은 더 담겨 와야 했다. 식사를 마친 후 아저씨는 코코넛이나 초콜릿 덩어리가 박힌 파이 한 조각을 항상 후식으로 들었다. 나는 종종 아저씨가 몸을 뒤틀면서 '잔뜩 들어찬 가스' 때문에 신음하는 모습을 볼 수 있었다. 또 늦은 밤에 거실을 요란하게 오가며 다급한 목소리로 어머니에게 외치는 소리도 듣고는 했다. "베티! 소화제 어딨어?"

내가 고도의 심리전을 통해 아저씨를 괴롭혔다면, 어머니는 아무런 잔꾀도 부리지 않고 직접적으로 아저씨를 못살게 굴었다. 천성적으로 남자를 다루는 어머니의 방법은 밀어붙이기 그 자체였다. 만일 남자가 꿈쩍도 하지 않을 경우 어머니는 더 세게 밀어붙였다. 그때 남자가 반격에 실패한다면 그는 최후의 일격을 맞게 되어 있었다. 허브 아저씨는 처음엔 어느 정도 반격을 했지만 결국 전투에 임하는 어머니의 강인한 의지력을 당해내지 못했다. 승리를 확인한 어머니는 맨 처음 아저씨의 은행 계좌를 접수했다. 다음으로는 아저씨의 돈 씀씀이에 제동을 걸었고 점차 옷을 입는 것에까지 영향력을 확대해 갔다. 결국 어머니는 과거에 나에게 하던 방식 그대로 아저씨를 다루게 되었다. 내가 점차로 어머니의 통제에서 벗어나던 바로 그 시점에 아저씨의 포로 생활은 시작되었다.

아저씨는 어머니의 권위적인 성향을 꼬집어 어머니를 '여사님'이라고 부르기 시작했다. 어느 날 저녁 우리 셋은 카드놀이를 하고 있었는데 내가 줄곧 판을 휩쓸자 어머니의 심사가 뒤틀리기 시작했다. 어머니는 무엇이든 지는 건 못 참았다. 더군다나 그때는 내가 한참 어머니에 대한 지적 우월감을 만끽하던 시절이었다. 30분 가량 지난 뒤 어머니가 잠시 자리에서 일어나 밖으로 나갔다. 어머니가 나가자마자 아저씨는 내 쪽으로 몸을 기울이며 미소를 머금은 표정으로 속삭였다.

"여사님이 이기게 해줘."

"이기게 해주다뇨?"

"기분 좀 좋게 해주잔 말이야." 아저씨가 말했다.

아저씨가 비록 키케로와 셰익스피어를 몰랐을지언정 나보다 훨씬 큰 지혜를 가지고 있음을 나는 그때 깨달았다. 나는 그제야 아저씨가 왜 조금 전까지 카드놀이를 하면서 연거푸 터무니없는 실수들을 저질렀는지 이해했다. 어머니에게 작은 행복을 안겨주는 것이 나는 물론 아저씨에게도 평화를 가져다주는 일임을 아저씨는 꿰뚫어보고 있었다. 내가 아저씨로 하여금 내게 무언가를 가르치시도록 마음을 연 것이 그때가 처음이었다. 마침내 어머니는 끗발을 올리며 판을 마감한 후 콧노래를 흥얼거리면서 아저씨와 내게 커피와 케이크를 정성껏 차려주셨다.

1940년 여름, 허브 아저씨는 아버지가 되기 위해 나에게 매달리는 수고를 더 이상 하지 않아도 되었다. 나이 마흔여섯에 마침내 아저씨는 아이를 보게 된 것이었다. 그해 11월, 어머니는 마흔세 번째 생일을 사흘 앞두고 넷째이자 마지막이 될 아기를 출산했다. 딸이었다. 아기의 이름은 허브 아저씨의 어머니 이름을 따서 메리 레슬리로 지어졌다. 아저씨는 아기에게 홀딱 빠져서 인생을 새로 시작하는 사람처럼 보였다. 어머니 역시 어머니 노릇을 처음부터 다시 시작했다. 어머니는 스스로를 오랜 경험이 축적된 육아 전문가로 자처했으며 특히 이번만큼은 아이에게 필요한 모든 것을 다 해줄 생각이었다. 모두 허브 아저씨의 안정된 수입 덕분이었다.

원래부터 어머니의 목표는 임대주택이 아닌 진정한 우리 집을 갖는 것이었다. 이 목표를 이루기 위해 어머니는 갓난아기를 키우기엔 롬버드가의 집이 여러 모로 부적합하다는 논리로 허브 아저씨를 몰아붙였다. 처음에 허브 아저씨는 그 문제에 대해 부정적이었다. 집을 산다는 것은 경제적으로 부담이 너무 컸기 때문이다. 어머니는 아저씨의 반대를 간단히 무시하고 월세의 경제적 손실을 구체적으로 조사한 다음 아저씨를 앞혀놓고 조사 결과를 상세히 설명했다. 언제나 그랬듯이 어머니는 당신의 뜻을 관철시켰다. 1941년 여름, 허브 아저씨는 4,700달러라는 어마어마한 금액에 볼티모어 서쪽 숲이 우거져 있는 지역에 있는 침실 네 개짜리 주택의 매매 계약서에 서명했다.

나는 열여섯 살이었고 시티 칼리지의 졸업반에 다니고 있었다. 나는 아직 허브 아저씨와 살갑게 지내지 못했지만 아저씨가 마련한 새 집의 안락함은 한껏 누렸다. 나는 그런 훌륭한 집에서 살게 되리라고는 꿈에도 생각지 못했다. 그 집은 네 개의 침실과 한쪽 벽면의 길이가 6미터나 되는 넓은 거실을 가지고 있었고 주방의 공간도 넉넉했다. 게다가 푸른 숲과 작은 개울을 한눈에 내다보는 '일광욕실'과, 그네 의자를 매달 수 있을 만큼 널따란 테라스도 있었다. 주방에는 냉동실이 딸린 하얀 냉장고가 있었고, 지하실 바닥에까지 무늬가 그려진 타일이 깔려 있었다. 하지만 무엇보다도 경이로웠던 것은 욕실이었다. 라벤더 빛 전등과 벽에 입혀진 은은한 녹색 타일, 그리고 그러한 경이로움의 백미는 바로 욕조 위에 달린 샤워기였다. 생애 최초로 나는 집 안에서 목욕을 하게 되었다.

나는 이 모든 것에 대해 메리 레슬리와 허브 아저씨에게 고마운 마음을 가져야 했다. 그러나 메리를 귀여워하고 좋아할 수 있었던 것과는 달리, 아직도 내 마음은 허브 아저씨에 대해서 닫혀 있었다. 내가 누리게 된 모든 안락함이 아저씨로부터 왔다는 사실은 철저히 외면하면서, 나는 오히려 아저씨가 내 행복의 열쇠를 쥐고 있다는 사실에 분개했다. 이사 가던 날, 나는 어머니가 그처럼 들떠있는 모습을 일찍이 본 일이 없었다. 새 집은 볼티모어의 어빙턴 지구 메리델가에 위치해 있었다. 어머니로서는 그토록 오래 꿈꾸어 왔던 '우리 집'이 생긴 것이었다. 새 집은 영속성의 공간이었고, 영속성은 어머니의 머릿속에서 '집'이라는 단어로 구현되어 있었다. 어머니는 그 집에서 35년을 살게 되었다.

제13장

진로의 갈림길

※

"어떻게든 되겠지."

내가 고등학교 졸업반에 올라가면서부터 어머니는 그 말을 입버릇처럼 하셨다. 친구분들이 러셀은 졸업하고 뭘 할 거냐고 물을 때마다 어머니의 대답은 늘 똑같았다. "어떻게든 되겠지." 어머니는 뭐가 어떻게 될지는 모르고 계셨다. 확실한 것은 아무것도 없었다. 하지만 어머니는 최선을 다하는 사람들은 어떻게든 되고야 만다는 믿음으로 반평생을 살아오셨다. "그 애가 아직 마음을 정하지 못했는데 어떻게든 되겠지." 어머니는 사람들에게 그렇게 말씀하시곤 했다.

나는 미래가 보이지 않는 가운데 마지막 학창 시절을 우울한 기분으로 보내고 있었다. 나는 일자리를 구하는 것을 당연한 일로 받아들였다. 그러나 내가 받은 교육은 취업에는 전혀 도움이 되지 않았다. 내가 낭만주의 시와 라틴어 통사론을 공부하는 동안 내 또래의 아이들은 제도製圖와 회계 그리고 타자를 배웠다. 나는 못 하나를 박아도 늘 망치로 엄지손가락을 내리치곤 했다. 내가 스스로의 무능함에 대해 푸념을 하고 있으면 어머니께선 이렇게 말씀하셨다. "애야, 어떻게든 되겠지."

"그럴 가능성은 없어요." 하고 내가 풀죽어 얘기하면 어머니는 불편한 마음을 애써 감추며 말씀하셨다. "러셀, 제발 좀 적극성을 가져 봐라. 밝은 면을 보란 말이야."

나는 취업을 해야 한다는 사실에 별다른 거부감을 갖지 않았다. 여덟 살 때부터 일을 해온 내게 일을 한다는 것은 자연스럽게 여겨졌다. 그러나 어떤 일을 직업으로 삼을 것이냐는 문제에 직면해서는 참으로 난감하기 짝이 없었다. 졸업을 한 학기 남겨 둔 그해 겨울 나는 소매업 관련 일을 배워볼 생각을 하게 되었다. 롬버드가에서 메리델가로 이사를 하면서 나는 신문 배달을 그만두었다. 수입을 메우기 위해 나는 홀린스 시장에 있는 대형 식료품점에서 토요일에만 일하는 아르바이트 자리를 구했는데, 그곳에서 나는 열두 시간을 일하고 14달러를 받았다. 그곳은 '셀프 서비스'를 하는, 이를테면 슈퍼마켓의 초기 형태라 할 수 있는 상점이었다. 그렇다고 해서 제2차 세계대전 이후 폭발적인 소비의 시대에 등장한 대형 매장과 비슷했던 것은 아니다. 여름에는 냉방이 되지 않았고 겨울에는 난방이 되지 않았다. 천장에 거미줄이 쳐 있는 지하 창고에는 옥수수와 밀가루 포대들 사이로 생쥐들이 질주를 했다. 내가 담당한 일은 창고에서 물건을 꺼내 매장까지 운반한 다음 검정색 크레용으로 가격을 표시하고 진열대에 쌓아올리는 것이었다. 지하 창고에서 끙끙대며 포대째 옮겨진 밀가루는 위층에서 알루미늄 국자에 퍼 담겨 팔렸다.

점원들에게 가혹한 노예 감독처럼 군림한 지배인 시몬스 씨는, 가게 주인의 성격이 손님을 끌기도 쫓기도 하던 시절에 장사를 배운 사람이었다. 덩치가 좋았던 그는 마치 삼류 코미디언처럼 늘 히죽거리며 매장을 오갔다. 그의 동글동글한 머리는 머리카락이 하나도 없었기 때문에 흡사 대포알을 보는 듯했다. 항상 뿔테 안경에 나비넥타이 차림을 하고 있던 시몬스 씨는 입을 크게 벌려 웃을 때 가지런한 치아를 드러냈는데 이가 무척 커서 마치 혈통이 좋은 경주마를 보는 느낌이 들었다.

매장 안은 온종일 그가 내지르는 고함소리와 실없이 낄낄대는 웃음소리, 농담과 욕지거리로 조용할 때가 없었다. 그는 매장을 분주하게 돌아다니다가 미처 물건을 채워놓지 못한 진열대가 눈에 띄면 길길이 날뛰며 소리를 질렀다. 매장 구석에 있는 정육점에서 여자 손님이 계산을 하고 있으면, 그는 고기 분쇄기 밑으로 미끄러지듯 기어들어가서 상아 같은 앞니를 드러내며 여자 손님을 아래쪽에서 훔쳐보았다. 그리고는 낮은 목소리로 정육점에 있는 점원에게 여자에 대한 음탕한 농담을 던졌다. 매장 전체가 그의 극장이었고, 그는 자신을 주연배우이자 무대감독이며 극장주로 생각했다.

그는 30분을 가만히 있지 못했다. 그는 좀이 쑤신다 싶으면 진열대에 올릴 오트밀을 나무상자에서 꺼내고 있는 점원 뒤로 살금살금 다가갔다. 그리고는 양손을 모아 점원의 엉덩이 한가운데를 푹 찌르고는 낄낄대며 뒷걸음질을 쳤다. 토요일 저녁, 급료로 받은 소액 수표를 들고 식료품을 사기 위해 매장에 몰려드는 사람들은 대부분 가난한 흑인들이었다. 시몬스 씨는 수표를 앞뒤로 살펴보며 미심쩍은 표정으로 신원증명서를 요구했다. 그러다가 꼬질꼬질한 서류가 내밀어지기라도 하면 미간을 잔뜩 찌푸리며 말했다. "그거 더러워서 난 만지기도 싫으니까 당신이 직접 펼쳐서 보여주쇼." 만일 증명서에 아무런 이상이 없을 경우에는 "수표를 받아줄까 말까 생각 중인데 여기서 물건을 얼마나 살 거요?"라고 물었다.

시몬스 씨는 자신이 대단히 천박한 사람임을 숨기려 들지 않았다. 그는 지하 창고의 천장에 조그만 구멍을 뚫어놓고 그 구멍을 통해 위층의 계산대 앞에 서 있는 여자 손님들의 치마 속을 올려다보았다. 그의 구미에 맞는 여자가 매장 안에 들어오면 그는 부리나케 지하 창고로 달려가며 환호성을 질렀다. "이거 죽여주는데! 좀 자세히 봐야겠어." 눈알을 굴리고 입맛을 다시면서 창고로 내려간 그는 밀가루 포대들을 쌓아놓고 그 위에 올라가 천장에 난 구멍에 눈을 바짝 들이댔다.

나는 그곳에서 하는 일이 그다지 재미있지는 않았지만, 적어도 고등학교를 졸업한 후에 정식으로 채용되기 위해서는 그러한 경력이 도움이 되리라 생각했다. 내가 금전출납기 다루는 일을 배우고 싶었던 것도 그 때문이었다. 계산대에서 하는 일은 지배인을 빼고 나면 매장 안에서 가장 그럴듯하게 보였다. 그러나 시몬스 씨는 내게 그런 상을 주지 않았다. 나는 이따금 내가 훌륭한 교육을 받고 있음을 그에게 넌지시 보여주며 그것이 지하 창고로부터의 승진에 도움이 되리라 생각했으나 그것은 실수였다. 그가 나를 잘난 척이나 하는 애송이로 보았기 때문인지, 아니면 자신의 농담에 제대로 웃어주지 않는 것에 앙심을 품었기 때문인지는 모르겠다. 이유야 어떻든, 금전출납기를 두들겨 볼 날을 기다린 것은 헛된 꿈이었다. 어느 날 시몬스 씨가 계산대 일을 거들 사람을 찾아 다급하게 지하 창고에 내려왔을 때, 나는 금전출납기를 만져볼 기회가 내겐 결코 오지 않을 것임을 확실히 깨달았다. 그는 나를 거들떠보지도 않고 에릭을 데리고 올라갔다. 에릭은 흑인이었다. 흑인은 시몬스 씨에게 경멸의 대상이었지만 그래도 나보다는 나았던 것이다. 그 일을 겪은 후 나는 과연 내가 적성에 맞는 일을 하고 있는 것인지 자문하지 않을 수 없었다. 하지만 다른 한편으로, 그 일이 적성에 맞지 않는다면 과연 내가 할 수 있는 일이 무엇이 있겠는가 하는 생각도 들었다.

내가 정말로 흥미를 가지고 있었던 단 한 가지는 글쓰기였다. 물론 나는 열여섯 살짜리 소년이 고등학교를 졸업하고 작가가 된다는 것은 몽상이나 다름없음을 잘 알고 있었다. 나는 글쓰기는 부자들이나 하는 일이라고 생각했다. 그것은 분명히 직업다운 직업이 아니었다. 생계 수단이 될 수 없었던 것이다. 그럼에도 나는 작가가 되고 싶다는 생각을 접지 않았다. 그것은 보잘것없긴 해도 내가 가지고 있는 유일한 재능이나 마찬가지였다. 사람들에게 작가가 되고 싶다고 얘기한다면 비웃음을 샀겠지만,

그것은 적어도 정체성을 갖고 싶은 스스로의 욕구를 충족시키는 방법은 될 수 있었다.

벨빌에서 보낸 유년 시절 이후 작가가 되겠다는 생각이 이따금 머리를 스치고 지나가긴 했지만 그 생각이 뿌리를 내리게 된 것은 고등학교 졸업반 때의 일이다. 그때까지만 해도 나는 영어와 관련된 모든 수업을 지긋지긋하게 생각했다. 문법은 지루했고 이해도 되지 않았다. 나는 '작문'을 해서 내라는 숙제를 무엇보다도 싫어했다. 그것은 내게 중노동이었다. 무미건조한 문장들을 억지로 짜내 문단으로 기워놓은 글은 읽는 선생님이나 쓰는 내게 모두 고역이었다. 또 필독서로 주어지는 고전들은 내게 클로로포름*의 효과를 냈다.

플리글 선생님이 영어 과목을 담당하게 되었다는 소식을 듣고, 나는 가장 따분한 과목을 가장 지루하게 배우게 될 우울한 한 해를 걱정했다. 플리글 선생님의 수업은 학생들 사이에 지루하고 재미없기로 악명이 높았다. 모두들 연세가 예순이나 일흔은 되어 보이는 그분을 고지식하고 시대에 뒤떨어진 퇴물로 여겼다. 플리글 선생님은 고지식한 학자풍의 안경에, 고루한 스타일로 빗어 넘긴 곱슬머리 그리고 언제 보아도 고루한 정장에 빳빳하게 풀 먹인 셔츠 차림이었다. 뾰족한 턱과 오똑한 콧날까지 고루해 보였고, 말하는 태도마저 너무나 고루해 마치 해학적인 골동품을 보는 듯했다.

---

* 마취제로 쓰이는 의약품.

나는 플리글 선생님과 함께할 1년이 얼마나 따분하고 무의미할지 충분히 예견할 수 있었고 한동안 그 예상은 빗나가지 않았다. 우린 「맥베스」를 배웠다. 「맥베스」를 좋아했던 플리글 선생님은 우리도 그 작품을 좋아하기를 바랐지만, 그분의 열정은 전염력이 약했다. 어느 날 선생님은 맥베스 부인의 표독함을 전달하기 위해 큰 목소리로 감정을 불어넣어 작품의 한 대목을 읽었다.

……나는 아기에게 젖을 먹여 보았기 때문에
젖 빠는 아기가 얼마나 귀여운지 잘 알아요.
어린것이 내 얼굴을 바라보며 방글방글 웃는 동안
나는 여린 잇몸에서 내 젖꼭지를 잡아 빼고……

평소 고지식하기 이를 데 없는 플리글 선생님의 젖꼭지가 여린 잇몸에서 쏙 빠지는 상상을 하며 학생들은 고개를 들 수가 없었다. 우리는 소리를 죽여 낄낄거렸다. 플리글 선생님이 읽기를 중단했다.
"자네들, 뭐가 그리 웃긴가? 아이에게 젖을 물리는 것은, 그러니까 모성의 정수라고 할 수 있다. 알겠나?"
선생님은 말끝마다 "알겠나?"를 붙였다. 그것은 질문이 아니었다. 우리의 무지에 대한 일종의 탄식에 가까웠다. "대명사는, 그러니까 선행하는 단어가 있을 경우에만 쓸 수 있다. 알겠나?" 선생님은 아주 점잖게 말씀하시곤 했다. "짐꾼이 등장하는 이 장면의 목적은, 그러니까 으스스한 분위기를 바꿔서 웃음을 제공하는 데에 있다. 알겠나?"

학년이 끝나갈 무렵 우리는 수필을 배웠다. "수필이란, 그러니까……." 나는 기운이 쏙 빠졌다. 여러 장르 중에서도 수필만큼 따분한 것은 없었다. 당연히 우리는 각자 수필을 써서 제출해야 했다. 플리글 선생님은 여러 제목을 제시하며 그 중 하나를 선택해서 글을 지어오는 숙제를 내주었다. '여름 방학에 있었던 일'이 가장 쉬워 보였지만 따분하기로는 대개가 엇비슷해 보였다. 나는 제목들이 적힌 종이를 집에 갖다 둔 채 제출 마감 전날 밤까지도 손을 대지 않고 있었다. 마침내 나는 소파 위에 엎드려 제목들이 적혀 있는 종이를 꺼내 다시 한번 훑어보았다. 내 시선이 멈춘 곳은 '스파게티를 먹는 요령'이었다.

그 제목을 보는 순간 머릿속에 일련의 장면들이 마구 뒤엉킨 채 떠올랐다. 기억의 심연으로부터 밀려 올라온 것은, 어느 저녁 벨빌에서 우리 모두——앨런 외삼촌, 어머니, 찰리 외삼촌, 도리스, 해리 외삼촌——가 식탁에 둘러앉아 팻 외숙모가 만든 스파게티를 먹는 장면이었다. 그 시절 스파게티는 흔하게 먹을 수 있는 음식이 아니었다. 도리스와 나는 그때까지 스파게티를 구경조차 해보지 못했고, 어른들 역시 먹어본 경험이 많지는 않았다. 그날 저녁, 접시에서 입으로 스파게티를 우아하게 가져가는 방법에 대해 제각기 자신의 생각을 말하며 웃음을 터뜨리던 기억이 떠오르면서 앨런 외삼촌의 집에 가득했던 그 모든 유머들이 마음에 되살아났다.

문득 나는 그 기분 좋은 따뜻함에 대해 글을 쓰고 싶어졌다.

하지만 나는 그 글을 플리글 선생님을 위해서가 아니라 순전한 나만의 기쁨을 위해 쓰고 싶었다. 나는 그 추억의 순간을 끄집어내서 혼자 간직하고 싶었다. 나는 뉴 스트리트에서의 즐거운 저녁시간을 글로 다시 살려내고 싶었다. 하지만 내가 쓰고 싶은 대로 글을 쓰면 학교에서 배운 작문의 원칙을 깡그리 무시하는 결과가 빚어질 것이고, 따라서 플리글 선생님은 그 글에 F를 줄 게 뻔했다. 나는 신경 쓰지 않기로 했다. 그 글을 다 완성하고 나서 플리글 선생님께 제출할 글을 새로 쓰면 될 일이었다.

내가 글을 다 완성했을 때 밤은 이미 깊어 새벽으로 가고 있었고, 플리글 선생님께 제출할 글을 새로 쓸 시간은 남아 있지 않았다. 다음날 아침, 내겐 벨빌에서의 개인적인 추억담을 제출하는 것 말고는 다른 선택의 여지가 없었다. 이틀 후 플리글 선생님은 내 것만 빼고 모든 학생들에게 점수가 매겨진 글을 돌려주었다. 플리글 선생님이 내 글을 꺼내들고 학생들에게 주목하라며 교탁을 탁탁 두드렸을 때, 나는 방과 후 따로 내려오라는 선생님의 명령을 들을 마음의 준비를 했다.

"여기들 주목하게," 선생님이 입을 열었다. "지금부터 자네들에게 수필 한 편을 읽어주겠다. 제목은 '스파게티를 먹는 요령'이다."

그리고 선생님은 글을 읽기 시작했다. 내가 쓴 글이었다! 선생님이 모든 학생들 앞에서 내 글을 읽어주었고, 놀랍게도 학급 전체가 귀를 기울이고 있었다. 곧 이어 누군가가 웃음을 터뜨렸고 교실 전체가 웃음바다가 되었다. 비웃음이나 조소가 아닌 폭소였다. 플리글 선생님조차 두어 차례 읽기를 멈추고 특유의 점잖은 미소를 흘렸다.

나는 기쁜 내색을 하지 않으려고 애를 썼다. 하지만 내 글이 사람들을 웃길 수 있다는 놀라운 사실 앞에 마음은 황홀경에 빠져들었다. 나는 고등학교 졸업을 코앞에 두고서야 내 천직이 무엇인지를 발견했다. 내 학창시절을 통틀어 가장 행복한 순간이었다. 플리글 선생님이 글을 다 읽고 나서 덧붙인 한 마디가 내 행복감을 절정에 이르게 했다. "이것이 바로 수필이다, 알겠나? 이런 것을 두고 수필의 정수라고 하는 것이다. 알겠나? 축하하네, 베이커 군."

드디어 내 장래의 가능성에 서광이 비추었다. 물론 그 가능성이라는 것이 대단한 것은 아니었다. 졸업을 한다고 해서 글을 쓰는 직업이 저절로 생기는 것도 아니었고 더군다나 글쓰기는 돈이 되는 일도 아니었다. 그러나 플리글 선생님은 내게 새로운 가능성의 문을 열어주었다. 그 이후로 나는 플리글 선생님을 학교에서 가장 훌륭한 선생님들 가운데 한 분으로 꼽기를 주저하지 않았다.

나는 어머니께 플리글 선생님의 A+를 보여 드리며 수업 중에 있었던 일을 자세히 말씀드렸다. 어머니도 나만큼이나 기뻐하셨다. 어머니는 늘 내가 글쓰기에 재능이 있다고 말씀해 오시지 않았던가? "애야, 이제 열심히만 하면 너도 출세를 할 수 있을 거다."

그런데 뭘 어떻게 열심히 해야 한단 말인가? 졸업은 다가오고 있었고 내겐 식료품점에서 일하는 것조차 쉽지 않았다. 어머니 역시 날로 근심을 더해 가고 있었다. 어머니는 내가 대학에 입학할 수 있도록 어떻게든 일이 잘 풀리기만을 줄곧 바라고 계셨다. 이미 어머니는 나를 작가로 만들기 위해 모든 가능성의 문을 열어 놓고 계셨다. 내가 8학년이었을 때, 어머니는 나를 위해 우편으로 배달되는 고전문학 전집에 정기구독을 신청하면서 푼푼이 아껴둔 돈을 꺼내셨다. 권당 39센트 하는 '세계 문학 걸작선'은 매달 한 권씩 배달되었다. 『라스트 모히칸』, 『벤허』, 『서부로 간 호』, 『허영의 시장』, 『아이반호』 등 배달되어 온 책들은 하나같이 놀랍도록 따분했다. 내 문학적 심미안을 키우고자 했던 어머니의 시도는 내 침대 밑에서 뽀얗게 먼지를 뒤집어쓰고 있었다. 하지만 어머니는 내가 그 책들을 언제라도 읽을 수 있는 위치에 두고 있다는 사실만으로도 위안을 받으셨다.

어머니는 나를 위해 월간 「애틀랜틱」과 「하퍼스」의 정기구독도 신청하셨다. "국내 최고의 잡지들이란다." 어머니는 말씀하셨다. "제대로 된 작가들은 이런 데다 글을 싣지." 국내 최고의 잡지들 역시 읽혀지지 않은 채 방구석에 차곡차곡 쌓여갔다. 플리글 선생님의 수업시간에 개가를 올리기 전까지만 해도 나는 문학으로나, 아니면 문학의 사생아 격인 언론 쪽으로나 도무지 인연이 없어 보였다. 그러나 이제 어머니의 소망도 다시 살아났다.

"네가 대학에 갈 수 있게 어떻게든 일이 잘 풀리면……"은, "얘야, 너처럼 성적이 좋은 아이는 틀림없이 대학에 갈 수 있는 방법이 있을 거다"로 바뀌었다.

그날 어머니는 조심스럽게 허브 아저씨의 의중을 살폈다. 어머니는 소소한 집안일에 관해서라면 허브 아저씨를 마음대로 요리할 수 있었지만 대학 등록금 얘기만큼은 쉽게 꺼낼 수 없었다. 가난에 찌든 시절을 이제 막 끝낸 어머니에겐 아저씨의 수입이 굉장해 보였다. 하지만 아저씨의 수입은 큰맘 먹지 않고도 아이 하나 쉽게 대학에 보낼 수 있을 만큼 충분하지는 않았다. 절실함의 차이도 걸림돌이었다. 나는 허브 아저씨의 마음을 얻을 만한 행동을 해본 적이 없었다. 어머니도 그 점을 알고 있었다. 거기에 심각한 문제가 하나 더 있었다. 초등학교를 몇 년 다닌 것이 학력의 전부였던 허브 아저씨는, 멀쩡한 젊은이들이 돈 벌 궁리는 하지 않고 4년씩이나 대학에서 빈둥거려야 한다는 사실을 받아들이기 힘들었다.

하지만 어머니는 저녁 내내 허브 아저씨에게 그 문제에 대해 얘기했고, 아저씨도 진지하게 이야기를 듣는 것 같았다. 다음날 어머니는 아저씨와 의논한 결과를 내게 말씀해 주셨다. "아저씨가 회사에서 기관실 보조원 자리를 하나 알아봐 주신단다."

"그래요, 철도회사 다니면 돈은 많이 벌겠네요." 나는 대답했다.

그해 겨울 나는 기관실 보조원이 된다는 생각에 한동안은 기분이 좋았다. 그때는 뭐가 된다고 해도 기분이 좋았을 것이다. 당시 나는 학교에서 아직 진로를 결정하지 못한 극소수의 학생들 가운데 하나라는 사실에 초조해하고 있었다.

졸업앨범 편집실에선 모든 졸업반 학생들에게 장래의 희망을 묻는 설문지를 돌렸다. 나는 거기에 '작가'라고 적을 수가 없었다. 그건 놀림을 받기에 딱 알맞았다. 대공황을 경험한 사내아이들은 의당 돈을 잘 버는 직업을 꿈꿔야 했다. 장래 희망에 '없음'이라고 적는 것은 상상도 못할 일이었다. 소년들은 니커보커스를 벗는 그날부터 원대한 목표를 향해 눈을 돌려야 했다. 특정한 직업을 결정하지 못한 아이들은 대개 장래 희망을 묻는 질문에 '성공'이라고 답했다. 맞는 말이었다. 대공황은 우리 모두를 현실주의자로 만들었다. 거의 모든 사람들이 '성공'을 꿈꿨다.

설문지를 들여다보면서 나는 마음이 무거웠다. 나는 후대에 불꽃같은 야망을 가졌던 사람으로 기록되기를 바랐다. 하지만 무언가 강렬한 것이 머리에 떠오르지 않았다. 나는 뒷자리에 앉은 밥 에커트에게 도움을 청했다.

"너 장래 희망 뭐라고 적었어?"

"특파원." 에커트가 대답했다.

문득 나도 특파원이 되고 싶다는 생각이 들었다. 특파원에겐 어딘가 화려하면서도 흥미진진한 일이 많이 생길 것 같았다. 하지만 아쉽게도 그것은 너무나 독특한 '장래 희망'이었기 때문에 에커트의 생각을 그대로 베낄 수는 없었다. 나는 언론 쪽으로 생각을 굳히고 신문사에 있는 매력적인 직업들을 떠올려 보았다. 그리고는 심사숙고한 결과를 설문지에 적어 넣었다. '칼럼니스트.'

사실 나는 언론이나 칼럼니스트 따위에는 관심이 없었다. 시티 칼리지에는 매주 발행되는 학교신문이 있었는데, 나는 4년 동안 학교를 다니면서 학교신문에 글을 써보기는커녕 편집실이 어디에 있는지조차 알지 못했다. 나는 졸업앨범에 실을 그럴듯한 '장래 희망'을 적고 나서 다시 현실로 돌아왔다. 나는 과연 내가 식료품점에서 일을 잘할 수 있을지 자문했다. 철도회사에서 일하는 게 더 나을지도 몰랐다.

내가 한참 그런 고민들에 빠져있던 1942년 봄 어느 날, 나는 평소 가깝게 지내던 찰리 서스먼이 한 뭉치의 서류를 작성하고 있는 모습을 발견했다. 서스먼은 굉장한 책벌레였다. 나보다 훨씬 해박한 지식을 갖고 있던 서스먼을 나는 무척이나 부러워했다. 서스먼은 파시즘과 공산주의의 차이점 같은, 내가 전혀 모르고 있는 문제에 대해 폭넓은 지식을 가지고 있었다. 그는 내겐 따분하게만 보이던 정치와 외교 문제에 깊은 관심을 갖고 있었다. 그가 즐겨듣던 고전음악에 대해서도 나는 귀머거리나 다름없었다. 그는 교사가 되기를 원했고 천성도 교직에 잘 맞아 보였다. 그는 전인교육 차원에서 내게 결여된 점들을 안타깝게 생각했다. 어머니가 그랬던 것처럼, 서스먼은 나를 더 나은 사람으로 만들어 보기를 원했다. 그는 음악의 아름다움에 내가 눈뜰 수 있도록 무던히 애를 썼다. "일단 차이코프스키부터 들어봐." 서스먼은 상세한 설명을 덧붙였다. "차이코프스키는 쉽거든. 사람들 모두 차이코프스키는 좋아해. 그 다음에 베토벤과 모차르트 음악의 아름다움을 발견하는 거야."

서스먼이 이상한 서류 뭉치에 고개를 파묻고 있는 모습을 보며 내가 물었다.

"서스, 너 지금 뭐 해?"

"대학 입학지원서 쓰고 있어."

"너 어느 대학에 갈 건데?"

"존스 홉킨스." 그는 대답했다.

나는 존스 홉킨스가 의과대학이라고 알고 있었다.

"야, 네가 의사가 되고 싶어 하는지는 전혀 몰랐다. 난 네가 교사가 되려고 하는 줄 알았지."

"홉킨스는 의사가 될 사람만 가는 데가 아니야."

"농담 마."

"거기도 다른 대학과 똑같아." 서스먼은 눈을 끔벅거리며 말했다. "넌 어느 대학에 갈 건데?"

"난 대학 안 가."

서스먼은 충격을 받았다. 손에서 펜을 떨어뜨리며 그는 놀란 표정으로 나를 쳐다보았다. "대학에 안 가겠다고?" 서스먼은 거의 화를 내듯 말했다. 그는 배움을 경시하는 듯한 내 태도를 그냥 참고 넘어가지 않았다. "넌 대학에 가야 돼." 서스먼이 말했다. "당장 아래층에 가서 지원서 양식 얻어 와. 우리 홉킨스 대학에 같이 가는 거야."

"좋은 생각이야. 하지만 우리 집 형편으로는 대학 등록금을 낼 수가 없어."

"장학금 신청을 해." 서스먼이 명령하듯 말했다.

"그게 뭔데?"

서스먼이 설명을 했다. 나는 놀랐다. 나로서는 그 존재조차도 조금 전에 알게 된 그 대학이, 일부 학생에 한해 돈을 한 푼도 받지 않고 입학을 시켜준다는 얘기였다. 장학금 신청을 한 학생들은 시험을 치러야 했다. 서스먼 자신도 부모님의 부담을 덜어드리기 위해 그 시험에 응시할 생각이었다.

"내가 지원서 갖다 줄게." 서스먼은 그렇게 말하고는 곧바로 행동에 옮겼다. 그는 나를 대학에 보내고야 말겠다는 결연한 의지를 보였다.

어머니 역시 나만큼이나 놀랐다. 어떻게든 되겠지 하던 믿음이 거의 사라지고 있었을 때, 하나님의 섭리가 찰리 서스먼을 통해 이루어진 것이었다. 장학생 선발을 위한 시험이 있던 날, 집을 막 나서는 나를 멈춰 세우고 어머니는 내 볼에 입을 맞추셨다.

"매일 밤 너를 위해 기도했다. 시험 잘 볼 거다."

어머니는 기도만 하신 게 아니었다. 어머니는 꼬박 3주 동안 밤마다 내 옆에서 내가 가장 취약했던 수학 공부를 도와 주셨다. 매일 밤 어머니는 수학책을 들고, 내게 기하와 대수 문제를 낸 다음 내가 푼 것과 책 뒤편에 있는 정답 풀이를 일일이 대조하셨다. 그러다가 내가 문제를 틀리게 푼 것을 발견하면 나와 머리를 맞대고 계산 과정의 어디에 잘못이 있었는가를 세밀히 따져보셨다. 둘 다 녹초가 되어 각자의 침실로 돌아가면 어머니는 그때 홀로 기도를 하셨다. 어머니는 기도의 힘과 주님의 도우심을 믿었지만 모든 것을 주님의 뜻에만 맡겨 두진 않았다. 어머니와 나는 최선을 다해야 했다. 하늘은 스스로 돕는 자를 돕는 법이니까.

시험은 5월 어느 일요일에 치러졌다. 그때까지 나는 존스 홉킨스 대학을 한 번도 가본 적이 없었다. 그래서 나는 전차를 타고 볼티모어 북부로 가는 도중에 혹시 길을 잃지나 않을까 해서 한 시간 이상의 여유를 가지고 집을 나섰다. 어머니는 존스 홉킨스 대학까지 가는 길을 상세히 적은 쪽지를 내 주머니에 찔러 넣어 주셨다. 길을 잃지는 않았다. 교정에 도착한 응시자들은 화학약품 냄새가 진동하는 어느 거대한 강의동으로 안내되었다. 나는 홀 안에 가득 찬 내 또래의 학생들을 보고 경악하지 않을 수 없었다. 그들 모두가, 몇 사람에게만 혜택이 주어질 장학금을 받기 위해 나만큼이나 절실해 보였다.

어머니와는 달리, 나는 기도의 힘을 믿지 않았다. 어릴 때부터 나는 하나님을 저 하늘에 있는 사기꾼쯤으로 생각하고 있었다. 물론 어머니 앞에선 그런 얘기를 입 밖에 낼 수 없었다. 나는 단지 어머니를 기쁘게 해드리기 위해 교회에 나갔고, 이미 신앙과는 거리가 먼 운명주의자가 되어 있었다. 홀 안에 있는 학생들의 수를 대강 헤아려보며 나는 틀렸구나 하고 생각했다. 하지만 아무리 희박한 가능성일지라도 건드려 보지도 않는 것은 더더욱 어리석은 짓이라는 생각이 들었다. 나는 눈을 감고 조용히 속으로 주기도문을 외웠다. 할 수 있는 것은 다 해봐야 했다. 이어서 나는 주기도문을 빼고 내가 유일하게 알고 있는 기도문을 외웠다. 그 기도는 어린 시절 어머니께서 나를 침대에 누이시고 가르쳐주신 것이었다. 문제지가 배부되고 있었다. 나는 자세를 바로 잡고 속으로 기도를 시작했다. "하나님, 저는 이제 꿈나라로 갑니다. 아버지, 제 영혼을 맡아주시고······."

기도문의 맨 마지막에 가서 나는 즉흥적으로 한 줄을 보탰다. "친애하는 하나님, 이 시험 잘 보게 도와주세요." 시험은 네 시간 동안 치러졌다.

오후에 시험을 마치고 메리델가로 돌아왔을 때, 어머니는 문 앞에서 나를 기다리고 계셨다. "시험 잘 봤니, 얘야?"

"모르겠어요." 난 그렇게 대답했다. 사실 그랬다.

그로부터 보름 동안은 시간이 기어가는 것 같았다. 5월이 끝나가고 있었다. 졸업을 정확하게 3주 남겨둔 날 오후, 집에 돌아온 나는 어머니께서 문밖에 앉아 계시는 모습을 발견했다. "홉킨스 대학에서 네 앞으로 편지 왔다." 어머니께서 말씀하셨다. "들어가 봐라, 탁자 위에 있다."

"뭐라고 써 있어요?"

"나는 남의 편지 뜯어보는 취미 없다. 네가 직접 뜯어보고 뭐라고 써 있는지 말해주렴."

어머니와 나는 함께 안으로 들어갔다. 편지 한 통이 탁자 위에 놓여 있었다. 편지 봉투는 아주 작았다. 작아도 너무 작았다. 분명히 홉킨스 대학은 나 같은 사람에겐 편지 봉투값도 아깝다는 생각을 한 게 틀림없었다. 나는 편지 봉투를 집어 들었다. 아주 얇았다. 그런 볼품없는 봉투를 보건대 아마도 속에는 짤막하니 별로 유쾌하지 못한 내용이 들어 있을 것이었다. 나는 편지봉투의 한 귀퉁이를 찢어내고 속에 있는 작은 쪽지를 꺼낸 다음 그것을 펼쳤다. 짧은 글이 타자로 찍혀 있었다. 나는 혼자 쪽지를 읽어 내려갔다.

"뭐라고 적혀 있니?" 어머니께서 물으셨다.
나는 큰 소리로 쪽지에 적힌 글을 읽었다.

　귀하가 1942~1943학년도 홉킨스 장학생으로 선발되었음을 통보하게 되어 기쁘게 생각합니다. 위의 자격으로 귀하는 동 기간의 등록금을 전액 면제받습니다. 상기 조건을 수락할 시에는 즉시 회답을 바랍니다.

총장 이사야 바우먼

"어디 나도 좀 읽어보자." 편지지를 받아든 어머니의 얼굴에 미소가 번졌다. 어머니는 편지를 다시 한 번 읽으신 다음 말씀하셨다. "허브 아저씨도 널 자랑스럽게 여기실 거다, 애야."
"어머니는요?" 내가 물었다.
"나는 늘 네가 해낼 거라고 믿었다." 그렇게 말씀하시면서 어머니는 부엌으로 들어가셨다. "차나 한 잔 마시자꾸나."
　어머니는 아무렇지도 않은 듯 행동해야만 했다. 그렇게 하지 않으면 기쁨에 겨워 기절을 하셨을지도 모른다. 우리는 우리 스스로를 도왔다. 하늘도 우리를 도왔다. 그리고 결코 이루어지지 않을 것만 같았던 꿈이 실현되고 말았다. 어떻게든 되고 만 것이었다.

제14장

제2차 세계대전의 그림자

1942년 여름, 내가 존스 홉킨스 대학에 입학했을 때 미국은 참전 7개월째를 맞고 있었다. 내 유년 시절 전쟁은 세계 도처에서 끊임없이 일어났다. 에티오피아에서, 스페인에서 그리고 중국에서. 비록 어렸지만 나는 전쟁으로 불타고 있는 세계를 어렴풋이나마 감지했다. 하지만 그 세계는 멀게 느껴졌다. 교전이 벌어지고 있는 곳은 내가 살고 있는 세계가 아니었고, 또 그런 일은 내 세계에선 일어날 것 같지도 않았다. 두 대양의 보호를 받는 미국은 난공불락으로 보였다. 이를테면 나는 여름밤 지평선 저 멀리 마른번개가 치는 광경을 바라보면서, "저쪽 어딘가에 폭풍이 몰아치겠군" 하고 중얼거리는 사람과도 같았다. 그것은 나와는 상관없는 폭풍이었다.

히틀러와 스탈린이 유럽을 쓸어 담기 위한 준비 작업으로 상호불가침 조약을 체결했을 때, 나는 열네 살이었다. 나는 연일 전쟁의 임박을 대대적으로 보도하는 신문을 배달하고 있었다. 하루는 내게서 신문 한 부를 산 어떤 신사가 1면을 대충 훑어보더니, "전쟁이 터지고야 마는구나" 하고 혼잣말로 중얼거렸다. 나는 그의 모습을 보며 의아해 하지 않을 수 없었다. 전쟁은 늘 있어오지 않았던가? 이번이라고 뭐가 특별할 게 있다고?

며칠 후 전해진 제2차 세계대전의 발발은 내겐 어머니와의 가벼운 입씨름을 낳은 사건으로밖에 여겨지지 않았다. 우리는 그날 아침 독일군이 폴란드를 침공했다는 라디오 뉴스를 들었다. 1939년 9월 1일이었다. 우리가 아직 롬버드가에 살 때였다. 그날은 허브 아저씨가 집에서 아침식사를 함께 하는 흔치 않은 날이었다. "머지않아 우리도 전쟁에 휘말리게 될 거야. 내 말이 맞나 틀리나 두고 보라고." 허브 아저씨가 어머니에게 말했다.

"이건 영국 사람들 전쟁이에요. 자기들끼리 알아서 싸우라고 해요." 어머니가 대답했다.

땅따먹기에 혈안이 된 중부유럽의 그 독일인이 왜 전쟁을 일으켜야 했는지 나로서는 이해하기 힘들었다. 나는 정치며 독재며 조약 따위에는 아무런 관심이 없었다. 내 관심은 온통 야구경기 소식과 연재만화, 살인사건 그리고 교수형에만 쏠려 있었다. 허브 아저씨는 그런 면에서 나보다 시야가 넓었다.

"틀림없이 우리도 전쟁에 휘말리게 될 거야. 내 말이 맞나 틀리나 두고 보라니까." 아저씨가 거듭 말했다.

그런데 그 얘기가 어머니의 심기를 불편하게 했다. 어머니는 가문의 막대한 재산을 '아빠'에게 넘겨주기를 거부한 영국인들을 아직 용서하지 못하고 있었다.

"우린 이미 영국인들 때문에 전쟁에 휘말린 경험이 있어요. 이번엔 자기들끼리 알아서 하라고 해요." 어머니는 퉁명스럽게 말했다.

내가 열여덟 살이 되려면 4년이 남아 있었다. 나는 내가 군대에 가기 전에 전쟁이 끝날 것이라 계산했다. 대개 전쟁은 4년을 하면 끝이 났다. 제1차 세계대전은 정확하게 4년만에 끝나지 않았던가? 나는 세계 도처에서 벌어지는 전쟁들이 개전에서 종전까지 평균 4년이 걸린다고 생각했다. 한참 심각한 계산을 하고 있는 내게 어머니는 돈벌이 얘기를 꺼냈다.

"애야, 오늘 같은 날은 여분을 모두 팔아 치울 수 있을 거다." 나는 속으로 불평했다. '여분'이란 정기구독자들에게 배달하고 남는 신문들이었다. 「볼티모어 뉴스 포스트」는 늘 구독자들 수보다 많은 부수를 떠넘겼다. 발행 부수를 늘리기 위한 치졸한 수법이었다. 여분을 팔든 못 팔든 내 앞으로 날아오는 청구서의 액수는 항상 똑같았다. 보통 나는 그 여분을 쓰레기통에 던져 넣고 그만큼의 손해를 감수했다. 장사 수완에 관한 한 나는 「새터데이 이브닝 포스트」 시절에 비해 나아진 게 하나도 없었다. 어머니도 내가 여분을 쓰레기통에 집어넣는 것을 눈감아 주셨다. 신문을 팔겠답시고 밖을 나도는 것보단 집에서 공부를 하는 것이 더 중요했기 때문이다. 그런데 이번엔 경우가 달랐다. 어머니는 전쟁 특수特殊를 간파했다.

"오늘 같은 날은 신문을 남김없이 팔아 치울 수 있을 거다." 어머니가 말했다.

나는 한 귀로 듣고 한 귀로 흘리기로 했다. 그날 오후 나는 먼저 1판을 다 돌리고 나서 여느 때와 마찬가지로 2판을 실은 트럭이 오기 전까지 공부를 하기 위해 집으로 돌아왔다. 어머니가 기다리고 있었다. "여분 다 팔았니?"

난 하나도 팔지 못했다. 그러려고 시도조차 하지 않았다.

"넌 도대체 어떻게 돼먹은 아이냐? 냉큼 저 여분 가지고 전차 정류장에 가서 다 팔고 와."

"이딴 폴란드 얘기 읽으려는 사람이 어디 있어요?"

"제발, 러셀! 넌 언제 한번 적극성을 가져볼 거니? 이건 온 세상이 발칵 뒤집힌 전쟁이야. 바보 천치라도 오늘은 신문을 팔 수 있단 말이다."

그때는 여름 방학의 마지막 주였고 개학이 일주일 앞으로 다가와 있었다. "저 예습이랑 복습해야 된단 말이에요."

"너 지금 당장 나가서 신문을 팔 테냐, 아니면 내가 대신 팔러 나갈까?"

어머니는 괜히 해보는 소리가 아니었다. 어머니는 언젠가 구독료를 밀린 채 배짱을 튕기는 사람 집에 내 대신 쳐들어가서 한 푼 에누리 없이 밀린 구독료를 모두 받아온 적이 있었다. 그 사람으로부터 돈을 받는 것을 포기하고 있던 나로서는 부끄러운 일이었다. 어머니가 신문 꾸러미를 들고 거리로 나선다면 모두들 나를 손가락질할 것이었다.

"나가면 되잖아요." 나는 밖으로 나가서 길을 지나는 사람들에게, "신문이요, 신문 사세요" 하고 웅얼거렸다. 맥 빠진 목소리로 거리를 서성거렸음에도 그날 나는 신문을 다 팔고 주머니 한 가득 동전을 담아 집에 돌아왔다.

교실과 가족이라는 울타리 너머의 세계에 대해 나는 열네 살이었다는 점을 감안해도 너무 무지했다. 시티 칼리지에 입학하기 2년 전까지만 해도 나는 돈도, 여가도, 지적 안목을 자극하는 그 어떤 것도 없는 밑바닥 계층의 세계에서 유년 시절을 보냈다. 나는 미술작품을 접해본 적이 없었다. 음악회는 근처에도 가보지 못했고 심지어 레코드판으로도 음악을 들어보지 못했다. 우리에게 축음기는 턱없는 사치였다. 1930년대의 치열한 정치적 논쟁, 공산주의와 나치즘 그리고 사회주의 사상을 둘러싼 격론도 우리가 살던 심연에서는 먼 세상의 얘기였다. 지식인들의 격렬한 논쟁도 우리가 살던 세계로 걸러져 내려왔을 때는 이미 해저 깊은 곳을 더듬는 태양 광선처럼 굴절되고 곡해되어 있었다.

나는 베니토 무솔리니와 아돌프 히틀러에 대해 알고 있었다. 그들은 나쁜 놈들이었다. 나는 세상에는 좋은 놈과 나쁜 놈이 있다고 생각했다. 그래서 이유는 잘 몰라도 어쨌든 히틀러와 무솔리니는 나쁜 놈이라고 알고 있었다. 물론 프랭클린 루스벨트는 전설 속의 영웅처럼 좋은 놈이었다. 미국 사람들은 모두 좋은 놈 편이었다. 그리고 미국은 따져볼 것도 없이 언제나 좋은 놈 편이었기 때문에 천하무적이었다. 히틀러와 무솔리니는 나쁜 놈이기도 했지만 동시에 웃기는 놈들이기도 했다. 단지 그들의 외모가 웃기게 생겼기 때문이 아니라——히틀러는 콧수염이 멍청해 보였고 무솔리니의 턱은 미련한 곰 같았다——그들이 미국을 얕잡아보고 덤볐기 때문이다. 그게 웃기는 것이었다. 누구도 미국을 우습게보아선 안 되었다.

1938년 어느 날엔가 나는 친구 존 하이더만과 함께 유럽의 상황을 알리는 국립영화제작소의 홍보 영화를 보고 있었다. 영화 속에서 히틀러는 대규모 군중집회를 열었고, 무솔리니는 수탉처럼 뒤뚱뒤뚱 걷고 있었다. 영화를 중간쯤 보고 있는데 존이 옆구리를 쿡쿡 찌르며 내 귀에 대고 속삭였다. "우리나라가 저기 가서 유럽을 쥐 잡듯이 청소해야 돼." 나는 미국은 원하기만 하면 당장에라도 유럽을 쥐 잡듯이 청소할 수 있다고 믿었다. 누군가 미군은 고작 22만 7천명의 병력을 가지고 있을 뿐이며, 그나마 제대로 무장된 병력은 7만 5천명에 불과하다고 말한다 해도 내 믿음은 흔들릴 것 같지 않았다. 「타임」이 그렇게 썼듯이, 유럽 사람들의 눈에는 우리 군대가 '구식 공기총을 든 해맑은 소년들'로 보였을지 모르지만 그것도 내게는 아무런 문제가 되지 않았다. 나는 구식 공기총만 있어도 미국 사람은 좋은 놈들이기 때문에 히틀러 정도는 간단히 물리칠 수 있다고 믿었다.

나는 세상의 혼란상을 주로 '전쟁 카드놀이'에서 배웠다. 야구 카드놀이처럼 그것도 풍선껌 안에 들어 있었다. 그 카드에서 일본인들은 중국에서, 이탈리아인들은 에티오피아에서 잔학한 행위를 저지르는 것으로 묘사되어 있었다. 그리고 스페인 내전에서는 부녀자와 아동에 대한 살육이 공공연하게 자행되고 있었다. 나는 이 카드놀이를 통해 일본은 나쁜 놈, 중국은 좋은 놈 그리고 이탈리아는 나쁜 놈, 에티오피아는 좋은 놈이라는 것을 알게 되었다. 그런데 스페인의 경우는 이런 구분이 혼란스러웠다. 한쪽은 수녀들을 살해했고 다른 한편은 민간인 마을을 폭격했기 때문이다. 하지만 난 어느 편이 어느 편인지도 몰랐고 스페인 내전이 왜 일어났는지도 전혀 모르고 있었다. 나치와 소비에트 진영의 스페인 내전 개입과 그 의미, 그리고 미국이 취해야 할 입장에 대한 지식인들의 치열한 논쟁은 볼티모어 남서부의 노동계층엔 그 흐릿한 윤곽마저 제대로 스며들지 않았다.

롬버드가와 벨빌에서 1930년대의 가장 큰 악은 대공황이었지 파시즘이나 공산주의가 아니었다. 시티 칼리지에 입학한 후, 나는 상류계층 출신인 내 또래의 아이들이 히틀러와 스페인 그리고 유럽의 장래에 대해 걱정하는 것을 보고 놀라지 않을 수 없었다. 시티 칼리지의 학생들 가운데 상당수는 유태인이었는데, 그들 가운데에는 히틀러 치하의 독일에 살고 있는 친척들 얘기를 하는 친구들도 있었다. 그 중에는 스스로를 공산주의자라고 밝혀서 나를 놀라게 만든 친구도 있었다. 그 친구는 공산주의야말로 인류의 유일한 희망이라고 믿었다. 그 얘기를 듣고 나는 그 친구가 정신이상자라고 생각했지만 그럭저럭 그 친구와의 우정은 이어나갔다. 그런데 문제는 또 있었다. 그 친구는 음악광이었다. 롬버드가에서는 고전음악 애호가는 약간 머리가 돈 사람으로 취급되었다.

현대 정치에 대한 무지는 내가 홉킨스 대학에 입학하기 전까지 계속되었다. 시티 칼리지의 졸업반 시절, 나는 우등생 친목 클럽 가입을 위한 면접에 나갔다. 누군가 나를 클럽의 회원으로 추천한 것이었다. 면접은 재판의 형식을 띠고 진행되었다. 클럽의 회장이 검사역을 맡았다. 내 학력에 대해 몇 가지를 간단하게 물은 다음 그가 질문을 던졌다. "스탈린과 트로츠키 사이의 갈등에 대한 학우의 견해는 어떻습니까?"

나는 아무런 견해가 없었다.

"왜죠?"

"전 그런 이름을 들어보지도 못했습니다."

그는 가만히 나를 쳐다보았다. 그는 내 또래였지만 나이에 맞지 않게 겉늙어 보였다. 머리숱은 듬성듬성했고 납빛 안색은 수척한 수도자를 연상케 했다. 나는 그와 같은 반도 아니고 전에 말을 해본 적도 없는 사이였지만, 그가 머리가 좋다는 소문은 들어서 알고 있었다. "학우께선 트로츠키주의자들과 스탈린주의자들 사이의 권력 투쟁에 대해 알고 계실 텐데요." 그가 말했다.

나는 모른다고 대답했다. 배심원들의 이맛살이 찌푸려지고 있었다. 검사는 클럽 회원들을 향해 마치, "우리가 이 바보한테 더 이상 시간을 낭비해야겠습니까?"라고 말하듯 어깨를 으쓱해 보였다.

변호사가 일어났다. 그 친구의 이름은 조지 위노커였다. 나는 그 친구와도 잘 모르는 사이였다. 하지만 어떤 이유에서였는지 그는 내 변론을 맡기로 했고 내 성적에 대한 자료도 가지고 있었다. 증인을 신문하는 변호사처럼 그가 물었다. "최근에 학우께선

러셀, 고등학교 졸업반 시절(위), 존스 홉킨스에서(아래)

라틴어에서 어떤 성적을 받으셨습니까?"

내 라틴어 성적은 반에서 거의 최상위에 속해 있었다. 나는 1세기에는 강했다. 하지만 20세기에 대해서는 일자무식이었다. 검사가 말을 가로막았다. "학우께선 레온 트로츠키가 누군지 아십니까?"

몰랐다.

"레온 트로츠키에 대해 들어본 적도 없다는 말씀이십니까?"

들어본 적도 없었다.

위노커가 끼어들었다. "학우께선 지난 3년간 프랑스어를 수강하셨죠?"

그랬다.

"지난 학기 학우의 프랑스어 점수를 말씀해 주시겠습니까?"

프랑스어 선생님은 상대평가로 점수를 매겼는데 나는 반에서 성적이 제일 높았으므로 100점이었다. 위노커는 득의양양한 표정을 지어보였다. 그는 클래런스 대로*의 열렬한 추종자였다. 그는 교수대에서 형 집행을 기다리고 있던 사형수를 극적으로 구해낸 기분을 만끽하고 있었다.

"매우 인상적이군요." 검사는 너무나 인상적이지 않다는 말투로 입을 열었다. "그럼 이제 스탈린에 대해 말씀해 보시죠. 스탈

---

* Clarence Darrow, 1925년 학교에서 진화론 수업을 금지시킨 테네시 주 의회의 법을 어겨 기소된 존 토머스 스콥스의 변론을 무료로 맡아 소위 '원숭이 재판'으로 유명한 이 재판을 승리로 이끈 것으로 유명하며, 당대는 물론 미국 역사상 가장 위대한 변호사로 평가받는다.

린에 대해서는 들어본 적이 있으십니까?"

"그는 공산주의 러시아의 독재자입니다."

"아, 그렇군요." 검사가 말했다. 그는 배심원들을 둘러보며 미소를 흘렸다. "여기 이 학우가 뭘 좀 알고 있습니다. 그는 스탈린에 대해 들어본 적이 있답니다." 그러면서 그는 내게로 몸을 돌렸다. "그럼 아돌프 히틀러에 대해서도 들어본 적이 있으시겠군요."

그때 미국은 전쟁터에서 히틀러와 싸우고 있는 중이었다. 나는 그의 말뜻을 알아차렸다. 나는 아는 것은 없었지만 바보는 아니었다. 나는 그의 마지막 말에 답변함으로써 오만한 그의 콧대를 세워주기를 거부했다. 그들은 즉시 내게 입회 불가 판결을 내렸다. 하지만 그것은 그리 부당한 판결은 아니었다. 나는 엘리트 그룹에 속하기에는 현대 세계의 흐름에 대해 아는 것이 너무 없었기 때문이다.

롬버드가의 사람들이 그 클럽의 회장과 시티 칼리지의 대다수 학생들에게는 미개인처럼 보였을 수도 있다. 그들에게 1938년은 뮌헨의 해였다. 네빌 체임벌린은 그해 '우리 시대의 평화'를 위해 히틀러에게 체코슬로바키아를 팔아넘겼다. 하지만 롬버드가에선 그해가 역사의 저울에 백인의 존엄성이 올려진 해였다. 볼티모어의 고급 주택가에서 전쟁과 문명의 미래에 대해 열띤 토론이 벌어지고 있는 동안, 롬버드가의 남자들은 파이프를 문 채 셔츠 차림으로 현관문 밖에 나와 앉아서 비정한 신학적 미스터리에 대해 고민하고 있었다. 그 미스터리는 짤막한 물음으로 요약될 수 있었다.

'왜 하나님은 조 루이스를 헤비급 세계 챔피언이 되게 하셨을까?'

우리 동네의 인종 문제에 관한 원칙은 '분리·불평등'이었다. 흑인들은 하찮은 존재로 취급됐다. 흑인들에겐 '있어야 할 곳'이 있었다. 동네 사람들은 흑인들이 '있어야 할 곳'이 어딘지 알고 거기에만 잠자코 있어주면 아무런 시비를 걸지 않았다. 그런데 유감스럽게도 흑인들 중에는 '있어야 할 곳'이 어딘지 모르고 시내 중심가를 활보하고 다니는 '건방진' 치들이 있었다. 그들은 고급 의류점에 들어가서 나중에 백인들이 입을지도 모를 옷을 감히 입어보곤 했다. 물론 그렇게 하도록 내버려 두는 옷가게는 많지 않았다. 옷가게의 주인들은 흑인들이 ─ 우리 동네 사람들이 흔히 부르던 대로라면 '검둥이들'이 ─ 옷을 살 때 입어보고 고르는 것을 허락하지 않았다.

어머니는 내게 인종적 편견을 가져서는 안 된다고 가르치셨다. 물론 흑인들에 대한 어머니의 태도에는 오래 전 버지니아에서 흑인들을 노예로 부리던 시절의 도도함이 조금은 남아 있었지만, 어쨌든 어머니는 인종 차별주의자들을 '불쌍한 백인 쓰레기들'이라고 가르치셨다. 흑인들은 백인들과 마찬가지로 개개인의 품성과 장단점에 의해서만 평가받아야 한다는 것이었다. 볼티모어에 처음 도착했을 때 나는 노골적인 인종 차별주의가 아무 거리낌 없이 일상적으로 표출되는 것을 보고 큰 충격을 받았다. 그 후 1년이 갓 지났을 때 나는 더 큰 충격을 받았다. 어느 날 저녁 어머니는 해럴드 고모부에게, "나는 검둥이들이 자신들이 있어야 할 곳이 어딘지만 알고 있어도 아무런 불만이 없을 거예요" 하고 말씀하시는 것이었다. 인종 차별주의는 전염성이 있는 것 같았다.

우리가 사는 곳에서 가장 가까운 흑인 거주지역은 롬버드가와 프래트가 사이의 뒷골목인 레먼가에 있었다. 그곳에서 흑인들은 백인들의 집 뒷마당에 있는 쓰레기통을 내다보며 다 쓰러져가는 좁고 불결한 이층집에서 살았다. 그들은 백인들이 사는 프래트가나 롬버드가에 얼씬거리지만 않는다면 별다른 간섭 없이 조용히 살 수 있었다. 이러한 암묵적인 질서는 너무나 뿌리가 깊어서 결코 깨어질 수 없는 신성한 계율처럼 보였다. 백인의 우월성과 흑인의 보잘것없음. 이것은 사회의 토대를 이루는 기본 전제였다. 그러나 이러한 계율이 신성한 것일진대, 도대체 왜 하나님은 조 루이스를 헤비급 세계 챔피언이 되도록 허락하셨단 말인가?

조 루이스 같은 흑인이 백인 권투 선수들을 별로 힘도 들이지 않고 사정없이 난타할 수 있다면, 우주의 질서에 대한 근본적인 믿음은 어떻게 정당화될 수 있겠는가? 조 루이스는 자연의 질서를 거스르는 불경스러움의 화신이었다. 그는 1937년에 챔피언의 자리에 올랐다. 그 이전이나 이후로 줄곧, 그는 링 위에서 보기 좋게 고꾸라지길 바라는 모든 백인들의 염원을 한 몸에 받으며 링에 올랐다. 이제 기량이 절정에 오른 그는 모든 도전자들을 가볍게 물리치면서 그들을 '이 달의 개망신 클럽' 명부에 오르게 했다. 그는 어떤 때는 몸에 땀이 흐르기도 전인 1회나 2회에 간단하게 경기를 끝내며 백인 우월주의자들에게 쓴맛을 안겨주었다.

 루이스의 경기는 라디오를 통해 생중계되었고 모든 사람들은 라디오 앞에서 귀를 기울였다. 멀리 뉴욕에 있는 경기장의 장내 아나운서의 목소리가 전파를 타고 라디오로 흘러나왔다. "다음은— 홍 코너— 체중 197파운드— 디트로이트의 갈색 폭격기—" 이어서 관중들의 야유 소리, 공이 울리는 소리, 그리고 걸쭉한 클렘 매카시의 목소리 : "루이스 선수, 거리를 좁히고 있습니다. 턱에 레프트, 복부에 라이트—" 그리고는 끝이었다. 루이스는 직장에서 시간을 허비하는 사람이 아니었다.

 그 다음은 항상 똑같았다. 우리 집 부엌 창문으로 내다보이는 황량한 레먼가는 환호와 박수소리 그리고 한바탕 흥겨운 소란함으로 들썩거렸다. 반면 롬버드가에는 무덤의 적막이 흘렀다. 조 루이스는 레먼가에 다시 한 번 활기를 불어넣으면서 백인 이웃들의 심사를 뒤틀리게 했다.

 레먼가 사람들은 결코 집 밖으로 뛰쳐나와 승리를 자축하는 일이 없었다. 볼티모어의 흑인 밀집지역에서는 루이스가 승리를 거둘 때마다 술집과 거리가 온통 열광하는 인파로 뒤덮였지만, 백인 거주지역의 뒷골목에 사는 흑인에게는 그런 일이 결코 일어나지 않았다. 레먼가 사람들은 지나친 자축 분위기는 틀림없이 말썽을 일으키게 될 거라고 생각했던 것이다. 그러나 1938년 내가 발견한 것은 그들의 영혼이 결코 죽지 않았다는 것이었다. 그해 여름 나는 인종 문제의 눈부신 진일보를 목격했다.

 여러 달 동안 우리는 스포츠 역사상 가장 중요한 대결에 관심을 집중시키고 있었다. 조 루이스가 막스 슈멜링과 재대결을 벌이기로 서명을 한 것이었다. 슈멜링은 루이스를 이겨본 유일한 선수였다. 그는 루이스를 단순히 이긴 정도가 아니라 아주 사정없이 두들겨주고 12회에 KO승을 거두었다. 1936년의 일이었다. 승리를 거둔 직후 슈멜링은 「새터데이 이브닝 포스트」와의 인터뷰에서 자못 우쭐해하며 루이스의 치명적인 약점을 알아냈다고 큰소리를 쳤다. 그 자신도 인정했으며, 독일인이 아직 악명을 떨치기 전에 아돌프 히틀러로부터도 공식적으로 인정되었던 바, 그는 독일인이었다. 하지만 모든 것을 떠나서 그는 백인이었다. 백인들의 맥박은 재대결이 다가오면서 기대감으로 뛰었고, 흑인들의 맥박은 두려움으로 뛰고 있으리라 나는 생각했다. 백인 동네 사람들은 잔뜩 기대에 부풀어 그들의 재대결을 기다렸다. 아마도 하나님은 백인들의 희망인 이 위대한 독일인의 주먹에 조 루이스의 코가 납작해지도록 하기 위해서 그를 그토록 높이 들어 올리셨을 것이다.

마침내 역사적인 대결의 밤이 찾아왔다. 나는 라디오 앞에 앉아 현대사의 중요한 장면에 동참할 만반의 준비를 갖췄다. 그러나 게티스버그*의 대반전이나 테르모필레에 우뚝 선 스파르타인들의 결연한 항쟁은 일어나지 않았다. 공이 울리자 루이스는 자신의 코너를 떠나 정육점 주인이 등심을 살피듯 슈멜링을 재빨리 위아래로 훑었다. 그리고는 2분 9초 만에 그를 링 위에 눕

---

* 남북전쟁의 격전지.

히고 말았다. 일격에 나자빠진 슈멜링과 함께 백인들의 기대도 사그라졌다.

쓰디쓴 볼티모어의 밤공기를 가르며 레먼가에서 함성과 갈채가 터져 나왔다. 나는 부엌 창문으로 뛰어갔다. 집집마다 대문이 활짝 열리고 있었다. 사람들이 골목으로 쏟아져 나와 서로의 등을 두들기며 왁자지껄하게 떠들고 있었다. 그때 누군가 골목 위쪽 백인의 영토를 향해 걸음을 내딛기 시작했다. 뒤따라 운명을 거부하는 본능에 휩싸인 나머지 사람들도 한데 어울려 천천히 움직이기 시작했다.

나는 그들이 골목을 빠져나와 모퉁이를 돌아서는 광경을 지켜보았다. 나는 과연 그들이 롬버드가에 들어설 것인지 보기 위해 집 앞으로 뛰어나갔다. 그랬다. 그들은 다른 골목에서 몰려나온 흑인들과 합류를 한 것 같았다. 롬버드가에 나타난 흑인들의 수는 조금 전에 비해 훨씬 많아졌고, 그들은 그 거리가 마치 자신들의 것이기도 한 양 거리 한가운데를 행진했다. 셔츠 차림의 남자들, 여자들, 소년들과 소녀들 그리고 아이를 안은 어머니들. 그들은 롬버드가의 아래쪽까지 침묵 속에 천천히 움직였다. 간간이 낮게 웅얼거리는 속삭임과 웃음소리가 들렸다. 팽팽한 긴장감이 감도는 웃음이었다.

조 루이스는 그들로 하여금 자신들에게도 거리를 활보할 권리가 있음을 주장할 수 있도록 용기를 불어넣어 주었다. 그 앞에 나서서 시비를 거는 백인은 아무도 없었다. 그것은 내가 본 최초의 시위였으며, 전적으로 자발적인 것이었다. 그 불꽃은 백인의 우월성 논리를 무너뜨린 조 루이스에 의해 당겨진 것이었다. 행진은 약 5분 동안 이어졌다. 행렬 전체가 한 블록의 끝까지 천천히 움직여 닿는 데 걸린 시간이었다. 그리고 거기에서 그들은 모퉁이를 돌아 자신들이 사는 뒷골목으로 다시 들어갔다. 나는 그들 대부분이 그 어느 때보다도 기분 좋은 밤을 보내리라 생각했다.

롬버드가에서는 세상을 정확하게 읽기가 쉽지 않았다. 나는 전쟁이 막 시작되었을 때만 해도 전황을 알리는 뉴스를 멜로드라마처럼 지켜봤다. 그래서 나치 군대가 유럽을 짓밟으며 파리를 점령하고 영국해협에 맞자 십자장을 세워나가는 속도에 큰 충격을 받았다. 그해 가을, 런던에 가해지는 맹폭격을 연일 대대적으로 보도하는 신문을 배달하면서 나는 영원하리라 생각했던 문명이 전쟁에 의해 파괴되는 모습에 경악했다. 많은 군사 전문가들이 그렇게 생각했던 것처럼, 나도 처음엔 제1차 세계대전의 재판再版을 예상했다. 때문에 전혀 딴판인 전쟁의 양상에 당황하지 않을 수 없었다. 그럼에도 나치가 이기리라는 생각은 전혀 들지 않았다. 그들은 나쁜 놈들이었기 때문이다.

1941년 말 일본이 진주만을 공습하면서 미국을 전쟁에 끌어들였을 때 나는 그저 어리둥절했다. 그때 나는 열여섯 살이었지만 세상이 어떻게 돌아가고 있는지 아직 잘 몰랐고 미국의 개입은 절대로 없을 거라 생각하고 있었다. 게다가 상대는 일본이었다! 도대체 일본이 왜 우리를 공격한단 말인가? 나는 일본이 우리를 적대시하는 이유를 알 수가 없었다. 그 일요일 밤 나는 주방에서 작은 라디오를 앞에 두고 워싱턴에서 발표된 담화를 들었다. 나는 일본의 공격이 가소롭다고 생각했다. 지도상에서 작은 점 몇 개에 불과한 그 조그만 나라가, 조잡한 물건이나 만들 줄 아는 세상 저편의 그 보잘 것 없는 나라가 감히 천하무적 미국에 덤벼들다니 그것은 괴이하기까지 했다. 그들을 물리치는 것은 개미 한 마리를 짓이겨 버리는 것만큼이나 쉬운 일이었다.

"그놈들을 끝장내는 건 보름이면 충분할 거예요." 나는 어머니에게 내 생각을 말했다.

어머니는 나보다 회의적이었다. "네가 군에 갈 나이가 되기 전에만 전쟁이 끝났으면 좋겠구나."

나는 웃음을 터뜨렸다. 내가 입대할 수 있는 나이까지는 아직 2년이 남아 있었다. 2년 후면 우리는 일본이란 나라가 있었다는 사실조차 잊게 될 것이었다.

1942년 여름 홉킨스 대학에 입학할 무렵 나는 상황을 보다 분명히 이해하게 되었다. 고등학교 동창들 중엔 이미 군복을 입은 친구들도 있었다. 나머지도 징병 대상자 신고를 하고 있는 중이었다. 전시 상황에 발맞춰 대학 당국은 여름방학을 없앤 학사 일정을 진행시켰다. 나는 고등학교 졸업식을 마치고 그 이튿날부터 강의를 들었다. 그해 8월 열일곱 번째 생일을 맞으면서 나는 향후 1년 안에, 그리고 아마 그 이듬해가 되어도 전쟁이 끝나지 않으리라는 것을 분명히 깨닫게 되었다. 어머니께서 염려하셨던 것이 옳았다. 내가 군대에 가게 되리라는 것이 확실해졌다. 나는 짜릿한 흥분을 느끼며 입대를 고대하기 시작했다.

내가 아주 어렸을 때, 찰스 A. 린드버그는 최초의 대서양 횡단 비행에 성공하면서 외로운 독수리 혹은 럭키 린디라는 애칭을 얻었다. 나는 그의 이름을 처음 들었을 때부터 줄곧 하늘을 나는 모험을 꿈꾸었다. 내 침대맡 벽면에는 에디 리켄베커* 대령과 로스코 터너, 윌리 포스트 그리고 아멜리아 에어하트**의 핀업 사진이 붙어 있었다. 창공을 가르는 비행의 꿈에 매료된 나는 신문에 실리는 군용기의 사진들을 오려서 에디 대령과 로스코 터너 사진 옆에 붙여 놓았다. 상상의 나래를 펴면 나는 새벽 경계근무 중인 적지의 상공을 날았다. 세찬 바람 속에 하얀 스카프를 휘날리며 조종간을 움직이다 보면 리히토펜의 빨간 포커 전투기가 내 사격 조준경 안에 들어왔다. 이제 전쟁은 내게 그런 꿈들을 현실로 만들 수 있는 기회를 제공해 주고 있었다. 국가는 조종사들을 필요로 하고 있었다. 그것도 수천 명씩 말이다. 어머니는 내가 전쟁터에 나가게 될까 걱정하셨지만, 나도 걱정하기는 마찬가지였다. 조종사가 되기 위해서는 무척 까다롭고 힘든 과정을 통과해야 하는데, 나는 그 기회를 얻지 못하게 될까봐 불안했다.

대학 신입생으로서 내 대학생활은 평범하기 그지없었다. 나는 다른 학생들과 마찬가지로 전차를 타고 통학을 하며 갈색 종이 가방에 도시락을 넣어가지고 다녔다. 나는 왠지 평범한 친구들에게 끌렸다. 그들은 교내 사교클럽에서 빈둥거리며 무도회에만 관심이 쏠려 있는 친구들과는 달랐다. 우리는 식당에 앉아 집에

---

* 제1차 세계대전 당시 미공군의 에이스.
** 대서양 횡단 비행에 성공한 최초의 여성 조종사.

서 싸온 샌드위치를 어적어적 씹으며 정치와 문학, 역사와 경제에 대해 목소리를 높여 토론을 벌였다. 우리는 사교클럽에 모여 있는 번지르르한 친구들에 대해 지적 경멸을 품는 한편, 그 친구들이 누리는 풍요와 아슬아슬한 여자관계를 내심 부러워하기도 했다.

고등학교를 다니는 동안에는 공부에 관해서라면 남들에게 뒤질 것이 없었지만, 새로운 친구들과 만나면서 나는 스스로가 영락없는 바보처럼 느껴지기 시작했다. 그 친구들은 유기화학과 적분에 능통했고 알키비아데스의 반역을 이해했으며 논리적 실증주의의 장점에 대해 토론할 수 있었다. 유진 오닐과 조지 버나드 쇼 중에 누가 더 위대한 극작가인가를 두고 논쟁을 벌이기도 했고, 토마스 울프가 결코 위대한 작가의 반열에 오를 수 없는 이유를 설명하기도 했다. 나는 그 친구들을 따라잡으려 무척이나 애를 썼다.

나는 적분과 물리학을 수강 신청했다. 그 과목들이 조종사 선발 과정에서 유리하게 작용할 것이라는 나름의 계산이 있었기 때문이다. 첫 학기가 끝날 무렵, 적분을 지도한 교수님은 내게 F를 지워줄 테니 수강을 포기하겠느냐고 물었다. 그것이 유일한 탈출구임을 깨달은 나는 아예 물리학까지도 수강을 포기했다. 대신 나는 캠퍼스에서 '지랄 같은 과목'으로 통하던 문학, 역사, 그리고 경제학에 집중하기로 했다. 그 과목들의 시험은 처음부터 끝까지 논술로만 치러졌기 때문에 대단한 글재주가 필요했다. 나는 시험을 잘 볼 때도 있었지만 그러지 못할 때도 있었다.

역사학 교수님은 첫 시험을 치르고 시험지를 돌려주면서, 홉킨스에서 바보가 아닌 다음에야 학생들이 받을 수 있는 가장 낮은 평점인 C와 함께 내게 이런 글을 적어주셨다. "자네는 영민해진다는 것이 아주 쉬운 일인 줄로 알고 별로 노력을 기울이지 않고 있네."

그 교수님은 내가 얼마나 더 노력하기를 바라셨던 것일까? 나는 코피를 쏟아가며 공부를 했지만, 대학생활 6주 만에 이미 다른 학생들에게 여섯 달은 뒤처지고 있었다. 나는 군 복무가 방학처럼 기다려지기 시작했다.

1943년 늦은 봄, 나는 열여덟 번째 생일을 몇 달 앞두고 해군 비행단에 입영 희망원을 제출했다. 육군 항공단보다는 해군 비행단이 더 멋있어 보였다. 모두들 육군 항공단에 지원을 했으나 해군 비행단은 달랐다. 해군 비행단은 더 위험했다. 그래서 더 멋있었다. 항공모함에서 이착륙을 하는 것이 훨씬 어렵고 위험한 일일 테니까. 끝없는 사막과도 같은 태평양 위를 날다보면 길을 잃기도 쉬울 것 같았다. 항로도 없는 드넓은 바다 위에서 모함을 찾아 날아오기란 무척이나 어려운 일이었다. 그것은 해군 비행단만이 할 수 있는 일이었다. 그것은 독일군 전투기에 맞서 늘 자기 자신을 시험하고자 준비된 사람만이 할 수 있는 일이었다.

나는 어머니께 입대 의사를 밝혔다. 어머니는 애써 두려움을 감추셨다. 훈련 기간은 15개월이었다. 어머니는 희망적인 면을 보려고 하셨다. "최소한 15개월간은 전쟁터에 나가지 않겠구나." 어머니께서 말씀하셨다. "그런데 그렇게도 조종사가 소원이면 육군 항공단을 가지 그러니?"

"해군이 나아요."

"얘야, 넌 수영도 못하잖아?"

그건 사실이었다. 나는 시티 칼리지의 훌륭한 수영장에서 물에 뜨는 법조차 배우지 못하고 4년을 보냈다. 나는 물을 무척이나 무서워했다. 하지만 모험을 향한 갈망 속에서 나는 두려움마저 떠안기로 했다. 그것이 해군을 선택한 또 다른 이유이기도 했다.

"해군에서 수영 못하는 사람들도 받아 준다든?" 어머니께서 물으셨다.

"수영 못하는 사람도 다 가르쳐 준대요."

신체검사는 워싱턴에서 받았는데 하루 온종일이 걸렸다. 나는 불합격 판정을 받을까 긴장을 했는지 혈압이 많이 올라 있었다. 위생병은 내 혈압이 해군에 지원하기에는 너무 높다고 말했다. "평소에 감자를 많이 드시는 편입니까?" 위생병이 물었다.

나는 매일 저녁 감자를 먹었다. 그건 왜 묻지?

"감자를 많이 먹으면 혈압이 오르는 수가 있거든요." 그가 말했다.

"전 어제 저녁에도 감자를 많이 먹었어요." 나는 말했다.

그는 그 점을 참작했다. "사흘 후에 다시 와서 재검을 받을 수 있도록 조치할 테니까 그때까지는 감자를 먹지 마십시오."

사흘 후, 몸에서 감자 성분이 모두 빠져 나간 뒤 나는 워싱턴으로 다시 가서 미 해군의 징병 대상자 명부에 내 이름을 올릴 수 있었고, 귀가해서 열여덟 번째 생일을 보내고 대기하라는 명령을 받았다. 내가 신체검사를 앞두고 걱정했던 또 다른 문제는 체중이었다. 나는 188센티미터의 신장에 체중은 고작 63킬로그램밖에 나가지 않았다. 군의관은 이런 숫자들이 적힌 검사 기록을 살피며 나를 힐끔 쳐다보았다. "자넨 1킬로그램 초과야."

1킬로그램을 빼야만 한다면 나는 살을 깎아낼 각오도 되어 있었다. 하지만 그 군의관은 농담을 할 사람으로 보이지 않았다. "전 제가 체중미달일 거라고 생각했는데요." 내가 말했다.

그는 눈을 찡긋했다. "이봐, 우린 자네한테 16킬로그램을 찌워줄 걸세." 그들은 과연 그렇게 했다. 그렇게 하는 데 1년이 걸렸다.

생일이 지나고 며칠 후 소집 영장이 날아왔다. 나는 칫솔과 면도기를 지참하고 워싱턴으로 가서 입영 신고를 하라는 통보를 받았다. 그곳에서 훈련소로 이동을 할 예정이었다. 홉킨스에서 알고 지내던 대부분의 친구들은 이미 떠난 뒤였다. 나를 홉킨스에 있게끔 도와준 찰리 서스먼은 육군에 징집되어 파병을 손꼽아 기다리고 있었다. "교육적으로 대단한 경험이 될 거야." 그는 악수를 하며 작별인사를 나누던 날 그렇게 말하면서 미소를 지어보였다.

어머니는 비행기를 타본 경험이 없었기 때문에——나도 그랬지만——비행기를 바보 아니면 거친 사내들만 올라타는 끔찍한 기계로 생각했다. 어머니는 비행 훈련이 최소한 15개월 동안은 나를 적탄으로부터 안전하게 지켜 주리라는 것을 알고 계셨지만, 동시에 비행기를 조종하는 것 자체가 총에 맞는 것만큼이나 위험하다고 생각하셨다. 내가 집에서 보낸 마지막 주 내내 어머니는 쾌활한 표정을 유지하려 무척 애를 쓰셨다. 하지만 다시는 못 볼 사람을 기억에 각인시키려는 듯 나를 뚫어지게 쳐다보시는 어머니의 모습을 나는 여러 차례 목도했다.

나는 10월 어느 이른 새벽 집을 나섰다. 어머니와 나는 현관문에서 작별인사를 나눴다. 어머니와 나 사이에 애틋하고 깊은 감정이 흐를 때면 언제나 그랬던 것처럼, 눈물을 흘리거나 껴안거나 하는 일은 없었다. 모든 감정이 흐트러짐 없이 철저히 억제되었다. 어머니는 날 올려다보시며 한번 씽긋 웃어 보이셨다. "기차 놓치겠다. 어서 가거라." 나는 몸을 굽혀 어머니에게 작별 키스를 했다.

"도착하자마자 편지 써야 한다." 어머니는 그렇게 말씀하시며 전차를 타는 곳까지 배웅을 나오셨다. 나는 어머니께서 나에 대해 걱정하고 계시다는 것은 알았지만 그것이 어느 정도인지는 모르고 있었다. 그 점에 대해서는 그 후로 한참의 시간이 지나도록 생각조차 해보지 않았다. 나는 온통 들떠 있었다. 전차에 올라타면서도 장차 내가 위험에 빠질 수도 있다는 생각은 전혀 들지 않았다. 난 태어나 처음으로 맛보는 해방감에 마냥 취해 있었다. 모험, 비행, 자유. 마침내 이 모든 것이 나의 소유물이 되고 있었다.

정오가 조금 못 되어 나는 워싱턴에 도착했다. 그리고 그새 어머니가 보고 싶었다. 나는 집으로 시외전화를 걸었다. 당시엔 시외전화를 거는 것이 엄청난 사치였다. 어머니는 내 목소리를 들으시고 채 열 마디도 나누기 전에 허겁지겁 전화를 끊으셨다. 그 날 오후 나는 남부로 이동하는 기차 안에서 어머니께 편지를 썼다.

"전화를 너무 빨리 끊으셔서 얘기를 제대로 못했어요. 펜 역에서 6시 30분에 출발한 기차는 완행이었어요. 집합 장소에 8시 정각에 겨우 도착했거든요. 거기서 두 시간 정도 그냥 쭈그리고 앉아 있다가 우린 시내 식당으로 가서 점심을 먹었어요. 돈은 당연히 해군에서 냈죠. 그리고는 죄수 호송차처럼 생긴 트럭을 타고 유니언 역으로 이동했어요. 거기서 전화 드렸던 거예요. 플로리다의 펜사콜라로 가게 되었다고 말씀드리려는데 어머니께서 전화를 끊으셨어요. 너무 걱정하지 마세요. 어머니께서 그냥 평소처럼 지내셨으면 해요……"

자유로이 모험을 떠난 지 열두 시간이 채 못 되어 나는 집을 그리워하고 있었다.

제15장

비행 훈련학교

❦

이후 18개월 동안 내 오랜 친구들과 학교 친구들이 바스토뉴로부터 오키나와에 이르는 전선에서 매순간 죽음과 맞닥뜨리고 있었을 때, 해군은 나에게 남부 관광을 시켜주었다. 펜사콜라에서 넉 달을 보낸 뒤 우리는 사우스캐롤라이나 대학에서 석 달 간 위탁 교육을 받았다. 아이젠하워가 D-데이에 군대를 상륙시켰을 때 나는 마이애미의 코럴 게이블즈에서 태평스러운 나날을 보내고 있었다. 패튼이 라인강을 향해 돌진하고 있었을 때 나는 조지아 대학의 비행 훈련학교에 다니고 있었다. 정비공 하나가 비행기 날개 위로 뛰어 올라와서 "루스벨트 대통령이 서거하셨답니다" 하고 외쳤을 때 나는 아칸서스로 날아가기 위해 멤피스에서 이륙 준비를 하고 있었다. 그로부터 3주 후에 독일이 항복을 했고 나는 다시 펜사콜라로 배속되었다. 해군은 일본 전투기와 싸울 조종사들의 수를 과다하게 계산하는 바람에 비행 훈련에 차질을 빚고 있었다. 해군은 나에게 했던 약속 가운데 한 가지——그들은 내게 16킬로그램을 찌워주었다——는 지켰지만, 참전의 명예는 아직 성취되지 않은 채 남아 있었다.

1945년 여름, 우린 휘팅 필드에서 비행 훈련을 받았다. 그곳은 플로리다 북부의 황량한 오지에 대충 지어놓은 임시 훈련 기지였다. 제2차 세계대전이 벌어지고 있는 동안 남부에는 그런 비행 훈련장들이 도처에 있었다. 기지에는 활주로 두 개와, 통나무로 만들어진 막사들이 넓게 펼쳐진 소나무 숲을 배경으로 줄지어 있었다. 야외에는 커다란 물탱크가 하나 있었고, 후덥지근한 공기 속에 깃발은 축 늘어져 있었다. 펜사콜라까지는 버스로 한 시간을 나가야 했다. 나는 일주일에도 몇 번씩 카렌을 만나기 위해 그 길을 오고갔다. 카렌은 펜사콜라에서 간호대학을 다니는 인디애나 출신의 아가씨였다. 나는 사랑에 빠져 있었다.

순결한 사랑이었다. 우리는 극장 안에서 두근거리는 가슴으로 손을 잡았고 무작정 거리를 걷기도 했다. 아열대 기후의 달빛을 받으며 우리는 잔디밭에 앉아 각자의 꿈을 이야기했다. 카렌은 목장에서 말을 키우며 가족들과 함께 오순도순 살고 싶다고 했다. 나도 내 꿈을 이야기했다. 내 꿈은 일본의 전투기들을 격추시키는 것이었다. 우리는 격정적인 감정 없이 입을 맞추었고 밀크셰이크를 먹으러 월그린 스토어를 즐겨 찾았다. 그러고 나서 카렌은 기숙사로, 나는 휘팅 필드로 각자 발길을 돌렸다. 나는 우리의 사랑은 맑고 순수해서 결코 욕정에 의해 더럽혀져서는 안 된다고 생각했다. 그래서 같은 방을 쓰는 프랭크가 밤늦게 막사로 돌아온 나를 향해 침대에서 고개를 쑥 내밀며, "야, 오늘은 그 여자 따먹었냐?" 하고 물을 때마다 기분이 무척 나빴다.

 그즈음 내 군 생활에서 큰 비중을 차지하고 있던 것은 저주와도 같은 숫총각 딱지를 떼는 일이었다. 이것은 수영이나 비행술을 배우는 것보다 훨씬 어려웠다. 수영은 놀라울 정도로 쉬웠다. 두려움을 다루는 해군의 원칙은 그것을 아예 무시해 버리는 것이었다. 훈련 교관은 내가 물을 무서워한다는 사실에 대해 철저히 무관심했다. 수영장에서의 첫날, 목소리가 메가폰 같았던 교관은 우리 오십 명에게 높은 다이빙대로 올라가서 무조건 물속으로 뛰어들라고 명령했다. 다이빙대의 실제 높이는 6미터나 7미터쯤 되었겠지만 내 눈에는 60미터는 되어 보였다. 모두들 다이빙대로 오르는 사다리 앞에 줄을 지어 섰다. 나는 줄의 맨 뒤에 서 있다가 첨벙 하는 소리가 연이어 들리기 시작했을 때 줄에서 빠져나와 교관에게 가서 내 소개를 했다.

 "전 수영을 못합니다. 얕은 곳에 가 있어도 되겠습니까?" 시티 칼리지를 다니던 시절, 나는 수영 시간이면 줄곧 얕은 곳에서 어슬렁거리며 4년을 보냈다.

 "이 수영장엔 얕은 곳이 없다." 교관이 말했다.

 "그럼 어떻게 해야 됩니까?"

 "올라가서 그냥 뛰어내려."

 그곳의 수심은 4.5미터로 표시되어 있었다.

 "지금 농담하는 게 아니고 말입니다. 전 수영을 하나도 못합니다."

"잔소리 말고 올라가!"

"그러다 저 물에 빠져 죽습니다."

"이 수영장엔 해군 최고의 구명 장비들이 갖추어져 있다. 걱정하지 말고 어서 올라가기나 해."

"제발 부탁입니다."

"명령이다. 올라가!"

나는 온몸을 부들부들 떨며 사다리를 타고 올라갔다. 다이빙대의 끝까지 걸어간 나는 아래를 내려다보았다. 도저히 뛰어내릴 수가 없었다. 나는 뒷걸음을 쳤다.

"뛰어내려!" 교관이 버럭 고함을 질렀다.

나는 다시 다이빙대 끝으로 엉금엉금 기어갔다. 눈을 질끈 감고 나는 허공에 발을 내디뎠다. 수면에 부딪히는 충격이 마치 두께 5센티미터 폭 10센티미터의 목재로 볼기짝을 맞는 것 같았다. 그리고 나는 물속으로 가라앉았다. 그때——이럴 수가!——나는 저절로 수면으로 떠오르고 있었다. 내 머리가 물 밖으로 나왔다. 나는 사람들이 늘 얘기하던 것처럼 부력에 의해 물에 떠 있었다. 교관이 눈을 부라리고 있었다.

"다리를 쫙 펴지 않았잖아." 그가 소리를 질렀다. "빨리 나와서 다시 뛰어들어."

놀랍게도 나는 허우적대며 개헤엄을 칠 수 있었다. 헐떡거리며 물에서 나온 나는 사다리를 타고 올라가서 다시 물에 뛰어들었다. 다시 한 번 나는 코르크 마개처럼 물 위에 떠올랐다. 이번에도 역시 허우적대며 물을 가를 수 있었다. 수심 4.5미터의 수영장에서였다. 내가 수영을 하고 있었다! 평생을 따라다니던 두려움은 그 짧은 순간에 끝이 났다. 그해 말, 나는 옷을 다 입고도 깊은 물에서 한 번에 몇 시간씩 수영을 할 수 있었다.

비행술은 보다 까다로웠다. 훈련 초기에 만난 교관들은 비행이 자동차 운전과 다를 게 없다며 나를 안심시키려 했다. 나는 그들에게 운전을 할 줄 모른다는 얘기를 차마 할 수가 없었다. 남자라면 나이가 열여섯에 운전을 할 줄 아는 게 당연하지 않던가? 열여덟 살이 되도록 운전을 할 줄 모른다는 것은 부끄러운 일이었다. 나는 내가 운전을 할 줄 모른다는 사실이 들통나는 날에는 비행 훈련에서 쫓겨나 갑판 청소 신세가 되지 않을까 겁이 났다.

첫 번째 비행에서 교관은 고도 900미터에서 내게 조종간을 넘겼다.

"염병할, 조종간을 도끼자루 휘두르듯 하면 어떻게 하나?" 기체가 상하로 요동을 치자 교관이 버럭 소리를 질렀다. "넌 자동차 운전도 그 따위로 하나?"

우리가 훈련 장소를 남부 마이애미로 옮겼을 때 교관들은 모두 군 당국의 계약에 의해 민간인 조종사들로 교체되었다. 내 담당 교관은 짐이라는 이름을 가진 소심한 중년 남자였다. 키가 작고 콧수염을 가지런하게 기른 그는 항상 술이 덜 깨어서 툭 튀어나온 눈이 벌겋게 충혈되어 있었다. 그는 훈련생에게 비행을 맡기는 것을 무척 불안해했다. 그가 나와 함께 일곱 번째 비행을 마칠 때였다. 그는 비행기를 착륙시킨 뒤 조종석에서 내려가며 미소를 띤 얼굴로 내게 말했다. "이젠 혼자 날아봐."

나는 소름이 끼쳤다. 그는 내가 '단독 비행'을 할 준비가 되었다고 했다. 하지만 나는 스스로 그러지 못하다는 것을 알고 있었다. 일곱 차례의 비행을 통해 그는 앞좌석에서 기초적인 비행술의 시범을 보여준 다음 내게 연습을 해보도록 했다. 나는 이론적으로 이륙, 고도 유지, 선회 비행, 실속失速 상태에서의 회복, 360도 회전 그리고 착륙을 모두 할 수 있었다. 하지만 실제로는 어느 것 하나 제대로 해본 게 없었다. 짐은 초보자에게 비행을 맡기기에는 너무 소심해서 조종간이나 방향타 그 어느 것도 내게 넘겨준 적이 없었다. 그가 내게 연습을 해보라고 할 때 나는 매번 조종간과 방향타가 내 조작에 의해 움직이지 않고 있음을 느꼈다. 그 연습기는 앞좌석과 뒷좌석에서 동시에 조종할 수 있는 이중 통제 시스템을 갖추고 있었다. 그는 앞좌석에서 '비행을 제어'했는데, 그 말은 곧 뒷좌석의 내게 조종을 맡겨보는 대신에 실제로는 그가 전적으로 비행을 했다는 뜻이었다. 나는 몇 번인가 그를 시험해 보기 위해 방향타에서 발을 떼어봤는데 기체는 마치 유령의 발에 의해 조종되는 것처럼 흔들림 없이 제 방향대로 날곤 했다. 이따금 짐은 자신이 착륙을 해놓고 내게 축하한다는 말을 건네기까지 했다. 하지만 나는 그가 앞좌석에 동승해 있는 동안 단 한 번도 스스로 착륙을 해보지 못했다. 그럼에도 불구하고 짐이 "이젠 혼자 날아봐"라고 말했을 때, 나는 주저 없이 조종석에 올라 문을 닫고 엔진 출력을 올려 비행기를 움직이기 시작했다.

활주로가 끝나는 지점에 거의 다 가서야 가까스로 기체를 띄웠지만 이륙은 그리 나쁘지 않았다. 내가 해야 할 일은 고도 250미터까지 올라가서 180도 회전을 두 번 한 다음 착륙을 하는 것이었다. 짐이 비행을 제어하지 않는다는 사실에 무척 설레기는 했지만 동시에 불안하기도 했다. 기체는 제멋대로 움직이고 있었다. 내가 고도를 250미터로 유지하려고 하면 비행기는 어느새 360미터까지 올라가 있었다. 그래서 하강을 하면 이번에는 고도가 200미터까지 떨어졌다. 회전을 할 때가 되어서야 비행기는 내 말을 들어주었다. 이제 나는 적당한 속도를 유지하며 활주로를 향해 기수를 돌렸다. 바퀴가 지면에 닿았을 때 나는 이제 살았구나 하고 생각했다. 발 아래로 딱딱한 활주로의 진동을 느끼며 나는 브레이크를 힘껏 밟았다. 기체는 요동을 치며 빙그르르 돌더니 활주로에서 50미터를 벗어난 풀밭에 멈춰 섰다. 인사위원회는 내가 기체에 큰 손상을 입히지 않았기 때문에 훈련 과정에서 탈락시키지 않고 다시 한번 기회를 주기로 결정했다.

하지만 아무리 비행을 거듭해도 비행기는 내 말을 잘 들으려 하지 않았다. 비행기와 나는 끊임없는 힘겨루기를 벌였고, 싸움의 승리는 대개 비행기에게 돌아갔다. 매번 비행에 나설 때마다 나는 야생마를 길들이는 풋내기 카우보이의 심정이 되었다. 다시 해군 조종사들이 훈련 교관을 맡은 멤피스 기지에 도착했을 때 내 비행 경력은 곧 종말을 고할 것이 분명해 보였다. 우리는 조종석이 개방되어 있는 쌍엽기雙葉機——해군은 그 비행기를 '황화黃禍'라고 불렀다——로 훈련을 받았다. 교관이 앞에 타고 훈련생은 뒷좌석에 앉았다. 하지만 여기에서는 교관이 비행을 제어하는 일이 없었다. 그들은 용감했다. 많은 교관들이 태평양 전쟁에서 막 돌아온 영웅들이었다. 그들은 미시시피강 위를 날며 내 손에 기꺼이 자신들의 운명을 맡겼지만 기지로 귀환할 때는 심난한 표정으로 고개를 가로저었다.

"비행은 운전하는 거랑 똑같아, 베이커." 들판을 가리키며 착륙해서 담배를 한 대 피우고 싶다고 내게 얘기했다가 거의 죽을 뻔한 위기를 넘긴 젊은 소위 하나가 나에게 말했다. "자동차 클러치를 조작할 때 어떻게 하는지 알잖아? 아주 부드럽고 천천히."

나는 자동차 클러치 조작에 대해서 아는 게 없었다. 하지만 사실대로 말할 수는 없었다. "알겠습니다. 부드럽고 천천히 하겠습니다."

나는 곡예비행 단계에 들어섰다. 횡전橫轉, 루프, 이멜만 턴* 등이 내가 배워야 할 비행술이었다. 구름은 내 아래에서 뭉게뭉게 휘돌았고, 땅과 강이 머리 위에서 울렁거렸다. 그날도 평소처럼 공중에서 참사를 당할 뻔한 날이었다. 지상에 내려온 뒤 젊은 해군 조종사는 나를 옆에 앉혀놓고 말했다. "이것 봐. 비행은 여자의 가슴을 다루는 거랑 똑같아. 아주 부드러워야 한다니까."

---

*Immelman turn: 1차 세계대전 당시 독일 공군의 에이스 막스 이멜만의 이름을 따서 지어진 비행술로, 루프가 수직상승하며 공중에서 완전한 아치를 그린 다음 수평 상태에서 원래의 진행 방향으로 비행하는 반면 이멜만 턴은 수직상승으로 반원을 그린 후 동체를 뒤집어 원래의 진행 방향과 반대 방향으로 기동함.

나는 차마 여자의 가슴을 다루어본 적이 없다는 말을 할 수가 없었다.

곡예비행 단계의 마지막 과정인 평가 비행 중에 드디어 참사가 일어났다. 원래 감독관은 한 시간 동안 비행을 지켜보며 평가를 하도록 되어 있었다. 그러나 20분도 채 비행하지 못했을 때 동승한 감독관이 말했다. "됐다. 그만하자." 그러면서 내게 "곧장 내려가" 하고 명령했다. '훈련 부적합' 판정을 의미하는 명령이었다. 이제 내 운도 다한 것이었다. 그건 나도 알고 동료들도 다 아는 사실이었다. "곧장 내려가"로부터 구제받기 위해서는 각기 다른 감독관의 동승 하에 두 차례의 평가 비행을 연이어 성공해야만 했다. 만일 실패하면 비행 훈련 과정에서 영원히 탈락이었다.

나는 회생할 가능성을 포기했다. 토요일 오후, 월요일의 비행 스케줄을 본 순간 나는 내 재시험의 감독관으로 T. L. 스미스 씨가 정해졌음을 알게 되었다. T. L. 스미스 씨는 공중에서의 아주 경미한 실수 하나만으로도 훈련생들을 탈락시키는 완전주의자로 악명이 높았다. 모두들 그의 이름에서 T. L.은 '전손Total Loss'을 뜻한다고 얘기했다. 누구라도 그가 평가하는 비행에서는 탈락을 면할 수가 없었다. 동료들은 내가 있는 막사에 들러 위로의 말을 건넸다. 그들은 비행 훈련에서 탈락하는 것이 반드시 나쁜 일만은 아니라면서, 앞으로는 어느 편안한 해군 기지에서 푹신한 의자에 앉아 업무를 보며 잠도 실컷 잘 수 있을 거라고 말했다. 가장 절친했던 동료 둘은 내게 기운을 북돋아주기 위해 주

말에 멤피스 시내에 나가서 술이나 한잔 마시자고 했다. 기지에 틀어박혀서 월요일에 있을 '전손'과의 만남을 걱정하고 있는 것보단 그쪽이 훨씬 나을 것 같았다. 사형수라도 마지막 파티는 즐길 수 있는 것 아닌가?

우리는 피바디 호텔에 방을 하나 잡고 버번위스키 세 병을 사서 들어갔다. 나는 전에 위스키를 두어 차례 마셔본 적이 있었지만 별로 좋아하지는 않았다. 그러나 이제 울적한 마음에 술은 예전에 미처 몰랐던 위로가 되어 주었다. 그리고 나는 그 위로가 조금 더 필요했다. 마시다 죽고 싶었다. 마지막 밤을 악의 구렁텅이에서 뒹굴고 싶었다. 그 주말은 꿈인지 생시인지도 모를 사건들로 뒤범벅이 되었다. 나중에 어렴풋이 떠오른 기억은 내가 레스토랑 안에서 어느 뚱뚱한 남자에게 주먹을 휘두르려 했다는 것이었다. 그 다음으로 기억나는 일은 내가 해군 사병 한 패거리와 함께 어느 호텔 복도에 있었다는 것과, 그들에게 소화전 호스로 복도에 물을 뿌리지 말라고 얘기한 것이었다. 또 하나 기억나는 것은, 내가 어느 호텔 방에서 —피바디 호텔은 아니었다— 피아노 의자 같은 데에 앉아 있고 낯선 여자 하나가 내게 미소를 보내며 브래지어를 벗는 장면이었다.

그것은 놀라운 일이었다. 그때까지 어떤 여자도 내 앞에서 브래지어를 벗은 일이 없었기 때문이다. 그런데 이 여자는 도대체 어디서 튀어나온 걸까? 저 여자랑 내가 왜 이 방에 같이 있지? "당신이 뭘 원하는지 알아요." 그 여자가 말했다.

"네?"

"바로 이거죠." 그 여자는 그렇게 말하고는 팬티를 벗더니 침대 위에 벌렁 누워버렸다. 여자가 고갯짓으로 나를 불렀다. 나는 자리에서 일어났다. 그리고는 모래 기둥이 허물어지듯 그 자리에 쓰러져 정신을 잃었다. 몇 시간 후 잠에서 깨어났을 때 나는 바닥 위에 쓰러져 있었다. 여자는 가고 없었다.

나는 술이 덜 깬 상태로 일요일 저녁 기지로 돌아왔다. 나는 전손 스미스 씨의 손에 당장 사형 집행을 받고 싶을 정도로 극심한 두통과 복통에 시달렸다. 하지만 월요일 아침, 잠에서 깼을 때 모든 육체적 통증은 사라져 있었다. 대신에 너무나 생소한 깊은 평온함이 찾아들어 마치 영혼이 육신을 떠난 듯한 기분이 들었다. 세상은 평상시의 속도보다 훨씬 천천히 움직이고 있었다. 이러한 이완 상태에선 어떤 것도 중요하게 생각되지 않았다. 그 끔찍한 전손 스미스 씨도, 내 마지막 비행도 모두 대수롭지 않게 생각되었다.

우리는 비행 대기실에서 만났다. 전손은 사람들 얘기처럼 무척 험상궂은 얼굴을 하고 있었다. 아주 차가운 인상이었다. 우린 둘 다 양털로 안감을 댄 가죽재킷을 입고 있었는데 그의 얼굴은 가죽보다도 더 질겨 보였다. 그는 아버지뻘 나이는 되어 보였다. 주름진 눈가에는 미소라곤 찾아볼 수가 없었다. 입술은 영화에 나오는 살인자처럼 가늘었다. 나는 내 소개를 했다. 그의 인사말은 예상했던 대로였다. "빨리 끝내자."

우리는 몸에 맨 낙하산을 들썩거리며 비행 대기실을 빠져나왔다. 한 마디 말도 오고가지 않았다. 나는 훈련기에 탑승하자마자

──전손은 앞에, 나는 뒤에──통화 튜브를 연결했다. 그 장치는 앞좌석에서 뒷좌석으로 말을 하는 것은 가능했지만 뒤에 탄 사람이 하는 말은 앞좌석에 전혀 들리지 않게 되어 있었다. 여전히 아무 말도 없이 나는 활주로를 향해 비행기를 천천히 움직였다. 조종석 체크라인을 지나 마그네토를 작동해 보는 것으로 모든 이륙 준비가 끝이 났다. 만일 그가 출발 전에 나에게 긴장감을 불어넣기 위해 일부러 뻣뻣하게 굴었다면 그는 헛수고를 한 셈이었다. 이전에 경험하지 못한 평온함 속에서 나는 그가 내게 말을 하든 말든 전혀 개의치 않았다.

"1,500미터에 올라가서 횡전을 한번 해봐." 비행기가 활주로를 막 달리기 시작하자 그가 딱딱하게 말했다.

바퀴가 지면에서 떨어지는 느낌이 묵직했다. 힘이 느껴졌다. 비행기에 타본 이래 처음으로 나는 완벽한 이륙을 했다는 느낌이 들었다. 흠잡을 데가 없는 이륙이었다. 공중에 완전히 떠오르기 전 기체가 한쪽으로 미세하게 기우는 것을 나는 거의 반사적으로 바로잡았다. 고도가 상승함에 따라 자신감이 붙었다. 아직 약간 남아 있는 숙취의 나른함이 긴장감으로부터 나를 해방시켜 주었다. 이전에는 고삐 풀린 망아지처럼 제멋대로였던 비행기가 이젠 내 몸의 일부인 것처럼 느껴졌다. 기체는 내 손과 발이 된 듯 아주 가벼운 움직임에도 내게 복종을 했다. 나는 정확하게 고도 1,500미터에 이르러 완만한 횡전을 시작했다. 기체는 완만하게 하강하며 가속도를 얻었다. 바로 그때 조종간을 꼭 붙들고 천천히 밀어내면서 동시에 방향키를 가볍게 밟자 우리는 지면을

해군 입대 직후(위)와 해군 비행단 조종사 시절(아래)의 러셀

향해 거꾸로 매달려 날고 있었다. 이제——계속해서 비행기를 횡전시키되 고도가 떨어지지 않도록——기체가 원래의 상태로 돌아올 때까지 이제까지와 반대로 조작을 하자 비행기의 날개는 지평선과 수평을 이루었고 고도계는 정확하게 1,500미터를 가리키고 있었다.

"잘했다." 전손이 말했다. "한 번 더 해봐."

그것은 요행이 아니었다. 주말에 마신 버번위스키와 그날 아침 도착한 비행 대기실 사이 그 어디쯤에선가 나는 조종사가 되어 있었다. 두 번째 횡전도 첫 번째만큼이나 좋았다.

"급횡전으로 한번 해봐." 전손이 말했다.

나는 그때까지 어떤 교관이 보여준 시범보다도 훌륭하게 급횡전을 해냈다.

"좋아. 이번엔 루프 한번 하고 스플릿 에스*를 한 다음에 일단 고도를 회복해봐. 그 다음에 이멜만 한번 보여줘 봐."

나는 우아한 아치를 그리며 루프를 보여준 다음, 고도를 잡고 스플릿 에스로 들어갔다. 다시 고도를 정확하게 1,500미터로 회복한 다음 에디 리켄베커도 시기할 만한 이멜만 턴을 해보였다.

"자네 지난번 평가 비행 때 뭘 잘못했나?" 그가 물었다. 그쪽에선 내 말을 들을 수 없었기 때문에 나는 그가 거울을 통해 볼 수 있도록 어깨만 으쓱했다.

---

*Split S: 기체를 180도 뒤집어서 지면을 향해 수직 하강 선회하는 비행술로 이멜만 턴을 반대로 한다고 해서 '리버스 이멜만 턴'이라고도 함.

"낙엽비행 좀 보자." 그가 말했다.

낙엽비행은 일부 교관들조차 어려워하는 비행술이었다. 기체는 정확한 실속 시점에서 마치 미풍에 날려 떨어지는 낙엽처럼 좌우로 미끄러지듯 떨어져야 했다. 그것은 조종간과 방향타 그리고 스로틀의 미세한 조작이 동시에 이루어져야 하는 비행술이었다. 나는 그의 눈에 평생 낙엽비행만 한 사람처럼 보였다.

"됐다. 이건 시간 낭비다." 전손이 무뚝뚝하게 말했다. "내려가자."

활주로에 내려서 엔진을 끄기도 전에 그는 비행기에서 뛰어내려 대기실로 성큼성큼 걸어갔다. 착륙 보고를 하고 뒤따라 대기실로 가던 나는 저만치서 전손이 내 담당 교관에게 무언가 얘기를 하는 모습을 보았다. 그는 조종사들의 대화가 늘 그렇듯이 요란한 손짓을 섞어서 이야기를 하고 있었다. 그의 손동작이 루프와 횡전을 보여주더니 계속해서 낙엽비행을 설명하는 듯했다. 그는 이야기를 마치며 내 담당 교관의 가슴에 손가락을 쿡쿡 찔러댔다. 그러면서 한두 마디를 더 하고 반대편으로 사라졌다. 숙취를 경험해본 적이 없는 베이커의 비행만 알고 있던 교관은 입이 딱 벌어진 채 내게 다가왔다.

"저 양반 말이 자기가 이제껏 지켜본 평가 비행 중에 최고였다는군." 그가 말했다. "도대체 저 위에서 저 양반한테 무슨 짓을 한 거야?"

"그냥 갑자기 비행이 뭔지 좀 알게 된 것 같습니다." 나는 대답했다. 술 얘기는 하지 않았다. 나는 버번위스키가 내게는 더 나은 교관이었다는 사실을 그가 알게 되기를 원치 않았다. 그 일이 있은 후로 T. L. 스미스 씨를 멀찍이서 볼 때마다 나는 그가 전체 교관들 중에 가장 현명할 뿐만 아니라 가장 남자답다고 생각했다.

하늘과 물에서 성공을 거둔 그즈음 나는 여전히 여자에 관해서는 성공을 거두지 못하고 있었다. 모든 사내들이 여자를 성적性的으로 정복한 것을 자랑스럽게 떠드는 곳에서 나는 혼자 바보가 된 느낌이었다. 그리고 그 상태로부터 벗어나기 위한 내 모든 노력은 실패할 운명인 것 같았다. 강렬한 욕구가 없었던 것은 아니다. 해군은 내가 줄곧 성장해온 숨 막히는 환경에서 나를 해방시켜 주었다. 그러자 내 안에 억눌려 있던 욕구가 끓어오르기 시작했다. 막사에 우글거리는 카사노바들이 들려주는 얘기는 그런 욕구에 불을 질렀다.

그런 얘기를 들으며 나는 부러움과 갈망으로 온몸이 마비되었다. 그들의 경험담을 듣다보면 세상에는 남자를 유혹하려는 충동을 이길 수 있는 여자가 하나도 없는 것 같았다. 여자들은 침대, 자동차, 식탁, 거실 소파, 잔디밭 등 장소를 가리지도 않았다. 기지에는 우리보다 나이가 많은 사람들이 많았다. 과달카날에서 살아 돌아온 해병들과 태평양에서 침몰한 전함에서 살아남은 장교들은 가슴에 번쩍이는 훈장을 달고 시내로 나갔다. 나는 그런 훈장이 부러웠다. 여자들은 훈장을 단 남자들의 타락한 욕구 앞에 맥없이 무너지고 마는 것이었다. 일요일 밤마다 듣게 되는 이야기들은 모두 그러했다.

힘이 장사였던 번스 병장은, 자신에게 홀딱 빠진 어느 여배우가 거실 천장의 샹들리에에 매달려서 사랑을 나누기를 좋아했다고 자랑했다. 코스텔로 상사는 주말이면 장교의 아내들이 허름한 호텔방을 미리 예약해놓고 제발 같이 밤을 보내자고 애걸을 한다고 했다. 침몰당한 항공모함 와스프호에서 살아남은 파웰은 한번에 세 여자를 동시에 상대하지 않으면 성이 차지 않는다고 했다. 그에게 여자 셋을 동시에 침대로 불러들이기란 아주 쉬운 일이었다.

나는 그런 얘기들을 전부 믿지는 않았지만 그래도 마음 한구석은 쓰라렸다. 세상이 쾌락의 축제 그 자체라면, 나도 거기에 참가하고 싶었다. 하지만 내 모든 노력은 실패로 돌아갔다. 처음에는 외박을 나가면 나는 군인들로 발 디딜 틈 없는 시내 거리의 모퉁이에서 내 몸을 간절하게 원하는 여자를 하염없이 기다리며 우두커니 서 있었다. 하지만 보이는 것은 나처럼 군복을 입고 거리의 모퉁이에서 서성이는 수천 명의 사내들뿐이었다. 자정이 넘어 군인들로 가득 찬 버스를 타고 막사로 돌아오면 나는 화도 나고 혼란스럽기도 했다. 만일 몸이 달아올라서 어쩔 줄 모르는 여자들이 세상에 그토록 많다면, 왜 그들이 날 발견하지 못했단 말인가? 내가 그들의 마음에 들 만큼 잘생기지 못해서, 아니면 매력적이지 못해서란 말인가? 욕구를 억누르지 못해서 안달을 낸다던 그 수많은 여자는 다 어디로 갔단 말인가? 내가 본 것은 오천 명의 군인들이 거리의 모퉁이에서 무언가 짜릿한 일이 일어나기를 기다리며 서 있는 광경뿐이었다. 물론 아무 일도 일어나지 않았다. 1943년 펜사콜라였다.

마이애미에는 희망이 있었다. 사랑스런 마이애미, 섹시한 마이애미, 아름다운 비스케인 만 위로 뜨거운 달이 뜨고 가벼운 여름 옷차림의 아가씨들은 생기가 넘쳤으며 그들의 입술은 땀방울로 촉촉이 젖어 있었다. 한번은 젊디젊은 아가씨 하나가 캐딜락 컨버터블을 타고 거리를 지나다가 나를 태워주었다. 아버지가 자동차 판매상이었던 그녀는 차의 앞좌석에서 입을 맞출 용기는 있었지만, 그 이상은 주위를 의식해서 결코 받아들이려 하지 않았다. "이러면 안 돼"와 "남들이 본단 말이야"가 늘 내 기분을 망쳐놓는 그녀의 마지막 말이었다.

나는 코럴 게이블즈의 남부에서 비밀스런 장소 한 군데를 점찍어 두었다. 우리는 매일 비행장까지 가는 길에 그곳을 지나쳤다. 어느 토요일 밤 나는 그녀에게 그쪽으로 드라이브를 가자고 제안했다. 그녀는 내 말뜻을 알아차린 것 같았다. 우리는 고속도로를 달리다가 그곳에서 차를 꺾어 덩굴이 우거진 습지로 들어갔다. 그녀가 전조등을 껐다. 우리는 죄에 굶주린 채 어둠 속에서 서로를 부둥켜안았다. 모기들이 속속 동참했다. 중대나 대대 규모가 아니었다. 사단 규모를 훨씬 넘어섰다. 그녀는 모기가 다리를 뜯어먹는다며 악을 쓰기 시작했다. 나는 모기들이 내 목덜미에 커다란 문신을 새기고 있는 것을 느낄 수 있었다.

그녀가 나를 밀쳐냈다. 다시 전조등을 켜더니 그녀는 짜증을 내며 말했다. "이러다 모기한테 통째로 잡아먹히겠어." 그리고는 차를 돌려서 쉴 새 없이 모기를 저주하는 말을 퍼부으며 마이애미로 돌아왔다.

일은 잘 풀리다가 매번 갑자기 뒤틀리곤 했다. 나는 애틀랜타에서 두꺼운 안경을 쓴 홀쭉한 아가씨 하나를 우연히 알게 되었다. 그녀는 자정이 넘은 시각에 순순히 호텔방까지 나를 따라왔다. 그녀가 침대 끝에 걸터앉더니 조용히 말했다. "나한테 손끝만 대도 소리를 지를 거예요." 나는 그런 여자들에 대한 이야기를 막사에서 지겹도록 들었다. 그런 여자들일수록 거칠게 대하면 좋아한다는 것이었다. 나는 손끝을 대 보았다. 그녀가 호텔이 떠나가도록 비명을 질렀다. 나는 신경이 곤두선 여자들이 "치한이야!" 하고 소리를 지르는 바람에 억울하게 교수형을 당한 남자들의 이야기를 어디선가 들은 적이 있었다. 나는 가급적이면 조용히 그 여자를 방에서 내보내려 했다. 하지만 쉬운 일이 아니었다. 그녀는 내가 자신의 인생 이야기를 전부 들어주기 전에는 방에서 나가지 않겠다고 버텼다. 그녀의 인생은 참으로 길고도 파란만장했다.

조지아의 애선스에서 어느 일요일 오후 한 소녀가 아이스크림 가게에 있는 내게 말을 걸었다. "산책하실래요?" 우리는 손을 잡고 흐느적대며 길을 걸었다. 그녀는 어렸다. 열여섯이나 열일곱쯤 되어 보였다. 우리는 다 쓰러질 듯한 집들이 즐비한 동네에 들어섰다. "여기가 우리 집이에요." 그녀가 말했다. 낡아서 금방이라도 무너져 내릴 것 같은 목조주택이었다.

"들어갈래요?"

우린 안으로 들어갔다. 좁은 거실과 옆방을 구분하는 것은 천장에 매단 얇은 홑이불 한 장이 전부였다. 나는 용수철 소리가 삐걱거리는 소파에 앉았다. 소녀가 내 무릎 위에 앉더니 눈을 감고 입술을 내밀었다. 그리고는 내 손을 잡고 자신의 치마 밑으로 가져갔다. 나는 드디어 낙원에 왔구나 하는 생각이 들었다. 소녀는 이내 신음소리를 내기 시작했다. 나는 여자들이 황홀경에 빠지면 그런 소리를 낸다는 얘기를 수백 번도 넘게 들었다. 나도 거의 기절할 지경이었다. "바지 벗어요." 그녀가 말했다.

내가 몸을 비틀어 허리띠를 풀려는 순간이었다. 홑이불 한 장을 사이에 둔 옆방에서 식기가 달그락거리는 소리가 들렸다.

"옆에 누가 있잖아!"

"괜찮아요. 엄마가 저녁 준비하는 거예요." 그녀는 그렇게 말하고는 다시 신음소리를 내기 시작했다. 그 신음소리가 조금 전까지는 감미로운 음악으로 들렸지만 그녀의 엄마가 홑이불 한 장 사이로 옆에 있다는 생각이 들자 머리털이 쭈뼛 섰다. 갑자기 식기 부딪치는 소리가 매우 신경질적이고 거칠게 느껴졌다.

"조용히 좀 해! 엄마가 다 듣겠어." 나는 낮은 목소리로 말했다.

"방해하지 않을 거예요. 이제까지 한 번도 그런 적 없어요."

소녀는 아직까지 내 무릎 위에 앉아 있었다. 만일 소녀의 어머니가 홑이불을 들추며 거실로 들어온다면 무슨 일이 벌어질까 상상하자 등줄기에 식은땀이 흘렀다. 그때 갑자기 굵직한 남자의 목소리가 들렸다. "여기 있던 구두 못 봤어?"

"아빠예요." 소녀가 말했다. "아빠도 방해하지 않을 거예요."

나는 그녀를 밀쳐내고 재빨리 일어서서 모자를 집어 들었다. 소녀는 소파 위에서 입을 벌린 채 입술 위로 혀끝을 천천히 놀리고 있었다. 소녀는 영화에서 라나 터너가 남자들을 유혹하는 장면을 본 게 틀림없었다. 하지만 그런 것도 통하지 않았다. 내게 활활 타오르던 불꽃은 얼음장이 되어 있었다. 소녀의 아버지 목소리는 영화에 등장하는 잔인한 총잡이의 목소리와 똑같았다.

"이리 와요." 소녀는 치마를 엉덩이까지 치켜 올리며 말했다. 나는 냅다 뛰기 시작했다. 그 집에서 뛰쳐나와 두 블록을 달리고 나서야 나는 소녀의 아버지가 쫓아오는지 뒤를 돌아보았다.

나는 아무래도 숫총각으로 남을 운명인 것 같았다. 멤피스에서 그 운명을 극복할 기회가 있기는 했다. 알코올이 드리운 커튼이 눈앞에 아른거리는 어느 낯선 호텔에서 어느 낯선 여자와 함께 있었던 주말 밤, 버번위스키는——평가 비행 때 그랬던 것처럼——어디서 만났는지 기억에도 없는 여자를 침대에 눕혀놓고 또다시 나를 방바닥에 고꾸라뜨려 코를 골게 만들었다. 나의 성적 도전기는 지루하게 반복되는 농담 같았다.

1945년 초, 중무장 전투기의 조종술과 인명 살상 기술을 배우기 위해 펜사콜라로 돌아오면서 나는 내 운명에 대해 체념을 했다. 1943년에 나는 이미 펜사콜라에서는 가능성이 없음을 확인했다. 여전히 수천 명의 해군 장병들은 거리에서 우두커니 여자들을 기다리고 있었다. 어느 늦은 밤 나는 닉, 카슨과 함께 부대로 돌아가는 버스를 기다리고 있었다. 그때 차 한 대가 모퉁이를 돌아 급정거를 했다. 운전대를 잡고 있던 여자가 타겠느냐고 물었다. 차 안에는 여자 두 명이 더 있었다. 세 명의 여자 모두 지나가는 길에 우연히 태워주는 것 같지는 않았다. 물론 우린 타겠다고 했다.

  차는 고급 주택가로 들어섰다. '한잔'에 모두 동의했다. 하지만 곧 단순히 한잔으로 끝나지 않을 것임이 분명해졌다. 세 여자는 한 집에서 살고 있었다. 그 여자들은 우리보다 나이가 많았다. 이십대 중반에서 후반으로 보이는 여자들은 모두 태평양 전쟁에 참전하고 있는 장교들의 부인이었다. 그들은 남편들 얘기는 별로 꺼내지 않았다. 우리는 신사 숙녀답게 고상한 이야기를 한참 나누었다. 새벽 2시 부대로 들어가는 막차가 이미 떠난 시각이었다. "괜찮으시다면 여기서 자고 가도 될까요?" 닉이 물었다. 사실 여자들은 그걸 당연하게 생각하고 있었다. 여자들 중 두 명이 닉과 카슨을 침실로 안내하더니 돌아오지 않았다. 나는 운전을 했던 여자와 단 둘이 거실에 남아 술을 조금 더 마셨다. 그녀가 말했다. "선룸 안에 간이침대를 놓아 드릴게요."

  간이침대를 들여놓고 나가는 그녀에게 나는 가볍게 인사를 건넸다. "고맙습니다. 안녕히 주무세요." 그녀가 나간 뒤 나는 옷을 벗고 어둠 속에서 한참이나 눈을 뜨고 누워 있었다. 나는 혹시 그 여자도 잠을 못 이루며 내가 자신의 침실로 들어오기를 바라고 있지나 않을까 하고 생각했다. 그럴 리가 없어. 나는 혼잣말로 중얼거렸다. 그들은 현실 속의 진짜 여자였다. 남편이 돌아오기만을 기다리는 정숙한 아내들이며, 단지 젊은 군인들이 딱해서 친절을 베푼 좋은 여자들이었다. 내가 한참 좋은 여자들의 고결함을 되새기고 있을 때 갑자기 그녀가 들어왔다.

  "아직 안 자요?"

그녀는 어둠 속에서 간이침대 끝에 걸터앉아 나를 내려다보았다. 나는 무서웠다. 나는 세상엔 좋은 여자들과 나쁜 여자들이 있다고 믿고 있었다. 좋은 여자들은 순수한 존경과 사랑을 받아야 했다. 그것이 그들이 남자로부터 바라는 것이기도 했다. 나쁜 여자들과는 욕정에 휩싸여 뒹굴어도 괜찮겠지만, 남편이 있는 좋은 여자들과는 결단코 그럴 수 없었다. 그것도 조국과 아내와 그리고 나를 위해 멀리 태평양에서 사투를 벌이고 있을지도 모를 영웅의 아내와는 더더욱 그럴 수 없었다. 나는 좋은 여자에 대한 내 믿음이 깨어지지 않기를 바랐다. 그럼에도 그녀는 잠옷 바람으로 내 침대에 걸터앉아 잠이 오지 않는다면서 담배를 한 대 피워도 되겠느냐고 묻고 있었다. 나는 그녀가 벌일지도 모를 일이 두려웠다. 나는 어서 그녀가 나가서 좋은 여자로 남아주기를 바랐다.

"남편 되시는 분 얘기를 좀 들려주세요." 내가 말했다.

그녀는 내 이마를 가볍게 쓰다듬으며 말했다. "지금 말고요."

"남편 되시는 분이 많이 그리우시겠어요."

그녀는 손가락으로 내 뺨과 목덜미를 쓰다듬었다. "가끔 외로울 때가 있죠."

"두 분 결혼하신 지는 얼마나 되셨어요?"

"기분이 별로 안 좋으세요?" 그녀가 물었다.

"왜요?"

"제가 뭐 불쾌하게 해드렸나 해서요."

"전혀 아닙니다."

"저는 당신보다 나이가 그리 많지 않아요." 그녀의 손가락은 다시 내 셔츠 속을 파고들고 있었다.

"남편 되시는 분은 올해 연세가 어떻게 되세요?"

"그건 중요하지 않아요." 그녀는 중얼거렸다. 그녀의 손가락은 여전히 셔츠 속을 돌아다니고 있었다.

"남편 되시는 분이 참 좋은 분일 것 같습니다." 나는 말했다.

그녀는 내 몸에서 손을 떼더니 몸을 일으켰다. 침묵이 흘렀다. 마침내 그녀가 입을 열었다. "당신 아직 어린아이인가 봐요, 그래요?"

그녀의 말은 마치 자기 자신에게 얘기하는 것처럼 진지하고 나지막했다.

"네. 그런 것 같아요." 나는 대답했다.

"그랬군요." 그녀는 일어나면서 말했다. "걱정 마세요. 당신도 곧 어른이 되겠죠."

그녀는 몸을 굽혀 내 이마에 가볍게 입을 맞추었다. "당신 정말 좋은 사람이에요." 그녀가 말했다. "당신을 집에 데려오게 되어서 정말 기뻐요. 잘 자요." 그리고 그녀는 문을 열고 나갔다. 그 후로 몇 주가 지나도록 나는 뿌듯함과 아쉬움 사이에서 내가 바보처럼 행동한 건 아닐까 그날 일을 거듭 곱씹었다.

그해 여름 카렌을 만난 것은 내게 큰 위안이 되었다. 그녀는 명백히 좋은 여자였다. 그녀에게선 육욕적인 어떤 면도 엿보이지 않았다. 나는 성에 탐닉하는 사냥꾼의 고통에서 벗어나 평화를 다시 찾게 된 것이 그지없이 행복했다. 카렌은 결혼을 한다면 평생 나만 믿고 살아줄 여자였다. 그녀는 인생에서 고상하고 좋은 것들만을——고통 받는 환자들을 돌보고 아이들을 많이 낳아 키우며 농장 살림을 꾸려나가는——원하는 그런 부류의 여자였다. 그녀는 어머니의 마음에도 들 만한 여자였다. 나는 어머니께 편지를 쓰면서 카렌의 얘기를 적었다. "이번 여름 이곳에서 정말 괜찮은 여자를 하나 만났어요." 그때까지 내가 만나본 여자들 중엔 어머니께 떳떳하게 말씀드릴 만한 사람이 거의 없었다. "그 아가씨는 꼭 결혼을 하고 싶은 그런 사람이에요."

말을 키우는 농장 얘기까지는 괜찮았지만 결혼 얘기가 나오는 대목에서 볼티모어에는 비상이 걸렸다. 나는 입대하기 전 홉킨스의 대학신문에서 활동을 했다. 어머니는 그것을 전쟁이 끝나면 내가 언론 쪽에서 일을 하려는 것으로 이해했다. "네가 식솔이 딸린다면 도대체 무슨 수로 신문사에서 일을 하겠다는 건지 나는 이해할 수가 없구나." 어머니께서 답장을 보내셨다. "신문사에 다니면 처음에는 돈을 별로 많이 벌지 못하잖니?"

그러나 그해 여름 내 마음을 사로잡고 있던 것은 결혼이 아니었다. 그것은 점점 다가오는 일본 본토 공격 계획이었다. 모두들 1946년에 공격 계획이 잡혀 있다고 말했다. 나는 그때까지 군에 남아 있고 싶었다. 해군에 떠돌던 소문으로는, 만일 일본이 본토를 끝까지 사수하려 버틴다면 아군의 사망자가 100만명에 이를 수도 있다고 했다. 그런 소문도 내 의지를 꺾을 수는 없었다. 나는 열아홉 살이었고 영원히 사는 쪽을 택하고 싶었다. 나는 명예를 원했다. 모두들 일본 본토 침공을 준비하고 있었지만, 그 시각 나는 그 기회를 잃을까봐 걱정하고 있었다.

독일은 그해 봄 항복을 했고, 어렴풋이 들려오는 소식으로는 전세가 기울어지면서 일본이 최후의 수단으로 가미가제 특공대의 자살공격을 감행하고 있다고 했다. B-29 폭격기의 융단 폭격 아래 불타고 있는 도쿄를 찍은 필름은 나를 우울하게 했다. 그것은 처참한 파괴와 죽음 때문이 아니라, 내가 그 살육의 현장에 뛰어들기 전에 일본이 항복해 버리면 어떡하나 하는 걱정 때문이었다. 나는 이제 스무 살이 되고 있었고, 어린 시절의 동심은 모두 잃어버린 채 오직 전쟁 영웅이 되고 싶은 생각밖에 없었다. 나는 전쟁이 계속되기를 바랐다.

7월 16일, 그 존재가 휘팅 필드에 알려지지 않은 일단의 과학자들이 뉴멕시코의 로스 알라모스에서 신무기를 실험했다. 실험은 성공적이었다. 플로리다에서 전쟁 영웅이 될 기회만을 기다리고 있던 우리에게, 그날 첫새벽 사막에서 일어난 대폭발은 우리 소년기의 종말을 고하고 있었다. 물론 우리는 그 실험에 대해선 아무것도 모르고 있었다. 과거로 통하는 문들이 영원히 닫히고 있었지만 우리는 그 문들이 쾅 하며 닫히는 소리를 전혀 듣지 못했다. 우리가 알고 있던 세계, 우리가 기대어 살던 가치체계는 한순간에 퇴물이 되었고 우리는 미국의 새로운 세대들에겐 마치 고대 세계에서 온 여행자들처럼 낯설고 신기한 존재로 보이게 될 것이었다.

원자폭탄은 8월 6일 히로시마에 떨어졌다. 어머니는 내가 집을 떠난 이래로 거의 매일 편지를 쓰셨다. 편지의 내용은 대개 집 안팎의 소소한 일들에 관한 것이었다. 애기 고모 댁에 갔던 일, 오드리의 방문, 도리스의 학교생활 그리고 막내 동생 메리의 재롱 얘기들로 편지는 채워졌다. 히로시마에 원폭이 투하된 그 다음날 저녁에 씌어진 어머니의 편지도 평소와 다름이 없었다. 역사가들에게는 그 전날 무슨 일이 있었는지 아무런 단서도 줄 수 없는 그런 편지였다.

"오늘은 좀 짧게 써야겠다. 메리를 데리고 공원에 갔다가 다시 집에 오려는데 그 애가 얼마나 애를 먹이던지 힘이 쏙 빠져 버렸단다. 그 애는 이제 자기보다 나이가 많은 아이들처럼 힘차게 그네를 타고 논단다. 그 애가 글쎄 오늘 나한테 하는 얘기가 자기는 더 이상 어린애가 아니라는 거다. 얼마나 기가 막히던지……. 허버트 아저씨는 지금 매자나무 가지를 치시는 중이다. 공원에서 소프트볼 경기가 있었는데 별로 재미가 없더구나. 선수들이 모두 새로 바뀌어서 아는 선수가 하나도 없었거든……."

8월 8일, 원폭 투하 이틀 후 나는 휘팅 필드에서 어머니께 편지를 썼다.

"편지를 쓰고 있는 지금 저는 일종의 탈영을 하고 있습니다. 해군에서 가장 극악한 범죄를 저지르고 있는 거죠. 지금 편지를 쓰면서도 이러다 걸리기라도 하면 어떤 처벌을 받게 될까 불안한 마음이 손이 바들바들 떨립니다. 저는 지금 대대장의 사열을 땡땡이 치고 있습니다. 매달 한 차례씩 해군은 이런 의식을 치르죠. 동료들은 지금 뙤약볕 아래 부동자세로 두 시간을 서 있어야 합니다. 사열이 시작되면 뚱뚱하게 배가 나온 지휘관들이 사병들과 하사관들 사이를 어슬렁거리며 막사에서 연병장으로 나오는 동안에 군화에 묻은 먼지 하나까지도 잡아내려고 혈안이 됩니다. 빳빳하게 다려 입은 군복이 땀으로 흥건하게 젖고 몇 명이 쓰러져야 사열은 끝이 납니다. 그리고는 다시 일과가 시작되죠……."

원폭 투하 사흘 후인 8월 9일, 소련이 일본에 선전포고를 한 날 씌어진 어머니의 편지는 아직도 핵 시대의 도래에 눈감고 있었다.

"내 펜팔 친구에게 무슨 일이 생겼나? 지난 금요일 이후로 네게서 온 편지가 없구나. 네 생일 선물로 어제 사탕 두 상자를 부쳤다. 내일은 책을 두 권 부쳐주마. 하나는 웃기는 책이고 다른 하나는 요즘 베스트셀러 가운데 하나란다. 네 마음에 들었으면 좋겠다…… 도리스의 친구 하나가 어제 집에 와서 같이 잤다. 오늘 오후엔 나도 같이 영화를 보러 극장에 갔단다. 라디오에서 뉴스가 나오는데 러시아가 일본과의 전투에서 이겼다는구나. 좋은 소식임에 틀림없다. 러시아의 참전이 종전을 앞당길 거라고 믿는다. 허브 아저씨가 오늘 저녁 기분이 무척 좋아 보이시는구나. 드라이브나 하자고 나한테 말을 거시네……."

8월 9일, 두 번째 원자폭탄이 나가사키에 떨어졌다. 다음날 저녁 나는 어머니께 편지를 썼다.

"오늘로 사실상 전쟁은 끝이 났습니다. 애초에 기대했던 벅찬 기쁨은 잠시뿐이고 일상은 판에 박은 듯이 그대로 굴러갑니다. 혼자서 전쟁이 끝났다고 중얼거리다 보니까 마치 엄청난 농담을 내뱉는 기분이 들었습니다. 정말 실감이 나지 않습니다. 전쟁은 영원히 끝나지 않을 것만 같았는데……"

사실은 전쟁이 끝나서 아쉽다고, 나는 그렇게 털어놓지는 못했다. 나는 어머니께서 나를 위해 매일 간절한 기도를 올리고 있음을 알고 있었기 때문에, 어머니의 기도가 응답받아서 유감이라는 말은 차마 할 수가 없었던 것이다. 대신에 나는 평화에 대한 뚱딴지같은 예찬을 늘어놓았다.

"오늘밤, 지구상 어느 곳에서도 전투가 벌어지지 않고 있다는 생각을 하면 거의 기적처럼 느껴집니다. 어머니에게도 마찬가지겠지만, 저의 인생에서 이것은 완전히 새로운 사건입니다. 확실히 이제는 무한한 잠재력이 실려진 새로운 시대입니다. 아무튼 이 기회를 최대한으로 활용할 수 있도록 모두 힘을 쏟아야 할 때입니다."

경건한 체 했지만 그것은 너무 섣불렀다. 왜냐하면 전쟁은 아직 끝난 것이 아니었기 때문이다. 어머니와 내가 주고받은 편지들 그 어디에서도 핵 시대의 도래에 대한 우려는 나타나지 않았다. 나가사키에 원폭이 투하된 그 다음날 어머니는 이렇게 쓰셨다.

"나는 전쟁이 끝나면 네가 복학을 해서 언론 공부를 계속해 주길 바란다. 네가 아직도 그쪽 일에 관심이 있다면 말이다. 꿈을 버리지 말고 결혼은 나중에 생각했으면 좋겠구나. 어쩌면 네 손에 더 좋은 패가 들어갈지도 모르는 법이다. 내 말 명심해라. 이미 두 번이나 올가미를 써본 사람의 말을 들어야 하지 않겠니?"

히로시마 원폭 여드레 후, 나가사키 원폭 나흘 후, 히로히토 국왕은 일본은 "견디기 힘든 것을 견뎌야만 하고 참을 수 없는 것을 참아야만" 한다며 일본인들에게 전투 중지를 명령했다. 8월 14일, 내 스무 번째 생일이었다.
그날 밤 어머니는 편지를 쓰셨다.

"이 기쁜 날, 편지를 쓰지 않으면 잠이 오지 않을 것 같구나. 오늘 라디오에선 온종일 전국 각지 시민들의 반응을 소개하는 방송이 나왔다. 내가 가장 인상적으로 들은 것은 시카고의 어느 신문팔이 소년의 얘기였단다. 그 애는 어떤 사람이 '여분'을 1달러나 주고 사갔다면서 아주 기분이 좋다고 말하더구나. 그 말을 들으니까 문득 유럽에서 이 전쟁이 처음 터진 날이 생각났다. 그때 너는 신문을 배달하고 있었고, 나는 그런 기회를 놓쳐선 안 된다면서 네게 신문을 모두 팔아 오라고 권하지 않았니. 오늘 이 전쟁이 끝나면서 너는 어엿한 스무 살의 청년이 되었구나. 오늘은 네게 평생 잊지 못할 생일이 될 거라고 생각한다……. 네게 엄마의 기도가 응답받았다고 말해주고 싶다. 네가 재작년 10월 7일 집을 떠난 이후 단 하루도 너를 위한 기도를 빼먹은 날이 없다. 네가 바다를 건너가기 전에 전쟁이 끝날 수 있게 해 달라고 말이다. 정말 감사한 일이다."

오랜 시간이 흐른 뒤 후대 사람들은 히로시마가 인류 역사상 가장 중요하고도 끔찍한 순간이었음을 분명히 이해하게 되었다. 하지만 어머니와 내가 주고받은 편지들 속에 그런 통찰은 보이지 않았다.

"메리를 데리고 공원에 갔다가……."

"저는 지금 대대장의 사열을 땡땡이 치고 있습니다……."

"허버트 아저씨는 지금 매자나무 가지를 치시는 중이다……."

"네 생일 선물로 어제 사탕 두 상자를 부쳤다……."

많은 시간이 흐른 뒤 사람들은 우리 모두가 무의식적으로나마 공모했던 원폭 투하를 일언지하에 범죄 행위로 규정할 수 있었다. 하지만 어머니와 내가 주고받은 편지 속에는 무언가 심상치 않은 일이 벌어졌다는 인식조차 엿보이지 않았다.

"메리를 데리고 공원에 갔다가……."

"저는 지금 대대장의 사열을 땡땡이 치고 있습니다……."

"공원에서 소프트볼 경기가 있었는데……."

"그리고는 다시 일과가 시작되죠……."

"허버트 아저씨는 지금 매자나무 가지를 치는 중이시다……."

그리고 우리는 자질구레한 일상에 파묻혀 역사와 후대의 심판을 잊고 있었다.

"……지난 금요일 이후로 네게서 온 편지가……."

"……군화에 묻은 먼지 하나까지도 잡아내려고……."

"……네 생일 선물로 어제 사탕 두 상자를……."

"……그리고는 다시 일과가 시작되죠……."

제16장

연인

❖

미미는 어머니가 생각하는 '좋은 여자'의 기준에 맞지 않았다. 때문에 나는 한참이 지나도록 미미를 어머니께 소개시켜 드리지 않았다. 후일 미미를 직접 만나보시고 어머니는 말씀하셨다. "화장이 그토록 요란하지만 않았어도 그 아가씨의 인상이 그렇게 나쁘진 않았을 거다."

나는 미미가 어머니의 마음에 쏙 들 거라 기대하지는 않았지만, 적어도 미미가 굉장한 미모의 소유자라는 사실에는 어머니도 나와 의견이 같을 거라 생각했다. 그러나 어머니의 반응은, "화장이 그토록 요란하지만 않았어도"라는 말로 교묘하게 폄하된 삐딱한 찬사——"그 아가씨의 인상이 그렇게 나쁘진 않았을 거다"——가 전부였다. 그것은 간단히 말해서 '좋은 여자가 아니다'라는 뜻이었다.

어머니는 할머니 이후 최대의 강적을 만났음을 직감하셨을 것이다. 일요일이었던 그날, 어머니는 내가 미미를 데리고 현관 입구로 올라오는 것을 보시며 아마도 인생이 아이러니한 농담처럼 반복된다는 생각을 하셨을 것이다. 오래 전 모리슨빌에서 할머니는 당신의 집 현관에 서서 아들 베니가 데리고 온 젊은 여선생을 못마땅한 눈으로 바라보았다. 그날 어머니는 자신을 인정해 주지 않는 어느 여자 가장의 눈에 가정의 평화를 위협하는 존재였다. 이제 시간은 재주를 부려서 역할을 뒤바꿔 놓았다. 이번에는 어머니가 멍청한 아들이 데려온 젊은 여자를 못마땅하게 여기는 여자 가장의 역할을 할 차례였다.

그러나 어머니는 할머니보다 한 수 위였다. 어머니는 아버지와의 경험을 통해 아들들이란 일단 격정에 사로잡히고 나면 말릴 방법이 없을 정도로 고집스러워지기 때문에 노골적으로 반대하는 것은 위험하다는 사실을 직감하셨다. 어머니는 치밀한 전략에 기초한 우회적인 전술이 다가오는 싸움을 대비한 최상의 무기임을 간파하셨다. "그 아가씨의 인상이 그렇게 나쁘진 않았을 거다"라는 말이 먼저 아주 날카로운 메스를 찔러 넣은 것이었다면, "화장이 그토록 요란하지만 않았어도"는 그 메스를 힘껏 비튼 것이었다. 그때는 1946년이었고 나는 아직 '좋은 여자'에 대한 어머니의 신념을 공유하고 있던 나이였다. 그때까지만 해도 미미에 대한 나의 감정은 너무 복잡했기 때문에 나는 그녀를 좋은 여자 혹은 나쁜 여자로 구분하는 것으로부터 초월해 있었다. 사랑에 빠진 나에게 미미는 특별한 여자일 뿐이었다. 그런데 이제 와서 어머니가 그 문제를 되살려낸 것이었다. 입술에 새빨간 루주를 칠한 여자들과 사귀는 것은 아무래도 괜찮았다. 하지만 그런 여자들을 어머니 앞에 보여드릴 수 있느냐 하는 것은 별개의 문제였다. 한 남자가 출세를 바란다면 과연 그런 여자와의 결혼을 진지하게 생각할 수 있겠는가 하는 문제도 마찬가지였다. 허영심이 내 영혼을 두고 사랑과 싸웠다. 그리고 그 싸움은 교착상태에 빠져 향후 4년을 끌게 되었다.

사실 미미에게는 '좋은 여자'다운 구석이 없었다. 화장품을 쓰는 것 말고도, 그녀는 가족이 없이 혼자였고, 포도주와 위스키를 마시는가 하면 아파트에 남자들을 초대한다든가 가끔 머리를 하얗게 물들이기도 했다. 이러한 결점들 가운데 어느 하나만 가지고도 어머니 앞에서 그녀를 문제 삼기에는 충분했다. 하지만 무엇보다도 그녀에겐 아무런 장래성이 없었다. 그녀는 고등학교를 중퇴했고, 백화점의 화장품 코너에서 여자들에게 얼굴에 맞는 립스틱과 파우더와 아이섀도를 골라주는 일을 하고 있었다. 그녀의 이름——미미——역시 적당하지 못했다. '좋은 여자들'은 미미도, 피피도, 루루도 아니었다. 그들은 베티, 메리, 글레이디스, 루시 그리고 엘리자베스였다.

게다가 미미는 누가 보더라도 위태로울 정도로 아름다웠다. 크고 늘씬한 몸매의 그녀는 윤기가 흐르는 금발을 가지고 있었다. 느슨하게 묶은 머리는 허리까지 내려왔고 잘록한 허리는 아래로 내려가면서 생각만 해도 심장을 멎게 하는 풍만한 곡선을 그렸다. 그녀는 황후의 자태를 하고 있었다. 턱은 언제나 당당하게 높이 쳐들었고, 여유만만하고 평온한 얼굴 표정과 부드러운 어깨의 선 그리고 목덜미에서 허리까지 이어지는 아치는 왕가에 어울릴 듯 우아했다.

나와 사소한 문제로 말다툼을 벌이다 화가 난 그녀가 자리를 박차고 밖으로 걸어 나가는 모습을 내 친구 하나가 곁에서 지켜보았다. 미미를 처음 본 그 친구가 말했다. "세상에, 어쩌면 저렇게 예쁠 수가! 야, 너 저 여자한테 지금처럼 하다가는 다른 놈들이 얼른 낚아채 가겠다."

나는 누군가 실제로 그렇게 할지도 모른다는 질투 섞인 두려움을 가지고 있었다. 어느 날 저녁, 한 친구의 결혼 피로연에 늦게 도착한 나는 그곳에서 만나기로 한 미미를 찾아 술 취한 하객들 틈을 비집고 다녔지만 그녀는 보이지 않았다. 내가 베란다로 나가서—그곳은 호텔 무도장이었다—난간 아래를 내려다보았을 때 바로 밑에 그녀가 서 있는 것이 보였다. 그런데 내가 아는 어떤 사내가 자연스럽게 그녀를 껴안더니, 미미는 그의 목 뒤로 팔을 감고 그와 부정不貞한 키스를 하는 것이었다. 나는 당장 계단을 달려 내려가 미미를 낚아채서 그녀의 아파트로 함께 갔다.

거기에서 나는 그녀의 배신과 변절을 따졌다. "당신은 내가 약국에 가느라 20분만 자리를 비워도 정숙하게 있지 못할 거야."

그녀는 조용히 내게 물었다. 자기가 다른 남자와 키스하는 것에 대해 내가 무슨 자격으로 자기를 나무라느냐는 것이었다.

"왜냐하면 우리 사이에는 뭔가 특별한 게 있잖아." 내가 말했다. "당신은 왜 그걸 망가뜨리려고 하는 거야?"

이 말은 내가 본 영화에서 숱하게 나온 표현이었다. 그러한 질투심은 내게 전혀 새로운 감정이었기 때문에 나는 그 고통을 표현할 나 자신만의 언어가 없었다. 그녀는 조용히 웃었다. "나라고 왜 그걸 망가뜨리고 싶겠어요?"

"그런데 당신은 왜—"

"당신은 그럼 왜 나와 결혼하려 하지 않는 거죠?" 그녀가 내 말을 가로막고 물었다.

내겐 그 당시에 어느 누구와도 결혼하고 싶지 않은 충분한 이유가 있었지만 나는 그 이유를 미미에게 사실대로 말할 용기가 없었다. 다만 나는 우리들 사이에 결혼은 절대로 불가능하다는 사실을 그녀도 받아들이기를 바랐다. 그래서 나는 말했다. "우리가 들고 있는 카드엔 결혼이라는 패가 없어."

그것 또한 촌스러운 옛날 영화의 대사였다. 그녀는 내 말을 듣고 웃었지만 이후로도 그 말을 결코 잊지 않았고 내게도 그것을 잊지 않도록 해주었다.

미미의 본디 이름은 미리암 에밀리 내쉬였다. 그녀는 나보다 두 살 어렸지만 인생 경험으로는 훨씬 선배였다. 그녀는 뉴저지의 머천트빌에서 화목하지 못한 가정의 외동딸로 태어났다. 그녀의 아버지는 캠던 조선소에서 비숙련공으로 일하며, 버는 돈은 죄다 술을 마시는 데 써버리는 사람이었다. 그녀의 어머니는 아일랜드계의 독실한 천주교 신자로 사제들을 경외하고 미사에 충실히 참례하며 매주 금요일*에는 생선만 먹고 선악을 가리는 데 무엇보다 민감한 분이었다. 그녀의 어머니는 술과, 술이 자신의 남편에게 끼친 해악을 증오했다. 남편이 술을 마시러 밖으로 나가면 그녀는 남편이 못 들어오게 현관문을 잠가 버렸다. 격분한 아버지가 잠긴 현관문 밖에서 만취한 상태로 커다란 유리창을 박살내고는 안으로 잠겨 있는 문을 열려고 하는 장면을 미미는 기억하고 있었다. 그런 일은 자주 일어났다. 그녀가 기억하는 첫 번째 성탄 전야, 어머니는 하루 종일 크리스마스트리 아래에 조그마한 장난감 정원을 꾸며 놓았는데 저녁에 술에 취해 들이닥친 아버지는 그것을 발로 차서 산산조각을 냈다.

미미의 가족은 이사를 자주 다녔다. 그들은 캠던 주변의 작고 초라한 집들을 전전했다. 미미가 열한 살 때, 간질 증세가 있던 어머니는 심한 발작을 일으켜 스킬먼에 있는 주립 간질환자 요양소로 보내졌다. 어린 미미는 아버지와 단 둘이 남게 되었지만 그 생활도 오래가지는 않았다. 아버지는 이따금 일주일이나 그 이상을 어디론가 가서 돌아오지 않았다. 그는 '사라졌다'가 나타나서는 또다시 '사라졌다.' 미미는 동네에서 식료품점을 하는 어느 노부부의 집에 받아들여졌다. 얼마 후에 그녀는 부모님과 알고 지내던 어느 가족에게 보내져서 그들과 함께 살게 되었다.

어머니가 퇴원을 해서 집에 돌아오자 가족은 재결합했다. 그리고는 술에서 비롯되는 예전의 생활이 반복되었고 어머니는 발작을 일으키며 다시 스킬먼으로 보내졌다. 그녀의 어머니가 가까운 시일 내에는 집으로 돌아오기 힘들 것이라는 소식이 스킬

---

* 천주교의 금육일禁肉日.

일곱 살 때의 미미(왼쪽 위), 1947년 볼티모어에서(오른쪽 위),
찰스턴 여행 중(아래)

면에서 전해졌다. 아버지는 또다시 미미라는 골칫거리와 남게 되었다. 그는 미미를 아동학대방지협회에 인계했고 거기서 미미는 다시 셸터링 암즈라는 곳으로 보내졌다. 그곳은 고아와 부랑아 그리고 학대받는 아이들을 위해 캠던에 마련된 '가정'이었다.

열네 살 즈음해서 미미는 공공자선단체의 겉과 속을 훤히 꿰뚫어보게 되었다. 경찰은 일주일에 두어 차례 캠던의 빵집을 돌며 모은 딱딱한 롤빵을 가방으로 몇 개씩 가져다주었다. 미미는 보모들이 가장 신선하고 맛있는 빵은 자기들이 챙기고 그 나머지를 아이들에게 나누어 준다는 것을 알아챘다. 아이들은 성탄이 되면 최악의 모멸감을 맛보아야 했다. 캠던의 고상한 사람들은 성탄의 자애심에 도취되어 불쌍한 아이들을 위해 무엇인가 해주기를 열망했다. 셸터링 암즈 식구들은 성탄이 되면 종종걸음으로 내몰려 번듯한 홀에서 각자 작은 선물을 손에 쥐고 기뻐하는 표정을 지으며 우두커니 서 있어야 했다. 어느 성탄절엔가는 하루에 서너 번의 파티가 열리기도 했다. 파티에서 고아들은 감사한 마음으로 만면에 웃음을 띠고 있어야 했다.

미미는 성탄이란 부자들이 인생의 낙오자들을 이용해서 자신들의 날을 빛내는 기회에 불과하다고 생각하게 되었다. 그녀의 피난처는 책이었다. 그녀는 정신적으로 굶주려 있었기 때문에 책이란 책은 닥치는 대로 읽어치웠다. 그 책들의 대부분은 동화였는데, 그 이야기들에 등장하는 가난하고 불쌍한 아이들은 자비로운 섭리의 손길에 의해 행복을 얻게 되었다. 고등학교에 입학하면서 미미는 대입 준비반에 등록했다. 그녀의 가당치 않은 짓에 놀란 보모는 학교에 연락을 해서 그녀를 취업반으로 옮기도록 했다.

미미는 가방을 챙겨 도망을 쳤다. 다음날 아침 경찰이 그녀를 셸터링 암즈에 도로 데려다 놓았다. 그녀는 종교 문제로 보모와 말다툼을 벌이기도 했다. 보모는 두 명의 여자 설교자들이 이끄는 한 개신교 근본주의 교파에 속해 있었는데 그들은 예배시간 중에 극도로 고조된 분위기에서 기도를 통한 병 치유를 행했다. 보모는 셸터링 암즈의 아이들이 이 예배에 참석해야 한다고 일방적인 결정을 내렸다. 가톨릭교회에 충성했던 미미는 격분했다. 그녀는 캠던의 주교에게 편지를 써서 도움을 청했다. 그녀는 자신이 죄를 짓도록 강요당하고 있다고 적었다. 그녀는 언젠가 수녀가 되기를 소망하고 있었다. 그런 그녀에게 지금 절체절명의 신앙의 위기가 닥친 것이었다. 성교회聖敎會는 과연 그녀를 위기에서 구해 줄 수 있었을까?

주교에게서 답장이 왔다. 직접 찾아오길 바란다는 내용이었다. 그녀는 그렇게 했고, 속으로 성교회에 믿음을 두고 있기를 잘했다고 생각했다. 그러나 그녀의 기대는 이내 물거품이 되고 말았다. 주교는 그녀를 돕기 위해 해줄 수 있는 것이 아무것도 없다고 말했다. 셸터링 암즈에 돌아가 순종함으로써 하느님을 섬기는 것이 그녀의 의무였다. 이로 인해 가톨릭교회에 대한 그녀의 믿음은 산산조각이 났다. 그녀는 다시는 성교회의 품에 돌아가지 않았다.

고아원에서 4년을 보내고 열여섯 살이 된 미미는 다시 도망을 쳤다. 이번에는 더 신중하고 치밀했다. 그녀는 옷을 가방에 챙기는 대신에 세 겹으로 껴입고는 캠던 외곽을 벗어났다. 그녀는 허름한 방 한 칸을 빌릴 정도의 돈도 미리 모아 두었다. 짐이 없는 것을 의심받지 않기 위해 그녀는 집주인에게 둘러댔다. "이제 막 서부에서 오는 길인데요, 도중에 가방을 전부 잃어버렸지 뭐예요."

미미는 주디 그랜트라는 이름으로 사회보장 카드를 발급받고 식료품점에 일자리를 얻었다. 몇 주 후에, 보모의 교회에서 만났던 한 여자가 우연히 미미를 발견했지만 그 여자는 자초지종을 듣고는 미미에게 에그 하버에 있는 자신의 집에 와서 묵지 않겠느냐고 제안을 했다. 미미는 짐을 챙겨 에그 하버로 가서 의류공장에 취직을 했다. 그리고 거기에서 자신을 받아들여준 은인의 아들과 최초의 로맨스를 갖게 되었다. 입대를 앞두고 있던 그는 한 소녀에게 자신이 기억되기를 바랐다.

그녀가 열일곱 살이 되었을 때 아버지가 그녀의 삶에 다시 등장했다. 마치 5년이 아니라 5일 전에 '사라졌다'는 듯이 불쑥 나타난 아버지는 메릴랜드의 아나폴리스 교외에 살고 있었다. 그는 빌과 베르타라는 친절한 부부의 집에서 기거하고 있다고 말했다. 그는 가족이 다시 함께 살게 되기를 바랐다. 아버지가 물었다. "와서 같이 살지 않을래?"

미미에게는 "네"라고 대답할 이유가 있었다. 그녀는 에그 하버에서 평판이 나쁜 여자가 되어 있었다. 그 때문에 그녀는 텍사스에서 군복무중인 연인과의 관계도 이미 끝난 상태였다. 이웃 사람들이 그에게 편지를 써서 그녀가 파렴치하기로 소문난 이웃의 중년 남자와 늦은 시각에 함께 차를 타고 가는 것을 보았다고 알린 것이었다. 그녀의 첫사랑은 화를 가라앉히지 못하고 미미와 이웃 사람들 모두에게 둘 사이의 관계가 끝났음을 선언했다. 미미는 자신이 이웃 전체에게 경멸의 대상이 되었음을 깨달았다. 그녀는 메릴랜드로 이주할 기회를 붙들었다.

그녀의 아버지는 다른 곳에 볼일이 있어서 가는 길에 에그 하버를 잠시 들렀다면서 미미에게 일주일 후에 메릴랜드에서 만나자고 약속했다. 약속한 날짜에 그녀가 글렌 버니 역에 내리면 자신이 마중을 나와서 그녀를 데리고 가겠다는 얘기였다. 일주일 후 미미가 글렌 버니 역에 도착했을 때 그는 나와 있지 않았다. 그녀는 기다렸다. 네 시간이 지나도 그는 나타나지 않았다. 나흘이 지나고 닷새가 되도록 그는 나타나지 않았다. 그녀는 직접 베르타 부부의 집을 찾아 나섰다.

"사라진 지 며칠 됐구나. 곧 돌아오겠지." 베르타 부인이 말했다.

그는 정말 돌아왔다. 그리고 며칠을 머물다 다시 떠난 뒤로는 영원히 돌아오지 않았다. 상관없었다. 미미는 이제 살아남는 데에는 선수가 되어 있었다. 그녀는 세버나 파크에서 아이 열셋을 키우는 어느 중년 부부와 친해졌고, 그들은 미미에게 아이들을 돌봐주며 같이 살자는 제안을 했다. 좋은 사람들과 좋은 집에서 지내는 즐거운 나날이 시작됐다. 집주인은 볼티모어의 몽고메리 워드사에 근무했는데 미미는 곧 그곳에 취직하게 되었다.

안주인이 열네 번째 아이를 임신했을 무렵 미미는 다시 떠날 결심을 했다. 그녀는 신문 광고를 보고 볼티모어의 중심가인 마운트 버논 플레이스에서 방을 구했다. 1946년 초, 바로 그곳에서 나는 우연히 그녀의 삶과 마주치게 되었다.

이즈음 메리델가에서 어머니는 내가 출세하는 데 도움이 될 만한 여자는 어떤 부류일까 생각에 생각을 거듭하고 계셨다. 비록 드러내놓고 말씀하시지는 않았지만, 어머니는 내 스스로 신붓감을 구할 수 있다고 생각하시지는 않았던 것 같다. 당연히 미미의 이력은 어머니께서 만족해하실 만한 것이 아니었다.

우리가 처음 만났을 때 미미에 대한 나의 관심은 그리 고매하지 않았다. 그 시기의 나는 여전히 죄인이 되려고 발버둥치고 있었다. 영웅이 될 기회를 놓친 전쟁이 끝나고, 나는 복학하기에는 너무 어른이 된 것 같다는 생각에 중앙우체국에서 일자리를 얻었다. 그 일은 한심할 정도로 단순한 노동——하루 8시간 동안 편지를 분류 상자 속에 집어넣는——이었지만 보수는 괜찮았다. 우체국에서 버는 돈은 헤픈 여자들을 찾아 술집을 돌아다니는 숱한 밤에 고스란히 바쳐졌다.

여자를 유혹해 보려는 내 노력은 단지 내 주머니를 거덜내는 데에만 성공하는 것 같았다. 매주 수표로 지급되던 내 봉급을 빨아먹은 술꾼들은 두 부류였다. 술집이 문을 닫기 직전 인사불성이 되어버리는 사람들, 그리고 새벽 2시에 갑자기 집에서 애타게 기다리는 노모를 걱정하는 사람들이었다.

나를 독신과 간경화의 위험에서 구해 준 사람은 조지 위노커였다. 고등학교 시절 우등생 친목 클럽의 유죄 판결에서 나를 구해주려고 애썼던 친구도 조지였다. 우리는 이후 홉킨스에서 좋은 친구가 되었다. 그것은 아마도 우리 둘의 다른 점들이 서로를 너무나 잘 보완해 주었기 때문인지도 모른다. 남들 앞에 나서기를 싫어했던 나와는 달리 조지는 매우 활동적이었다. 내가 숫기가 없었던 반면에 그는 무척이나 사교적이었다. 내가 길고 모났다면 조지는 짧고 원만했다. 그는 과학도였고, 나는 그보다 훨씬 초라한 예술의 언저리에서 물장구나 치는 사람이었다. 내가 주위를 많이 의식한 반면 조지는 무뎠다. 그리고 조지는 목소리가 컸다.

"너는 술집에서 만나는 여자들한테 시간을 낭비하고 있어." 어느 날 저녁 조용한 레스토랑에서 조지는 마치 한 무더기의 자갈을 온 신경조직에 쏟아붓는 듯한 우렁찬 목소리로 말했다. "우리가 비집고 들어갈 곳은 바로 피바디야."

피바디 음대는 마운트 버논 플레이스에 위치해 있었다. 조지는 그즈음 전공을 바꿔 메릴랜드 의대에 다니고 있었으므로 볼티모어의 성적性的 지리를 잘 알고 있었다. 그의 말에 의하면 괜찮은 여자들이 가장 밀집해 있는 곳이 마운트 버논 플레이스인데, 그곳의 아파트들에는 성에 굶주린 음대생들이 꽉 차 있다는 것이었다. 조지는 그곳의 여대생들이 그 지경이 된 이유는 음대를 다니는 남학생들 대부분이 동성연애자이기 때문이라고 했다. 조지는 음악을 하는 여자들은 바보스럽기는 하지만 성적으로 워낙 타락해 있기 때문에 콜라 한 잔과 햄버거 한 개 값만 있어도 꽃봉오리 같은 소프라노를 몇 소대는 얻을 수 있다며 나를 안심시켰다.

우리는 땅거미가 내린 후 이 보헤미아*를 배회하기 시작했다. 여자들이 우리에게 달려들지는 않았다. "초인종을 몇 군데 눌러보자." 조지는 여자 이름이 붙어 있는 문패를 찾으며 어두운 현관 안쪽으로 나를 밀었다. 우리는 초인종을 눌렀다. 어떤 때는 젊은 여자가, 어떤 때는 나이가 많이 든 여자가 문을 열고 나왔다. 우리는 성에 굶주린 듯한 여자에게는 자기소개를 했고, 여자가 기분이 좋아 보이지 않거나 나이가 많이 든 경우에는 집을 잘못 찾아 왔다고 둘러댔다. 어느 쪽 경우든 문은 쾅 하고 닫혔.

"우리는 진짜 보헤미안들을 아직 못 만났어." 어느 늦은 밤, 카페에서 커피를 마시며 조지가 투덜댔다.

"보헤미안이 아예 없는 거 아니냐?"

"아니야, 확실히 있다니까. 문 안으로 한 발짝만 들여 놓으면 되는 거야."

내가 보헤미아를 사막으로 단정 짓고 포기하려고 했을 때 조지에게서 전화가 왔다. 그의 학교 친구가 우리에게 길을 열어준 것이었다. 그 친구는 우리를 위해 피바디 음대생 두 명과의 미팅을 주선해 주었다. 우리 네 사람은 영화를 보러 갔다. 여자들은 전혀 흥분을 하지 않았다. 베티 데이비스의 대사가 나오는 동안 내 파트너는 자신의 무릎에서 내 손을 치워달라고 말했다. 우리

---

*체코의 지명. 자유분방한 집시들이 많이 살았음.

는 그들을 아파트까지 바래다주었는데, 그들은 응접실에서 점잖은 얘기를 나누는 방향으로 우리를 유도했다. 우리는 점잖은 얘기를 신물이 나도록 나누다가 마침내 지쳐서 가려고 하는 참이었다. 그때 현관문이 열리면서 한 여자가 들어왔다. 내 파트너가 그녀를 소개했다. "이쪽은 미미라고 해요."

나는 다시 자리에 앉았다. 한 시간 후 그들이 우리를 내보냈을 때 내 인생은 되돌릴 수 없을 만큼 바뀌어 있었다. 물론 그때는 그것을 깨닫지 못했다. 사랑은 이성理性의 다양한 변장 아래 숨어있는 광기와도 같다. 그래서 처음에 나는 그녀에 대한 감정을 지극히 평범한 육체적 욕구 정도로 생각했다.

여자들을 뒤로하고 거리를 나섰을 때 나는 그냥 집으로 들어가고 싶지가 않았다. 나는 조지에게 카페에 가서 커피를 마시자고 했다. 우리는 우리의 파트너들을 쉽게 잊을 수 있었다. "돌대가리들이야." 조지가 말했다. 그가 여자들에게 도스토옙스키에 대해 이야기하면서 라스콜리니코프가 벌을 받아야만 하는 이유를 설명하는 동안 그들은 눈을 게슴츠레 뜨고 멍하니 쳐다만 보고 있었다. "음대생들한테 뭘 기대하겠어?" 그가 투덜거렸다. "피바디Peabody 음대 좋아하네. 돌대가리Peabrain 음대라고 부르는 게 더 낫겠다."

"미미라는 여자에 대해선 어떻게 생각해?"

"좀 다른 경우야." 그가 말했다. "아주 달라. 그 여자는 교육은 제대로 받지 못했지만 바보가 아니라는 것만은 분명해."

"몸매도 좋아." 내가 말했다.

조지는 여자의 몸매도 높이 평가했지만 명석한 두뇌를 더 존중했다. "미미는 아주 색다른 가능성을 보여주고 있어." 그가 말했다. "헨리 히긴스가 일라이자 두리틀에게 했던 일을 너랑 내가 미미한테 해볼 수 있는 거지." 나는 히긴스나 두리틀이라는 이름을 알지 못했다. 조지가 설명했다. "버나드 쇼의 「피그말리온」에 나오는 이야기야." 그가 내게 줄거리를 말해주었다. 두 품위 있는 신사가 어느 무식한 처녀를 데려다 교육시켜서 완전히 변모시킨다는 내용이었다. 구미가 당기는 생각이었다. 내가 품위 있는 신사의 역할을 함으로써 우리의 거친 다이아몬드가 빛나는 보석으로 탈바꿈한다는 발상이 마음에 들었다.

"그 여자는 머리는 좋아 보여. 그런데 거의 계발이 되지 않은 상태거든." 조지가 말했다. "완전히 백지상태는 아니지만 그거나 거의 비슷해. 우리가 그 지적 능력을 다듬어주는 거야."

나는 우리가 그 일을 해낼 수 있다고 생각했다.

"우리가 맨 처음 할 일은 아서 쾨슬러의 『정오의 어둠』을 읽히는 거야." 조지가 말했다.

"그 다음엔 『스터즈 로니건』과 『분노의 포도』." 내가 말했다.

이렇게 해서 미미를 왕실의 공주에 못지않게 변모시키려는 우리의 중장기 계획이 탄생했다.

하지만 우리의 구상을 실행에 옮기는 것이 쉽지는 않았다. 며칠 후 미미에게 전화를 걸었을 때 그녀는 나를 기억하지 못했다. 그 다음날에는 다른 할 일이 있어서 나올 수 없다고 했다. 일주일 후 다시 전화를 했을 때에도 그녀는 여전히 다른 일로 바빴다. 그녀는 나를 좋아하지 않는 것이 분명했다. 나는 그녀를 내 마음에서 몰아내려고 애썼다. 그러나 3주 후, 뉴욕 출신인 내 군대 동기가 볼티모어를 찾았을 때 나는 그녀에게 전화를 해서 함께 영화를 보러 가자고 제안했다. 그녀라면 피바디 음대생들 가운데 내 친구의 파트너가 되어 줄 여자를 구해줄 수 있을 거라고 생각했다. 그녀는 좋다고 했는데, 그녀의 승낙은 나를 보고 싶어서가 아니라 뉴욕 남자들이 매력적이라고 생각했기 때문임을 나는 곧 깨닫게 되었다. 그날은 재앙이었다. 내게는 눈길 한번 주지 않고 그녀는 저녁 내내 뉴욕을 홀리느라 정신이 없었고, 그 두 사람은 피바디 음대생과 내가 서로를 쳐다보며 어색한 미소만 짓도록 남겨둔 채 어디론가 사라져 버렸다.

나는 그녀와 끝내기로 결심했다. 만일 그녀가 도덕성이 그토록 부족해서 나처럼 고매한 인물을 뉴욕의 번지르르한 광채 때문에 무시할 수 있다면 그녀는 거들떠볼 가치도 없는 여자였다. 그러면서도 나는 그녀에 대한 생각을 떨치지 못하고 있었다. 몇 주 후에 나는 다시 그녀에게 전화를 걸었다. 그녀는 나와 함께 영화를 보러 가기로 약속했다. 이번에는 나 혼자였다. 그녀를 집까지 바래다주었을 때, 그녀는 문 밖에서 내게 인사 정도의 가벼운 키스를 허락했다. 그것도 딱 한 번. 나는 그녀의 뻣뻣한 태도에 화가 났다. 나는 그녀에게 아무것도 아니었다. 나는 다시는 그녀에게 전화하지 않겠노라 다짐했다.

그 다음 주, 나는 그녀에게 전화를 걸었다. 그녀는 이번에도 인사 정도의 가벼운 키스만 허락하고 나를 돌려보냈다. 나는 혼잣말로 중얼거렸다. "끝이야, 끝. 이번에는 진짜 끝이라고."

며칠 후 나는 그녀에게 전화를 했다. 이번에는 의미 없는 작별 키스 후에 그녀가 내 어깨를 토닥이며 미소를 지었다. 마치 전에 본 적이 있다는 사실을 새삼 떠올리기라도 한 것처럼.

그해 봄 나는 홉킨스에 복학을 했다. 부분적으로는 어머니의 강권——"너는 절대로 평생을 우체국에서 보낼 만한 인물이 아니다"——에 못 이겼기 때문이지만, 다른 한편으로는 제대 군인 원호법에 따라 대학 등록금이 지원되었기 때문에 나는 우체국의 지루한 노동에서 해방될 수 있었다. 때마침 미미는 백화점 구매 담당 직원으로 일하는 제니라는 친구와 함께 이전에 살던 집 근처에 작은 아파트를 얻었다. 두 사람의 수입은 방세를 지불하기에 충분했다. 그들이 아파트를 얻었다는 정보를 제일 먼저 입수한 것은 조지였다. 그는 그곳을 우리의 친구들과 제니와 미미의 친구들이 함께 보헤미아의 환락을 즐기는 장소로 만들자고 했다. 나는 미미의 환심을 사기 위해 모든 노력을 다하기로 결심했다. 나는 그녀에게 워싱턴으로 바람이나 쐬러가자고 제안했다. 그녀는 좋다고 했다. 미미는 워싱턴 구경을 한 번도 해본 적이 없었다.

5월 초 어느 싱그러운 아침에 우리는 워싱턴으로 가는 기차에 몸을 실었다. 몇 분간의 맥 빠지는 대화를 통해 그녀가 미국의 정치와 역사에 대해 아는 게 전무하다는 사실이 드러났다. 일라이자 두리틀에게 히긴스 교수의 역할을 해야 한다는 충동이 나를 열병처럼 휩감았다. 나는 워싱턴으로 가는 기차 안에서 내내 우리의 초기 식민지 생활과 청교도 전통, 메이플라워호 협정 그리고 고대 노예제도의 기원에 대해 강의했다.

우리는 유니언 역에 도착했다. 나는 그녀와 함께 널따란 역 광장을 걸으며 위대한 철도의 시대와 철도 건설을 위한 토지매입 과정에 대해 강의했다. 나는 그녀를 국회의사당에 데리고 가서 거기에 서있는 위대한 미국인들의 동상에 대해 설명해준 다음, 하원에 들렀다가 다시 발걸음을 돌려 상원으로 가서 텅 빈 의석을 향해 힘차게 연설하고 있는 한 남자를 구경했다. 나는 거기에서 대니얼 웹스터, 헨리 클레이, 존 C. 칼훈 그리고 새디어스 스티븐스에 대해 강의한 다음——허브 아저씨를 떠올리며——그녀에게 양원제가 무엇인지 설명해 주었다. 그리고는 그녀를 대법원으로 데리고 가서 제임스 매디슨과 삼권분립에 대해 강의하는 것도 잊지 않았다.

나는 그녀를 헌법 기관들이 들어서 있는 거리의 무한한 지루함으로 안내하며 국립미술관에 들어가서 렘브란트와 반 고흐에 대해서도 강의를 했다. 사실 나는 그들에 대해서는 아는 게 별로 없었다. 스미소니언 박물관을 향해 걸으며 나는 비행의 역사와 육감에만 의존해 대서양 횡단에 성공한 린드버그의 신화에 대해, 그리고 그가 전쟁 직전 어떻게 해서 고립주의자가 되었는지를 설명했다. 고립주의가 왜 나쁜지도 빠뜨리지 않았다.

나는 그녀를 백악관으로 데리고 갔다. 담장 너머로 그 유명한 페인트 색깔을 바라보며 나는 대통령제의 역사에 대해 이야기했다. 링컨 기념관에 가서는 에이브러햄 링컨, 노예 해방 선언, 제

퍼슨 데이비스, 스티븐 더글라스, 메리 토드, 앤드루 존슨, 존 윌크스 부스, 새뮤얼 머드, 에드윈 M. 스탠턴, 샐먼 P. 체이스, 그리고 사이먼 레그리에 대해 강의했다.

나는 워싱턴 기념관 쪽으로 되돌아오면서 그녀에게 이집트의 오벨리스크와 남근 심벌, 고대 신화 그리고 로마의 공화정과 제정의 차이를 말해주었다. 그리고 신시나투스와 같은 고결한 인물에 대해 얘기할 때는 신시내티가 그의 이름을 따서 지어진 것이고, 뉴욕의 트로이는 호메로스에 나오는 신비스런 도시의 이름을 따서 붙인 것이며, 일리노이주의 카이로 역시 이집트의 실제 도시 이름을 따서 지어진 것임을 설명했다. 그녀를 워싱턴 기념관으로 안내하면서 나는 말했다. "꼭대기까지 엘리베이터를 탈 수도 있지만 걸어서 올라가는 게 더 재미있을 거예요."

"잠시 앉았다 가도 될까요?"

"피곤하세요?"

"당신은 여섯 시간 동안 쉴 새 없이 떠드느라 아마 우리가 80킬로미터는 족히 걸었다는 사실을 모를 거예요."

"둘러볼 곳이 아직 많이 남았는데요." 내가 말했다.

"전 더 이상 못 걷겠어요." 그녀는 그렇게 말하면서 상점가에 있는 벤치에 털썩 주저앉았다. 그렇다면 좋아, 몇 분 간 쉬게 해주자. 워싱턴 기념관은 생략하고 조금 쉬었다가 재무성을 구경하러 가자. 나는 앉아서 해리 트루먼이 어떻게 대통령이 되었는지 설명하기 시작했다.

"당신은 아는 것도 참 많으시군요." 그녀가 퉁명스럽게 말했다.

방금 나를 빈정거린 건가? 내가 좀 심했나 보다. "전 당신한테 즐거운 시간이 되길 바랐을 뿐이에요. 따분하게 해 드릴 생각은 전혀 없었는데."

"절 우롱한 건지도 모르죠." 그녀는 신발을 벗어 발을 만지작거리며 말했다.

"그럼 이제 당신이 얘기를 해보세요." 내가 제안했다.

"제가 무슨 얘기를 하겠어요? 전 노예해방에 대해서 전문가도 아닌데."

"당신 자신에 대한 얘기를 하면 되잖아요."

"할 얘기 없어요."

"있을 거예요. 나는 당신이 어디 출신인지도 몰라요."

"알아서 뭐 하게요? 별 시시한 얘기에 관심이 있는 사람을 다 보겠네요."

"전 관심 있어요. 어떻게 해서 마운트 버논 플레이스에 살게 되셨어요?"

"음, 전 뉴저지 출신이에요." 그녀가 입을 열었고 나는 그녀에게서 이야기를 하나씩 끌어내기 시작했다. 그녀가 나를 만나기 이전에도 그녀의 삶을 살고 있었다는 사실을 어리석게도 나는 한 번도 생각해 보지 않았다. 그녀가 내게 들려준 이야기는 끔찍했다. 셀터링 암즈— 그런 곳이 실제로도 있단 말인가? 그녀의 말문이 터졌고 그녀는 자신의 불행한 무용담을 쏟아내며 어느 정도는 그 이야기를 즐기는 듯했다. 그녀는 중요한 대목에선 머리를 쓸어 올리며 내 주의를 고정시켰다. 그녀가 자신의 이야기를 쏟아내는 동안 사랑은 또 다른 얼굴을 드러냈고 나는 스스로 그녀의 운명적인 보호자라는 느낌이 들기 시작했다. 그러한 불행이 다시는 그녀에게 일어나지 않도록 막아주는 견고한 피난처로서.

그녀가 "뭐 좀 먹으러 갈 데가 없을까요?" 하고 말했을 때, 나는 처음에 계획했던 핫도그와 탄산음료를 먹자고 말할 수 없었다. 나는 애초의 구두쇠 같았던 속셈을 자책하며 치킨 헛에서 프라이드치킨, 감자, 수프 그리고 양배추 샐러드를 샀다. 나는 더 이상 히긴스 박사의 역할을 자임하며 그녀를 괴롭히고 싶지 않았다. "피곤하시면 극장에 가서 좀 편히 앉아 있죠."

나는 개봉관에서 입장권 두 장을 사면서 적지 않은 돈을 써야 했지만 조금도 아깝다는 생각이 들지 않았다. 나는 그녀에게 내가 가진 모든 것을 주고 싶었다. 고귀한 마음은 곧 보상을 받았다. 어두운 극장 안에서 그녀는 내 손 위에 자신의 손을 살짝 포개어 꼭 쥐고 영화가 끝날 때까지 그대로 있었다.

볼티모어로 돌아왔을 때 우리는 둘 다 지쳐 있었다. 나는 거룩함으로 한껏 고양된 기분이 들었다. 나는 이 여자와의 육체적 방종을 생각했던 나 스스로를 경멸했다. 그렇게 함으로써 나는 그녀의 인생을 불행하게 만든 모든 짐승 같은 인간들과 똑같은 놈이 되고 말 것이었다. 이제 나는 한 신사가 한 여성을 어떻게 대하는지 보여줌으로써 스스로의 잘못을 속죄하고자 했다. 우리는 아파트 계단을 올라갔다. 그녀가 문을 열었다. 거기는 바로 그녀가 건네는 가벼운 작별 키스를 내가 항상 받아 챙기던 곳이었다.

오늘 밤만은 그러지 않으리라 나는 다짐했다.

놀랍게도 그녀 쪽에서도 키스를 해줄 생각을 하지 않았다. 대신 그녀는 문을 활짝 열어젖히고 말했다. "들어와서 잠깐 쉬었다 가실래요?"

그럴 수는 없지. 이처럼 순수한 사랑을 저버리고 그럴 수는 없지. "집에 가야죠." 나는 말했다. 그리고는 계단을 내려가기 시작했다. "안녕히 주무세요."

그녀는 문 밖으로 뛰어나왔다. "작별 키스 안 해줄 거예요?"

"전 그런 놈이 아니에요." 나는 그렇게 말하고는 당당하게 걸어 나왔다. 사랑이 나에게 성인聖人의 영광을 입혀주었다.

나는 사나흘이 지나도록 일부러 기다렸다가 전화를 걸었다. 물론 그녀는 나를 기억하고 있었다. 그녀는 내가 자신을 비아냥거린 것으로 생각하고 있었다. 그녀는 내게 왜 진작 전화를 하지 않았는지, 그날 밤 자기와 함께 있고 싶지 않았는지를 물었다. 그녀의 룸메이트 제니는 가족을 방문하기 위해 한동안 아파트를 비웠고 미미는 혼자 쓸쓸하게 남아 있었던 것이다.

우리는 부드러운 봄날 저녁을 걸어 긴 산책을 했다. 내가 그녀를 집까지 바래다주자 그녀는 아파트 문을 열었고 나는 주저 없이 안으로 들어갔다. 고결함의 평화가 얼마나 빨리 사라지던지 신기할 따름이었다. 문을 닫고 나는 그녀에게 팔을 두른 채 성스러움에 영원한 작별을 고했다. 예의상 하던 가벼운 작별 키스의 시대는 끝났다.

"전 당신이 그날 밤 뒤돌아섰을 때 저한테 화가 난 줄 알았어요." 미미가 말했다. "당신이 영영 돌아오지 않을까봐 겁이 났죠."

"제가 미쳤어요? 제가 어떻게 당신한테 화를 낼 수 있겠어요? 저는 늘 당신 곁으로 돌아올 거예요."

그리고 그 말은 사실이 되었다.

제17장

새 출발

미미를 메리델가로 데려가서 소개를 시켜야겠다는 용기를 내기까지는 석 달이 걸렸다. 일요일 저녁식사가 가장 적당한 기회로 보였다. 오래 전 할머니가 그랬던 것처럼 어머니에게 일요일의 만찬은 중요한 가족 행사였다. 일요일 저녁은 가족이 모두 모여 음식과 대화를 나누며 서로간의 유대감을 확인하는 자리였다. 어머니에게는 '우리 집'을 가지고 있다는 기쁨을 매주 새로이 누릴 수 있는 자리이기도 했다. 또한 나에게는 그 자리에 참석하는 것이 의무였다. 열아홉 살이 된 도리스는 몇 시간씩 음식 준비를 거들었다. 어머니는 식탁 한쪽 끝에 앉으셨고 허브 아저씨는 건너편 의자에 앉아 거실에 있는 라디오에서 흘러나오는 워싱턴 세니터스의 야구 중계방송에 온통 신경이 가 있으면서도, 한편으로는 닭튀김이 바삭바삭하게 잘 익혀졌다는 둥 고기 수프의

맛이 아주 그만이며 초콜릿 케이크와 코코넛 케이크의 맛도 일품이라면서 어머니의 음식 솜씨를 치켜세우기에 바빴다. 일요일의 만찬은 사과 파이가 후식으로 나오면서 끝이 났다. 두 분 사이의 늦둥이 메리 레슬리는 이제 책을 몇 권 깔고 식탁 의자에 앉을 수 있을 만큼 자라 있었다. 해럴드 고모부와 애기 고모가 자주 자리를 함께했고, 어머니와 허브 아저씨 그리고 돌아가신 아버지의 친척들이 손님으로 와 있는 경우도 종종 있었다.

미미를 그 자리에 초대해야 한다는 것은 논리적인 필연이었다. 일요일의 만찬은 어머니의 기분이 가장 좋을 때였고, 사람들이 많이 모이는 자리였으므로 나 혼자의 힘이 부칠 염려도 가장 적었다. 나는 미미가 마음씨 좋은 도리스와 여자라면 무조건 좋아하는 해럴드 고모부 그리고 사람 만나기 좋아하는 애기 고모를 쉽게 우군으로 만들 것이라 생각했다.

"오늘 저녁식사에 알고 지내는 아가씨를 초대했어요. 괜찮죠?"

"네 친구라면 누구든 환영이지. 그래, 이름이 뭐냐?"

"미미요."

"미미라는 친구 얘기는 한 적이 없잖니?"

"보시면 좋아하실 거예요."

"네 마음에 드는 아가씨라면 나도 좋아하겠지. 우리 아들은 눈이 높으니까."

"그 아가씨는 어머니랑 닮은 데가 많아요. 혼자 힘으로 억척스럽게 살아왔거든요"

"학교에서 만난 사이냐?"

"학교에서 만난 건 아니고요, 지금 직장 다녀요."

"무슨 일을 하는데?"

"백화점에서 일해요."

"점원이냐?"

"뭐 그런 셈이죠."

"글쎄다, 나는 스스로 벌어서 생활하는 여자라고 해서 반대하거나 할 생각은 없다. 나도 그런 생활을 오래 했으니까."

"어머니도 좋아하실 거예요."

"그쪽 집안 식구들은 만나봤냐?"

"그 아가씨는 가족이 없어요. 고아라고 할 수 있죠."

"가족이 없으면 지금은 어디서 사니?"

"제니라는 친구랑 방을 얻어서 같이 살아요."

"여자애 둘이서만 산단 말이냐?"

"둘 다 아주 착해요."

"그 집에 가보긴 했니?"

"한두 번 정도요." 나는 거짓말을 했다.

"알았다." 어머니께서 대답하셨다. 나는 어머니가 말 그대로 모든 걸 알아차렸을지도 모른다고 생각했다. 어머니는 그즈음 새벽 4시가 되도록 집에 들어오지 않는 날이 많았던 내가 그 시간을 어디에서 보내는지 의심하지 않을 수 없었을 것이다. 하지만 어머니는 더 이상 캐묻지 않으셨다. "나도 그 애가 빨리 보고 싶구나." 그것이 어머니께서 하신 말씀의 전부였다.

"어머니도 보시면 좋아하실 거예요." 나는 말했다.

나는 미미에게도 어머니에 관한 얘기를 그리 많이 하지는 않았다. 단지, "어머니를 직접 만나보면 당신도 좋아하게 될 거예요"라고만 했다. 나는 두 사람 모두 서로를 좋아하기는 힘들 거라 생각했다. 그래도 혹시나 하는 막연한 기대는 가지고 있었.

일요일이 되었다. 마중을 나간 나는 미미가 전차에서 내리는 순간 정신이 아득해짐을 느꼈다. 한 가족에 의해 받아들여진다는 사실에 들떠 있던 미미는 좋은 인상을 주기 위해 한껏 치장을 했다. 그녀는 몸에 착 달라붙는 새로 산 분홍색 드레스를 입고 있었다. 그 전날에는 머리단장을 새로 했는데 미용사는 그녀의 머리를 윤기가 흐르도록 손질한 다음 할리우드의 섹시한 여배우들처럼 위로 말아 올리는 스타일을 선택했다. 미미는 화장품 매장에서도 돈을 아끼지 않은 것 같았다. 미미를 바라보며 나는 그처럼 아름다운 여자는 한 번도 본 적이 없다고 생각했다. 동시에 메리델가의 기준으로는 모든 것이 잘못되어 있음을 직감했다.

"나 예뻐요?" 그녀가 물었다.

"눈이 부셔요." 나는 대답했다.

집에는 아직 아무도 도착해 있지 않았다. 어머니는 미미와 내가 계단을 오르는 동안 현관문 앞에 서 계셨다. 어머니는 다음날이 되어서야 말씀하셨다. "화장이 그토록 요란하지만 않았어도 그 아가씨의 인상이 그렇게 나쁘진 않았을 거다." 하지만 미미는 이미 일요일 저녁에 모든 것을 눈치 챘다. 집으로 돌아가는 전차 안에서 그녀가 말했다. "당신 어머니는 제가 별로 마음에 들지 않나 봐요."

"왜 그렇게 생각해요? 어머니는 당신을 좋아하세요."

사실 어머니는 미미 앞에서 웃는 낯을 보여주셨다. 나는 오히려 그 점에 놀랐지만 기분은 나쁘지 않았다.

"당신 어머니는 절 좋아하지 않으세요." 미미가 말했다. "그리고 앞으로도 그러실 거예요."

나는 다음날 어머니께서, "화장이 그토록 요란하지만 않았어도 그 아가씨의 인상이 그렇게 나쁘진 않았을 거다"라고 말씀하신 후에도 미미가 한 말을 마음에 담지 않았다. 나는 다음 주에도, 그 다음 주에도, 그 다음 주에도 미미를 저녁식사에 초대했고 그녀는 내 말을 따라주었다. 해럴드 고모부와 애기 고모는 그녀를 좋아하게 되었다. 허브 아저씨도 그랬고 도리스도 마찬가지였다. 어머니만 미미를 달가워하지 않았다. 어머니는 내 귀가 시간을 챙기기 시작했다.

새벽 3시나 4시가 되어 내가 아무리 살금살금 들어와도 어머니는 잠을 깨셨다. "얘야, 너냐?" 어머니는 당신의 침실에서 나지막이 묻고는 하셨다.

"지금 몇 시냐?"

"잘 모르겠는데요. 그렇게 늦지는 않았어요."

가끔은 이렇게 물으실 때도 있었다. "어디 있다 오는 길이냐?"

"조지랑 같이 있었어요." 나는 내 방으로 들어가며 그렇게 대답하곤 했다.

어느 날 새벽, 나는 동이 트기 직전에 까치발로 집 안에 들어가

다가 어머니가 불 꺼진 거실에 혼자 앉아 계신 것을 보았다. "지금 몇 시나 됐는지 아니? 저녁나절부터 네가 오기만을 기다리고 있었다."

"무슨 일 있으세요?"

"무슨 일 많다. 너도 알 거다."

나는 어떻게 대답해야 할지 몰랐다. 그래서 아무 말도 하지 않았다.

"너는 네 앞가림을 할 줄 아는 애냐, 러셀?"

나는 졸업을 몇 달 앞두고 있었다. "저 나쁜 짓 하고 다니는 거 아니니까 걱정하지 마세요. 들어가 주무세요."

"나는 이제껏 너 하나 출세시키겠다는 일념으로 살아왔다. 그런데 너는 지금 그 여자애 때문에 모든 걸 다 내팽개치고 있어. 그 애가 널 홀리고 있단 말이다."

"무슨 말씀을 그렇게 하세요?"

"오냐, 너 지금 어디 있다 오는 길이냐?"

"조지랑 같이 있었어요." 나는 대답했다.

"조지는 늦도록 싸돌아다니는 애가 아니야. 그 애는 의대에 다니면서 출세하기 위해 최선을 다하는 애란 말이다. 너 미미랑 있었지, 그렇지?"

"진정하세요, 어머니. 그만 주무세요."

어머니는 전등불을 켜셨다. "너는 전에는 내게 거짓말하는 법이 없었다. 그런데 지금은 모든 게 다 거짓말이야. 미미라는 계집애가 널 이 지경으로 만들어 놓았단 말이다. 알겠냐?"

"저보고 뭘 어떻게 하란 말이에요?" 나는 어린애 취급을 받는 것에 화가 났다. 나도 물러설 수 없었다.

"얘야, 다 너 잘되라고 하는 소리다. 내가 널 간섭한다고 생각하지는 마라."

"말씀 잘 하셨네요. 어머니는 지금 간섭하고 계시는 거예요. 그래요, 말씀드리죠. 저 미미랑 같이 있었어요. 이제 속이 후련하세요?"

어머니의 얼굴에 핏기가 가셨다. 어머니의 시선이 8천 킬로미터 밖 먼 곳을 향하는 것 같았다. "피는 못 속이는구나." 어머니는 혼잣말처럼 내뱉으셨다.

"피가 어때서요?"

어머니는 다시 내게 시선을 고정시키셨다. 그리고는 거의 증오에 가까운 표정을 지으며 소리치셨다. "네 애비랑 똑같구나. 네 애비랑 똑같아."

그 말에는 지독한 혐오가 배어 있었다. 그렇다면 어머니는 아버지를 혐오하셨단 말인가? 어머니는 내게 아버지에 관한 얘기를 들려주시는 경우가 거의 없었다. 심지어 언급하는 것조차 꺼리셨다. 하지만 이제 어머니는 혐오로 가득 찬 말 한 마디——"네 애비랑 똑같아"——로 이제껏 묻고 있던 마음의 일단을 보여주셨다. 아버지의 피에는 오점이 있었다. 어머니는 그것이 내 안에서 꿈틀거리며 다시 나타날까봐 조바심을 내며 나를 키우셨다. 어머니께서 장례식의 음식이 채 식기도 전에 나를 모리슨빌에서 데리고 나와 아버지의 일가친척들로부터 멀리 떼어놓으신 것도 어쩌면 그 때문이었는지도 모른다. 어쩌면 어머니는 내가 아버지의 친척들로부터 멀리 떨어진 곳에서 성장한다면 그 피의 오점으로부터 자유로워질 수 있다고 생각하셨는지도 모른다.

나는 그때까지만 해도, 그리고 그 후로도 오랫동안 어머니께서 나를 임신하신 때가 아버지와의 결혼 전이었다는 사실을 모르고 있었다. 그 사실을 모르는 상태에서 나는 어머니의 말——"네 애비랑 똑같아"——에 담겨 있는 복잡한 심정을 결코 이해할 수 없었다. 아마도 어머니는 인생이 섬뜩한 죽음의 왈츠 같다고 생각하셨을 것이다. 어머니의 눈에는 나와 미미가 아버지와 당신의 역할을, 당신 자신은 못난 아들과 돼먹지 않은 며느릿감을 상대한 할머니의 역할을, 그리고 나는 한순간의 불장난으로 인생이 뒤틀린 당신의 재앙을 되풀이하는 것으로 보였을 것이다. 어머니는 그 모든 시련을 이겨내고 불행의 원천이기도 했던 나를 변모시켜 당신 삶의 승리의 약속으로 만들어 놓으셨다. 그런데 이제 와서 내 피에 흐르는 그 오점이 다시 꿈틀대며 모든 것을 위협하고 있는 것이었다. 어머니는 나를 보며 재앙이 다시 일어나고 있다고 생각하셨을 것이다.

"네 애비랑 똑같아!"

그 이후로 미미는 일요일 저녁식사에 더 이상 오지 않았다. 전선戰線이 그어졌다. 타협의 시기는 이미 지나가 버렸다.

나는 미미와의 결혼은 생각하고 있지 않았지만 그렇다고 그녀를 포기할 생각도 없었다. 나는 스물한 살이었고 부자도, 대단한 장래가 보장된 것도 아닌 처지에서 그저 느슨하고 감각적인 삶을 즐기고 있을 뿐이었다. 나도 때가 되면 결혼을 할 생각이었다. 나이를 조금 더 먹어서 좋은 시절이 다 지나면 그때 가서 자연스럽게 어머니의 마음에 들 만한 '좋은 여자'를 선택하면 그만이었다. 하지만 그 전에는 나를 행복하게 해주는 유일한 여자인 미미와 헤어지면서까지 내 청춘의 즐거움을 망칠 이유가 없다. 결국에는, 당연히, 미미는 기품 있는 좋은 가정의 따뜻한 여자에게 자리를 내줘야 했다. 미미도 그것을 이해해 줄 것이었다. 그녀는 누구보다도 현명했다. 그녀는 젊은 한때의 연애와 야망이 있는 남자의 결혼은 분명히 다르다는 것을 이해해 줄 사람이었다.

이런 생각으로 나는 태평스럽게 세월을 보냈다. 한 달이 두 달이 되고 그렇게 해가 바뀌고—1946년에서 1947년, 1948년 그리고 1949년으로—또 바뀌었다. 나는 여전히 모든 게 만족스러웠다. 그러나 미미는 아니었다. 미미는 가끔씩 결혼 얘기를 꺼내면서 나를 골치 아프게 만들었다. 내가 "우리가 들고 있는 카드에 그런 패는 없어"라는 말을 처음 한 것도 바로 미미가 결혼 얘기를 꺼냈을 때였다. 하지만 시간이 지날수록 그녀는 결혼의 꿈에 부풀어 자꾸만 그 얘기를 꺼냈다. 나도 똑같은 얘기를 반복했다. "우리가 들고 있는 카드에 그런 패는 없어."

1947년, 존스 홉킨스 대학을 졸업하면서 나는 「볼티모어 선」에서 일을 시작했다. 엘리엇 콜먼 교수가 추천해준 자리였다. 콜먼 교수는 내가 졸업을 1년 앞두고 있던 가을 학기에 문학을 가르치러 홉킨스에 왔다. 시인이었던 그는 큰 키에 새치머리, 그리고 다소 괴짜다운 면모와 문학 교수로서의 훌륭한 자질을 갖추고 있었다. 그는 학생들이 쓴 광산만한 분량의 글에서 손톱만한 가능성을 찾아낸 다음 그것을 잘 채굴하도록 격려를 아끼지 않았다. 그를 처음 만났을 때 나는 그의 강의를 들으러 온 대부분의 학생들과 마찬가지로 어니스트 헤밍웨이의 열렬한 추종자였다. 나는 술집에서 잔을 기울이다가 비극적 결말을 향해 뚜벅뚜벅 걸어 나가는 시니컬한 사내들의 이야기를 끊임없이 지어내고 있었다. 우리가 마르셀 프루스트를 알게 되기를 원했던 교수님은 이런 글을 수도 없이 읽은 뒤, 어느 날 두 손을 번쩍 들면서 큰소리로 외쳤다. "헤밍웨이도 근사하지. 하지만 이젠 한물갔어! 갔다고!" 그리고는 강의실을 나가 버렸다.*

어설픈 헤밍웨이 흉내에 불과했던 내 글에서도 그는 무언가 칭찬할 거리를 찾아냈다. "자네 글에 나오는 인물들의 대화는 아주 훌륭해." 그건 사실이 아니었다. 하지만 그 칭찬 덕분에 나는 그의 강의를 듣는 것을 중간에 포기하지 않았다. 여전히 내 소설 속의 주인공들은 비장한 체념과 함께 패배나 죽음을 향해 결연히 걸어 나가고 있었다. 그런 글을 십여 편 읽고난 후, 콜먼 선생님은 글쓰기에 관해 그때까지 내가 들은 것 가운데 가장 귀중한 충고를 들려주었다.

---

*헤밍웨이는 1940년 『누구를 위하여 종은 울리나』를 발표한 이후 이때까지 작품 활동을 중단하고 있었다.

"자네가 만일 가끔이라도 몸을 굽혀 장미의 향기를 맡아본다면 자네의 글에 등장하는 터프 가이들이 독자들에게 더 가까이 갈 수 있지 않겠나?"

내 졸업 후의 진로가 아직 정해지지 않았다는 얘기를 듣고 콜먼 교수는 말했다. "「볼티모어 선」에서 일해 보는 건 어떻겠나? 내가 돌 에머트 씨에게 부탁을 해두지."

4학년이 되면서 나는 매주 발행되는 학교 신문의 편집을 돕고 있었다. 하지만 그것은 대단한 일이 아니었다. 그러한 경력이 나로 하여금 볼티모어의 유력 일간지에서 일할 만한 충분한 자격을 보증하는 것은 더더욱 아니었다. 게다가 나는 언론계에서 일하는 것에 그다지 흥미를 가지고 있지 않았다. 내 꿈은 제2의 헤밍웨이가 되는 것이지 신문사의 월급쟁이가 아니었다. 제2의 헤밍웨이는 위대한 예술가라 할 수 있지만 신문사에선 기껏해야 글 품팔이밖에 더 하겠는가?

어쨌든 콜먼 선생님은 돌 에머트 씨에게 내 취직을 부탁했다. 에머트 씨는 「볼티모어 선」에서 탁월한 경력을 쌓으며 높은 평가를 받는 논설위원으로 일하고 있었고 T. S. 엘리엇과 절친한 사이이기도 했다. 에머트 씨는 경찰 출입기자 자리가 하나 비어 있다는 답신을 보내왔다. 나는 편집국장인 찰스 도르시 씨와의 면접 약속을 잡기 위해 전화를 걸었다. 그렇게 해서 1947년 6월 어느 날, 나는 태어나 처음으로 신문사 내부를 들여다볼 수 있었다.

도르시 씨는 영화에서 보던 편집국장의 모습과 조금도 다를 것이 없었다. 그는 사무실의 칸막이 창 너머로 요란하게 울려대는 전화벨 소리와 분주하게 오가는 사환들, 그리고 타자기를 두들기는 냉소적인 표정의 기자들이 뒤엉켜 있는 풍경을 거만한 표정으로 내다보았다. 큰 키와 마른 체격에 차가운 눈매를 가진 그는 런던에 국제전화를 아무렇지 않게 할 수 있었고 최고급 레스토랑에서 백 달러 정도는 쉽게 뿌릴 수 있었으며 기자 하나쯤은 간단하게 해고할 수 있는 사람이었다. 유리로 둘러쳐진 그의 사무실 안으로 들어가면서 나는 시간을 뺏어서 미안하다고 말하고 싶었지만 긴장한 탓에 아무런 말도 할 수 없었다.

그는 손으로 연신 머리를 넘기며 고개를 들어 나를 내려다보고 있었다. 그는 내가 들어서는 모습을 보며 큰소리로 콧방귀를 뀌었다. 그의 회색빛 눈이 한 차례 감기는 모습이 마치 내가 형편없는 풋내기라고 말하는 듯했다. "앉아." 그가 명령했다.

난 앉았다. "그래, 자네가 기자가 되고 싶단 말이지." 그가 말했다.

난 그럴 생각이 없었다. 하지만 내가 대답하기 전에 전화벨이 울렸다. "워싱턴 지국과 통화 좀 해야겠네." 그가 말했다. "1분이면 돼."

내가 바짝 얼어서 앉아 있는 동안 그는 바로 앞에서 워싱턴 지국과 통화를 하고 있었다. 진짜 편집국장의 사무실에 있다는 사실만으로도 나는 충분히 흥분되었다. 그런데 그가 워싱턴 지국에 진짜로 통화를 하기까지 하는 것이었다. "트루먼이 지금 뭐 하자는 수작이야?"

누군가 워싱턴 저편에서 수화기를 들고 있을 것이었다. 그가 미합중국 대통령 이름을 아무렇지 않게 들먹이는 모습이 경이로웠다. 워싱턴 지국, 그리고 트루먼이 지금 무슨 수작을 하는지 보고하고 있는 워싱턴 지국의 기자! 내가 꿈꾸던 영예가 바로 여기에 있었다.

"자네 경력은?" 어느새 도르시 씨가 내게 묻고 있었다.

"저는 「존스 홉킨스 뉴스 레터」에서 일해 봤습니다."

그 말이 얼마나 가소롭게 들렸겠는가! 도르시 씨는 다시 한 번 콧방귀를 뀌었고, 정신을 가다듬었을 때 나는 도르시 씨의 손이 출구를 가리키고 있음을 발견했다. 신문사에 취직하는 것은 물 건너간 일이었다. 하지만 아무도 내게서 앗아갈 수 없는 것이 있었다. 그것은 내가 워싱턴 지국과 통화를 하는 진짜 편집국장의 사무실에 있어 봤다는 사실이었다.

일주일 후, 저녁식사 시간 무렵 한 통의 전화가 걸려왔다. "나 도르시일세." 편집국장의 목소리였다. "자네가 아직 여기서 일할 용의가 있다면 주급 30달러에 이번 주 일요일부터 일하도록 하게."

일주일에 30달러요? 지금은 1947년입니다. 1933년이 아니란 말입니다. 나는 속으로 말했다. 주급 30달러는 대졸자에 대한 모욕이야. 이렇게 생각하며 나는 전화에 대고 말했다. "네, 하겠습니다."

아마 콜먼 교수님은 제2의 헤밍웨이의 출발점으로 신문사가 적당하다고 생각했던 것 같다. 나도 그렇게 생각했다. 그런데 「볼티모어 선」은 그렇게 생각하지 않았다. 2년이 지나도록 내겐 단 한 줄의 기사도 직접 써볼 기회가 주어지지 않았다. 그 기간 동안 나는 볼티모어의 빈민가를 어슬렁거렸고 경찰의 심리를 연구했으며 화재로 집이 타는 광경을 목격했다. 또한 교통사고와 살인사건을 괴발개발 기록한 경찰 조서의 필체를 익히는 데에도 많은 시간을 보냈고 사고 현장에서 사람들이 신음하며 죽어가는 소리를 듣기도 했다. 그러나 나는 그 어느 것에 대해서도 기사를 직접 작성할 수 없었다. 대신 신문사에 있는 기자에게 전화를 걸어 기사를 제공할 뿐이었다. 기자들은 그날 지면에 따라 그 기사들을 알맞게 채워 넣었다. 기사거리가 별로 없는 날에는 자살은 3단 정도 배치되었다. 그것도 자살 방법이 독특한 경우에만 그랬다. 기사가 많지도 적지도 않은 날에는 1단으로 실리면 다행이었다. 기사가 넘치는 날엔 한 사람의 지상에서의 마지막 행위는 보도조차 되지 않았다.

편집국 안에서 '검둥이'로 통하는 흑인들에 관한 기사는 파격적으로 평가절하 되었다. 아직 풋내기였던 시절, 나는 어느 날 밤 편집국에 전화를 걸어서 잔뜩 흥분된 목소리로 살인사건에 관한 기사거리를 보고했다. 내가 '좋은 건수'라고 말하자, 기자가 야간 편집장에게 와서 들어보라고 말하는 소리가 수화기를 통해 들렸다. 사망한 피해자가 '둔기'에 머리를 맞은 채 야산에서 발견되었다고 말하자 야간 편집장이 내 말을 가로챘다. 그는 내가 흑인 거주지역을 담당하고 있음을 알고 있었다.

"피해자가 검둥이지?"

"네, 검둥이요." 내가 대답했다.

"제길, 검둥이는 대갈통을 망치로 내려쳐도 끄떡없다는 거 몰라?" 그는 그렇게 말하고는 수화기를 기자에게 넘겼다.

"혹시 한 단짜리로 필요할지 모르니까 계속 불러 봐." 기자가 말했다.

언제나 야근이었다. 일은 어떤 날은 자정에 끝났고, 어떤 날은 새벽 2시까지 이어졌다. 권태와 블랙 코미디의 반복이었다. 한번은 볼티모어의 서부 경찰서에서 나는 바싹 마른 당직자가 자신이 구경한 백 번째 교수형 집행 장면에 대해 키득대며 설명하는 것을 억지로 웃으며 듣고 있어야 했다. 그때 경찰관 한 명이 한 손에는 자신의 귀를, 다른 한 손에는 그의 귀를 물어뜯은 용의자를 붙들고 들어왔다. 매일 밤이 그런 식이었다.

나는 낮밤이 뒤바뀐 생활을 했다. 매일 밤을 피와 범죄 속에서 보내고 새벽 4시에 잠이 들면 정오가 되어서야 침대에서 일어났다. 미미에 대한 애착은 점점 커지고 있었다. 자정에 일이 끝나면 나는 그녀의 아파트에 들러 커피 한잔을 마시며 마치 퇴근한 남편이 직장에서 있었던 일을 아내에게 들려주듯 미미에게 그날 있었던 사건과 사고에 대해 이야기해 주었다. 내가 경찰서에서 취재를 하는 날이면 미미는 자정 넘어 나를 찾아왔고 나는 그녀를 이스트 볼티모어가로 데리고 가서 맥주 한잔과 스트립쇼를 즐기며 밑바닥 인생의 사회학에 대해 강의했다. 새벽 2시까지 취재를 하며 끔찍한 일을 유난히 많이 겪은 어느 날 나는 그녀에게 전화를 했다.

"잤어?"

"피곤해서 일찍 누웠어요. 지금 어디에요?"

"대학 병원. 서부 지역에서 화재가 있었거든. 다 쓰러져 가는 집 옥상에서 일가족이 구조를 기다렸는데 남자는 여기 응급실에서 다 죽어가고 있어."

"이따가 들를 거예요?"

"오늘 밤은 안 돼. 그 집에 애들이 넷 있었거든. 소방관들이 애들을 꺼냈는데 완전히 숯덩이더라고. 정말 끔찍했어."

"오고 싶으면 와도 돼요."

"안될 것 같아. 어서 자. 내일 전화할게."

친구들은 우리의 결혼을 기정사실로 받아들이기 시작했다.

"우리가 들고 있는 카드에 그런 패는 없어." 나는 조지에게 말했다. 나는 미미에게 점점 더 기대고 있는 나 자신에게 놀라며 그만 관계를 정리해야겠다고 마음을 먹었다. 미미가 더 이상 방세를 지불하기가 힘들다고 말했을 때 나는 기회를 포착했다. 제니가 뉴욕으로 떠나게 된 것이었다. 한동안은 미미도 혼자서 방세를 낼 수 있을 만한 일자리를 찾아보았다. 그녀는 백화점에서 화장품 파는 일을 그만두고 개구리를 이용해서 임신 여부를 판별하는 회사에 취직을 했다. 이어서 몇 달러를 더 주는 전화회사로 자리를 옮겨 경리계원으로 일했다. 그녀는 탈세를 위해 장부를 조작해야 한다는 사실을 알게 되자 그 일을 그만두었다. 다음 직장——부동산업계의 거물로 꼽히는 인물의 전화교환원——은 봉급이 적었다. 그리고 그 거물이란 사람은 미미가 기기 조작이 서툴다는 이유로 그녀를 해고했다.

극장 무대에 서는 것은 어떨까? 그녀는 이스트 볼티모어가에 있는 '게이어티' 극장을 찾아 합창단에서 일할 수 있는지를 물었다. 게이어티 극장은 스트립쇼를 공연하는 곳이었고 출연자의 재능에 대해서는 그리 까다롭게 굴지 않았다. 극장의 지배인은 그녀에게 속이 훤히 들여다보이는 옷을 한 벌 내주면서 입으라고 말했다. 다음 공연에 바로 투입되는 것이었다. 그녀는 치부를 가리는 천에 포도젤리가 묻어 있는 것을 보고는 잠시 머뭇거렸다. 그러나 결국 그녀는 옷을 입고 처음이자 마지막이 될 공연을 위해 무대로 나갔다. 그녀는 미처 지배인에게 춤을 출 줄 모른다는 얘기를 하지 않은 것이었다. 그녀는 공연이 끝나고 무대 뒤로 들어오자마자 옷을 갈아입고 서둘러 집으로 가서 목욕을 했다.

그때 무대가 다시 한 번 그녀에게 손짓을 했다. 그녀는 극장에 관심이 있는 여자를 구한다는 신문광고를 보고 찾아갔다. "저는 개들을 데리고 서커스를 합니다." 광고를 냈던 남자가 말했다. "무대 뒤에서 자질구레한 일을 도우면서 개들을 돌볼 사람이 필요합니다."

물론 그들은 여러 지역을 함께 돌아다녀야 했다. 그는 미미에게 자신의 트럭을 보여주었다. 짐칸에는 2인용 침대와 개 여섯 마리가 있었다. "여기가 우리가 기거할 곳입니다." 그가 말했다. "안락해 보이죠?"

그것이 극장 무대를 향한 미미의 마지막 시도였다. 그녀는 약국에 취직을 했다. 하지만 방세를 감당할 수가 없었다. "이제 어떻게 할 생각이야?" 내가 물었다.

"내가 어떻게 해야 할 거라고 생각해요?" 그녀가 되물었다.

"이것 봐." 내가 말했다. "우리가 들고 있는 카드에 그런 패는 없어."

결혼은 경제적인 이유로도 불가능했다. 내가 받는 급료는 막 인상이 되어서 일주일에 45달러였다. 끔찍한 말다툼이 이어졌다. 그녀는 내가 자신에 대해 아무런 관심도 없으며, 우리에게 함께할 미래는 없다고 말했다. 나는 첫 번째 말은 부인했지만 두 번째 말에는 동의를 했다. 그녀는 새 출발을 해야 할 때가 온 것 같다면서, 나를 자신의 인생에서 지우고 보다 싼 방을 구한 다음 다른 남자를 찾아보겠다고 했다. 덧붙여 자신에게 더 자상하게 대해 줄 남자는 얼마든지 있을 거라고 했다. 나는 그 말에도 동의했다.

우리가 만난 지 3년이 지나고 있었다. 나는 관계를 정리해야겠다는 마음을 확실히 굳혔다. "잘 들어요," 그녀가 말했다. "다시는 전화하지도 말고 두 번 다시 내 인생에 끼어들지도 마세요."

"다시는 연락하지 않을게." 나는 약속했다.

그녀는 도시의 북단에 방을 구했다. 나는 그녀와 멀리 떨어져 더 이상 그녀를 떠올리지 않으려 했으나 다른 생각은 아무것도 할 수가 없었다. 몇 주가 흘렀다. 나는 그녀가 나타나기를 내심 기대하며 주말에 열리는 파티 이곳저곳을 기웃거렸지만 매번 풀이 죽어 집으로 돌아왔다. 나는 가능한 한 무관심한 말투로 친구들에게 물었다. "최근에 미미 본 적 있어?" 간혹 봤다는 친구들도 있었다.

미미, 1948년.

"지난주에 캘버트가의 파티에서 봤어." 하루는 한 친구가 내게 말했다.

"누구랑 같이 있었어?"

"광고회사에 다니는 남자라던가."

"미미는 어땠어?"

"끝내줬지."

나는 광고업계와 거기에 종사하는 모든 이들을 증오했다. 나라고 못할 줄 알아? 나는 메리라는 여자를 사귀게 되었다. 그녀는 심리학을 전공했다. "당신의 손목이 뒤로 잘 젖혀지는 것으로 볼 때 당신은 동성연애를 하게 될 가능성이 있어요." 그녀가 말했다. 그것으로 끝이었다.

그즈음 미미가 다시 이사를 했다는 소식이 들렸다. 미미는 우르슐라라는 친구 모녀와 함께 노스 볼티모어에 살게 되었다. 친구의 어머니가 내게 안도감을 주었다. 최소한 광고회사에 다니는 남자가 집을 찾아오더라도 품위를 잃지는 않을 것이기 때문이었다.

"미미랑 무슨 일 있니?" 어머니께서 물으셨다.

"요즘 안 만나요."

"그래서 요즘 네가 기가 죽어 있었구나."

"아니에요. 잊은 지 벌써 몇 달 됐어요."

"얘야, 정말 잘 생각했다." 어머니께서 말씀하셨다. "미미는 날 좋아하는 것 같지가 않더구나. 난 아직도 그 이유를 모르겠다. 나는 네가 집에 데리고 오는 다른 친구들과 똑같이 그 애를 대해 주었는데 말이야."

"알아요."

"애야, 내가 바라는 건 딱 한 가지다. 바로 네가 출세하는 거다. 하지만 네가 행복하지 않으면 출세가 다 무슨 소용이겠냐?"

"저 행복해요." 내가 말했다.

"그렇다면 나도 행복하다." 어머니께서 말씀하셨다. "다만 네가 지금보다 좀더 행복한 표정이었으면 좋겠구나."

사실 이 시기에 나는 성공의 단맛을 조금씩 알아가는 중이었다. 「볼티모어 선」은 마침내 나를 경찰서에서 불러들여 책상과 타자기를 내주었다. 나는 잡다한 기사들——동창회, 동물원에 새로 들어온 동물들, 시가행진 등——을 담당하고 있었다. 따분한 일이었지만 나는 타자에는 자신이 있었다. 그 전해 여름, 나는 로얄 타자기 한 대와 타자 교본을 빌려서 연습에 힘을 쏟았고 타자 실력을 완벽하게 가다듬는 의미에서 내가 쓴 7만 단어 분량의 소설을 직접 타자로 쳐보았다. 그 소설은, 자신과 어울리지 않는 여자와 사랑에 빠진 어느 젊은 신문기자에 관한 이야기였다. 소설에는 악랄한 깡패도 등장했는데 그는 피도 눈물도 없는 잔혹한 성격을 가지고 있어서 평생 장미의 향기를 한번도 맡아본 적이 없는 인물로 그려졌다. 나는 그 소설을 몇 군데의 출판사에 우편으로 보냈지만 모두 반송되었다. 나는 그 소설을 훗날 내가 유명해지면 출판하기로 하고 일단 다락방에 넣어 두었다. 몇 년 후, 내 다른 작품에 대한 트루먼 카포티의 비평——"이건 글이 아니다. 타자일 뿐이다"——을 읽고 나는 다락방을 뒤져서 그 소설의 원고를 쓰레기통에 던져 버렸다. 어쨌든 그 소설을 타자로 친 덕분에 나는 타자기를 기관총 다루듯이 할 수 있었다. 내 타자 실력은 결국 소설 자체보다도 훨씬 수지가 맞았다.

「볼티모어 선」은 늘 사람이 부족했다. 하루는 두 명의 기자가 해고되었는데 나는 편집국의 귀퉁이에 앉아서 타자기를 두들기는 세 명의 풋내기 가운데 하나였다. 갑자기 사회부 데스크 주위가 어수선해졌다. 부장이 내 책상으로 다가와서 물었다. "자네 이름이 뭐야?"

"베이커입니다."

"자네가 타자 좀 친다는 그 친군가?"

"예, 조금 칩니다만."

"따라 와." 그가 말했다.

나는 부장의 책상이 있는 곳으로 갔다. 그는 자신의 자리 바로 옆에 있는 책상을 가리키며 말했다. "몰스비가 해고됐어. 오늘은 자네가 여기를 맡아."

그 일은 식은 죽 먹기였다. 전화로 들은 얘기를 기사로 작성하는 일을 나는 2년이나 보아왔다. 나는 기자들이 하는 일이란 요컨대 매일 써먹는 진부한 표현들을 알맞게 짜깁는 것이 전부임을 알고 있었다.

"화재사건을 맨 위로 올리고 윌리엄스한테서 전화 오거든 받아. 바닷가에서 한바탕 난리가 나서 세 명이 죽었대."

내가 능숙한 솜씨로 한참 타자기를 두들기고 있을 때 부장이 황급히 나를 불렀다. "교도소에 나가 있는 존한테서 온 전화야."

내가 수화기를 받아들었다. 그의 목소리는 떨리고 있었다. 그는 악명 높은 경찰관 살해범의 교수형 집행 현장에 나가 있었다. 메릴랜드 전체가 거의 1년 동안 그의 교수형 소식을 기다리고 있었다. 그런데 방금 형 집행을 기다리고 있던 그가 면도칼로 자신의 목을 그어 감방 안에서 다 죽게 되었다는 얘기였다.

"1판에 낼 수 있을까?" 부장이 물었다.

간단한 일이었다. 새벽 2시쯤, 나는 사회면 전체를 차지하다시피 한 5천 단어 분량의 기사를 거의 끝내고 있었다.

퇴근하기 위해 코트를 걸치면서 부장이 말했다. "내일부터 계속해서 그 자리에서 일하게."

사회부에서는 전화를 받아 기사를 작성하는 기자의 위치가 중책에 속했다. 그 자리는 부장과 호흡을 맞추며 기사의 가치를 판단하는 기민함이 요구되었고 현장기자들이 전화로 들려주는 방대한 양의 소식을 깔끔하게 정리하는 능력도 필요했다. 그 중요성이 남다른 만큼 대우도 좋았다. 내 봉급은 일주일에 70달러로 인상되었다.

이 대단한 성공에도 불구하고 무슨 이유에서인지 나는 그리 기쁘지 않았다. 이 기쁨을 나눌 사람은 어머니밖에 없었다. 당연히 어머니는 기뻐서 어쩔 줄을 몰라 하셨다. "계속 열심히 해서 어느 정도 경력이 쌓이거든 에드윈 아저씨를 찾아가서 「뉴욕 타임스」에 취직을 부탁해도 되겠구나."

나는 에드윈 아저씨에게 아쉬운 소리를 하고 싶은 생각이 전혀 없었다. 그것은 부정한 행위처럼 느껴졌다. 나는 에드윈 아저씨의 도움 없이도 혼자서 충분히 성공할 수 있다고 생각할 만큼 오만해져 있었다. 어머니의 기뻐하시는 모습에 나 역시 기분이 좋았다. 하지만 이 기쁨을 함께 나누어야 할 사람이 하나 더 있었다. 그녀가 없이는 이 대단한 성공도 시들하게 느껴졌다.

1949년 어느 봄 밤, 나는 자존심을 버리고 그녀에게 전화를 걸었다. "네, 내쉬 양 있는데요. 잠시만 기다리세요."

"나야." 내가 말했다.

"잘 지냈어요?" 그녀가 물었다.

"난 잘 지내. 아직 결혼 안 했어?"

"제가 들고 있는 카드에 그런 패는 없는 것 같네요." 그녀가 말했다.

나는 그 말을 무시했다. "전화하지 않겠다고 전에 내가 약속했었지?"

"지금 생각해 보니까 그러네요."

"나 보고 싶지 않았어?"

"저 살기에도 바빴어요." 그녀가 말했다. "어머니는 건강하시죠?"

나는 그 말도 무시했다. "그동안 무척 보고 싶었어." 나는 어려운 고백을 했다. "한번 찾아가도 될까?"

이틀 후 나는 미미를 찾아갔다. 미미와 같이 사는 친구의 어머니가 현관에서 나를 맞아주었다. 아주머니가 나를 거실로 안내한 다음 물었다. "차 드실래요?"

아주머니는 차와 과자를 내왔다. 나는 미미 옆에 앉았다. 아주머니는 내가 점잖은 신사인지 아니면 사랑에 눈이 먼 바보인지 따져보듯 나를 유심히 살피고 있었다. 우리는 날씨 얘기며 신문에 관한 이야기를 주고받았다. 아주머니는 내게 미미가 아주 훌륭한 아가씨라고 말했다. 차 주전자와 화제가 모두 바닥을 드러냈을 때 나는 애타는 마음으로 미미에게 말을 건넸다. "산책하러 나갈까?"

향기로운 밤이었다. 길을 걸으며, 나는 70달러의 주급과 내 성공에 관한 모든 얘기를 늘어놓았다. "자기중심적인 성격은 여전하군요." 그녀가 말했다.

"나는 그냥 사실을 알려주려고 했을 뿐이야."

"당신 어머니가 아주 좋아했겠어요."

"어머니는 잊어버려."

"전 절대 못 잊어요." 그녀가 말했다.

"어머니는 미미를 좋아하셔."

미미가 엷은 웃음을 지었다.

"정말이야. 하루는 어머니께서 왜 미미를 일요일 저녁식사에 데려오지 않느냐고 나한테 묻기까지 하셨어. 어머니는 오히려 미미가 자신을 좋아하지 않는다고 생각하셔."

"그건 맞네요."

"말이 나와서 하는 얘긴데," 내가 말했다. "이번 주 일요일 저녁식사에 초대하고 싶어."

"이사벨*이 용서되는가 보죠?"

"그렇게 비꼬지 말고, 꼭 와줬으면 해."

"생각해 볼게요." 그녀가 말했다.

미미를 집까지 바래다주었을 때 거실엔 아무도 없었다. 미미는 소파에 앉아 내가 전등 스위치를 끄는 것을 제지하지 않았다. 그녀에게 입을 맞추는 순간 나는 모든 것이 다시 시작되었음을 깨달았다. 언제 중단된 적이 있기는 했나? 잠시 후 그 집을 나서면서 나는 너무 기뻐 휘파람을 부는 동시에 일요일을 걱정하기 시작했다.

내가 일요일 저녁에 미미가 올 거라고 말씀드렸을 때 어머니의 반응은 뜻밖이었다. "네가 결국 그 애를 다시 만나는구나. 별로 놀랄 일도 아니지." 그것이 전부였다. 하지만 나는 그 말의 속뜻을 알고 있었다. "네 애비랑 똑같아."

미미에게는 우리 집에 다시 온다는 것이 보통 용기가 필요한 일이 아니었다. 그러나 미미는 결국 왔다. 그리고 이번에는 자신의 정당한 권리를 주장하는 공작 부인과도 같이 당당하게 나타났다. 어머니는 그 알 수 없는 힘을 감지했다. "전에 마지막으로 보았을 때보다 미미가 많이 변했더구나." 미미가 돌아간 뒤 어머니께서 말씀하셨다.

"무슨 말씀이세요?"

"그 애가 이젠 여자가 되어 있더란 말이다."

얼마 지나지 않아 나도 그 변화를 느낄 수 있었다. "언제까지

---

* 성서의 열왕기 상권에 나오는 아합 왕의 아내. 음탕함과 권모술수에 능해 악녀의 대명사로 통함.

이런 식으로 지내야 되죠?" 어느 날 미미는 자신의 집 앞까지 바래다준 내게 물었다.

"지금 무슨 소리 하는 거야?"

"내 말은 우리가 언제 결혼하느냐는 거예요. 우리가 들고 있는 카드에 그런 패가 없다는 소린 하지 말아요." "없는 걸 어떡해?" 내가 말했다.

"제발, 러스, 이젠 내게 사람대접 좀 해주세요. 내가 당신한테 바라는 게 뭐가 있겠어요?"

"애들처럼 굴지 마. 그건 꼭 베티 데이비스의 대사 같아. 정말 유치하다고."

"애들처럼 구는 건 당신이에요. 스물네 살이나 되어서도 당신은 여태 어머니 품에서 재롱이나 피우고 있잖아요. 도리스한테 물어보세요. 뭐라고 하나 들어보라고요."

"결혼을 그렇게도 하고 싶어?" 내가 물었다. 긴 침묵이 흘렀다. "나도 생각해 봤는데 말이야. 내가 일주일에 80달러를 벌면 그때는 가정을 꾸릴 수 있을 것 같아. 70달러로는 무리야. 조금만 참아. 내년에는 봉급이 오를 거야."

"80달러를 벌면 당신은 90달러가 필요하다고 할 것이고, 90달러를 벌면 그때는 100달러가 필요하다고 할 거예요." 그녀가 말했다. "잘 가요." 그리고는 쾅 하고 문이 닫혔다.

늘 이런 식이라니까. 집으로 돌아오면서 나는 혼잣말로 중얼거렸다. 그 다음 주, 그녀는 내게 워싱턴으로 이사를 가겠다고 했다.

"농담 마!"

그녀는 농담이 아니었다. 그녀는 월마크 탐정 사무소에 취직을 했다. 그녀가 해야 할 일은 고객들의 점포를 암행하며 현금출납기에서 돈을 빼돌리는 점원들을 적발해내는 것이었다. "그럼 탐정이 되는 거야?" 내가 물었다. "사람들이 탐정과 사귄다고 날 비웃을 거야."

"그럼 결혼할래요?"

"이것 봐."

"들고 있는 카드에 그런 패가 없다는 말은 하지 마세요. 난 워싱턴으로 갈 거예요." 그리고 그녀는 자신의 말대로 했다.

그녀와 멀리 떨어져 있으려니 미칠 지경이었다. 나는 일주일에 겨우 한 번 그녀를 만날 수 있었고, 그나마도 볼티모어로 돌아오는 막차를 타기 위해 초저녁에 헤어져야 했다. 하지만 좋은 점도 하나 있었다. 그녀가 결혼에 대한 생각을 누그러뜨릴 시간적 여유를 가질 수 있었던 것이다. 그녀는 주말에 나를 만날 때마다 그 주에 그녀가 갔었던 파티와 거기에서 만난 근사한 남자들에 대해 이야기했다. 워싱턴은 볼티모어보다 근사한 남자들이 훨씬 많았다. 그녀는 진작 워싱턴으로 올 걸 그랬다고 했다. 나는 질투와 분노로 씩씩댔고 그때마다 미미는 이렇게 말했다. "우린 결혼한 사이가 아니잖아요? 우리가 들고 있는 카드에 그런 패는 없으니까요."

11월이 되어 그녀는 6주 동안 워싱턴을 떠나 캐롤라이나에 출장을 가게 되었다.

"6주? 그럼 우리가 성탄절에도 떨어져 있어야 한단 말이야?"
"당신 생각하고 있을게요."
"몇 사람이랑 같이 가는데?"
"저 말고 두 사람이요. 남자 하나 여자 하나."
"뭐라고? 6주 동안 다른 남자랑 같이 다닌단 말이야?"
"편지 쓸게요." 그녀가 말했다.

그녀는 편지를 썼다. 처음 2주 동안은 개스토니아와 스파턴버그에서 "사랑하는"이나 "보고 싶은"으로 시작하는 편지가 날아왔다. 멀리 떨어져 있으면서 그녀도 내가 얼마나 소중한 사람인지 깨닫는가 싶었다. 그러나 일곱 번째 편지엔 비수가 꽂혀 있었다. 편지엔 함께 출장중인 남자 상사에 대한 얘기가 적혀 있었다. 그가 무척 재미있는 사람이며 얼마나 진중하고 남자다운지 모르겠다는 둥, 그리고 펜실베이니아 출신인 그가 고등학교 시절 축구 선수로 이름을 날렸다는 내용이 이어졌다.

축구 선수라고! 어쩌면 내가 그토록 정성을 들인 여자가 한낱 축구 선수한테 관심을 보일 수가 있단 말인가! 난 현기증이 났다. 그녀의 정신을 품위 있게 고양시키려고 노력한 세월이 몇 년인데 축구 선수라니! 거기에 하나 더——그녀가 그 다음 편지에 적은 내용이다——그는 자신을 '근육질'이라고 떠들고 있는 것이었다.

아, 미미가 그 망할 축구 선수한테 홀딱 빠졌다는 사실엔 의심의 여지가 없었다. 나는 640킬로미터 떨어진 곳에서도 그녀의 마음을 속속들이 읽을 수 있었다. 그 다음 주에는 편지가 한 통도 오지 않았다. 드디어 한 통이 도착했지만 그 편지는 "사랑하는"이나 "보고 싶은" 대신에 "러스에게"로 시작하고 있었다. 편지의 내용은 두서없고 건조하기만 했다. 그러나 행간에서 읽히는 것이 있었다. 바로 배신이었다. 축구 선수라니! 난 도저히 참을 수가 없었다. 나는 그녀가 묵고 있는 호텔에 시외전화를 걸었다. 교환원이 그녀의 방을 연결했다. 그녀가 워싱턴을 떠난 이후 그녀와의 첫 통화였다.

"혼자 있어?" 내가 물었다.

"물론이죠. 막 잠이 들려는 참이었는데." 그녀가 말했다. "목소리를 들으니까 반갑네요."

우리는 몇 분 동안 이런저런 얘기를 나누었다. 그런데 그녀의 목소리가 어쩐지 긴장되어 있다고 느껴졌다. "지금 옆에 누가 있어?" 내가 물었다.

"무슨 소리 하는 거예요? 당신 날 믿지 않는군요."

"당연히 믿지."

"그렇다면 한밤중에 날 감시하는 치졸한 행동은 하지 마세요." 그녀가 말했다.

나는 안도의 한숨을 내쉬며 행복한 마음으로 잠이 들었다. 그러나 아침에 일어나자 다시 고통이 찾아왔다. 축구 선수라고! 근육질! 맙소사! 나는 그녀를 내 수준의 교양과 품격으로 끌어올리려고 충분히 노력했다. 좋다. 이젠 그녀를 포기하고 나도 현모양처를 찾을 때다. 급료도 곧 80달러로 오를 것이고 결혼할 나이도 되었다. 나는 내 기대에 부합하는 우아한 숙녀 —— '좋은 여자'

——를 찾고 싶었다.

나는 그런 여자를 하나 알고 있었다. 그녀의 이름은 베벌리였다. 그녀는 대학을 졸업했고 집안도 훌륭했다. 나는 그녀가 관계하고 있는 자선단체를 취재하면서 그녀와 알게 되었다. 그녀는 내게 융의 심리학을 설명해 주었다. 교양과 정숙함을 갖춘 그녀는 '좋은 여자'였다. 게다가——이건 보너스지만——그녀는, 조지의 말을 옮기면, '완벽한 조형물'이었다.

그녀는 나의 데이트 신청을 기다렸다는 듯이 받아들였다. 나는 그녀에게 영화를 보러 가자고 했지만 그녀는 이스트 볼티모어가에 가서 스트립쇼를 보고 싶다고 했다. "이제껏 제 주위에는 인생의 어두운 면을 보여주는 사람이 없었거든요." 그녀가 말했다.

나는 그녀를 데리고 '2시 클럽'에 갔다. 그곳은 흐릿한 불빛 아래로 댄서들의 배에서 나는 쪼르륵 소리가 들릴 만큼 무대가 가까웠다. 나는 야근을 마친 숱한 밤을 2시 클럽에서 보냈고 댄서들의 육감적인 모습에 정신을 잃을 때가 많았다. 종업원들이 자신을 속이지 못하도록 눈알을 이리저리 굴리며 세 군데에 있는 현금출납기를 감시하는 주인의 모습은 내가 그곳에서 즐기는 구경거리 중의 하나였다. 그러나 베벌리의 눈은 오직 댄서들에게만 쏠려 있었다. 그녀는 겨우 맥주 한잔을 마셨을 뿐인데 허벅다리와 배꼽과 가슴을 드러내며 몸을 비트는 댄서들을 쳐다보는 모습은 거의 만취한 사람처럼 보였다. "그만 집에 가야겠어요." 그녀가 말했다.

역시 좋은 여자는 다르구나. 나는 생각했다. 그녀는 여기에 있는 것이 역겨웠던 거야. 내가 택시 문을 닫자마자 그녀가 신음소리를 내며 내 어깨를 붙들었다. 그리고는 뒷좌석에 몸을 바짝 붙인 채 나를 그녀의 허벅다리로 끌어당겼다. "이봐요. 진정하세요." 나는 말했다. 그러나 그 정도로는 통하지 않았다. "택시기사가 보잖아요." 나는 낮은 목소리로 속삭이며 그녀를 진정시키려 애썼다.

그녀는 택시가 그녀의 아파트에 도착하기 전에 겨우 진정이 되었다. "커피 한잔 드시고 가세요." 우리가 현관문 앞에 도착했을 때 그녀가 말했다. 나는 베벌리가 방에 들어가 있는 동안 거실 의자에 앉아 있었다. 그녀가 방에서 나왔을 때 그녀는 굽 높은 구두에 스타킹을 신고 있었고 허벅지와 어깨 사이에는 아무것도 걸치고 있지 않았다. 그 순간 나는, "요즘 세상에는 좋은 여자를 찾기가 힘들구나" 하고 탄식을 했어야 했다. 하지만 그 순간은 맑은 정신으로 탄식만 하고 있기에는 너무 혼란스러웠다.

나는 그 다음 주 내내 좋은 가문의 많이 배운 여자들보다 그 됨됨이가 훨씬 나은 미미가 그리웠다. 미미에게는 진정한 우아함이 있었다. 그녀는 위엄과 타고난 지혜, 가장 높은 경지의 여성스러움 그리고 왕실도 부러워할 만한 품성을 지니고 있었다. 남들 앞에서는 숙녀인 체하지만 속으로는 매춘부와 다름없는 소위 좋은 여자들과 그녀를 비교한다는 것은 우스운 일이었다. 그럼에도 나는 내 첫인상이 어땠는지 묻기 위해 베벌리에게 전화를 걸었다. 그녀는 마침표를 찍는 데 그리 오랜 시간을 들이지 않았다.

미미에 대해 예전에 없었던 좋은 감정을 품고 나는 그녀에게 성탄 인사를 하기 위해 시외전화에 다시 지갑을 털기로 했다. 나는 그녀와 확실히 통화하기 위해 밤 11시가 되어서야 전화를 했다. 그녀는 전화를 받지 않았다.

나는 11시 30분까지 기다렸다가 다시 전화를 걸었다.

"안 받습니다." 호텔의 전화 교환원이 말했다.

계속 전화를 걸기엔 요금이 너무 비쌌다. 왜냐하면 호텔의 전화 교환원과 연결되어 있는 동안에도 요금이 계산되었기 때문이다. 나는 자정에 다시 전화를 했다.

"안 받습니다." 전화 교환원이 말했다.

성탄절 밤에 전화를 안 받아? 내가 전화할 거라는 걸 알면서도 자정이 되도록 안 들어왔단 말이야? 그 망할 축구 선수 놈이랑 같이 나간 게 틀림없군. 그렇게 분별없는 여자한테 전화 거느라고 뭐 하러 계속 돈을 낭비해?

나는 12시 30분에 다시 전화를 했다.

"안 받습니다." 교환원이 말했다.

12시 45분.

"안 받네요." 교환원이 말했다.

1시.

"안 받습니다. 혹시 전하고 싶은 말씀이 있으시면 남기세요."

"필요 없어요!"

그런 여자에게는 무슨 말을 남기고 말고 할 것도 없었다. 축구 선수라니! 여태 그 근육질이랑!

1시 30분에도 여전히 통화가 되지 않았다. 나는 그녀를 증오했고 축구 선수들을 증오했다. 근육질의 사내들을 증오했고 그녀와 결혼할 수 있었던 기회를 모두 내던지고 이제 그녀를 잃게 된 나 자신을 증오했다.

하지만 심야 공연 같은 걸 관람하고 있을지도 모르지.

성탄 다음날 새벽에? 사우스캐롤라이나의 찰스턴에서? 사우스캐롤라이나의 어떤 정신 나간 놈이 출장중인 탐정 세 명을 위해서 성탄절 다음날 새벽에 공연을 하고 있겠어? 하지만 특별한 공연이라면 새벽 2시까지 할 수도 있겠지.

나는 2시에 다시 전화를 했다.

"안 받아요." 교환원이 말했다.

이제 진짜 끝이다.

나는 모든 것을 체념하고 운명을 받아들인 사내들에게 찾아오는 평온함을 느끼며 잠자리에 들었다. "우리 사이의 모든 것을 그 여자가 깡그리 무너뜨린 거야." 나는 혼잣말로 중얼거렸다. "다시는 안 만나겠어."

그녀는 1월 첫째 주에 워싱턴으로 돌아올 예정이었다. 처음에는 역으로 마중을 나가서 그녀를 깜짝 놀라게 해줄 생각이었다. 기차가 새벽에 도착하기 때문에 아침식사를 대접하려고 했던 것이다. 그러나 이젠 그 계획도 모두 취소였다. 나는 그녀를 두 번 다시 보고 싶지 않았다. 나는 그녀가 자신을 깜짝 놀라게 해줄 사람도, 아침을 사줄 사람도 없이 이른 새벽에 쓸쓸히 유니언 역

러셀과 미미, 볼티모어, 1949년.

에 도착하는 장면을 상상하며 통쾌해 했다. 그제야 그녀는 우리를 갈라놓은 차가운 벽을 느끼며 내 사랑을 저버림으로써 평생토록 자신이 치러야 할 대가를 실감하겠지.

그녀가 도착하는 날 이른 아침 나는 유니언 역에서 그녀를 기다렸다. 그녀는 나를 보고도 별로 놀라는 눈치가 아니었다. 오히려 성가시다는 표정이었다. "어디 가서 아침이나 좀 먹을까?" 내가 말했다.

"기차 안에서 먹었어요."

"그럼 커피는 어때?"

그녀는 어깨를 으쓱했다. 우리는 역사驛舍 안에 있는 레스토랑에 들어갔다. "성탄절 밤에 인사나 할까 해서 계속 전화했는데 안 받더라고."

"아마 밖에 있었나 보죠."

"새벽 2시에?"

"지금 나한테 삼류 딱지나 붙이려고 워싱턴까지 이 새벽에 온 거예요?"

"그게 아니라 사실은 그날 밤에 하고 싶은 얘기가 있었거든. 그동안 줄곧 생각하던 건데 말이야."

"나도 생각하던 게 있어요."

"뭐냐면 말이지, 그러니까 이제 나도 결혼할 때가 되었다는 거야."

"누구 점찍어 둔 사람이라도 있나 보죠?"

"아직도 결혼하는 것에 관심 있어?" 내가 물었다.

"됐어요. 그 얘기는 백 번도 넘게 들었어요. 이젠 지쳤어요."

"결혼할래?"

"누구랑요?"

"내가 지금 무슨 얘기하는 건지 알잖아?"

"말해 봐요."

"우리 결혼하자."

"당신 주급이 80달러로 오르면요?"

"아니, 미미가 원하는 대로. 내가 계산을 해봤는데 말이야, 일주일에 70달러만 있어도 우리가 생활하는 데 큰 지장은 없을 것 같아. 미미가 백화점에서 물건 사는 것만 조금 자제하면 말이야."

"당신 어머니랑 같이 사는 거예요?"

"그야 당연하지."

"도대체 내가 남편이랑 살게 되는 건지 아니면 마마보이와 살게 되는 건지 알고 싶네요."

"계속 말싸움만 할 거야 아니면 결혼을 할 거야?"

"3월이면 너무 빨라요?" 그녀가 물었다.

나는 숨이 턱 막혔다. 3월이면 고작 8주가 남아 있을 뿐이었다. 너무 촉박했다. "나도 3월이 좋을 것 같아." 내가 말했다.

미미는 탁자 위로 손을 뻗쳐 내 손을 잡았다. "키스해 줘요." 그녀가 말했다.

"여기에서? 사람들이 다 보는데?"

"이젠 약혼한 사이니까 괜찮아요." 그녀가 말했다. 우리는 탁자 위로 몸을 기울여 가볍게 키스를 했다.

그러고 나서 그녀는 다시 의자에 등을 기대고 마치 처음 보는 신기한 동물을 바라보듯 나를 응시했다. 그리고는 갑자기 웃음을 터뜨렸다.

"왜 그래?" 내가 물었다. "내 뺨에 립스틱 묻었어?"

"벌써 잊었어요?"

"뭘?"

"우리가 들고 있는 카드에 그런 패는 없어." 그녀가 말했다.

제18장

어머니

1981년 가을, 미미와 나는 생후 3개월 된 손녀를 보러 작은아들의 집이 있는 버지니아로 차를 몰았다. 돌아오는 길에 우리는 볼티모어에 들러 남편과 사별하고 혼자 살고 있는 도리스의 집에서 하룻밤을 묵었다. 케이턴스빌에 있는 도리스의 집은 메리델가에서 그리 멀지 않은 곳에 있었다. 뉴욕으로 돌아오기 위해 다음날 아침 짐을 꾸리면서 내가 말했다. "사건 현장을 한번 둘러보는 게 어때?" 그리고 우리는 그곳으로 차를 몰았다.

롬버드가의 집이 갓 태어난 메리 레슬리를 키울 만한 곳이 못 된다는 어머니의 성화에 못 이겨 허브 아저씨가 메리델가에 내겐 궁궐 같기만 했던 4,700달러짜리 집을 산 것이 40년 전의 일이었다. 그 집은 달라진 것이 없었다. 허브 아저씨는 1962년 그 집의 2층 침실에서 돌아가셨다. 그날 오후 아래층에 있던 도리스가 외마디 비명을 듣고 뛰어올라갔을 때 아저씨는 침대 위에서 심장마비로 숨이 멎어 있었다. 세월이 흘러 이제 메리 레슬리는 대학에 다니는 아들을 두고 있었다.

"당신 일요일 저녁식사에 처음 왔을 때 기억나?" 나는 미미에게 물었다.

"집이 참 깨끗했다는 것과 거기에 모인 사람들한테서 포근하고 행복한 느낌을 받았다는 기억이 나요."

"내가 기억하는 건," 내가 말했다. "요란한 화장이야."

메리와 도리스는 어머니가 더 이상 혼자 생활하시기 불편해지자 1977년에 그 집을 처분했고, 도리스는 자신이 직접 어머니를 보살피기 위해 케이턴스빌로 어머니를 모셔 갔다. 그것이 유일한 해결책이었지만 문제는 그리 간단하지 않았다. 어머니로서는 메리델가에 당신의 젊음을 송두리째 바쳐 얻어낸 '우리 집'이 있었다. 그 집에서 35년을 살아온 어머니에게 그곳을 떠난다는 것은 견디기 힘든 일이었다. 그 집에서 어머니는 자식들을 키워냈고 전쟁에 아들을 내보냈으며 횟수를 셀 수 없는 일요일 만찬을 준비했다. 거실은 여러 차례 페인트칠을 새로 했고, 어머니가 자식 셋의 결혼을 치르고 남편의 죽음에 오열한 곳도 그 집이었다. 어머니는 그 집에서 35년 동안 바닥에 왁스칠을 하고 창문을 닦고 커튼을 빨고 이부자리를 정리하고 난로를 손질하고 선반의 먼지를 털어냈다. 그곳에서의 시간을 마감하고 케이턴스빌로 들어가게 된 것을 어머니는 이해할 수가 없었다.

"언제 집으로 돌아가냐?" 케이턴스빌로 집을 옮긴 후 한참이

지나도록 어머니는 그렇게 묻고는 하셨다.

"여기가 집이에요, 어머니."

"글쎄다, 여기도 좋지만 난 집에 가고 싶다."

미미와 나는 집을 처분한 뒤 메리델가를 처음 찾는 것이었다. 우리는 길가에 차를 세우고 밖에서 집을 구경했다. 집주인은 낯선 사람들이 집 안을 둘러보는 것을 허락하지 않았다.

"당신한테는 어머니가 도대체 이해가 되지 않았지?" 나는 다시 시동을 걸며 말했다.

"그분이 아주 고약한 노인네라는 건 이해했죠."

"그렇지 않아. 어머니는 몹쓸 것들이 가득한 세상에서 당신의 자식들을 지키려고 애쓴 전사이셨지."

"제가 그 몹쓸 것들 중의 하나였잖아요."

"그게 아니라니까." 내가 말했다. "우리가 결혼할 때 어머니께서 얼마나 잘해 주셨는지 생각 안 나?"

어머니는 실제로 그랬다. 내가 잔뜩 긴장을 하며, "저 미미랑 결혼해요" 하고 말했을 때, 어머니는 눈을 깜빡거리며 말씀하셨다. "결국 이렇게 될 줄 알았다. 날은 잡았냐?"

어머니에겐 그것이 참담한 실패로 받아들여졌을 것임을 나는 알고 있었다. 그러나 어머니는 이전부터 숱한 패배를 겪어오면서 실패에 익숙해졌을 뿐만 아니라 패배를 명예롭게 받아들이는 법도 알고 계셨다. 이어지는 질문은 역시 어머니다웠다. "신혼살림은 무슨 돈으로 차릴 거냐?"

"딱히 대책은 없어요." 내가 대답했다.

"너무 걱정하지 마라. 내가 어느 정도는 도와줄 수 있을 것 같다."

어머니는 내 명의로 오랫동안 푼푼이 붓고 있던 생명보험이 하나 있었다. 그것을 해약하면 3백 달러 가량이 생길 것이었다. 그 정도면 가구는 장만할 수 있었다. 어머니는 또한 '모아 둔 돈이 조금' 있었다. 일평생 어머니에겐 필요한 순간마다 항상 '모아 둔 돈이 조금' 있었다. 그 돈이 2백 달러쯤 되었다. 그 정도면 신혼여행 경비는 될 것이었다. "신혼여행에 돈을 낭비해서는 안 될 것 같아요." 나는 어머니께 말씀드렸다.

"부끄러운 줄 알아라, 러셀. 네가 돈이 없다는 핑계로 신혼여행도 안 가겠다고 하면 미미의 기분이 어떻겠니?"

물론 피로연도 열어야 했다. 도리스는 바로 전해에 결혼을 하면서 캔들라이트 로지에서 근사한 피로연을 가졌다. 그때의 과다 지출의 여파가 아직 남아 있었지만 크게 신경 쓸 일은 아니었다. 어머니는 집에서 손수 피로연을 준비할 수 있었다. "아, 깜빡할 뻔했는데 내 침대도 너희가 가져가라." 어머니는 침대를 새로 장만하시려는 참이었다. 어머니의 침대를 얻는다면 가구를 구입하는 데 들일 비용을 조금 줄일 수 있었다.

"식은 어느 교회에서 올릴 생각이냐?"

미미도, 나도 교회에서 하는 결혼식을 원치 않았다. "안될 말이다, 러셀. 하나님께서 보시는 앞에서 결혼하고 싶지 않다는 말이냐?"

"별로 그럴 생각이 없어요."

"내가 교회의 목사님께 말씀드리마."

우리는 어머니가 다니는 교회 목사님의 주례로 결혼식을 올렸다. 조지가 신랑 들러리를 했다. 예식이 끝나고 우리는 어머니께서 온종일 준비하신 피로연을 위해 메리델가로 돌아왔다. 칠면조 요리, 햄, 쇠고기, 케이크, 파이, 아이스크림 등이 준비되어 있었다. 하객들이 많이 모였다. 어머니는 사람들 사이를 돌아다니며 그 기쁜 날을 마음껏 즐기도록 했다. 어머니는 당신의 오랜 금기를 깨고 내 친구들을 위해 위스키와 포도주도 준비하셨다. 피로연이 절정에 이르렀을 때 미미와 나는 뉴욕으로 사흘간의 신혼여행을 떠나기 위해 역으로 나설 준비를 했다. 어머니는 사람들을 모두 이끌고 집 앞으로 나와서 당신의 삶으로부터 떠나가는 나를 기쁜 마음으로 배웅해 주셨다. 우리가 떠난 뒤에 집에 남아 있었던 한 친구는 어머니께서 눈물을 흘리셨다는 이야기를 후일 들려주었다.

"좋은 분이구나 하고 생각될 때도 있었어요. 늘 그러시지는 않았지만요." 31년이 지나 미미는 기꺼이 그렇게 인정했다. 나는 뉴욕으로 돌아가기 전에 어머니를 찾아뵙기 위해 요양원으로 차를 몰았다. 주차장에 차를 세웠을 때 미미는 별안간 책을 한 권 펼쳐 들었다. "같이 들어가지 않을 거야?" 내가 물었다.

"그냥 차 안에 있을래요."

"여보, 어머니는 이제 당신을 알아보지도 못하셔."

"알아보시면 큰일 나게요." 미미가 말했다. "어머님은 아마 벌떡 일어나서 저한테 고래고래 소리를 지르실 걸요."

"어머니는 당신이 누군지도 모르실 거라니까. 한번 뵙지 그래?"

"전 그냥 여기 있을래요." 미미가 말했다.

나는 혼자 들어갔다. 어머니와 세상을 잇고 있던 마지막 연결고리가 끊어진 그 가을 이후 벌써 4년이 흘러 있었다. 어머니의 정신은 이제 현기증 나는 시간 여행도 더 이상 할 수 없었다. 어머니는 잠만 주무셨다. 백발이 된 머리는 침대 시트처럼 하얗기만 했다. 어머니의 체중은 고작 34킬로그램이었다. 어머니는 침대 매트리스에 옴폭 들어간 자리 하나 남기지 못할 만큼 야위어 있었다. 나는 어머니의 손을 잡고 가만히 맥박을 짚어 보았다. 맥박은 정상이었다. 어머니께서 아직 살아 계시다는 것을 확인한 나는 몇 분 동안 어머니의 손을 쥔 채 그대로 있었다. 사람의 온기에 어머니께서 눈을 뜨셨다. 어머니는 어리둥절해하는 표정으로 나를 쳐다보셨다.

"잘 지내셨어요?" 내가 말했다. "좋은 꿈 꾸셨어요?"

어머니는 몇 마디 말을 했지만 알아들을 수가 없었다. "조금 천천히 말씀해 보세요." 내가 말했다.

어머니는 다시 힘겹게 입을 열었으나 이번에도 분절이 되지 않는 웅얼거리는 속삭임일 뿐이었다. 나는 몸을 굽혀 어머니의 입술에 귀를 가까이 댔다. 어머니는 다시 한번 몇 마디를 내뱉었고 나는 그 말을 알아들을 수 있었다. "허브 아저씨는 잘 계시냐?" 어머니는 그렇게 묻고 있었다.

"침대를 좀 세울게요. 그러면 말씀하시기가 한결 수월하실 거예요." 내가 손잡이를 돌려서 침대를 세우고 있는 동안 간호사가 들어왔다. "안녕하세요, 루시 할머니?" 간호사는 커다란 목소리로 말을 건넸다. "일어나셨네요?"

어머니는 힘겹게 미소를 흘리셨다. "이 분이 누군지 아시겠어요?" 간호사가 어머니에게 물었다.

어머니는 잠시 나를 쳐다보시더니 갑자기 생기가 도는 목소리로 대답하셨다. "목사님."

"목사님이 아니에요. 할머니의 아드님이시잖아요. 뉴욕에서 할머니 뵈러 여기까지 오셨대요. 아드님 이름 기억하시겠어요?"

어머니는 마치 나를 어디서 봤는지 기억해 내려는 듯한 표정으로 뚫어지게 쳐다보셨다. "그럼 알지."

"뭐죠?" 간호사가 물었다.

"마이클이지?"

"러셀이에요." 내가 말했다.

어머니는 그제야 내가 오래 전에 알고 있던 미소가 조금 남아 있는 표정을 지으셨다. "잘 지내냐, 러스?" 어머니께서 말씀하셨다. "정말 반갑구나, 애야." 어머니는 내 손을 지그시 잡으셨다.

"제 손녀를 보러 갔다가 돌아오는 길에 인사나 드리려고 들렀어요." 내가 말했다.

"네게 손녀가 생겼단 말이냐?"

"제가 할아버지가 될 거라곤 생각 못하셨죠, 어머니?"

"경사로구나," 어머니께서 말씀하셨다. "허브 아저씨한테도 말씀드렸냐?"

"어머니는 이제 증조할머니세요." 내가 말했다. "증조할머니가 되실 거라곤 생각도 못하셨을 거예요, 그렇죠?"

"갓난아기냐?"

"네, 아주 귀여운 여자아이예요. 다음엔 올 땐 데리고 와서 어머니 품에도 한번 안겨 드릴게요."

"그랬으면 좋겠구나." 어머니는 미소를 지으셨다. 이번에는 진짜 미소였다. "난 늘 갓난아기들을 좋아했지."

어머니는 눈을 감고 다시 잠에 빠져드는 것 같았다.

"피곤하세요?"

어머니의 입술이 움직였지만 기력은 조금 전에 솟아났을 때만큼이나 갑작스레 사그라졌다. 나는 어머니의 말을 알아들을 수가 없었다. "루시 할머니, 벌써 주무시면 안 되죠." 간호사가 말했다.

어머니는 다시 눈을 뜨고 나를 응시하셨다. "너 누구냐?" 어머니는 낮은 목소리로 말했다.

"러셀이에요." 내가 대답했다.

어머니의 눈꺼풀이 다시 감겼다.

"러셀 기억나시죠?" 나는 말했다. "그리고 미미요, 미미 기억나시잖아요?"

어머니는 정신이 다시금 수면에 떠오르는 것 같았다. 어머니는 눈을 번쩍 뜨고 내게 물으셨다. "누구라고?"

"러셀이요," 나는 대답했다. "러셀이랑 미미요."

어머니는 멍텅구리를 쳐다보실 때면 늘 지으시던 표정으로 나를 쳐다보셨다. "그런 이름 처음 들어 봐." 말씀을 마치시고 어머니는 잠이 드셨다.

지은이 러셀 베이커

러셀 베이커는 1925년 버지니아의 모리슨빌에서 태어났다. 1947년 존스 홉킨스 대학 졸업과 동시에 「볼티모어 선」을 통해 언론계에 첫발을 내디뎠다. 1954년부터 「뉴욕 타임스」에서 백악관과 의회, 국내 정치를 담당했다. 1962년부터 1998년까지 「뉴욕 타임스」의 '옵서버' 칼럼을 썼으며, 1979년 '옵서버' 칼럼으로 조지 포크상과 퓰리처상 평론 부문을 수상했다. 주요 저서로 『워싱턴: 포토맥 강의 도시』, 『워싱턴의 어느 미국인』, 『패닉에는 이유가 없다』, 『거꾸로 매달린 사나이』, 『우리의 차기 대통령』 등이 있으며 이 중 『러셀 베이커 자서전 : 성장 Growing Up』으로 1982년에 퓰리처상 평전/자서전 부문을 수상했다. 1989년에는 이 책의 후속편인 『좋은 시절 The Good Times』을 펴냈다. 1992년부터 2004년 은퇴할 때까지 PBS의 '명작 극장 Materpiece Theater'의 진행을 맡았다. 현재 고향 버지니아의 리스버그에서 살고 있다.

옮긴이 송제훈

서울에서 태어나 한양대학교 영어교육학과를 졸업하고 현재 서울 원묵고등학교에서 학생들을 가르치고 있다. 『센스 앤 센서빌리티』, 『오프라 윈프리의 특별한 지혜』 등을 번역하는 한편 EBS와 교학사에서 영어 교재와 교과서를 집필하고 있다.

러셀 베이커 자서전: 성장

2010년 10월 30일 초판 1쇄 발행
2017년 10월 20일 초판 4쇄 발행

지은이 | 러셀 베이커
옮긴이 | 송제훈

펴낸이 | 권오상
펴낸곳 | 연암서가
등록 | 2007년 10월 8일(제396-2007-00107호)
주소 | 경기도 고양시 일산서구 대화동 2232 장성마을 402-1101층
전화 | 031-907-3010
팩스 | 031-912-3012
이메일 | yeonamseoga@naver.com
홈페이지 | yeonambooks.com

ISBN 978-89-94054-10-0 03840
값 15,000원